无物集

张文立博物馆学文集

张文立 著

上海古籍出版社

本书的出版得到

吉林大学考古学"双一流"学科建设经费资助

张文立，男，1967年7月生，陕西省西安市人，历史学博士。1989年毕业于吉林大学考古学系博物馆学专业，并留校任教。曾任吉林大学文学院博物馆学系主任、吉林大学博物馆副馆长兼考古与艺术博物馆馆长、中国博物馆协会第六届理事会理事。现任吉林大学考古学院博物馆学系教授、博士生导师。同时兼任中国博物馆协会博物馆学专业委员会副主任委员、吉林省博物馆协会副理事长等。主要研究方向：欧美博物馆史、博物馆学史、中国北方青铜时代考古。曾在 *ICOFOM Study Series*、《中国博物馆》、《博物馆学季刊》、《考古》等国内外杂志发表博物馆学及考古学学术论文60余篇；出版译著《神秘的苏美尔人》一部。

目　　录

壹　博物馆学史
博物馆学发展史　　003
当代西方博物馆学研究的主流趋势　　024
博物馆史研究：近三十年来中国的进展　　041
达纳建馆思想初论　　050
古德小传　　063
杨钟健早期建馆思想及其特点　　069
张謇的建馆思想探析　　086
美国博物馆事业的先驱者——皮尔　　104
阿什莫尔的博物馆管理观　　113

贰　博物馆历史与理论
外国博物馆的发展历程　　123
中国博物馆的发展历程　　135
卢作孚与中国早期社区博物馆实践　　144
16、17世纪欧洲收藏陈设二题　　153
意大利文艺复兴时期私家收藏初论　　160
罗马宫博物馆历史地位质疑　　178
特拉德斯坎特父子收藏的相关问题　　185
从中国文献记载看19世纪后半叶欧美博物馆陈列　　196
"日伪"在东北地区创建的博物馆及其评价　　210
关于博物馆核心价值讨论的前提性思考　　220
博物馆的记录功能与时代责任　　233

论博物馆观众的特征　　　　　　　　　　　　238
试论陈列讲解中的四种关系　　　　　　　　　248

叁　博物馆发展

中外博物馆社会资金利用的比较分析　　　　261
非国有博物馆体制回转现象剖析
　　——以陕西省凤翔县"秦公一号大墓"博物馆为例　　271
关于美国联邦政府对博物馆资助的几个问题　　280
现阶段我国博物馆发展的两个问题　　　　　　291

肆　博物馆专业人才培养

吉林大学文物与博物馆学专业本科博物馆实践教学的新探索　　305
萨克斯的博物馆人才培养理念与方法　　　　　320
当代美国高校博物馆专业课程设置及成因分析　　331

伍　其他

《博物院》杂志创刊寄语　　　　　　　　　　345
探索与创新
　　——第十三届全国博物馆陈列展览十大精品初评入围展览评后　　347
一部沉静的博物馆研究新作
　　——《博物馆与近代中国公共文化(1840—1949)》读后　　350
"对话"先驱者
　　——《博物馆起源：博物馆历史与哲学早期文选》评介　　354
可贵的精神　难得的范式
　　——读《博物馆人丛语》有感　　　　　　359
《零障碍博物馆》评介　　　　　　　　　　　363
一种新的博物馆交流模式　　　　　　　　　　368
特殊群体的接待　　　　　　　　　　　　　　380

后记　　　　　　　　　　　　　　　　　　387

CONTENTS

PART I   The academic history of museology

A history of museology — 003

The mainstream trends of museological research in contemporary Western — 024

Research on the museum history in China over the past 30 years — 041

A preliminary study of Dana's thoughts on museum construction — 050

Profile of George Brown Goode — 063

Yang Zhongjian's early thoughts on museum construction — 069

An analysis of Zhang Jian's thoughts on museum construction — 086

Charles Willson Peale: a pioneer in the history of American museums — 104

Alias Ashmole's thoughts on museum management — 113

PART II   Museum history and theory

A history of foreign museum development — 123

A history of Chinese museum development — 135

Lu Zuofu's practice in Chinese early community museums — 144

Opinions on collection arrangement in the 16th and 17th century in Europe — 153

On private collections in the Italian Renaissance — 160

A query about historical status of the Roman Palace Museum — 178

Studies on the Tradescants' family collection	185
Western museum exhibitions in late 1800s in Chinese documentary records	196
Japanese puppet museums in northeast China and their evaluation	210
Preliminary thoughts on core values of museums	220
The function and responsibility of museums to record the times	233
On the characteristics of museum audiences	238
Studies on the four relations in the interpretation of museum exhibitions	248

PART Ⅲ Museum development

Comparative analysis of social funds utilization between Chinese and foreign museums	261
A case study on non-state-owned museums back to the government management — Qingong Tomb No.1 Museum in Fengxiang county, Shaanxi	271
Some thoughts on the federal government's support for museums in the United States	280
Two concerns about the development of current Chinese museums	291

PART Ⅳ Museum professional training

A new exploration of the practical teaching at the major of museology in Jilin University	305
Paul Joseph Sachs' philosophy and methods of museum professional training	320

Analysis on museum studies curricula in contemporary

American universities and their causal factors   331

PART V   Other discussion
The first issue message to the journal *Bowuyuan*   345
Exploration and innovation
  — Comments on the first round selection of the top
    ten fine works of the 13th National Museum
    Exhibition   347
A quiet new work of museum studies
  — Review on *Museums and the Public Culture in
    Modern China(1840—1949)*   350
"Conversation" with the pioneers in museum field
  — Review on *Museum Origins: Readings in Early
    Museum History and Philosophy*   354
Valuable spirit, Rare paradigm
  — Review on *Opinions of a Museum Professional:
    Collected Works of Mr. Song Boyin in Museology*   359
Book Reviews: *The Accessible Museum: Model Programs
  of Accessibility for Disabled and Older People*   363
A new communication model for museums   368
Working with the special groups   380

Acknowledgements   387

博物馆学史

博物馆学发展史

当代西方博物馆学研究的主流趋势

博物馆史研究：近三十年来中国的进展

达纳建馆思想初论

古德小传

杨钟健早期建馆思想及其特点

张謇的建馆思想探析

美国博物馆事业的先驱者——皮尔

阿什莫尔的博物馆管理观

博物馆学发展史

博物馆学是从对遗产保护和利用实践的记录与描述开始的，并经历了一个萌芽、产生和发展的漫长过程。本文将采用马克思主义唯物论中历史地看待问题的方法来研讨博物馆学的相关问题。

一、外国博物馆学发展史

在近代之前，世界各地不同文化均有遗产的保护和利用实践，也出现了不少有关这些实践活动的最初的记录和描述。在欧洲古典时期，荷马、西塞罗和其他一些经典作家就曾对当时的收藏情况作过记录、描述。地理学家和历史学家斯特拉博等人对希腊化时期最负盛名的亚历山大里亚博学园等机构的创设进行了细致描述。在亚洲，印度古代和中古时期的文献当中，充斥着分别代表存放绘画、雕塑和陶器的场所的"Alekhyagriha""Vithi""Citrasala"等术语，反映了该地区存在类似博物馆性质的机构以及收藏实践。日本的《日本书纪》《扶桑略记》等典籍则对日本古代的收藏有过记载。这些记录和描述构成最初的对博物馆学性质的研究，标志着博物馆学研究的萌芽。但是，目前除欧洲之外，其他地区的相关材料尚缺乏系统的挖掘与整理，这一领域的研究值得更多的关注与探索。

（一）16—18世纪欧美博物馆学

与古代世界不同，近代博物馆研究最先是从欧洲发展起来的，与欧洲近代收藏和博物馆的发展联系在一起。

从16世纪起,欧洲就出现了描述和研究收藏与博物馆的多种不同形式的成果,像藏品目录、实用手册、收藏机构名录等。其中,1565年,比利时人昆齐贝在慕尼黑出版的《题铭》论述了收藏的性质与分类,被认为是最早的博物馆收藏登录册和最早的博物馆学论文。法国人鲍雷尔在1649年出版了藏品目录,该目录因同时包括了当时欧洲各主要城市的重要珍奇收藏室名录而成为17世纪最具影响力的目录。1727年,德国人尼克利乌斯在莱比锡出版了一部名为《博物馆实务》的著作,作者在书中探讨了藏品的分类、展示等问题,已认识到博物馆具有与图书馆一样的知识价值。

在美洲,美国博物馆运动的先驱者皮尔对博物馆的目标、功能等问题进行了探讨,并指出一个真正有用的博物馆可能既要满足严肃的参观者,也要满足偶然的参观者;既要满足学者,也要满足希望娱乐的人。他因此被认为是抓住现代美国博物馆本质结构的第一人。

在16—18世纪欧美博物馆研究当中,一些基本概念和术语相继出现,并逐渐为人们普遍接受。上述研究成果反映了时人对博物馆学相关问题的思考水平,博物馆学更多地局限于"博物馆方法学"层面。

(二)19世纪到第一次世界大战之前的博物馆学

从19世纪到第一次世界大战之前,现代博物馆实体在世界范围内普遍兴起,现代博物馆观念广泛传播。19世纪后期,博物馆职业化进程的推进,加速了博物馆学的发展与转变。

1. 欧洲地区

在欧洲,为了给普通民众走进博物馆提供便利和指导,以及满足博物馆专业化的需要,一批博物馆学著作涌现出来,其中不乏有关博物馆理论的论述,如克莱姆的《论德国科学和艺术藏品的历史》(1837)、爱德华兹的《论公共艺术馆和博物馆的维持和管理》(1840)、福布斯的《博物馆教育用途》(1853)、约文斯的《博物馆的利用和滥用》(1881)、福拉瓦的《博物馆及与自然史相关的其他学科论文集》(1898)和默里的《博物馆的历史与利用》(1904)、施洛塞尔的《文艺复兴晚期的艺术与珍宝收藏馆》(1908)等。福拉瓦主张的博物馆面向公众教育的"新博物馆理念",为博物馆界创立了新的基本理念。默里的著作被认为是英语世界中首部现代意义上的综合性博物馆研究著作。一些专门的学术刊物如英国《博物馆杂志》(1902)、德国《博物馆学》(1905)的出现,扩大了博物馆学研究的专业园地。1903年在德国召开的欧洲第一次博物馆馆员会议,在区域博物馆学史上具有重要的意义。

2. 北美地区

与欧洲情况类似,在美国,为了解决博物馆快速发展过程中出现的一些实际问题,一些研究者如班森、塞斯诺拉、费诺拉萨、温克尔、阿加西斯、古德等积极研究并讨论博物馆问题。其中,乔治·布朗·古德(George Brown Goode,1851—1896)被认为是19世纪晚期最有创新性的博物馆思想家之一,他的《博物馆历史与历史博物馆》《未来的博物馆》和《博物馆管理原则》等系列论述已经成为博物馆学的经典,他提出的"博物馆是活思想的摇篮"等主张影响深远。

1906年,美国博物馆协会的成立和《博物馆新闻》等刊物的创刊,对博物馆学研究起到了推波助澜的作用。

3. 其他地区

在亚洲等地,对于博物馆的关注和研究是在推进现代博物馆观念的传播和实践中逐步展开的。在日本幕府末期,海外使节团、留学生等通过日记、见闻录、报告等形式,对西方博物馆设施进行了记录、描述,认识到博物馆"启增人之智巧技艺"①等作用。福泽谕吉的《西洋情况》是其中影响较大的著作之一。这些描述和记录促成了日本人现代博物馆观念的形成和博物馆的兴起,也成为日本现代博物馆学研究的滥觞。

从19世纪到第一次世界大战期间,逐步明确了现代博物馆的概念,

---

① [日]伊藤寿朗、森田恒之主编,吉林省博物馆学会译:《博物馆概论》,吉林教育出版社,1986年,第104页。

突出了以教育为目的的宗旨,提出"博物馆学"学科概念、双分思想①等重要成果,现代博物馆学初步形成。但这一时期更多的研究仍然集中于博物馆的机构与组织。

(三) 两次世界大战之间的博物馆学

从第一次世界大战到第二次世界大战期间,博物馆学研究在国际上获得了重要突破。1926 年,国际联盟下属的"国际博物馆事务局"在巴黎成立。该组织成立之后,通过创办《博物馆》杂志(1927)等学术刊物、组织会议、出版著作等方式致力于推动博物馆学发展。1934 年国际联盟学术合作委员会在马德里组织召开了万国博物馆专家会议,同年还出版了两卷本的《博物馆学》,反映了当时博物馆技术层面的"革命"。该书出版后很快被译成多种文字,对普及博物馆学知识、促进各国博物馆学研究、推动博物馆事业的发展产生了积极影响,在博物馆的理论建设方面具有划时代意义。国际博物馆事务局是第一个国际性的博物馆专业组织,它的创建及活动让博物馆学研究成为一项具有国际性的事业,并开启了博物馆学研究的国际化进程。

受此影响,到 20 世纪 30 年代,在世界范围内出现了博物馆学研究高潮。

1. 西欧地区

在西欧地区,一些新的学术刊物,如《瑞典博物馆》(1932)等陆续创刊,进一步扩大了博物馆学信息交流的园地。同时,也有一些值得一提的著述,凯尼恩的《博物馆与国家生活》(1927)和迈尔斯的《不列颠公共博物馆报告》(1928),对英国博物馆的实践有一定程度的反映。

2. 北美地区

基于对提升公众参观质量的深度关切和博物馆发展中存在问题的反

---

① 双分思想,又称二分思想或二分概念。由评论家约翰·鲁金斯等人在 19 世纪提出。双分思想的基本内涵是博物馆材料可分为展出材料和研究收藏两大类,前者是面向公众的,后者是面向鉴赏家和专家的。双分思想是公共博物馆时代的产物,它的提出有助于提升博物馆材料利用的有效性。

思,这一时期北美地区博物馆研究成就突出,产生了一批重要成果,像考尔曼的《美国的博物馆:批判的研究》,达纳的《新博物馆》系列著作,T. R. 亚当姆的《博物馆的公民价值》(1937)、《博物馆与大众文化》(1939),狄奥多尔·洛的《作为社会工具的博物馆》(1942)以及被后人誉为"博物馆观众研究之父"的罗宾逊的《博物馆观众行为》(1928)等。1932年,由迈尔斯·马克海姆发表的有关加拿大博物馆发展的报告,是最早的有关该国博物馆的研究成果。在这些成果当中,达纳的社区服务思想和狄奥多尔·洛的社会工具思想尤为引人瞩目,它们蕴含了战后"新博物馆学"运动的思想种子,是战后产生巨大影响的"新博物馆学"运动的思想先驱。当时提出的一些问题,如20世纪30年代美国博物馆界关于博物馆职业是否存在的争论,在很大程度上影响了当时及此后博物馆学的学科建设。

3. 苏联及其他地区

这一时期,苏联及亚洲、南美洲等地区的博物馆学研究获得较大的进展,甚至是突破性的进展。

在苏联(俄),十月革命胜利后,伴随着社会主义博物馆事业的快速崛起,产生了一种全新的社会主义博物馆学。这种博物馆学依靠马克思列宁主义的方法论,采取各种研究方法,分析博物馆现象,对研究方法的多元化作出了贡献。与西方现代博物馆学相比,苏联社会主义博物馆学突出了博物馆学的目的性和工具性。它的崛起标志着社会主义博物馆学建设的开始,对其他社会主义国家的博物馆学研究产生了重要的影响,也在很大程度上改变了世界博物馆学发展的格局,苏联博物馆学也因此确立了其在博物馆学发展史上的特殊地位。

在亚洲,日本于1928年成立了博物馆事业促进会(日本博物馆协会的前身),创办和发行《博物馆研究》杂志,并积极开展活动,取得了不少成果。日本博物馆学鼻祖棚桥源太郎的《诉诸眼的教育机关》(1930)对博物馆的特征和职能等进行了论述,成为这一时期重要的博物馆学著作,对同一时期的中国博物馆学研究有一定的影响。在印度,1936年受英国博物馆协会委托,马克海姆和哈格里夫斯根据实地调查完成了《印度博物馆》调查报告。该报告提出包括将作为学科的博物馆学引入大学系统等改善印度博物馆条件和功能的多项建议,是印度早期博物馆学发展史上的重要成果。

在南美洲,博物馆学发展更多地集中于博物馆知识的传播和专业人才的培养。从20世纪20年代开始,阿根廷、巴西等国的大学和博物馆陆续开设了博物馆课程,培养在博物馆工作的专门人才,这使得博物馆学知识在更大范围内得到传播。到20世纪40年代,巴西又成立了博物馆协会。正是在这一时期,巴西组织了第一次全国博物馆大会。

总之,在两次世界大战期间,博物馆学研究在不同层次和区域均取得了进展。在传统的欧美地区,新思想不断涌现;在苏联,新的社会主义博物馆学兴起;在亚洲等地,博物馆学在发展中国家业已建立了它的研究基础,开始了专业人才的培养。两次世界大战期间是博物馆学史上取得诸多突破的革命性时代,然而众多研究仍关注博物馆实务,博物馆学学科建设尚未系统地进入研究者的视野。

(四) 第二次世界大战以来的博物馆学

第二次世界大战结束后,博物馆学研究受到前所未有的关注。"博物馆学逐渐被认同为博物馆工作整体的一部分"[①],博物馆学的发展进入了激荡变革的时期。

1946年,国际博物馆协会成立。该协会成立后,出版了多语种的《国际博物馆协会新闻》等专业刊物。同年,联合国教科文组织出版《博物馆》(现《国际博物馆》的前身)杂志,进一步扩大了博物馆学专业刊物的队伍。此外,国际博物馆协会还成立了国际博物馆协会文献中心(1946)及多个专业委员会。国际博物馆协会及其各专业委员会通过定期举办大会及年会的形式,极大地推动了世界范围内博物馆学的活跃与发展。

为适应博物馆的快速发展,着眼于解决实际问题,出现了一批有关博物馆实务方面的成果,如《博物馆、社会和知识》(联合国教科文组织,1972)、《博物馆组织》(联合国教科文组织,1978)、《剧烈变革国家的博物

---

① 安来顺:《二十世纪博物馆的回顾与展望》,《中国博物馆》2001年第1期。

馆问题》(国际博物馆协会,1962)、《博物馆与现代世界》(国际博物馆协会,1975)、《世界博物馆专业人员训练手册》(国际博物馆协会,1972)、《博物馆经营实用手册》(2004)等。国际博物馆协会下属的博物馆学专业委员会出版的《博物馆学专业委员会研究丛刊》汇集了博物馆学学科发展的重要成果,反映了学科发展的最新进展。专业学术刊物如雨后春笋般涌现出来,20世纪90年代的一项数据显示,在世界范围内,仅国家层面的博物馆学刊物就有50多种,它们与先期创办的刊物一起为博物馆学研究提供了更大的舞台。

1. 西欧地区

战后欧洲的博物馆学研究迎来了一个活跃时期。博物馆学研究体制建设得到加强,联邦德国的博物馆研究所(1979)、荷兰的欧洲博物馆学院(2009)等纷纷建立。一批影响较大的成果涌现出来,其中历史与理论成果占据了相当比重,如法国学者巴赞的《博物馆时代》(1967),联邦德国出版的论文集《未来的博物馆》(1970),英国学者赫德森所著的《八十年代的博物馆——世界趋势综览》(1977)、《有影响力的博物馆》(1987),英国学者格林黑尔的《博物馆与知识形塑》(1992),英国学者皮尔斯的《博物馆、实物与藏品:文化研究》(1992),芬兰学者海诺尼恩与拉蒂的《基础博物馆学》(1988),英国学者麦克唐纳主编的《博物馆研究指南》(2010)等。这些研究成果为博物馆理论的发展作出了贡献,反映了战后博物馆学研究的新趋向。

2. 北美地区

战后博物馆发展对于专业人才的需求和专业培训课程的普遍兴起,促使美国博物馆行业在20世纪70年代开始步入博物馆学时代。70年代之前,有关博物馆历史、理论、管理等的文献寥寥无几,从此时开始到21世纪初,博物馆学研究的环境大为改变。一些新刊物纷纷问世,甚至出现了像《博物馆史研究》(2008)等致力于基础研究的学术刊物。二战后博物馆学研究成果较战前急剧增多,出现了一批有影响力的优秀著作,如美国学者维特林的《博物馆的历史与教育任务》(1949)、《寻求有用的未来博物馆》(1970),里普利的《神圣的园林:博物馆论文集》(1969),亚历山大的《博物馆变迁》(1979)、威尔的《博物馆再思考》(1990)、詹诺维斯主编的《21世纪博物馆哲学》(2006)等,体现了博物馆学历史与理论研究的重要进展。美国博物馆协会出版的《危机中的博物馆》(1970)、伯尔考的《博物馆工作导论》(1975)、海因的《学在博物馆》(1998)等著作,着重探讨了当代博物馆面临的种种问题,强调博物馆应该为大多数公众服务的思想。在北美地区,研究者更多关注的是博物馆是否作为一项职业而存在,显示出与欧洲在博物馆学学科建设方面的不同路径。

3. 东欧地区

第二次世界大战后,一批东欧国家走上了社会主义道路,社会主义阵营形成。文化和意识形态领域的社会主义改造与建设全面铺开,博物馆学研究也相应地活跃起来。二战后东欧地区博物馆学的发展,可以20世纪80年代末和90年代初的东欧剧变、苏联解体为界,划分为前、后两个阶段。

战后不久,东欧各国陆续出台了一些体制性的举措,推动博物馆学研究的发展。20世纪五六十年代,在苏联(1955)、捷克斯洛伐克(1962)、民主德国(1968)等国陆续建立了博物馆学研究所或研究中心,并逐步发展为理论和应用博物馆学研究的重镇。在南斯拉夫(1955)、捷克斯洛伐克(1962)还成立了博物馆文献中心等机构。这些机构的设立使得博物馆学发展获得了体制保障,极大地推动了博物馆学的发展。博物馆学在该地区各社会主义国家开始被作为一个专门学科来对待,突出了博物馆学理论和哲学建设,并产生了一批代表性的成果。由苏联学者集体编写的《苏联博物馆学基础》(1955)、苏联博物馆学者拉芝贡与民主德国的博物馆学家合作出版的《博物馆学:历史博物馆工作的理论基础和科学方法》(1987)是这一时期影响较大的两部著作。在苏联博物馆学研究中,规范专业术语、谋求建立统一的学科一直是一个重要的努力方向。在这一领域,苏联是走在前面的。民主德国学者斯莱纳的《博物馆学基础》(1985)被认为是继《苏联博物馆学基础》之后,又一本马克思主义的博物馆学专著。与前者相比,后者在理论性及对当代社会的关注方面均有所提升。捷克斯洛伐克则一直将博物馆理论建设作为博物馆学发展的努力方向,纽斯塔波涅、斯特朗斯基等学者在这一领域作出了突出贡献。斯特朗斯基提出的"博物馆不是博物馆学研究的对象"①的主张,在国际博物馆学界产生了巨大的影响,被誉为博物馆玄学派的代表。虽然这些捷克斯洛伐克学者的观点不尽相同,但他们致力于推动博物馆学理论建设,在国际博物馆学界逐渐形成了所谓的"伯尔诺学派"或"捷克学派"。

经过数十年不懈的努力,东欧地区在推动社会主义博物馆学发展和博物馆理论建设方面作出了独特贡献,呈现出鲜明的特色。就整个地区而言,到80年代初,世界范围内的博物馆学出版物主要来自东欧的社会主义国家。

东欧剧变、苏联解体之后,博物馆及相关机构被置于一种不同于以往的新环境中。"从博物馆学观点看,许多新的问题有待研究、分析和回答"②,"需要用一种创造性的方式去抢救、记录、分析和利用过去"③。博物馆学研究迎来了一个痛苦的转型时期,博物馆学的方法论基础发生了根本性的转变,来自国际和国家不同层面的力量努力推动着该地区博物馆学研究的发展。国际博物馆协会博物馆学专业委员会对东欧地区博物馆表现出极大关注,并通过发起"'革命性'变化下的博物馆等研究项目",探讨处理政治变化如何影响博物馆工作等问题。在国家层面,各国也以不同方式努力实现博物馆学研究的转型。在俄罗斯,新一代的博物馆学家对研究整个博物馆系统的转变投入了大量的精力,并在纪念物、博物馆和展览的兴废中重新界定俄罗斯社会与过去的关系;捷克博物馆学者对前一阶段的博物馆及博物馆学展开了反思;匈牙利等国则开始与西方国家进行更多的学术交流。在认识上,似乎出现了"融入民主欧洲的道路"的一边倒的态势④,博物馆学研究的区域特征和多样化在弱化。

---

① Zbyněk Z. Stránský,"Museology's Subject of Study", in Bruno Brulon Soares & Anaildo Bernardo Baraçal eds., *Stránský: a bridge Brno-Brazil: Annals of the III Cycle of Debates of the School of Museology of UNIRIO*, Paris: ICOFOM, 2017, p.35.
② Vinoš Sofka, "Changes in the World and European Upheavals: Heritage, Museums, the Museum Profession and Museology", *ISS*, Vol.33 final version (2004): p.100.
③ Vinoš Sofka, "From Oppression to Democrocy", *ISS*, Vol.33 final version (2004): p.94.
④ Vinoš Sofka, "Changes in the World and European Upheavals: Heritage, Museums, the Museum Profession and Museology", *ISS*, Vol.33 final version (2004): p.98.

4. 日本

由于战前博物馆学研究具有较好的基础,第二次世界大战结束后不久,日本博物馆学研究就得到恢复,并出现了像棚桥源太郎的《博物馆学纲要》(1950)、日本博物馆协会编撰发行的《博物馆学入门》(1956)等有影响的著述。棚桥源太郎因最早以书面形式提倡博物馆学这一概念,推动了日本博物馆学的研究,被认为对探索日本博物馆学体系有开创之功。鹤田总一郎在《博物馆学入门》中撰文,阐述了博物馆学的目的及达到此目的的方法,提出了博物馆是人与物的结合的著名观点。他们的学说在很大程度上代表了这一时期日本博物馆学研究的水平,并影响了此后日本博物馆和博物馆学的发展。到了七八十年代,日本博物馆学研究进入了一个活跃期。日本博物馆界与国际的接触日益频繁,以鹤田总一郎等人为代表,开始活跃于世界博物馆舞台。一批新的成果也陆续出现,其中包括以博物馆学命名的著作,如加藤有次的《博物馆学绪论》(1977)、仓田公裕的《博物馆学》(1979)、中川成夫的《博物馆学论考》(1988)、椎名仙卓的《日本博物馆学发达史》(1988),以及已翻译成中文的伊藤寿朗、森田恒之主编的《博物馆概论》(1978),标志着博物馆学学科建设得到进一步发展。

5. 其他地区

第二次世界大战后,其他地区的研究活动日趋活跃,博物馆学以多样化的方式获得了发展,这些地区在国际上的地位和影响力获得了较大提升。在亚洲,1964年,印度巴罗达大学出版了《博物馆学研究》年刊,成为印度博物馆学史上一件有影响的事件。国际间的交流也更加频繁,研究者们积极参加并主办博物馆学国际会议。1988年,以"在发展中国家发展鲜活的博物馆学概念和范式"为主题的国际博物馆协会博物馆学专业委员会年度会议在印度的海德拉巴举行。此次会议彻底终结了该委员会一直以欧洲为中心、"西方思想"占据主导地位的历史,被认为是国际博物馆协会历史上一次有意义的区域上的突破。在南美,从20世纪五六十年代起,巴西博物馆学研究就活跃起来,并出现了"博物馆学是一门新科学"的论述。在90年代,巴西开展了诸如博物馆学领域研究文献分析等一些有影响的研究项目,作为对博物馆学发展反思性研究的具体行动。阿根廷则通过人才培养积极传播博物馆学知识,并与国际组织保持了较为密切的联系。80年代,阿根廷的一些学者开始在国际组织中担任重要角色,同时,一些国际性会议开始在阿根廷举行。1986年,国际博物馆协会博物馆学专业委员会年会在阿根廷布宜诺斯艾利斯举行就是一次突破。1972年的圣地亚哥圆桌会议是拉丁美洲地区博物馆学发展中一个重要的转折点,此次会议之后,该地区的博物馆观念发生了重要转变——"拉丁美洲博物馆不仅被认为是认识遗产的合适机构,而且被看作获得持续性人类发展和集体福利的有用工具"①。1992年,国际博物馆协会博物馆学专业委员会拉美分委员会的创立,则是拉美地区博物馆学研究地位提升的另一个标志。

战后非洲博物馆学的发展在一定程度上得益于外部的推动。为了革新博物馆发展观念,在国际文化组织,特别是国际博物馆协会的支持下,非洲先后在达累斯萨拉姆(坦桑尼亚,1968)、科托努(贝宁,1970)、尼亚美(尼日尔,1970)和利文斯敦(赞比亚,1972)等地多次举行有关博物馆的研讨会。1972年,第一次非洲博物馆大会在赞比亚的利文斯敦举行。这些会议议题强调博物馆独立后非洲的新角色、博物馆文化地位的提升,以及如何促进非洲博物馆学研究。

上述地区的博物馆学已经成为第二次世界大战后世界博物馆学发展中不容忽视的推动力量和组成部分。

(五)"新博物馆学":第二次世界大战后博物馆学发展的一个新趋向

在博物馆学文献中,"新博物馆学"并非单一的指称,至少可以区分为来自法文和英文两种。法文中的"新博物馆学"是1980年由法国人安德烈·德斯沃里斯引入的,对于新博物馆学家来说,博物馆是使人们"了解和控制生态、社会和文化变化"的工具②。这种"新博物馆学"的理论基础

---

① Mónica Risnicoff de Gorgas, "The Value of Diversity: Regional Heritage Latin American Contributions", *ISS*, Vol.33 final version (2004): p.73.
② [荷]彼得·冯·门施著,安来顺译:《博物馆学与博物馆》,《中国博物馆通讯》1991年第7期。

是社区发展;其焦点是对社会和现实的关注(故又被称为社会博物馆学),而不是实物;社区需求驱动博物馆学发展;博物馆不一定局限于一个建筑;生态博物馆、整体博物馆等都是"新博物馆学"的实践形式。国内博物馆学文献中所谓的"新博物馆学"主要指这种博物馆学。而英文中的"新博物馆学"则出现在20世纪80年代末,是以对博物馆的社会与政治角色的批判论述的姿态呈现出来,彼得·伏格的《新博物馆学》等著作体现了这种"新博物馆学"思想。两种"新博物馆学"在出现的时间、地点、侧重点等方面有所不同,但是它们也有联系的一面。它们都是针对传统博物馆和博物馆学提出的,建立在批判方法的基础之上,是对传统的一种批判。它们对于博物馆和博物馆学的发展影响巨大,但侧重不同,前者侧重实践,而后者侧重理论层面的影响。它们反映了博物馆学研究的新趋向,值得认真对待,并进行全面系统的研究。

总之,第二次世界大战后博物馆学发展在整体上呈现出一种活跃的态势。博物馆学研究正日渐制度化,理论性也在逐步加强。博物馆学作为一门学科的建设受到越来越多的关注,艰苦的理论构建的探索已经开始,尽管这种探索成果有限,但人们已经逐步明确了建设的方向。捷克斯洛伐克博物馆学者萨拉尔指出:"博物馆学必须要独立构建其自身的支撑。它的社会重要性在于创造新的社会意识,表明从混乱走向秩序的路径。"①

战后发展起来的"新博物馆学"是博物馆学在新的历史条件下的一种新探索,对于丰富博物馆学研究,推动博物馆学的整体发展作出了独特的贡献。

在战后博物馆学发展中,欧洲和北美仍然是新思想的重要策源地,在博物馆学发展整体格局中占据着重要的地位。但是,欧洲和北美以外地区博物馆学研究的快速崛起,无疑是战后国际博物馆学发展的最富有意义及价值的重要进展之一。伴随着这种崛起,博物馆学在更大范围内得以普及,从而促进博物馆学研究的多样化,丰富了博物馆学研究,并在一

---

① Petr Šuleř, "The Role of Museology", *ISS*, Vol.10 (1986): p.286.

定程度上改变着世界博物馆知识生产的格局。

二、中国博物馆学发展史

中国博物馆学萌芽较早,而现代意义上的博物馆学研究则是伴随着19世纪中后期中国人对现代博物馆的接触和认识开始的。百余年来,中国博物馆学走过了一条具有自身特点的发展道路。

(一)古代传统收藏与保存设施研究

中国博物馆学的萌芽也是从对遗产保护和利用实践的记录、描述和研究开始的,这种研究实践活动甚至可以追溯到古代。

中国有着悠久的收藏、保存和利用遗产的文化传统,早在先秦时期,就出现了相关的收藏和保存设施。与此相适应,中国较早地出现了有关这一方面的记录、描述和研究。这些记录、描述和研究可以看作博物馆学研究的萌芽,或最初的"博物馆学"研究。而且,中国古代对于遗产保护与利用的记录、描述和研究,历经数千年,赓续不断,产生了大批研究成果(如相关收藏品的目录、说明等),并围绕古器物学研究形成了金石学这样一门颇具中国特色的学问。它们构成了中国传统的"博物馆学"研究,作出了多方面的贡献。这些成果保存了有关中国古代收藏和保护实践及相关设施的大量记载,为今人了解当时的实践和相关设施提供了途径。

同时,这些成果也包含了对收藏品的分类、搜集、保护、鉴定、分级和研究等相关工作方法的记述。更为重要的是,它们反映了古人对收藏及相关设施功能的初步认识,形成了中国人最初的"博物馆"观念。从这些成果来看,古代的这些收藏设施具有多方面的功能,其突出者如"彰德""耀势""休闲""研究"等,蕴含了中国人对遗产收藏、保护、利用与研究的丰富思想。此外,这些记录、描述和研究以直接或间接的方式影响了近代以来的博物馆事业和博物馆学研究。

目前,对中国古代传统收藏与保存设施研究成果的整理与挖掘已取得了一些进展,但相关领域进一步探索的空间仍很大。如何在其中挖掘中国博物馆学固有的思想资源、构建中国博物馆学自身学术传统，可能是未来博物馆学研究需要关注和面对的重要课题之一。

（二）晚清至民国时期的博物馆学

晚清至民国时期的博物馆学并非对中国传统"博物馆学"研究的简单继承，而是在近代以来西方现代博物馆学在中国的传播和实践中发展起来的。

1. 19 世纪中后期到 20 世纪初的博物馆学

鸦片战争之后，面对西方列强的入侵，为探索救亡图存之道，包括清政府官员、外交使节、学者、留学生、维新派成员在内的一批有识之士纷纷走出国门看世界。他们在西方看到了现代博物馆这种新奇之物，给予极大的关注，并以笔记、日记、游记、上书等方式对他们所见到的博物馆进行记录和描述，留下了一大批有价值的文献。此外，近代早期的一些报刊如《申报》等，也经常刊载有关博物馆的介绍性的研究成果。

从这些文献内容看，业已涉及博物馆功能、类型、陈列展示（含展示技术等）、文物保护技术、管理，甚至是博物馆建设与规划等诸多方面。其中，最突出的贡献是将博物馆的概念引入中国。在稍早时期，人们试图在中国固有文化中寻找与"博物馆"对应的概念，利用"楼""园""苑""阁""库"等词语去表述他们所见到的博物馆，反映出对博物馆这种现代组织尚缺乏本质性的认识。同时，人们也认识到博物馆的多种功能。除了博物馆的精神功能（如保存文化、传播知识、开风气、公共教育、研究等方面的作用）之外，也看到了博物馆"有益于民生""裨实用""以为通商之助"等实用性功能，突出了博物馆的社会使命，反映了中国现代博物馆兴起之初的一种入世、务实的价值取向。这一时期博物馆学研究的集大成者和代表性人物是清末状元、近代著名实业家张謇。他提出的"与众共守""设苑为教育"等重要思想，成为这一时期博物馆学研究的重要成果。

这一时期对现代博物馆的记录和描述多是在非专业的基础上进行的，且以介绍性为主，整体水平不高；对博物馆的认识呈现出更多直观、感性的特点；研究具有比较广阔的视野，但本土博物馆实践基础较弱。尽管如此,这一时期的研究促成了中国现代博物馆学的起步,开启了中国现代博物馆学研究的历史进程,因而意义重大。

2. 民国时期的博物馆学

与这一时期中国博物馆事业发展的艰难曲折同步,博物馆学研究也经历了起伏波折的发展历程。

中华民国成立之后,越来越多的报刊、政府公报、研究院院报、年度报告等,对博物馆相关主题给予关注,刊载博物馆学研究方面的成果。1935年5月,中国博物馆协会在北平成立,确立了"研究博物馆学术,发展博物馆事业,并谋博物馆之互助"的宗旨。博物馆协会下设专门委员会,职权包括研究博物馆学术及与博物馆相关的各项学术,设计博物馆建筑及陈列或设备上种种改进事项,审查博物馆学的书籍、专门论文,举办学术讲演会等。博物馆协会成立之后积极开展学术活动,举办学术会议,编印相关博物馆丛书。同年9月,刊行中国第一份博物馆学专业刊物——《中国博物馆协会会报》,主要登载"博物馆界工作概况专门论文,及关于博物馆学书报之介绍"。会刊的出版,使我国博物馆工作和博物馆学研究第一次有了一个公开交流的园地,推动了博物馆学研究的发展。

20世纪30年代中期,在经历了初期的探索之后,我国博物馆学研究进入一个比较活跃的时期,研究成果日渐增多。除了中国博物馆协会编印的《中国博物馆一览》和《博物馆学书目》等书籍之外,出现了以费畇雨、费鸿年的《博物馆学概论》,陈端志的《博物馆学通论》等为代表的一批系统的博物馆学著作,这些通论性质的著作起到了开风气的作用。中国博物馆学发展迎来了历史上的第一个高潮期,同时,思想认识层面也更为深入与成熟。集中体现在:一是对组织、机构名称的斟酌与统一,对博物馆组织、机构的称谓从多元走向统一,博物馆或陈列馆成为普遍叫法;二是对博物馆功能认识的统一,从强调或偏重物质性功能的实务派、强调或偏重思想启蒙的精神派的多元并存走向精神派占据主导。所有这些成为中国现代博物馆学定型的重要标志。

然而,30年代日本侵华战争的爆发、抗战胜利后国民党当局挑起的内战,给中国博物馆事业和博物馆学研究带来了巨大破坏。这一时期,虽然也出现了像曾昭燏、李济编著的《博物馆》，荆三林所著的《博物馆学大纲》等有影响的著作，但是博物馆学研究及相关学术活动基本处于停滞状态。

概言之，在民国时期，我国已经出现了多部博物馆学著作，博物馆学研究的系统性明显增强。在研究中，引入了博物馆学学科概念，如"博物馆学""博物院学"等，但对于博物馆学的内涵尚缺乏一个非常明确的认识，对于博物馆学的理解仍然局限于博物馆实务层面。同时，也提出了"博物馆是社会美育的'专设机关'"①，"西洋的文明，只是陈列馆的文明"②等一些重要思想，对博物馆在"补充学校教育""保存文化""提高学术"方面的作用给予充分的肯定。而且，也逐步形成了以藏品和工作为核心的博物馆学著作体系与传统，这一传统影响了此后相当长一段时间内中国博物馆学研究的基本取向。

（三）中华人民共和国成立后至改革开放前的博物馆学

从中华人民共和国成立到"文化大革命"爆发的 17 年间，得益于当时社会大环境的根本性变化和博物馆事业的快速发展，博物馆学呈现出一种良好的发展势头。

在此期间涌现出数百篇关于博物馆工作的文章，编印近 40 种介绍博物馆理论和工作方法的书籍。其中，傅振伦所著《博物馆学概论》以及由相关部门组织翻译出版的《苏联博物馆学基础》成为这一时期的代表性著作。

与此前不同的是，此时博物馆学研究的指导思想发生了重大变化，马克思列宁主义成为博物馆学研究的基本指导思想。博物馆学研究由此获得了一个科学的认识和研究的方法基础，使得这一时期的博物馆学研究与此前相比有了本质上的不同。基于相同的指导思想，以苏联为代表的社会主义博物馆学就成为中国博物馆学研究理论范式的不二选择。

---

① 蔡元培：《美育实施的方法》，《教育杂志》1922 年第 14 卷第 6 号，第 4 页。蔡元培在论述"社会美育机关"时列举了美术馆、历史博物馆和古物学陈列所。

② 杨钟健：《去国的悲哀》，北平平社出版部，1929 年，第 212 页。

新方法论指导下的一个重要成果就是在20世纪50年代中期,我国博物馆界提出了著名的"三性二务"论。"三性二务"论是在1956年全国博物馆工作会议上提出来的,是当时博物馆界对博物馆性质、任务等问题的认识的一种简括表述。根据这一认识,博物馆的基本性质是"科学研究机关""文化教育机关""物质文化与精神文化遗存和自然标本的主要收藏所"①。而且,科学研究、文化教育和征集保藏文物标本三个方面是不可分割的辩证关系,三个方面同样重要,削弱了哪个方面,都会使博物馆工作受到损失,博物馆的性质特点就是同时具备这三种性质。博物馆的基本任务则是"为科学研究服务,为广大人民服务",二者是统一的,有着提高与普及的辩证关系。"三性二务"论反映了当时中国博物馆界对博物馆功能特征和本质特征的新认识,它不仅对博物馆的性质与任务作了基本规定,而且实际上提供了一种评价博物馆的新工具和手段。尽管"三性二务"论在概念上存在局限,但它的提出,被认为是博物馆基础理论研究方面的一次重大突破。此外,在这一时期,也萌生了最初的学科建设意识,不过更大量的研究成果集中于博物馆实务领域,这种状况反映了当时博物馆实践的迫切需求。

这一时期博物馆学经历了方法论上的重大转变,对于博物馆的认识从单一的功能研究走向功能与本质并重。正因为如此,也使得这一时期博物馆学研究表现出浓厚的方法论色彩。

正是基于上述这些成就,有研究者称这一时期为中国博物馆学发展的第二个高潮期。

遗憾的是,1966年爆发的"文化大革命",中断了中华人民共和国成立初期博物馆学发展的良好势头。在此后的十年间,博物馆事业陷入低潮。博物馆被关闭了很长时间,展览被撤销,许多藏品被毁掉,博物馆学研究陷入停滞状态,学术活动和研究成果极少。

20世纪六七十年代,中国台湾地区博物馆学研究呈现出活跃的态势,陆续出现了一些研究成果。包遵彭的《中国博物馆史》(1964)、《博物

---

① 郑振铎:《全国博物馆工作会议总结报告(提纲)》,《文物参考资料》1956年第6期。

馆学》(1970)、陈国宁的《博物馆的演进与现代管理方法之研讨》(1978)等,是其中较有代表性的成果,反映了当时台湾地区博物馆学的研究水平。这些成果的取得与当时台湾地区与国际博物馆学界多有交流,与西方博物馆学研究主流保持密切联系有着直接的关系。

(四) 改革开放以来的博物馆学

改革开放以来,特别是进入 80 年代后,博物馆学研究受到更为广泛的关注和重视,不同层次的专业组织相继成立。1982 年 3 月,中国博物馆学会(2010 年 8 月更名为"中国博物馆协会")成立大会暨首届学术讨论会在北京召开,标志着中国博物馆学重新走上有组织、有规划的研究轨道。进入 21 世纪以来,学会下属的各专业委员会纷纷成立。尤其是 2008 年在湖南长沙成立的中国博物馆学会博物馆学专业委员会,致力于博物馆学理论研究,对推动博物馆学发展作出了独特的贡献。中国博物馆学会积极组织博物馆学和相关专业学科的讨论研究活动,大大活跃了博物馆学的研究气氛,推动了博物馆学研究的发展。一批博物馆学学术性刊物如《中国博物馆》《博物馆研究》等的创刊发行为博物馆学研究者提供了更广阔的学术阵地。80 年代以后,大专院校纷纷设立文博或博物馆学专业,培养和造就了一批博物馆学研究的新生力量,提升了研究队伍的专业化程度。少数博物馆和高校成立了博物馆学研究所或研究中心,博物馆学研究体制化已初现端倪。新时期以来,国际学术交流活动日益活跃。1994 年,国际博物馆协会博物馆学专业委员会年会在中国召开,这是中国博物馆学史上一件有意义的大事。2010 年国际博物馆协会代表大会在中国的召开,更是将中国与世界的联系推向更高层次。

在这样的大环境下,中国博物馆学研究呈现出旺盛活力和学术繁荣景象。据不完全统计,这一时期涌现出了数以千计的博物馆学研究成果,成果形式多样,而且博物馆学专著、学位论文的数量迅速增加。

其中,文化部文物局主编的《中国博物馆学概论》、王宏钧主编的《中国博物馆学基础》,以及苏东海的《博物馆的沉思》等著作是 80 年代中期以来颇具影响力的研究成果。在翻译介绍的国外研究成果中,有影响者包括由中国博物馆学会组织王殿明等人翻译的英国著名学者肯尼斯·赫德森的《八十年代的博物馆——世界趋势综览》、吉林省博物馆学会组织翻译的伊藤寿朗和森田恒之主编的《博物馆概论》、丁宁翻译的美国学者大卫·卡里尔的《博物馆怀疑论》、陈建明主编陈双双翻译的美国学者爱德华·亚历山大和玛丽·亚历山大合著的《博物馆变迁——博物馆历史与功能读本》等。此外，一些基础性工作取得了进展，出现了如孟剑明编辑的《博物馆学研究论著要目(1949—1993)》、段勇主编的《中国博物馆学研究论著目录》等成果。

从这些成果看，改革开放以来，博物馆学研究在理论、历史、实务等诸多领域都取得了不同程度的进展。其中最重要的成果是理论研究的深入，尤其是博物馆学学科建设获得了较大进展。这一时期，博物馆学界提出了博物馆学学科建设的课题，对博物馆学的概念、历史发展、学科属性等问题进行了一系列的讨论，并取得了初步的共识。博物馆学是一门独立学科，正处在走向成熟的过程之中。80年代中后期，还提出"建设具有中国特色博物馆学"这一学科建设的基本构想，进一步明确了学科建设的基本目标和方向。这一构想是对近代以来中国博物馆学发展反思的产物，反映了我国博物馆界谋求学科发展本土化的努力，一定程度上也暗合了战后国际上博物馆学研究"去欧洲化"的发展趋向，是新时期以来学科建设的又一重要成果。

改革开放以来，博物馆学研究取得的巨大成就使得这一时期成为继50年代以后我国博物馆学又一个快速发展的时期，因而被一些学者称为中国博物馆学发展的第三次高潮期。

自80年代起，中国台湾地区博物馆学研究的体制化建设获得较大发展。一些博物馆教学研究机构，如辅仁大学博物馆学研究所(2002)、台北艺术大学博物馆研究所(2005)、台南艺术大学博物馆学与古物维护研究所(2010)等陆续成立。

1990年，博物馆学会成立，先后出版《学会简讯》(1996年创刊，现《博物馆简讯》的前身)、《博物馆与文化》(2011)等刊物，它们与自然科学博物馆出版的《博物馆学季刊》(1994)等共同形成引介外来观念和学术成果的平台。进入20世纪90年代之后,一批具有海外留学背景的年轻一代学者加入,台湾地区的博物馆学研究更加活跃,研究成果也迅速增多,像张誉腾的《当代博物馆探索》(2000)、《博物馆大势观察》(2003),张婉真的《论博物馆学》(2005)等都是其中较有代表性的成果。此外,一批国外博物馆学研究成果也被翻译介绍,其中不乏一些重要的学术著作,如桂雅文等翻译的《零障碍博物馆》(2001)、曾于珍等编译的《博物馆学——德语系世界观点》(2005)等。这些介绍和翻译工作构成了这一时期台湾地区博物馆学研究的一个重要而颇有特色的方面。

近年来,台湾地区博物馆界加强了与祖国大陆之间的学术联系,不仅参加了祖国大陆的有关活动,而且还召开了海峡两岸博物馆事业交流和展望学术研讨会,促进了两岸博物馆学研究交流的开展。

综上所述,中国博物馆学的发展经历了一个漫长的萌芽时期,而中国现代博物馆学则是伴随着西方现代博物馆学的引入而开始的,不过百余年的时间。在百余年的发展过程中,中国人对西方现代博物馆和博物馆学学科形成了初步的认识,博物馆学思想雏形初显。而且,这种思想认识日渐显示出中国人自己的认识特点。中国博物馆学的发展与中国社会和博物馆事业的发展紧密联系在一起,使中国博物馆学带有深深的时代印记。今天,社会经济发展环境和博物馆业态均已发生了很大的变化,如何让博物馆适应现代社会的需求,重新界定博物馆角色,将是未来博物馆学研究面临的新的重要课题。

从最初向西方学习,到50年代向苏联学习,再到改革开放以来的全方位对外交流,中国博物馆学在其发展过程中始终保持了一种开放与包容的姿态,这种开放与包容推动了中国博物馆学的发展。在日益开放的今天,博物馆学领域的交流与借鉴已经成为学科发展的常态和取向。在借鉴国外博物馆学先进成果的同时,如何让博物馆学研究扎根中国实际,更好地服务于中国博物馆实践,逐步形成博物馆学研究的中国流派,将是未来中国博物馆学研究面临的一项繁重而神圣的使命。

在中国博物馆学研究中,也存在亟待突破的困境。中国博物馆学研究仍然建立在经验基础之上,循着功能理论的道路前进,本体理论研究一直缺乏。这导致很长一段时间里,博物馆学研究理论性不强,学科地位不高。如何提升理论性、提升学科地位是未来博物馆学学科生存的关键,也是博物馆学研究者努力的基本方向。

总之,博物馆学是与人类保护和利用遗产的实践紧密联系在一起的,是在这些实践当中发展、壮大起来的,无论是在国外还是国内,均无一例外。同时,受国内与国外不同社会条件、实践及认识水平等主客观因素的影响,国内与国外博物馆学研究面临着不同的任务,具有较强的时代性和地域性,呈现出不同的面貌,走过了不同的发展道路。

学科发展演进的历史表明,博物馆学是一门面向实践的科学。其发展是与博物馆及博物馆事业的实践紧密联系在一起的,博物馆学在参与和引领博物馆实践当中,汲取活的营养,获得发展的动力。博物馆学需要在为博物馆实践提供哲学和理论基础之中谋求自身的发展。

博物馆学是一门开放的科学,是在实践及对其他学科的开放中逐渐成长起来的,不断深入的开放将是博物馆学走向成熟的必由之路。

原文系马克思主义理论研究和建设工程重点教材——《博物馆学概论》(高等教育出版社,2019年)第一章,第15—31页。收入文集时对章节序号略作调整。

当代西方博物馆学
研究的主流趋势

本文所讲的当代西方博物馆学是指二战结束以来的西方博物馆学①。这一时段是西方博物馆学发展史上一个非常重要的时期,此间,西方博物馆学研究活跃,成果多多,而且出现了一些重要的趋势性变化。本文拟对此作一初步勾勒。

一、当代西方博物馆学研究的大环境

当代西方博物馆学研究的大环境是比较特殊的,体现在博物馆行业的外、内部变化,学术基础,组织与制度创设等多个方面,试述如下:

从博物馆行业的外部环境看,二战结束以来,世界范围内出现了一系列影响深远的变化。这些变化主要集中在以下几个方面:随着原殖民地国家独立运动的兴起,战前的殖民体系崩塌,世界政治格局发生了巨变,政治多极化、文化多元化趋势明显;全球经济与技术的一体化导致了经济与文化、民族国家利益之间的巨大冲突;包括电子信息技术等在内的科学技术突飞猛进,形成了技术领域的革命;各种社会运动层出不穷,特别是20世纪六七十年代,若干重叠的运动,如西方发达国家内部的民权运动(特别是文化民主化运动)、妇女和各种少数族群的解放运动、对国家和地

---

① 本文中的"西方"是学术层面的概念,而非政治、经济层面的概念。"博物馆学"是一个更为宽泛的学科概念,既不是传统意义上的方法学,也不等同于所谓的"博物馆研究"。

区认同的寻求、新独立国家的民族主义的出现等,尤为引人注目①。与此同时,面对这些纷繁复杂的变化,旨在解释和解决冲突的各种学说和思潮——后现代理论、后殖民理论、后结构主义、女权主义理论等,不断地涌现出来,并渗透到博物馆学研究当中。这些学说和理论思潮在很大程度上为博物馆学研究提供了更为广泛的研究视角,为博物馆现象的分析和解释提供了理论框架,对战后博物馆学尤其是近几十年博物馆学发展影响甚大。可以说,战后博物馆学研究的发展,是诸多社会变化、各种学说和思潮对博物馆学渗透的结果。

二战结束以来,外部世界的巨变也深刻地影响着博物馆领域。为应对这些巨变,博物馆也开始主动或被动地调整,随之在博物馆领域出现了一系列新现象和新变化。对此,笔者曾作过一些论述,并将它们概括为两大类:即西方现代博物馆框架内的变化,以"新博物馆学运动"为代表的超越传统框架的变化②。从中可以看出,战后博物馆的结构、功能、运作方式等,与19世纪博物馆发展的黄金时期,甚至与20世纪前五十年相比,均出现了明显的变化。这些变化与博物馆学研究形成了一种密切的互动,它们既为博物馆学研究提供了实践基础,激发理论冲动,也受后者影响而出现了新的变化。

在战后西方博物馆学研究的大环境中,西方博物馆学研究的学术传统也是重要的构成要素。二战之前,西方博物馆学研究就已经有了比较长的历史,也曾取得过一些重要的成就,产生了许多重要的认识和思想(其中包括战后趋势性变化的思想种子),并形成了西方博物馆学研究自身的传统,如整体性的对博物馆方法的重视、博物馆学研究相对的封闭性及以欧洲为中心的认知取向等。所有这些奠定了当代博物馆学研究开展的内在学术基础,构成了新的学术研究起点。此外,不同层次组织与制度的创设也是当代西方博物馆学研究大环境中的重要影响因素。这些创设包括国际层面的国际博协及其各专业委员会、各种文化遗产研究组织、博

---

① de Varine, Hugues., "Decolonising Museology", *ICOM NEWS*, No.3 (2005): p.3.
② 张文立:《关于博物馆核心价值讨论的前提性思考》,《中国博物馆》2013年第1期。

物馆学研究所、一些高校博物馆学相关专业、讲席等,其中,国际博协下属的博物馆学专业委员会是最具影响力的组织性创设之一。该组织将构建作为科学学科的博物馆学、鼓励对博物馆学主流趋势的批判性分析作为其目标设定的重要内容①。该委员会早期的一些人物更是表达了"从理论角度分析和研究博物馆"②的勃勃雄心。同时,该委员会还建立了年度学术讨论会制度、严格论文评审制度等。而该委员会创办的两大刊物 MUWOP 和 ISS 也是重要的创设。其中,MUWOP 虽然短命,但"在世界层次上催化博物馆学思想成熟中发挥了重要作用"③。这些组织与制度的创设,连同此前的创设(如各国家或区域性博物馆协会等)一起,促进了博物馆学研究,推动了博物馆学科的发展。

总之,战后世界范围内社会大环境的巨变、博物馆领域的变革、固有的学术基础、组织和制度创设等,共同构建起当代西方博物馆学研究的大环境。当代西方博物馆学研究正是在这些因素的影响下,在与这些因素的互动之中展开和推进的。

二、当代西方博物馆学研究的总体状况

在上述大环境下,在众多学者的共同努力下,战后西方博物馆学研究取得了较大进展,呈现出繁荣的景象。具体来说,主要体现在以下几个方面:

首先,博物馆学研究呈现出前所未有的活跃态势。

这一点在专业文献、成果、专业刊物、研讨会等方面,均有所反映。在文献方面,专业文献数量急剧增加。国际博协文献中心在 1969 年到 1986 年间,先后四次修改博物馆学基础文献目录这一事实就印证了这一

---

① Ivo Maroevic, *Introduction to Museology: A Euorpean Appraoch*, Munich: Vlg. Dr. C. Müller-Straten, 1998, p.86.

② Tereza Scheiner, *Editorial: Les Multiples Facetes de l'ICOFOM/The many Faces of ICOFOM*, ICOM Study Series/Cahiers d'étude de l'ICOM, 2000, 8, p.2.

③ Ivo Maroevic, *Introduction to Museology: A Euorpean Appraoch*, Munich: Vlg. Dr. C. Müller-Straten, 1998, p.87.

点。而在更晚近的时间,博物馆学研究文献的增长现象更为突出。有研究者甚至声称"过去十年,博物馆的论述似乎比前一个世纪的著述还多"①。研究成果形式更趋多样化,主要包括各种形式的调查报告、专著、专题研究论文、工具书等。博物馆学方面的专业刊物也纷纷出现,其中不少刊物是最近三十年创办的。在这些杂志当中,由国际组织创办的较有影响的杂志有 MUWOP（即 Museological Working Papers）、ISS（即 ICOFOM Study Series）、Museological News、Museum（即现在的 Museum International）。而由各国创办的专业杂志中,仅英语语种的杂志,较有影响者就有英国的 International Journal of Museum Management and Curatorship、Journal of Education in Museum,加拿大的 Muse,美国的 Curator、Journal of Museum Education、Museums & Social Issues、Museum History Journal,澳大利亚的 Open Museum Journal 等。这些刊物构建起了战后博物馆学新思想和新观点交流的重要平台②。各种形式的研讨会频繁举行,这些研讨会由不同组织和机构举办,既有国际层面的,也有区域层面的。在国际层面,以国际博协及其各专业委员会研讨会影响力最为广泛;而在地区层面,像美国博物馆协会的年会等也在发挥着越来越重要的作用。

其次,博物馆学研究的受关注度有了明显的提升,博物馆学研究正在成为迅速崛起的重要学术场域。

作为一种社会现象,博物馆涉及社会的不同方面,加之与现代性的关联,博物馆在文化、文明、社会治理等方面具有多种价值和意义,所以在过去的几十年里,在国际范围内,特别是西方学术界,博物馆学研究已经不再仅仅是博物馆学界关注和从事的研究领域,越来越多的来自不同研究领域(如人类学、社会学、文化研究等)的学者开始关注、介入博物馆这样一个具有巨大理论资源开发潜力的组织,并将其作为阐释各自理论的一

---

① Conal McCarthy, "Review Article: Museum Factions — the Transformation of Museum Studies", *Museum and Society*, 5(3)(2007): p.183.
② [奥地利]弗德利希·瓦达荷西:《博物馆学——德语系世界观点(理论篇)》,台北五观艺术管理有限公司,2005年,第168页。

个重要的研究场域。特别是近20多年来,这一现象更为突出。对此,英国文化人类学教授沙伦·麦克唐纳曾评述道:"特别是过去十年,致力于博物馆研究的书籍、杂志、课程和事件的数量极大地增长。它已经从一个稀有的少数主题进入主流。先前对博物馆极少关注的学科也已开始将博物馆看作这样一个场域,即它们的一些最有趣味和意义的争论与问题在此通过奇特的、令人兴奋的、合用的方式来加以探讨。他们也认识到,理解博物馆需要超越学科内部的关注而走向与其他学科更广泛的对话,走向采纳和适应来自其他学科专长领域的问题、技术与方法。所有这一切都为当下正在成为学术界最纯粹的多学科以及不断提升的跨学科之一的博物馆研究作出了贡献。"①种种迹象表明,这种形式的博物馆学研究正在不断升温,迅速崛起。但在国内学术界,这一现象似乎尚未引起足够的重视。

再次,取得了一系列新成果,博物馆学研究整体水平得到提升。

从成果角度看,战后西方博物馆学研究取得了一系列新的成果,已涉及博物馆学科建设、基础理论研究、工作研究等诸多方面。国际博协博物馆学专业委员会主办的ISS在一定程度上反映了这些新成果。从这些成果看,在战后博物馆学研究中,一些新的重要课题被提出来,如博物馆学是否是一门科学,是否具有统一性以及博物馆的伦理问题等。一些新概念和新思想也不断出现,比如,在博物馆基础理论方面,出现了像"博物馆化""博物馆物""整合性博物馆""包容性博物馆""开放性博物馆""参与型博物馆"等新概念;在博物馆学方面,则出现了"批判博物馆学"②"比较博物馆学"③"整体博物馆学"(total museology)④等众多提法。从更宏观层面上讲,战后西方博物馆学研究,可以说有三个重要"发现",即学科

---

① Sharon Macdonald, "Expanding Museum Studies: An Introduction", in *A Companion to Museum Studies*, Blackwell Publishing LTD, 2006, p.1.
② 苏东海:《与国际博协博物馆学委员会主席冯·门施对话录》,《博物馆的沉思——苏东海论文选(二)》,文物出版社,2006年,第537—541页。
③ Kreps, Christina F., *Liberating Culture: Cross-Cultural Perspectives on Museums, Curation, and Heritage Preservation*, London: Routledge, 2003, p.4.
④ Wagensberg, J., "The 'Total' Museum, a Tool for Social Change", *Hist Cienc Saude Manguinhos*, 12(2005): pp.309 - 321. www.ncbi.nlm.nih.gov/m/pubmed/166808... 2012 - 08 - 23.

发现、社会发现与人的发现。所谓学科发现,主要是指在战后博物馆学研究过程中,博物馆学是一门独立学科的观点正在为越来越多的人所接受,尽管这门学科处在走向成熟之中,博物馆学学科建设才是博物馆学研究的重要任务之一。所谓社会发现,主要是指重新认识社会在博物馆生存和发展中的地位和作用,试图构建起博物馆与社会之间的新型关系,强调博物馆对社会和社会发展的直接性介入。所谓人的发现,主要是指对博物馆中的"人"(主要是博物馆的服务对象)形成了新的认识,"以人为导向"观点的提出①是这一成果的重要体现之一。对于这一发现,苏东海先生曾给予高度评价,认为"对人的发现是走出传统博物馆学的重要一步"②。所有这些成果都反映了博物馆学研究的新发展,也显示了博物馆学研究整体水平的一种提升。

第四,不同的研究流派初显端倪。

在战后西方博物馆学研究中,因学术追求、基本理念、研究方法等方面的不同,博物馆学研究出现了分化,逐步形成了带有学派意义的不同意见,如致力于作为科学学科的博物馆学研究的捷克布尔诺学派,作为博物馆改革运动理论和思想基础的、致力于变革传统博物馆理念的"新博物馆学",以及在德、英等国出现的后现代博物馆学③等。特别是前两者,已经成为国际博协博物馆学专业委员会内部两个博物馆学研究传统的来源。

上述的这些进展反映了战后西方博物馆学研究的新变化,也使得战后这一时段成为西方博物馆学史上不同于以往的一个重要时期。

三、当代西方博物馆学研究的四大关注

在战后博物馆学研究整体活跃的背景下,在研究实践中出现了一些

---

① Wittlin, Alma S., *Museums: In Search of a Usable Future*, Cambridge, Massachusetts: Mass Achusetts Institute of Technology Press, 1970.

② 苏东海:《博物馆物论》,《博物馆的沉思——苏东海论文选(二)》,文物出版社,2006年,第32页。

③ Peter van Mensch, "Introduction" in *Towards a Methodology of Museology*, PhD thesis, University of Zagreb, 1992.

重要的趋势性变化。笔者将其概括为博物馆学研究的四大关注：即理论关注、社会关注、传统关注和非西方关注。

（一）理论关注

博物馆学研究的理论关注主要着力于博物馆学的相关理论问题探索，其目标是提升博物馆学的理论性。在研究实践中，主要表现为通过不同路径推进博物馆学的理论化。战后急剧增长的理论性文献以及一些代表性人物（如斯特朗斯基、冯·门什等）的出现，均反映了研究中的这一趋势性变化。国内曾有学者对此作过一些论述①。

虽然在20世纪70年代之前，博物馆学研究的理论关注在区域层面上就已经开始，但是其逐步成为一种国际性趋势是在70年代后期。80年代以后，聚合在"新博物馆学"旗帜下的不同形式的"博物馆研究"②则又进一步强化了这种趋势。如果可以将国际博协博物馆学专业委员会主导下的研究和来自其他学科的研究分别看作博物馆行业内、外两种不同力量，那么，战后博物馆学研究的理论关注，主要就是由这两种力量通过不同的方式来推进的。

成立于1977年的国际博协博物馆学专业委员会，是来自博物馆行业"内部"的博物馆学理论化推动力量的重要代表。追寻该委员会在推动理论化方面的种种努力，或许至少可以部分地把握战后博物馆学研究理论化的运行轨迹。

该委员会自成立以来，一直充当国际范围内理论研究的组织者和主导者的角色，被认为是讨论博物馆学概念和作为一门学科的博物馆学地位的"重要平台"③。从该委员会在世界不同地区有规划地举办年度主题

---

① 严建强：《当代西方博物馆学理论化倾向及其特征》，《中国博物馆》2000年第2期。

② 长期以来，西方现代博物馆学重视方法层面研究，其直接的结果之一就是让人们误以为博物馆学研究就是应用研究。所以，一些致力于理论提升的研究者为了避免误解而将自己的研究称为博物馆研究，而不是博物馆学研究。

③ Peter van Mensch, "Introduction" in *Towards a Methodology of Museology*, PhD thesis, University of Zagreb, 1992.

学术讨论会及发行出版物中,可以窥探到其在理论关注方面的种种努力和理论研究的基本走向。从早期更多致力于纯理论问题探讨的博物馆学科建设,到90年代以后对现实问题的理论思考,该委员会在坚持理论探索的基本研究取向的同时,通过在不同时期采取不同的路径去推进博物馆学理论化。

遗憾的是,在这种理论化的推进中,随着博物馆学是对博物馆学现象研究(在这一认识下,博物馆学研究实际上已经超越了博物馆机构)等新观点逐渐被接受,博物馆学研究在一定程度上与博物馆机构的实际运作呈现出一种分离的态势。同时,对现实问题的理论思考中,实务化引发了对专业委员会基本研究取向的困惑,博物馆学专业委员会主导下的理论化推进遭遇了尴尬:除了数量相对较少的从事博物馆学教育的高校教师、读取博物馆学高等级学位者以及对理论研究感兴趣的人之外,博物馆学的理论化推进似乎并未在博物馆实际工作中获得广泛的认可和支持。

来自外部的推动力量主要是在80年代"博物馆繁荣"之后,呈"戏剧性增长"[1]的不同形式的"博物馆研究"[2]。这种博物馆学研究是以新的理论和方法的运用、多学科和跨学科为特征的,像结构主义、后结构主义、符号学理论等被运用到博物馆学研究当中。一些学科如哲学、历史学、人类学、社会学、经济学、艺术学、文化研究等,均开始将博物馆纳入其学术视野,从各自角度探讨博物馆问题。博物馆学研究成为这些学科自我阐释的重要学术场域,对博物馆的研究成为多学科的共同话题。这些研究关注更多的是博物馆目的,而不是博物馆方法层面的东西。而且,这些研究建立在方法多元化的基础上,所依据的理论和方法也相对比较成熟,所以,这些学科的介入在给博物馆学研究带来新的视野、新的认识工具的同时,也产生了一批理论性较强的新成果,如皮尔斯的《博物馆、实

---

[1] Conal McCarthy, "Review Article: Museum Factions — the Transformation of Museum Studies", *Museum and Society*, 5(3)(2007): p.183.

[2] Sharon Macdonald, "Expanding Museum Studies: An Introduction", in *A Companion to Museum Studies*, Blackwell Publishing LTD, 2006, p.1.

物和藏品》①等。由于这些研究更多是从博物馆"外部"着眼进行的,且将博物馆作为一个整体来考察,摆脱了传统博物馆学关注博物馆内部程序与方法的局限,超越了博物馆繁琐的实务研究,因而比来自博物馆内部学者的研究更具理论性②,对于博物馆学研究理论性的提升贡献尤多。它们以另一种方式推动了博物馆学的理论化。此外,多学科的介入也构建起博物馆学与其他学科之间对话的桥梁,使传统的博物馆学研究与这些学科的研究有了交集,也使得对博物馆的研究开始从学术边缘逐步走向学术中心,使博物馆学研究的学术地位得到提升。

不过,正因为这些研究通常是从博物馆"外部"来研究博物馆,并采用了一些传统博物馆研究者所不熟悉的"晦涩"的语言,多数时候超越了博物馆具体工作。"各种性质的学者和评论家对博物馆都有话要说……来自该领域之外的著述者,甚至不曾在博物馆里工作过,就狂热地考察博物馆实物、陈列和活动项目,导致了太多的高度理论化的博物馆论述。这些论述与内部过程几乎没有什么关系"③。所以,这种研究很大程度上难以为博物馆实际运作提供直接性的建议,至少在短时间内很难看到它的影响,其成果不大容易为长期浸染西方现代博物馆学思想的人,特别是来自博物馆管理领域的人所接受。在博物馆这样一个实践性突出的行业中,这样的研究很难获得热烈回应和更广泛的认同。

可见,虽然这些博物馆学研究对博物馆学理论化产生了一些积极的影响,但是由于它呈现出来的不足以及遭遇到的质疑,使得这种研究已经无法再沿着目前的道路继续前行,而需要及时的转向,即需要与博物馆实践相结合。否则,这种研究可能就会因失去其实践基础而演变成一种"纯粹"的理论,其生命力和学术贡献都将是有限的。

来自博物馆行业内外不同力量的理论关注,为博物馆学理论性的提

---

① Pearce, Susan M., *Museums, Objects and Collections: A Cultural Study*, Leicester University Press, 1992.
② 张誉腾:《后现代社会的博物馆情境》,《博物馆大势观察》,五观出版社,2003年,第155页。
③ Conal McCarthy, "Review Article: Museum Factions — the Transformation of Museum Studies", *Museum and Society*, 5(3)(2007): p.183.

升作出了贡献,并在较大程度上改变了博物馆学研究中应用研究占主导、理论研究薄弱的格局,也使博物馆学研究逐渐摆脱了博物馆方法学的窠臼,实现了博物馆学研究的理论转向,博物馆学学科定位也开始从"实践导向"转向"科学和理论导向"。

然而,无论是博物馆学专业委员会主导下的理论推进,还是不同形式的"博物馆学研究",均各自存在局限。最突出的是,讨论中理论成分过多,短时期内缺乏显见的生产性。这就使得理论化推进在博物馆发展的实际需求面前显得学究气十足,很难在博物馆实务界取得应有的支持和拥护。同时,博物馆自身的现实困难,也使得这一方向研究的可行性受到怀疑。

博物馆学学科的成熟和学科地位的确立需要理论化,而战后西方博物馆学理论化进程中遭遇的尴尬,需要我们去重新思考这样的问题:博物馆学作为实践性很强的一门学科,其理论化目标如何实现。未来的博物馆学理论关注可能需要在博物馆的"真实世界"和"生活世界"之间去寻找未来的出路①。

(二) 社会关注

博物馆学研究的社会关注是试图在对西方现代博物馆学自我封闭性反思的基础上,探寻如何在当代社会语境下构建博物馆与社会之间的新型关系,以便使博物馆保持持久的生命力,适应新发展的需求。在研究实践中,社会关注具体表现为,研究更加关注博物馆赖以生存的社会,尤其是当下社会;研究现时社会需求和现实问题,重视并突出博物馆与社会的关联;关注和研究博物馆的社会角色、社会责任、社会义务、文化平等,尤其是博物馆作为社会关系的形塑力量所发挥的作用;研究社会问题、社会新进展;研究博物馆如何介入社会(包括方式、路径)等。博物馆要以推动博物馆所在地区的社会经济发展为目标,要成为社会变革的工具。战后博物馆学的许多研究都是围绕着这些问题展开的,并产生了大量的文献。作为博物馆改革运动理论基础的"新博物馆学"是这种社会关注的最集中

---

① 刘婉珍:《互即互入——博物馆学的存有与发展》,《博物馆学季刊》2013 年第 27 卷第 1 期,第 81—101 页。

体现。

  博物馆学研究的社会关注发端于战前。在达纳①等人的博物馆论述中就已经包含了社会关注方面的论述,然而,这些论述在当时并未激发对博物馆学反思的膨胀。相反地,博物馆学研究仍然延续了旧有的传统,继续"集中于内部事务如藏品、展览设计、组织管理"②。战后,特别是60、70年代,这种博物馆社会关注思想在极具冲击力的、以变革现有博物馆为目标的"新博物馆学运动"基本主张中得到了复兴。80、90年代,这种"新博物馆学"被普遍接受,融入主流。进入新世纪后,"新博物馆学"的基本主张为更多主流博物馆学者接受,并与主流学派呈现出整合趋势③。这种融合的最新表现就是2013年国际博协大会的主题——博物馆(记忆+创造力)=社会变革。这一主题设定体现了博物馆社会思想的新发展、新阐释。从思想渊源的角度看,博物馆学研究的社会关注是对西方现代博物馆学中所蕴含的社会思想的一种挖掘和发扬。

  战后博物馆学研究的社会关注的主要推动力量是"新博物馆学"运动的倡导者。这一运动的代表性人物有乔治·亨利·里维埃(Rivière)、于格·戴瓦兰(Hugues de Varine)、安德烈·德斯沃里斯(André Desvallées)、安德里·奥恩希尔特(Andrea Hauenschild)等,他们的论述就充分反映了这一关注。

  博物馆学研究的社会关注的学术贡献是显而易见的。这种关注更多地从博物馆外部生存环境的现实需求去强调和主张博物馆的社会角色,而不是从内部功能运行的延展去强调博物馆的对外工作。它将博物馆学研究引向了博物馆围墙之外,引向博物馆赖以生存的外部世界。因为这种研究将博物馆作为一种开放的社会机构,从而产生围绕博物馆的社会公平、民主以及公民文化权等诸多研究课题。从社会大视角去认识博物

---

  ① Peniston W. A. ed., *The New Museum: Selected Writtings by John Cotton Dana*, Washington D.C.: The Newark Museum and the AAM, 1999.
  ② Robb Karyl Denison, "Museum Creating Culture", *Journal of Folk Research*, 32(3)(1995): p.283.
  ③ 苏东海:《当代博物馆发展中的几个基本问题》,《博物馆的沉思——苏东海论文选(二)》,文物出版社,2006年,第253—254页。

馆是博物馆学研究视角和方法的一种突破①。

可以说,社会关注使得博物馆学研究在取向、对象与重点、研究方法上均发生了变化,让博物馆学研究实现了社会转向。

由于社会关注突出的是研究中的社会关联(social relevance),社会是有差异的,是变化的,所以,社会关注内涵了对差异性的尊重和对当下的尊重,也内涵了一种变革的意图。社会关注也必然会推动博物馆学研究的理论创新。同时,社会/社区本身的多样化决定了博物馆走向社区的方式方法必然是多元的。从这一意义上讲,社会关注本质上是一种多元化思维,一种去欧洲中心化的思维,也就意味着对欧洲中心化的否定。

如果说西方现代博物馆学体现的是以"物"为基础,是以西方现代博物馆这种单一组织模式为载体的"物"的哲学的话,那么,社会关注所体现的则是一种社会哲学。这种哲学以"遗产"为基础,以"无形"的组织形态为载体,是一种全新的哲学。所以,社会关注的兴起,不只实现了研究上的一种转向,而且是一种哲学层面的超越。博物馆学研究的社会关注对博物馆学科发展的影响是多方面的,而且是巨大的。

(三) 传统关注

博物馆学研究的传统关注主要考察的是作为传统体现的西方现代博物馆和现代博物馆学,其主要目标就是分析二者的遗产,揭露它们的不足与局限,为博物馆的变革和博物馆学的转型提供基础。在研究实践中,这种传统关注集中体现为对作为传统体现的西方现代博物馆和现代博物馆学的反思与批判。

历史地看,传统关注甚至在西方现代博物馆产生之初就已经出现了。但其成为博物馆界的一种主流关注则是在二战之后,并产生了一批成果。从卡里尔的《博物馆怀疑论》②中,可以对此有大略的了解。而且,对于现

---

① 苏东海、毛颖、龚青:《博物馆理论研究与博物馆发展方向——苏东海先生专访》,《东南文化》2012年第1期。
② [美]大卫·卡里尔:《博物馆怀疑论——公共博物馆中的艺术展览史》,江苏美术出版社,2009年。

代博物馆及博物馆学的反思与批判,在不同时期侧重也有所不同,即早期更多的是功能层面的批判,到后来则更多地集中于文化层面的批判。

博物馆学研究的传统关注,最早的推动力量来自西方国家,而后扩展到其他地区,但主要的还是一些来自西方国家的学者所作的批判。

博物馆学研究的传统关注揭示了西方现代博物馆和现代博物馆学的遗产,还原了其本来面貌。从博物馆方面讲,一是西方创设了以西方现代博物馆/西欧型博物馆为核心的博物馆机构和组织制度。这种以收藏、围墙建筑、观众等作为类型元素的组织形式是在欧洲社会现代化进程中产生的,是一种"纯粹欧洲的东西"。这种类型的博物馆随着欧洲殖民势力的扩张而在世界范围内流播开来,并成为当今世界范围内仍占主导地位的博物馆形态,对世界博物馆发展产生了巨大影响。二是形成收藏和保护遗产、重视教育的优良传统。时下博物馆的实践更多得益于这些传统,此不赘述。当然,西方现代博物馆也存在一些局限性,其中一些是这种机制自身无法克服的。这些局限性包括建馆前提的虚设性;实物与文化的"去背景化";收藏让实物变得更容易为主观思想所控制;核心是物而不是人;固化了文化,强化了博物馆文化静态化的意识;试图用片段性的、选择性的实物去实现对以往历史的再现,保持对历史的记忆;选择性,因而也通常是误导性的历史关照;突出理性的科学精神,缺少人文精神,关注事实,缺少情感关照;体现的是精英文化的关联,是精英文化的组成部分,缺少民主精神;内涵了权威性与不平等关系等。从博物馆学方面讲,在传统关注的反思和批判视野下,现代博物馆学在构建起博物馆学基本框架的同时,自身的局限性也是很明显的。具体来说,一是西方现代博物馆学反映的主要是发生在博物馆围墙里面的事情,而不是围墙之外的事情以及围墙内外之间的互动;一是这种博物馆学学术传统在研究中重操作、技术,忽视目的,它关注更多的是博物馆的功能运作,而不是其社会和文化价值与意义。上述揭示有助于我们更清晰地认识西方现代博物馆和现代博物馆学的真容。

伴随着这种传统关注而来的是两个重要的结果。一是直接导致了对西方现代博物馆和博物馆学在当下社会中存在合理性和普适性的质疑,甚至出现了像黑人诗人June Jordan"要炸掉博物馆"①这样激进的表达。这种质疑就其实质而言,是对欧洲中心论的质疑,是对博物馆和博物馆学单一性的否定,以及对多元文化背景下表达多样化的一种期待。一是让人们更为理性地去看待西方现代博物馆和博物馆学。西方现代博物馆不过是博物馆发展过程诸形态中的一种,是与特定时期、特定社会环境相适应的博物馆的一种特殊形态,其存在仅具有相对合理性,而不是万世普型,西方现代博物馆学也是如此。简言之,博物馆学研究的传统关注是对西方现代博物馆及现代博物馆学的一种清算。它颠覆了西方现代博物馆和博物馆学神圣不可侵犯的地位,撕下了它们的普世面纱。这就为变革西方现代博物馆、改造西方现代博物馆学铺平了道路。

博物馆学研究传统关注的另一个最为重要的贡献就是将批判方法和精神引入博物馆学研究。这种引入对于缺乏批判精神的博物馆学研究而言,显得尤其重要。在博物馆学研究实践中,批判方法和精神的缺失是突出的,包括对自身的批判和对其他学科的批判。就对自身的批判而言,博物馆学科一直缺少学科发展的自我反省,特别是理论反省。在众多专业文献当中,与大量的描述性成果相比,有深度的反省成果屈指可数。就对其他学科的批判而言,体现在对其他学科成果不加批判地吸纳。对此,加拿大学者提泽多年前就曾指出:"现在一些博物馆学研究工作经常不加区别地从姊妹学科和相关领域中借用其现成的结论,并且原封不动地挪用于博物馆学研究中。"②所以,对于博物馆学科而言,批判方法和精神就显得尤为珍贵,传统关注在这一方面作出了特别的贡献。

(四) 非西方关注

博物馆学研究的非西方关注主要是指对非西方文化中遗产保护和利用理念与实践的重视与研究,旨在探求遗产保护和利用的最佳模式与理

---

① Edward P. Alexander, *Museums in Motion: An Intruduction to the History and Functions of Museums*, AltaMira Press, 1996, p.5.

② [加]杰·莱尼·迪瑟:《博物馆学——"思考的实践"的反映》,《中国博物馆》1993年第3期,第34页。

念。在研究实践中,这种关注主要表现为对非西方文化遗产保护和利用中固有遗产的挖掘。它是战后西方博物馆学研究中另一个值得重视的趋势性变化。

非西方关注起步于战前,战后更为活跃。尤其是在过去二十年,西方博物馆学研究对非西方文化中遗产保护和利用理念与实践的兴趣不断增长,相关的研究也比较活跃,取得了不少成果。如刘易斯的《藏品、收藏者的博物馆:简略的世界性综览》[1]、Kreps 的《解放文化》[2]等,均体现了这种研究趋势。在这些成果中,非西方文化中遗产保护和利用理念与实践的合理性和合法性得到尊重,其在这一领域的贡献也得到承认。

非西方关注最初主要是西方学者在做工作,后来也有一部分第三世界国家学者介入。这种关注主要是通过两条途径展开的:一是对西方现代博物馆在非西方文化传播中的适应、变异的研究;一是对于非西方文化中遗产保护和利用理念与实践的挖掘,探讨这些文化遗产的保护模式和管理经验[3]。

从学科发展角度看,博物馆学研究的非西方关注有两大贡献。其一是揭示出非西方文化在文化遗产保护和利用实践与理念上的独特创造。在实践上,在非西方文化中,也存在适应当地环境的机构性创设,如一些学者指出的所谓的"本土博物馆"等。这些创设以自身独特的机制和制度承担着保护和利用遗产的使命。在理念层面上,这种研究揭示出非西方文化在遗产保护和利用中的一些可贵的思想,如文化本体的保存理念等。从保存对象上看,在本土博物馆模式当中,文化本体的具象化——实物的保存并非最终的目的,实物生命延长并没有更为实际的意义。在那里,人们更关注的是对艺术传统本身的维护。相对地,实物的保存不再被看作第一位的、最终的目的,这正是战后博物馆学界重要的追求之一。所以,

---

[1] 刘易斯:《藏品、收藏者和博物馆:简略的世界性综览》,《博物馆研究》1990 年第 4 期、1991 年第 1 期。

[2] Kreps, Christina F., *Liberating Culture: Cross-Cultural Perspectives on Museums, Curation, and Heritage Presevation*, London: Routledge, 2003, p.44.

[3] Kreps, Christina F., *Liberating Culture: Cross-Cultural Perspectives on Museums, Curation, and Heritage Presevation*, London: Routledge, 2003, p.2.

本土博物馆模式得以建立的哲学基础显然不是纠缠于具体的实物的保存和陈列，而在于把握住更为本质性的传统的维护。本土博物馆模式所奉行的保护理念的价值不能被低估，因为从哲学层面上讲，本土博物馆模式所奉行的保护哲学并不逊色于西方现代博物馆奉行的"物"哲学，而且也为未来遗产保护和利用提供了一种可供选择的方向。再比如，"无藏品"的保护理念。在非洲，在遗产的保护和利用方面，"没有搜集""无藏品"的理念得以流行。这种理念是基于这样的一种认识："在一些文化中，博物馆搜集不一定是好的或有用的活动——它甚至是极为糟糕的事情，可能会破坏一个文化，而不是有助于保护它。"[1]不仅是搜集，在那里，保护和陈列自己的过去有他们自己的方式，而不必形成传统的所谓的博物馆收藏。"即使在另外一些文化中有收藏，这些藏品极少或根本没有用"[2]。在西非的博物馆中，就可以看到这方面的一些具体例证：储藏室里的藏品会烂掉，严重时会被贼盗空，绝大部分藏品既没有管理员照看，也没有研究者关照。在那里，西方现代博物馆这样的机制反倒呈现出很大的局限和不适应性。显然，这些地方应该有一种与当地环境相适应的遗产保护和利用理念。

　　非西方关注的另一个重要贡献就是"发现"了非西方文化这一块丰富的博物馆学研究资源，拓展了博物馆学研究的视野，丰富并推动了博物馆学的发展。长期以来，产生于西方文化的博物馆一直是博物馆学研究的重要资源。正因为如此，西方现代博物馆学就不可避免地建立起其欧洲中心化的传统。非西方关注的兴起则让人们看到，在西方文化之外，也存在丰富的博物馆学资源。这一发现将为推动博物馆学研究作出巨大的贡献。可以预见的是，随着对这一资源的进一步挖掘，博物馆学研究必将呈现出不同于以往的全新面貌。

---

[1] Malcolm Mcleod, "Museums Without Collections: Museum Philosophy in West Africa", in *Museum Studies: An Anthology of Contexts*, Blackwell Publishing Ltd., 2004, p.455.

[2] Malcolm Mcleod, "Museums Without Collections: Museum Philosophy in West Africa", in *Museum Studies: An Anthology of Contexts*, Blackwell Publishing Ltd., 2004, p.455.

虽然博物馆学研究中的非西方关注取得了突出的成果，对学科发展作出了贡献，但是，从相关文献使用的一些术语（如"类博物馆""博物馆实践""本土博物馆"等）①当中可以看出，已经被识别出的非西方文化中遗产保存和利用的组织创设与西方现代博物馆仍处在不平等的地位，因为这些术语本身的参照系仍然是西方现代博物馆。这种试图借用西方现代博物馆学术语构建非西方博物馆学的努力，一定程度上使去欧洲化的目标设定又重新回到起点，这不能不说是一种遗憾。对于非西方关注而言，未来面临的一个重要任务就是构建起一套与非西方博物馆实践相适应的本土化的话语系统。否则，这种非西方关注最终将不会很彻底，也不会走得太远，非西方博物馆学的建立将只能停留在一种学术设想之上。

从上述对战后博物馆学研究的重要关注的勾勒当中，可以清楚地看出，尽管这些关注可能存在某种程度的叠合，且有的关注也并非发端于战后，但是它们却在战后得到了进一步的加强，从不同方面拓展和深化了博物馆学研究，推动了博物馆学学科发展，对当代博物馆学学科发展与建设作出了各自的贡献。这些研究关注反映了当代西方博物馆学研究在研究取向、主题、方法等方面的重要变化，一定程度上也预示了未来一段时间博物馆学研究的趋向。要建设和发展博物馆学学科，就必须对这些趋势性变化给予高度的重视。

附记：本文是由2013年10月在长春举行的"中国博物馆协会常务理事会暨《中国博物馆》杂志创刊三十周年研讨会"的大会发言提纲扩展而成，并参考了给研究生开设的《博物馆学史》课程的相关内容，特此说明。

原文刊载于《中国博物馆》2014年第2期。

---

① Kreps, Christina F., *Liberating Culture: Cross-Cultural Perspectives on Museums, Curation, and Heritage Presevation*, London：Routledge, 2003.

博物馆史研究：
近三十年来中国的进展

数年前，美国的 Randolph Starn 教授在一篇文章中曾讲到，1989 年第一部有关美国博物馆史的著作的编辑们就抱怨围绕着博物馆史这一主题的"批判沉寂的流行"。同时他还提到，1992 年英国博物馆学家 Eilean Hooper-Greenhill 也曾指出，无论是作为历史性机构的博物馆馆史研究，还是在外国博物馆史研究方面，都没有接受"任何形式的严格意义上的批判性分析"。而这一观点得到同一时期其他学者和评论家的认同[①]。今年，Hugh H. Genoways 和 Mary Anne Andrei 在美国新近创刊的《博物馆史杂志》发刊词中指出："在过去的 20 年里，学者们对于博物馆及其活动历史的兴趣有了很大的增长；然而，直到现在，尚无一份致力于博物馆史的学术杂志。以往的博物馆史研究成果见于各种学科的学术杂志上，使得学术讨论难以进行。"[②]上述这些言论显然主要是针对西方国家博物馆史的研究状况说的，但其中透露出来的信息却值得注意，即在过去的 20 年里，博物馆史研究受到越来越多的关注，而且对于该领域的反思性研究也逐步增多。

那么，中国的博物馆史研究状况又如何呢？

---

① Randolph Starn, "A Historian's Brief Guide to New Museum Studies", *American Historical Review*, Vol.110, No.1(2005).

② Hugh H. Genoways and Mary Anne Andrei, "From the Editors", *Musuem History Journal*, Vol.1, No.1 (2008): p.3.

众所周知,自20世纪70年代末实行改革开放政策以来,中国发生了举世瞩目的巨大变化。这种变化不只限于经济领域,还涉及中国社会的政治、经济、文化、教育等各个方面。作为这一系列变化的一个方面,在自那时以来的近三十年时间里,中国的博物馆事业和博物馆学研究也有了突飞猛进的发展,出现了"第三次高潮期"。在此大背景下,博物馆史的研究也开始进入一个新的阶段。无论是在本土博物馆史研究,还是在外国博物馆史研究方面,均取得了明显的进展,并使博物馆史成为这一时期为数不多的几个发展较快的研究领域之一。然而,与博物馆史研究发展较大形成对照的是,该领域的反思性研究却较为薄弱。近年来,虽然这一问题已引起一些中国学者的注意①,但与博物馆史具体研究成果相比,有关该领域的反思性成果则相对较少。

任何一个学科的发展与进步总是在对它的不断反思和批判中完成的,博物馆史研究的深入发展同样有赖于此。正是基于这样的认识,本文试图对近三十年来中国博物馆史②的研究作一个鸟瞰式的回顾,分析已经取得的进展和存在的问题,并就该领域今后研究中努力的方向提出一些个人的看法,以增进相互间的沟通与了解。

近三十年来,中国在博物馆史研究方面取得了明显的进展,博物馆史研究已经发展成为一个有一定影响力和规模的研究领域。在此,我仅从认识和实践两个层面谈点个人看法。

从认识层面讲,近三十年来,一个重要的变化就是本土博物馆史研究日渐受到研究者们的重视。与改革开放之前中国的博物馆学研究主要集中于应用领域不同,近三十年来,伴随着博物馆事业的发展、博物馆学自身学科建设的需要以及整个研究大环境的改善,博物馆史领域

---

① 史吉祥:《博物馆史研究》,《20世纪中国学术大典·考古学博物馆学》,福建教育出版社,2007年,第2—7页;梁吉生:《应重视中国博物馆史的研究》,《湖南省博物馆馆刊(第三辑)》,岳麓书社,2006年。

② 这里所讲的"博物馆史"是一个狭义上的概念,不包括思想史。严格地讲,讨论博物馆史研究在中国的进展,不仅应该涉及本土博物馆史研究,而且应该涉及中国对外国博物馆史的研究。限于篇幅,本文所讨论的本土博物馆史研究的进展暂不包括港、台学者所做的工作,特此说明。

研究日渐受到重视。具体表现是研究队伍不断地扩大，除了一些德高望重的老前辈之外，越来越多的中青年研究者开始进入该领域。在这一队伍中，"老中青作者发挥各自特长"①。特别是中青年研究者的介入，在为该领域研究贡献出更多成果的同时，更为重要的是给该领域的研究带来了持久的希望。伴随着研究队伍的壮大，研究成果日益增多。除大量的论文之外，这一时期出版的博物馆学著作，几乎都包括了博物馆的历史叙述。而且，越是晚近出版的著作，相关的叙述就越是详细。这一点可从对这一时期出版的两部比较有影响的著作——《中国博物馆学概论》(1985)和《中国博物馆学基础》(1990)相关内容的比较中得到印证。而中国最具影响力的专业刊物——《中国博物馆》杂志还专门开辟"博物馆史"和"博物馆人物"专栏，为博物馆史研究者提供了一个良好的思想交流平台。这些都反映出博物馆史研究正在受到越来越多人的关注，博物馆史研究在逐步升温，已经成为中国博物馆学研究中的重要研究领域之一。

从实践层面讲，在这一时期，博物馆史研究领域涌现出一批成果，反映了该领域的进展。在这些成果当中，既有通史性的研究②，也有特定时期博物馆史的研究③，而且涉及主题领域也更为丰富，并有不少新的见解和认识。在此，我不打算去罗列这些成果，而是希望能够对其中一些突出变化作些介绍和说明。

近三十年，在博物馆史研究的进展中，我认为以下几点是应该特别提到的：一是提出了博物馆历史发展的形态论观点，这是20世纪80年代

---

① 史吉祥：《博物馆史研究》，《20世纪中国学术大典·考古学博物馆学》，福建教育出版社，2007年，第7页。
② 参见傅振伦：《中国博物馆事业略史》，《福建文博》1982年第1期；高荣斌：《中国博物馆发展概略》，《辽海文物学刊》1986年第2期；徐湖平：《〈中国文博事业史〉引论》，《东南文化》1995年第1期。
③ 参见梁吉生：《旧中国博物馆历史述略》，《中国博物馆》1986年第2期；米世同：《延安时期的博物馆事业》，《文博》1986年第3期；胡骏：《社会主义新时期我国博物馆事业的回顾》，《中国博物馆》1991年第4期；苏东海：《"文化大革命"时期的中国博物馆(1966—1976)》，《中国博物馆》1996年第3期。

末由著名博物馆学家苏东海先生提出来的①。在1988年发表的《博物馆演变史纲》一文中,他对这一观点进行了完整而系统的阐述。按照博物馆历史发展的形态论观点,博物馆是一种社会文化现象,在其漫长的发展过程中,经历了古代、近代、现代和尚未定型的当代四种不同的形态。不同形态的博物馆存在于不同的历史时期和社会形态之中,其功能和社会化程度是不尽相同的。博物馆的历史实际上就是博物馆功能不断丰富和完善、社会化程度不断提高的一个历史过程。博物馆历史发展的形态论观点是从文化史和社会史等多个角度去考察博物馆的历史发展,它重视从博物馆自身特征的演变和发展去认识博物馆,因而有利于或能更清楚地观察博物馆演变。博物馆历史发展的形态论观点,既生成了博物馆历史发展的一项具体成果,也为考察和认识博物馆现象提供了一种不同于以往的新视角和新方式。正因为如此,这一观点提出后得到了学者们的认同②。二是中国博物馆历史发展的基本轮廓日渐清晰。近三十年来,经过学者们的努力,中国博物馆历史发展的基本轮廓已经日渐清晰起来,尽管在具体历史时段的划分等问题上还存在一些不同的看法,但一些基本共识已经形成。在中国,实物的收藏与保存发端较早,并且有自身的传统。中国从很早时候起就发展出具有自身特点的古代形态博物馆③,而中国现代意义上的博物馆则是从西方引进的,是中国社会近代化进程的产物。第一个由中国人自己创办的现代意义的博物馆是1905年由中国近代著名实业家张謇在南通创办的南通博物苑。为纪念该馆创建100周年,2005年9月在南通举行了盛大庆典。若从南通博物苑算起,现代博物馆在中国的发展不过百余年时间。其间经历了清末、中华民国时期和中华人民共和国时期三个大的阶段,并分别在20世纪的30年代、50年代和80年代出现了三个发展高潮。中国博物馆历史发展的基本轮廓正

---

① 苏东海:《博物馆演变史纲》,《中国博物馆》1984年第1期。值得注意的是,形态论观点中的某些因素或许可追溯到20世纪80年代初。韦直:《博物馆的历史与发展》,《博物馆研究》1984年第1期。
② 严建强:《博物馆的理论与实践》,浙江教育出版社,1998年。
③ 也有学者称为"传统型的博物馆"。参见荆三林、李元河主编:《博物馆基础理论与使用技术·博物馆发展简史》,河南大学出版社,1990年,第65—94页。

在清晰展示出来,这也是这一时期本土博物馆史研究的一个重要进展。三是认识并发掘出中国在博物馆领域的独特贡献。本土博物馆史研究的另一个重要进展就是认识并发掘出中国在博物馆领域的独特贡献。这一方面一个突出的例子就是对西安半坡博物馆在开创遗址博物馆模式上的历史贡献的研究和发掘[1],张謇和南通博物苑的历史贡献也属于此。对于中国在博物馆领域的独特贡献的认识和发掘可以说是博物馆史研究的另一个重要进展。由于欧美博物馆在博物馆发展史上的独特地位以及现代意义博物馆在中国起步较晚,在以往的研究中,本土博物馆对世界博物馆作出的独特贡献时常会被有意无意地忽视,所以,这种对本土博物馆的独特历史贡献的认识与发掘,其意义已经超越了成果本身,而具有态度和认识上的意义。对于西安半坡博物馆历史贡献的认识与发掘仅仅是一个开头,随着中国在本土博物馆史领域研究的深入以及对国外博物馆历史的更多了解,相信中国在博物馆领域的独特历史贡献会被更多地揭示出来。

近三十年来,本土博物馆史研究取得一些明显进展,但客观地讲,在这一时期该领域的研究中还存在一些不容忽视的问题。这些问题集中表现为:宏观研究多,微观研究少;综合研究多,专题研究少;定性研究多,定量研究少;描述多,解释少。除此之外,正如梁吉生先生所指出的,也存在诸如"研究视角、叙事空间比较狭隘,阐释框架不够开阔,缺乏研究视野的转换","研究方法上还比较单一,缺乏借鉴和引入社会学、文化学、教育学和计量史学等相关分析工具"[2]等问题。由于存在这样一些问题,原本应该活生生的博物馆史变成了一个只见骨架、不见血肉,只见事实、不见联系和规律的干瘪的怪物。

客观地讲,上述问题产生的原因是多方面的,而不是单一的。其中,

---

[1] 参见苏东海:《应对半坡遗址博物馆进行更高的历史评价》,《中国文物报》1997年10月19日第3版;魏光:《试论发掘半坡遗址建立半坡博物馆的历史意义及社会价值》,《史前研究:西安半坡博物馆成立四十周年纪念文集》,三秦出版社,1998年;张文立:《罗马宫博物馆历史地位质疑》,《中国博物馆》1998年第4期。

[2] 梁吉生:《应重视中国博物馆史的研究》,《湖南省博物馆馆刊(第三辑)》,岳麓书社,2006年。

既有主观认识上的原因,如对博物馆史研究的重视程度、研究者的认识水平等;也有客观上的原因,如该领域研究的历史与现状等。因此,要解决这些问题,就应该以一种更为理性的态度去对待,认真分析产生这些问题的原因,有针对性地提出更为有效的解决办法,而不只是指出问题或一味地抱怨和等待。在这一问题上,我们既不能无视问题,满足于现状,也不能超越博物馆史目前的研究现状而提出不切合实际的任务,两者均不利于博物馆史研究的进一步深入。

就目前情况而言,在产生上述问题的诸原因当中,比较突出的有两条:一是博物馆史研究尚未得到普遍重视;二是基础性工作薄弱。因此,我认为要解决好上述问题,应该注意做好以下几个方面的工作:

首先,从认识层面来讲,要进一步重视该领域的研究。如前所述,近三十年来,博物馆史研究取得了比较大的进展,这在很大程度上得益于对该领域研究的日渐重视。相对于以往而言,这无疑是一个大的进步。然而,客观地讲,如果就博物馆学科发展和博物馆事业发展的实际需要而言,迄今为止对于博物馆史研究的重视,无论深度和广度都是不够的,博物馆史研究尚未引起普遍而足够的重视。一个简单的事实是,在近三十年来的数以千计的博物馆学研究成果当中,博物馆史方面的研究(包括本土博物馆史和外国博物馆史)成果屈指可数。我们可以将这种局面的出现归因于博物馆学历史的短暂,归因于博物馆学应用性强的学科特点等因素,但在认识层面,对于博物馆史研究普遍的不重视以及对其价值和作用的很大程度上的误解,不能不说是造成这种局面的一个非常重要的原因。当然,这一问题已经引起学者们的关注。两年前,梁吉生先生曾撰文呼吁"应重视中国博物馆史的研究"[①],这是一种很具有前瞻性和学科发展眼光的意见,应该引起足够重视。

其次,从实践层面讲,应该注意做好以下方面的工作。一是对于基本史实和史料的进一步整理和发掘。在历史研究当中,史实和史料整理工作的基础性作用是毋庸赘言的。在博物馆史研究中同样如此,基础工作

---

① 梁吉生:《应重视中国博物馆史的研究》,《湖南省博物馆馆刊(第三辑)》,岳麓书社,2006年。

做得好,相关研究就容易深入。在中国博物馆史研究中,张謇和南通博物苑是研究比较深入的,一个重要原因就是资料工作扎实。在20世纪80年代初,南通博物苑就编辑出版了一系列资料。如前所述,近三十年来博物馆史研究中存在宏观研究多、微观研究少,综合研究多、专题研究少等问题,这些问题的出现固然有认识等方面的原因,但整体上基础性的资料工作薄弱应该说是直接而重要的原因之一。由于缺乏基础性的材料,微观性和专题性研究实际上就无法进行,整个研究就只能停留在宏观的、综合性的层面上。同时,要实现博物馆史研究从描述性研究走向解释性研究,更需要坚实的资料基础。因此,加强对基本史实和史料的整理与发掘,夯实史料基础是深化博物馆史研究和解决以往研究中存在问题的重要前提条件,也是本土博物馆史研究深化的前提条件。需要注意的是,在史实廓清、资料整理过程中,不仅要重视对相关文献材料的整理,同时也应该重视口头史料的整理①,特别是对于晚近博物馆史研究而言,后者具有更为特殊的意义。二是在前一项工作的基础上,要实现研究工作中的两个转向,即:(1)从描述转向描述与解释并重。在中国,博物馆史研究的历史并不长,本土博物馆史研究的历史更短些,在以往的研究中尚存在不少的空白点。在这样一种现实状况之下,一定程度的描述性研究不但是必要的,而且是必需的。同样,在一些描述性工作做得相对较多的领域,则需要进行解释性的研究。这不仅是可能的,而且还是提升博物馆史研究水平的必然选择。当然,在实现这一转变的过程中,一定要注意材料与解释之间的关系。解释工作与史实与史料整理工作紧密联系在一起,前者以后者为基础。脱离开扎实的史料基础,解释就是一句空话,是没有根基的,甚至可能会将博物馆史研究引向歧途。(2)从宏观性研究转向宏观性研究与微观性研究并重。具体讲,这种转向包括两个方面的内容。从范围上讲,在进一步深化全国层面的博物馆史研究的同时,应该更加重视区域博物馆史。从领域上讲,应该从一般性研究转向专门性研究,即从通史转向专题史,如陈列史、管理史、博物馆公共领域的历史等。在博物

---

① 史吉祥:《博物馆史研究》,《20世纪中国学术大典·考古学博物馆学》,福建教育出版社,2007年,第7页。

馆历史发展基本框架建立起来之后,这种从宏观的面上的研究转向微观的点上的研究将是充实和修正基本框架、深化博物馆史研究的一项重要工作,同时,也将会使博物馆史逐步丰满起来。

可喜的是,近些年来,在中国博物馆史研究领域,出现了一些值得注意的新动向。主要表现在以下几方面:一是对史料整理与考证的重视。作为历史研究基础的史料整理与考证在20世纪80年代初曾有研究者做过大量工作,有过一批成果。但此后一段时间,这项工作相对减少了。近年来,这项基础性工作又得到研究者的重视,并涌现出一些值得关注的成果,如程军的《上海近代早期博物馆史料补遗》[1]等。二是研究日渐深入,集中表现在两个转向,即开始从宏观国家层面研究转向微观性的地区层面研究,从通史研究转向专题研究。近些年来区域博物馆史甚至是各馆博物馆史研究成果不断涌现,尽管这些成果更多是描述性的,但从史料以及领域拓宽角度讲,仍然是有意义的。与以往不同的是,一些专题性研究成果也不断涌现,如李国鳌的《1949年前的中国博物馆建筑》[2]等。三是注意从史学的其他领域汲取新的养分,从描述转向解释,如杨志刚的《博物馆与中国近代以来公共意识的拓展》[3]等。四是从研究的方法上看,开始尝试从世界视野看待和解释中国博物馆历史发展。换句话说,是将本土博物馆历史发展放置在世界博物馆发展的大背景之下认识,而不再将中国的博物馆看作是孤立发展的。比较有代表性的成果如安来顺的《二十世纪博物馆的回顾与展望》[4]等。虽然反映这些新动向的成果还不是很多,但这些新动向的出现却是有意义的。它们无疑会有助于解决以往研究中存在的问题,提升博物馆史研究的水平。而且,随着上述这些方面研究工作的推进,本土博物馆史研究必将进入一个新的阶段,一部有血有肉的丰满的博物馆史是完全可以期待的。

以上笔者用有限的篇幅,对过去近三十年来中国在博物馆史研究领

---

[1] 程军:《上海近代早期博物馆史料补遗》,《博物馆研究》2005年第4期。
[2] 李国鳌:《1949年前的中国博物馆建筑》,《博物馆研究》2006年第3期。
[3] 杨志刚:《博物馆与中国近代以来公共意识的拓展》,《复旦学报(人文社科版)》1999年第3期。
[4] 安来顺:《二十世纪博物馆的回顾与展望》,《中国博物馆》2001年第1期。

域的进展进行了一个鸟瞰式的回顾。从中可以看出,研究者对于博物馆史的兴趣日渐浓厚,研究工作也取得了一些明显的进展。在这一点上,中国与西方是相同的。但是,受研究历史较短等多种因素的影响,与国外相比,中国在博物馆史研究领域还存在一定的差距,我们还没有像日本的《博物馆史研究》、美国的《博物馆史杂志》那样专门的博物馆史学术刊物;而当英国博物馆学家 Eilean Hooper-Greenhill 将福柯学说用于解释博物馆的时候[1],我们可能还需要在史料的整理和轮廓的廓清方面做不少的工作。令人欣慰的是,今天的中国正在以一种更为开放的态度走向世界,与世界其他国家之间的交往更加广泛而便捷,这必将对包括博物馆史在内的中国博物馆学研究产生积极的影响。中国的博物馆史研究必将取得更大、更快的进展。

原文刊载于《中国博物馆》2008 年第 3 期。

---

[1] Eilean Hooper-Greenhill,*Museums and the Shaping of Knowledge*,London:Routledge,1992.

达纳建馆思想初论

达纳(John Cotton Dana,1856—1929)是纽瓦克博物馆(Newark Museum)的缔造者和第一任馆长,也是美国博物馆史上一位大师级的博物馆学家①。在他的博物馆生涯中,对博物馆建设一直颇为重视,并从建馆程序等多个方面对博物馆建设问题进行了探讨,形成了一系列的认识。这些认识反映了达纳对博物馆建设问题的思考,并构成了其博物馆学思想的重要组成部分。限于篇幅,在此,笔者仅就他对建馆前的调查研究、理想的博物馆及博物馆建筑要求等方面的认识略作分析。

一、建馆前的调查研究

对于建馆前的调查研究,达纳是非常重视的。他在建馆启动的组织程序中曾对此有过较为详细的论述。在《新博物馆》一文中,达纳曾对建馆启动的组织程序进行讨论,他将建馆启动的组织程序概括为调查研究、公开通告与宣传、举行会议、组织讨论、人员与组织准备等若干步骤。在他看来,在整个组织程序当中,建馆前的调查研究是必须首先要做的一项工作。

对于建馆前的调查研究,达纳认为,可以采用多种方式来进行,内容涉及以下几个方面:

---

① Alexander, E. P., *Museum Masters: Their Museums and Their Influence*, Nashville, TN: American Association for State and Local History, 1984, pp.377 - 411.

（一）对相关文献的调查研究

"从出版物、谈话和通信中，寻找如同你所在城市一样的城市是如何开始它们的博物馆的"①。其中，最值得调查的就是博物馆名录一类的东西。对于美国各城市而言，显然就是《美国博物馆名录》之类的材料。

（二）咨询同行，向同行寻求支持

除查询文献之外，咨询同行也是必要的。他提出，博物馆建设者要"写信给附近的博物馆，询问它们对建造博物馆有什么建议"。而且，"在写信之前，要考虑这些博物馆的名单，根据近似性和特征看看名单上的博物馆是否适合为你提供帮助。你所在州的博物馆或许容易为你的博物馆提供帮助和建议"②。

（三）调查社区可利用资源

在这一方面，他曾建议道："在获取一些博物馆创建方法数据的同时，还要在你的社区里进行细致的调查，去发现正在寻求从博物馆获得帮助的那些搜藏家、业余爱好者、科学家、教师以及具有公共精神的有财力的男女。他们有博物馆倾向或者对所有整体进步方面的建议持开放态度。"③社区当中这些可利用的资源也是调查的重要内容。

除此之外，达纳还告诫那些对建立博物馆有兴趣的人，在创建博物馆时，要全面地调查博物馆领域所发生的事情（包括已经发生的和正在发生的），研究社区当中已经存在的博物馆和图书馆，去考察这些博物馆的内容、管理手段、财政状况等，以便为博物馆的筹建作准备④。

---

① Peniston W. A. ed., "The New Museum", *The New Museum: Selected Writtings by John Cotton Dana*, Washington, D.C.: The Newark Museum and the AAM, 1999, p.32.
② Peniston W. A. ed., "The New Museum", *The New Museum: Selected Writtings by John Cotton Dana*, Washington, D.C.: The Newark Museum and the AAM, 1999, p.32.
③ Peniston W. A. ed., "The New Museum", *The New Museum: Selected Writtings by John Cotton Dana*, Washington, D.C.: The Newark Museum and the AAM, 1999, p.32.
④ Peniston W. A. ed., "Libraries and Museums", *The New Museum: Selected Writtings by John Cotton Dana*, Washington, D.C.: The Newark Museum and the AAM, 1999, pp.118-127.

可以看出，达纳所主张的建馆前的调查研究不只是一味地外向性的实地考察，也包括了文献考察、社区本身调查等多个方面。而且，这种调查研究所涉及的对象已经不仅局限于博物馆及博物馆行业本身，还拓展到同属公共服务领域的如图书馆等其他组织，显示出更为宽广的调查视野。

在重视建馆前调查研究的同时，达纳更注重在此基础上"求异"，而不是趋同。这一点在他对纽瓦克博物馆的定位和规划中得到了很好的印证。在规划和建设纽瓦克博物馆时，达纳对美国及欧洲的博物馆已有广泛的了解，熟悉当时的博物馆学文献，也曾考察和了解过纽瓦克市周边城市的博物馆。在这一过程中，他并没有迷失方向，没有盲目地趋从和模仿已有的一些博物馆，而是试图寻求一个更符合纽瓦克市当时实际情况的博物馆。他明确地指出，在纽瓦克这样一个小地方，"需要一个小的、实用的博物馆"①，一个"补充性"的博物馆，一个"对纽瓦克人的需求给予特殊关照"②的博物馆，而不需要像纽约或华盛顿那样的大型博物馆。在纽瓦克这样一个周围有大型博物馆的小地方建造博物馆，若可怜地模仿相距不远的任何一个大机构，"在我们看来，就是在做愚蠢的、无用的，也不会有好结果的事情"③。

达纳在调查研究基础上"求异"而不是趋同的建馆取向清晰可见，那么在调查研究基础上究竟如何"求异"呢？

对此，达纳提出了社区需求的观点，即要从社区的自身条件和利益出发规划和建设博物馆，要考虑社区居民的需要，要反映社区的兴趣，并将此作为建馆的基本出发点。这一点同样体现在他对纽瓦克博物馆的定位和规划之中。在谈到纽瓦克博物馆定位与建设规划时，达纳指出："从一开始，我们必须要问自己。我们为什么要在纽瓦克创建一座博物馆？该

---

① Peniston W. A. ed., "The Newark Science Museum in the Free Public Library", *The New Museum: Selected Writtings by John Cotton Dana*, Washington, D. C.：The Newark Museum and the AAM, 1999, p.150.
② Peniston W. A. ed., "The New Museum", *The New Museum: Selected Writtings by John Cotton Dana*, Washington, D.C.：The Newark Museum and the AAM, 1999, p.24.
③ Peniston W. A. ed., "The New Museum", *The New Museum: Selected Writtings by John Cotton Dana*, Washington, D.C.：The Newark Museum and the AAM, 1999, pp.23 - 24.

馆能为社区做些什么？它可以为日常生活增添哪些欢乐？它如何有助于纽瓦克人的工作与娱乐？"①在他看来，创建博物馆必须要关注其与社区之间的关联，考虑社区的需求，而不是别的。

一般而言，每一个社区的实际情况都不尽相同，有各自的特点。这样，每个社区的实际需求也就必然呈现出个性化的特点。从社区的需求出发规划和建设博物馆，一个自然的结果是，博物馆必然是丰富多彩的，少有雷同，也就达到了"求异"的目标，从而在博物馆筹建伊始，就为新建博物馆特色的形成提供了一定的保障。此外，从社区需求出发规划和建设博物馆，强调的是博物馆与所在社区之间的关联，更容易在社区中引起兴趣与共鸣，也容易获得社区的支持。这或许正是达纳强调"求异"和"社区需求"的原因所在吧！

二、理想的博物馆

创建一座理想的博物馆是所有博物馆建设者的共同目标和追求。那么，对达纳而言，理想的博物馆是什么，或者说，什么样的博物馆才算是理想的博物馆呢？

理想的博物馆应该是"有用的"博物馆。达纳指出："博物馆的优秀并不在于对博物馆建筑投资的多少及由此而带来的提升，或者，也不在于其藏品的稀有程度、拍卖价值大小或资金花费多少。博物馆的优秀仅在于它的'有用'。"②

理想的博物馆最核心的东西不是它的建筑，甚至不是它的藏品，而是它是否有用，是否被利用。"有用"是理想博物馆的一个重要特征，"有用"

---

① Peniston W. A. ed., "The New Museum Open its Doors: It Aim to Enrich the Life of the Community by Stimulating an Interest in Creative Design", *The New Museum: Selected Writtings by John Cotton Dana*, Washington, D.C.: The Newark Museum and the AAM, 1999, p.179.

② Peniston W. A. ed., "A Plan for a New Museum: The Kind of Museum it will Profit a City to Maintain", *The New Museum: Selected Writtings by John Cotton Dana*, Washington, D.C.: The Newark Museum and the AAM, 1999, p.65.

的博物馆就是理想的博物馆。

对于"有用"的博物馆中"有用"这一概念，达纳有自己的理解："当然，'有用'一词所意味的远不只是在金钱上有利可图，而是意味着博物馆在让其所在社区的各种生活艺术走向更为成熟方面具有影响力。"① 显然，达纳所主张的"有用"有着经济、生活影响力等多个方面，而博物馆对其所在社区生活艺术的影响力似乎更能体现"有用"。而且，达纳所主张的这种"有用"应该是直接的、明确的。用他的话说，博物馆应该努力追求的一种模式就是"为建立和维持它们（博物馆，笔者注）的人——普通公众，提供直接而有用的服务"②。

具体到社区层面，在达纳的头脑中，"有用"的博物馆就是"能够对社区需求作出反应的博物馆。博物馆能积极地介入社区的生活，致力于公共服务和教育任务"③。在他看来，最值得社区拥有的博物馆应该是"那种有活力的、积极的博物馆，在娱乐、启蒙和教育领域做一些相当明确工作的博物馆"④。满足社区需求是"有用"的博物馆在社区层面的具体体现。

作为"有用"的博物馆主张的一种自然延伸，达纳对旧式博物馆的性质提出了质疑。他指出："旧式博物馆，我们认为，根本就不是博物馆。它们是不同范围和花费的'藏品'，极少有明确的用途。"⑤

在达纳心目当中，理想的博物馆还应该是充分考虑公众需求，与后者有着融洽关系，服务性的博物馆。他认为博物馆是公共服务机构，一个好

---

① Peniston W. A. ed., "Should Museums Be Useful?" *The New Museum: Selected Writtings by John Cotton Dana*, Washington, D.C.: The Newark Museum and the AAM, 1999, p.133.

② Peniston W. A. ed., "Introduction", *The New Museum: Selected Writtings by John Cotton Dana*, Washington, D.C.: The Newark Museum and the AAM, 1999, p.14.

③ Peniston W. A. ed., "Annotated Bibliography", *The New Museum: Selected Writtings by John Cotton Dana*, Washington, D.C.: The Newark Museum and the AAM, 1999, p.241.

④ Peniston W. A. ed., "The New Museum", *The New Museum: Selected Writtings by John Cotton Dana*, Washington, D.C.: The Newark Museum and the AAM, 1999, p.31.

⑤ Peniston W. A. ed., "The New Museum", *The New Museum: Selected Writtings by John Cotton Dana*, Washington, D.C.: The Newark Museum and the AAM, 1999, p.29.

的博物馆就要为公众服务,"应该对其各自的社区具有更多服务性"①。由于坚持这样的主张,达纳对与公众建立起良好服务关系的百货商店流露出羡慕之情。他指出,大城市一流的百货商店或许比我们已建立的任何一座博物馆更像一座好的艺术博物馆,原因是百货商店"所在位置是中心区;它容易通达;它在赞助人希望参观它的任何时候,对所有人开放;它谦恭地接待所有的人,并免费提供信息;它展示其最有吸引力和最有趣的实物,并按照需求展示其他无数的东西;其展品是根据赞助人的知识和需求来划分的;它采光很好;它有方便而便宜的休息室;它提供免费的指南;它广泛而不断地宣传自己;它变换其展品以便适应日常兴趣的变化、艺术趣味的变化以及发明和发现的进步"②。简言之,无论在地点选择、接待态度,还是在具体设施配置、内容等方面,百货商店都考虑到了公众的实际需求,建立并保持了与公众之间的良好关系,具有良好的服务性,是一个服务性的组织。达纳对于百货商店服务性的赞许性描述透露出他心目中对理想博物馆的另一方面要求,即要具有良好的服务性。这种具有良好服务性的博物馆,或许可称之为类百货商店博物馆模式。

达纳强调理想的博物馆应该具有服务性,源自他对博物馆自身特性的清醒认识。他认为,与所有人在青年时期都必须要进入学校接受教育不同,博物馆不具有强迫性,"博物馆只能影响那些自愿来参观的人"。仅此一条就足以决定博物馆"要为所有的人提供便利,范围要广泛,活动要丰富,方式要热情友好,并热切地关注最谦卑的好奇者可能举出的任何提示"③。换句话说,博物馆必须具有服务性。

与对类百货商店博物馆模式的渴望和期待形成鲜明对照,达纳反对

---

① Peniston W. A. ed., "A Museum of Service", *The New Museum: Selected Writtings by John Cotton Dana*, Washington, D.C.: The Newark Museum and the AAM, 1999, p.172.

② Peniston W. A. ed., "The Gloom of the Museum", *The New Museum: Selected Writtings by John Cotton Dana*, Washington, D.C.: The Newark Museum and the AAM, 1999, p.57.

③ Peniston W. A. ed., "The New Museum", *The New Museum: Selected Writtings by John Cotton Dana*, Washington, D.C.: The Newark Museum and the AAM, 1999, p.43.

新建博物馆复制那种无视公众需求的旧式博物馆,尽管这种复制有时可能是无意识的。原因就是,旧式博物馆的"内容与支撑它们的人的日常生活之间,缺乏友善和有帮助的关系"①。

对于理想的博物馆,达纳除了进行一般性勾勒之外,也有一些更为具体的描述。

他指出,理想的博物馆不只具有搜藏功能,不是仅能观看的博物馆以及对产业艺术发展影响甚微的博物馆②,还应该是"视觉教育机构"(institute of visual instruction)③。这种机构的主要功能是教育和解释,而不仅仅是搜集。

此外,在达纳对未来博物馆的描绘中,同样可以窥探他心目中理想博物馆的其他特征。他曾指出,"好的博物馆能够吸引、娱乐、引发好奇心,诱导质疑——进而推动学术"④。尽管达纳力主博物馆应该服务于教育,但在他看来,一个好的博物馆不单要传播知识,更应该培育好奇心和质疑精神。在《服务性博物馆》一文中,他曾指出:"未来的博物馆,至少有时要让其观众看到制作中的实物。"⑤这就意味着,在展示和活动内容设置方面,理想的博物馆不只是简单地表现玻璃柜中静态布置的实物,还应该揭示实物制作的过程(如画家的绘画创作过程、编织者的编织过程、雕塑家的塑型过程等)。

这些论述反映了达纳对博物馆理想式样的更为具体的刻画。作为博物

---

① Peniston W. A. ed., "Libraries and Museums", *The New Museum: Selected Writtings by John Cotton Dana*, Washington, D.C.: The Newark Museum and the AAM, 1999, p.120.

② Peniston W. A. ed., "A Plan for a New Museum: The Kind of Museum it will Profit a City to Maintain", *The New Museum: Selected Writtings by John Cotton Dana*, Washington, D.C.: The Newark Museum and the AAM, 1999, p.75.

③ Peniston W. A. ed., "The New Museum", *The New Museum: Selected Writtings by John Cotton Dana*, Washington, D.C.: The Newark Museum and the AAM, 1999, p.29.

④ Peniston W. A. ed., "Preface", *The New Museum: Selected Writtings by John Cotton Dana*, Washington, D.C.: The Newark Museum and the AAM, 1999, p.9.

⑤ Peniston W. A. ed., "A Museum of Service", *The New Museum: Selected Writtings by John Cotton Dana*, Washington, D.C.: The Newark Museum and the AAM, 1999, p.170.

馆创建者,达纳对理想的博物馆是有着明确认识的。这些认识既包括一般性的概括,也包括具体描绘,它们共同构建起达纳心目中博物馆的理想形象。

三、博物馆建筑要求

在达纳看来,建筑是博物馆的一个重要物质条件,是"藏品"的储藏室,也是博物馆真正的"实物"①。不过,建筑对博物馆的意义远不止于此。他指出,更重要的是,博物馆建筑还直接影响着人的意识和态度。在传统博物馆里,"建筑是远离人群的,风格上是宗教性的、盛气凌人的或贵族式的;它们的管理人员,部分可能因为这种超然绝俗和不可侵犯的环境,倾向于将自己看作是一种特殊仪式的高级牧师。只有当观众偶然前来朝拜,而不是睁大眼睛观看和自由批评的时候,他们才会宽容地对待这些观众;董事们通常更多考虑的是恰当的博物馆氛围,而不是博物馆观众的惠顾,更多考虑的是保护而不是利用"②。由于认识到博物馆建筑的多方面作用,达纳极为重视博物馆建筑,并围绕这一问题作过不少的论述。在此,着重就他对建筑选址、基本条件、建筑结构以及外观式样等方面的认识作些讨论。

在建筑选址上,达纳提出馆址要具有"中心性"。他认为,博物馆应该像其他任何依赖公众利用而得以建立和维持的机构一样,"必须位于支持它的公众最容易且以最低花费便可抵达的地方,即它必须要靠近人口日常流动的中心"③,"主体建筑应该靠近居民日常流动的中心"④。在讨论

---

① Peniston W. A. ed., "A Plan for a New Museum: The Kind of Museum it will Profit a City to Maintain", *The New Museum: Selected Writtings by John Cotton Dana*, Washington, D.C.: The Newark Museum and the AAM, 1999, p.63.
② Peniston W. A. ed., "The Gloom of the Museum", *The New Museum: Selected Writtings by John Cotton Dana*, Washington, D.C.: The Newark Museum and the AAM, 1999, p.53.
③ Peniston W. A. ed., "A Plan for a New Museum: The Kind of Museum it will Profit a City to Maintain", *The New Museum: Selected Writtings by John Cotton Dana*, Washington, D.C.: The Newark Museum and the AAM, 1999, p.68.
④ Peniston W. A. ed., "A Plan for a New Museum: The Kind of Museum it will Profit a City to Maintain", *The New Museum: Selected Writtings by John Cotton Dana*, Washington, D.C.: The Newark Museum and the AAM, 1999, p.66.

一些特定类型博物馆的选址问题时，达纳重申了这种"中心性"要求。在谈到艺术博物馆的选址时，他指出："艺术博物馆所在位置应该是最多的人以最少量的时间和金钱支出就能够通达的地方。它应该靠近博物馆所在城市的中心——并非城市的人口中心，而是快速通达的中心——而且也尽可能地靠近城市中更为重要的火车站，这样，外地人也可能快速而便宜地参观它。"①社区博物馆也应如此，即馆址具有"中心性"，这样，"其社区的绝大多数人才可以快速而方便地参观它"②。可见，达纳主张馆址要具有"中心性"是非常明确的，而且在这一要求中，所谓的"中心"具有特定的含义，即"公众能够迅速通达、人口流动的中心"，而非人口中心。在达纳看来，"人口中心"与"人口日常流动中心""不是一回事，是不相同的"③。

达纳在馆址选择上所坚持的"中心性"主张，不只强调了交通的便利和易入性，同时也注意到了抵达的成本问题。在这一问题上，以往的研究者更多强调的是交通便利，但问题是，交通便利并不等于抵达的成本低。因此，达纳的认识较仅关注交通便利的看法要更为全面，更具观众服务的意味。

达纳主张馆址具有"中心性"是与他对博物馆的理解以及对当时美国博物馆实际状况的反思紧密相联的。首先，在达纳看来，博物馆是一个服务性的机构。博物馆要为公众服务，就必须考虑服务对象的需求。对观众的有用性以及观众的可及性是最先需要考虑的。博物馆的有用性是"直接与其观众的数量成比例的，而这一数量又直接与其可及性成比例"④。要

---

① Peniston W. A. ed., "The Gloom of the Museum", *The New Museum: Selected Writtings by John Cotton Dana*, Washington, D.C.: The Newark Museum and the AAM, 1999, p.52.
② Peniston W. A. ed., "The Gloom of the Museum", *The New Museum: Selected Writtings by John Cotton Dana*, Washington, D.C.: The Newark Museum and the AAM, 1999, p.44.
③ Peniston W. A. ed., "A Plan for a New Museum: The Kind of Museum it will Profit a City to Maintain", *The New Museum: Selected Writtings by John Cotton Dana*, Washington, D.C.: The Newark Museum and the AAM, 1999, p.66.
④ Peniston W. A. ed., "A Plan for a New Museum: The Kind of Museum it will Profit a City to Maintain", *The New Museum: Selected Writtings by John Cotton Dana*, Washington, D.C.: The Newark Museum and the AAM, 1999, p.66.

满足博物馆对观众的有用性及可及性的需求,在选址上就必须讲求"中心性"。选址"中心性"是博物馆为公众提供服务的内在需求。其次,如前所述,达纳认为博物馆不同于学校,不是所有人都必须像去学校那样去博物馆,博物馆"只能影响那些自愿来参观的人"①。换句话说,博物馆是靠自身努力吸引公众的机构。这种吸引力来自尽一切可能地提供便利,这其中自然也包括"中心性"选址带来的便利,选址"中心性"是博物馆自身特性的一种必然要求。再次,在达纳的时代,美国传统博物馆,特别是艺术博物馆,由于选址不当而导致博物馆利用率低下。他观察到,当时美国的博物馆常常位于城市的边缘,周围是公园,与公众是分开的,而这种博物馆利用效率是比较低的。达纳强调选址"中心性"显然是针对当时这种现状,反映了他对提高博物馆利用效率、改变当时因选址不当而引起的博物馆利用不景气状况的期待。从这一点上讲,选址"中心性"又是达纳对当时美国博物馆实际状况反思的一种产物。

在选址之外,达纳就博物馆建筑本身也提出了一些要求,其中涉及建筑基本条件、结构、外观式样等。

对于建筑应该达到的基本条件,他指出:"位于城市中心的博物馆建筑应该达到所有好建筑的基本条件:它应该拥有用于其目的的充足空间;它应该用正好是它那个时代的、最好适合其形式和规模的材料建造;它应该与其周围的环境协调一致;它应该是完美的,达到创造它的那个时代所能达到的最高技术和最好品位。"②从这一段话里可以看出,达纳提出的博物馆建筑基本条件,已经涉及空间、材料、形式与规模、与周围环境的关系、技术与品位等多个方面,要求明确而清晰。其中的一些条件如与目的相合的充足空间、与周围环境相适应等,都是博物馆实际营运所必需的。而且,这些条件,即使在今天依然是规划和设计博物馆建筑时需要考虑的。在这里,还应该特别提到的一点就是,博物馆建筑应该是完美的。

---

① Peniston W. A. ed., "The New Museum", *The New Museum: Selected Writtings by John Cotton Dana*, Washington, D.C.: The Newark Museum and the AAM, 1999, p.43.
② Peniston W. A. ed., "The Gloom of the Museum", *The New Museum: Selected Writtings by John Cotton Dana*, Washington, D.C.: The Newark Museum and the AAM, 1999, p.53.

这种完美是通过当时最高技术和最好品位反映出来的，而不是一种单纯的视觉上的完美。强调用时代最高技术和最好品位打造博物馆建筑对于构建博物馆吸引力是有益的。可以说，达纳提出的这些条件既满足了博物馆的实际营运需求，保证了建筑的质量，一定程度上也保障了建筑的吸引力。

不仅如此，在博物馆建筑本身要求方面，达纳还就博物馆建筑结构提出了"灵活性"的主张。虽然达纳曾声称"我不想在任何确定的程度上就一个积极的、成长的视觉教育机构所需要的建筑类型和房间布置给出一个说法"①，但实际上，他对博物馆建筑结构还是有所考虑的。在这一问题上，他主张要保持建筑在基本空间结构上的灵活性。他指出："在现代城市条件下，这种接近市中心的楼层空间现在只能通过高层建筑来获得。伴随着这两个不言而喻的前提而来的事实是，基于我们对于博物馆未来的无知，这种楼层空间不一定有特定的用途，但它在拥有最小可能的、永久的间隔的同时，必须能够在近乎极端的程度上进行重新布置。"②在这里，达纳强调了建筑空间的灵活性。在空间极度紧张的城市地区，强调空间结构的灵活性，实践意义是非常突出的。

关于博物馆建筑，达纳关注的不只是建筑的内部，对于建筑外观式样以及内外之间的关系，他也给予了相当的重视。

达纳认为，对于博物馆建筑，首先要强调的是博物馆的内部功能需求，是实用，而不是外表。这一主张在他对当时一些美国博物馆建筑的批评当中得到了很好的反映。他指出，当时的设计者更关心的是建筑的外表，而不是它的位置或功能，建筑内部的空间也不是为了实物的合理储藏或展览设计的③。鉴于此，他不主张按照先外后内的思路去规划设计博

---

① Peniston W. A. ed., "A Plan for a New Museum: The Kind of Museum it will Profit a City to Maintain", *The New Museum: Selected Writtings by John Cotton Dana*, Washington, D.C.: The Newark Museum and the AAM, 1999, p.67.

② Peniston W. A. ed., "A Plan for a New Museum: The Kind of Museum it will Profit a City to Maintain", *The New Museum: Selected Writtings by John Cotton Dana*, Washington, D.C.: The Newark Museum and the AAM, 1999, p.68.

③ Peniston W. A. ed., "The Gloom of the Museum", *The New Museum: Selected Writtings by John Cotton Dana*, Washington, D.C.: The Newark Museum and the AAM, 1999, p.51.

物馆建筑,并对那些单纯看重外表的认识和做法进行了批判。他反对先行按所谓的建筑式样为博物馆建造富丽堂皇的建筑,这样的建筑在他看来既不实用也耗费钱财,他说:"按照传统的所谓博物馆建筑原则先行建造一个昂贵的家,一座宫殿、庙堂或任何富丽堂皇的永久性建筑,如同我们似乎清楚看到的那样,就是在做一件愚蠢、无用和过时的事情——一件只有那些对现代社区生活几乎一无所知,且较少美国教育经验,尤其是较少现代博物馆观念的人才可能会去做的事情。事实是,在一些大城市,大量资金(在一些像我们这样稍小的城市则是相对大的资金)投入了传统的艺术馆型博物馆的建筑和藏品,而且非常多的钱也花在它们的维护上。"①而这些博物馆对它们所在社区的贡献却很少。而且,这种宏大建筑的弊端不仅仅是不实用和费钱,对参观者而言,甚至可能还会产生负面的影响。他指出,这些建筑"对于普通人来说,是富丽堂皇的、没有吸引力的,而且待在这样的建筑里,对于绝大多数观众来说,则是优雅而尴尬的"②。

由于对博物馆建筑有上述认识,达纳反对盲目地模仿。他指出,像图书馆、博物馆这样大型的公共建筑,"不应该模仿用于其他功能、其他城市、其他时代的建筑物"③。

四、余 论

以上就达纳对建馆前的调查研究、理想的博物馆、博物馆建筑要求等方面的认识进行了初步探讨。从这些讨论来看,达纳的上述建馆思想,就来源而言,既有他对博物馆文献的研究,又有他对当时博物馆的参观、观

---

① Peniston W. A. ed., "The New Museum", *The New Museum: Selected Writtings by John Cotton Dana*, Washington, D.C.: The Newark Museum and the AAM, 1999, p.24.
② Peniston W. A. ed., "Libraries and Museums", *The New Museum: Selected Writtings by John Cotton Dana*, Washington, D.C.: The Newark Museum and the AAM, 1999, p.120.
③ Peniston W. A. ed., "The Gloom of the Museum", *The New Museum: Selected Writtings by John Cotton Dana*, Washington, D.C.: The Newark Museum and the AAM, 1999, p.53.

察和反思①,还有他对构思、规划和建设纽瓦克博物馆实践经验的总结与提炼。达纳的这些建馆思想有着扎实的实践基础,绝非纸上谈兵。尽管这些思想仅仅是达纳建馆思想的一部分,而非其建馆思想的全部,但是,从中仍然可以窥探达纳建馆思想的一些基本特点,如广阔的学术视野、鲜明的务实精神以及一定程度的前瞻性等。

在达纳生活的时代,在美国存在对新馆建设的普遍需求。正如他在谈到《新博物馆系列》发起时所写的那样,"现在存在对于博物馆创建以及博物馆管理方面建议的普遍需求,如果不是一种强烈而流行的需求的话","在许多社区里,至少在少数具有更多公共精神人士的头脑当中存在创建某种博物馆的愿望"②。与这种普遍的建馆需求形成对照的是,当时,有关博物馆建设方面的文献屈指可数。在这样一种背景之下,达纳上述建馆思想的提出对于博物馆建设的价值和贡献是不言而喻的。

达纳上述建馆思想生成于近百年之前美国社会这一特定的环境之中,在一定程度上也因达纳对纽瓦克博物馆本身的关注而呈现出一定的局限性,但是,这些思想中所蕴含的务实精神,其中的一些具体主张,像在调查研究基础上"求异"、理想的博物馆应该是"有用"的、服务性博物馆、建筑选址应该具有"中心性"等,却超越了时空,具有更为普遍的适用性,即使对当下的博物馆建设热潮也具有很强的启示和借鉴作用。而这,正是时下重新关注达纳建馆思想的主要原因之一。

致谢:感谢匿名审稿人在稿件修改过程中所提出的宝贵修改意见及建议。

原文刊载于《博物馆学季刊》(台湾)2013年第27卷第2期。

---

① Peniston W. A. ed., "The New Museum", *The New Museum: Selected Writtings by John Cotton Dana*, Washington, D.C.: The Newark Museum and the AAM, 1999, p.30.

② Peniston W. A. ed., "The New Museum", *The New Museum: Selected Writtings by John Cotton Dana*, Washington, D.C.: The Newark Museum and the AAM, 1999, p.22.

古 德 小 传

乔治·布朗·古德(George Brown Goode,1851—1896)是19世纪美国著名科学家和最具影响力的博物馆学者。国外有关他的生平事迹等方面的著述甚多①,然而国内对古德却所知甚少。现结合国外相关著述,对其生平事迹略述如下。

古德1851年生于美国印第安纳州的新奥尔巴尼。1866年,进入位于康涅狄格州米德尔敦的卫斯廉大学学习。1870年大学毕业后,入哈佛大学师从博物学家阿加西斯(Louis Agassiz)学习自然史。1871年,他离开哈佛大学,返回卫斯廉负责新建的奥林奇·贾德自然史博物馆,开始了他作为博物馆管理者的生涯,这段经历为他后来重组国家博物馆奠定了一定的基础。

1872年夏,古德以志愿者的身份为美国渔业委员会工作,其间结识了素以年轻人伯乐著称的美国博物学家、时任史密森学会助理秘书和美国渔业委员会委员的贝尔德(Spencer F. Baird),得到贝氏的信任并成为他的学生和主要助手,后应邀到新组建的渔业委员会工作。此后数年间,

---

① 在古德去世后不久,就开始陆续出现有关他的著述,如 *A Memorial of George Brown Goode* (1851‑1896): *Together with a Selection of His Papers on Museums and on the History of Science in America* (Washington: Govt. print. off., 1901)等,其中收录了S. P. Langley等人的回忆文章以及古德本人的部分论文。更晚近且有影响的成果,当推美国著名博物馆史学者 Edward P. Alexander 的 *Museum Masters: Their Museums and Their Influence*(1984)。在这部著作中,亚历山大将古德与英国的汉斯·斯隆、法国的德侬等人一起,并称为"博物馆大师"。

每到夏季,他就在长岛、佛罗里达及百慕大等地的大西洋海岸搜集鱼类。1873年,他被任命为美国国家博物馆的助理管理员,1877年转成管理员。1881年,美国国家博物馆新馆建成后,他被提升为馆长助理。1887年1月12日,他被任命为史密森学会助理秘书,负责美国国家博物馆。直到1896年因肺炎去世,他一直是该馆的主要负责人。

古德具有多方面的兴趣和才能,是一个卓有成就的科学家,"在美国科学发展史上占据着独一无二的地位"[1]。在孩童时代,他就对自然史产生了浓厚的兴趣。可能是基于早年的这种童趣,他后来的很多经历都与科学有关。在科学方面,他对动植物均表现出极大的兴趣,对鱼类和渔业的研究尤为投入,并在这些领域取得了众多成就。他是一个多产的科学家,在爬行动物、鸟类、哺乳动物以及甲壳类动物方面均有成果问世。他先后独立或与人合作出版了 Catalog of the Fishes of the Bermudas (1876)、American Fishes (1888)、Oceanic Ichthyology (1895) 等一批著述。其中,既有学术论著,也有通俗读物。

在自然科学之外,古德对历史、文学等也颇感兴趣,是公认的历史学家、传记作家和系谱家。他在历史特别是美国科学史方面,完成多项有影响的成果,如 The Beginnings of Natural History in America (1886)、The Beginnings of American Science (1888)、The Origins of the National Scientific and Educational Institutions of the United States (1890) 以及在他去世后出版的 The Smithsonian Institution, 1846 - 1896 (1897)、The Beginnings of National History in American (1901) 等。他还为美国的博物学家 Spencer Fullerton Baird、Charles Girard、Thomas Harriott 等人作传,并撰写家族史方面的著作。

古德还积极组建和参加了多个学术组织。他是美国历史协会的创建者之一,担任过华盛顿哲学和生物学会主席,加入华盛顿人类学学会、地理学会等,同时,还是科学促进协会会员,1888年成为美国国家科学院的

---

[1] David Starr Jordan, "Biographical Sketch of George Brown Goode", *Giants of Science*, www.history.noaa.gov/giants/goode.html.

一员。他在科学方面的成就为其赢得了"杰出的权威"①之赞誉,也奠定了其科学巨人的地位。

古德在博物馆领域的贡献更是经常为人们所称道。在博物馆领域,古德既是一个富有开拓精神的博物馆管理者,同时也是一位对博物馆相关问题,特别是管理问题进行了一系列理论探讨的人。

古德的后半生,大部分时间是博物馆的管理者。身为博物馆的实践者,在展览领域里,他做过大量的工作。他参与策划了多项有影响力的展览,其中包括史密森机构在费城百年庆典博览会上的陈列(1876)、柏林(1880)和伦敦(1883)渔业博览会展览等。1893年,他出任在芝加哥举办的世界哥伦比亚博览会政府展览管理委员会成员,并为该博览会主持了一项整合型计划的子计划。此外,他还多次参加在美国举办的小型展览会。

在他的手里,展览变成了大众教育的工具,每个展览都能给人以新意和启示,或包含未曾展出的新材料,或展示一些新的技术进步。在展出中,他非常注意展出与展览举办地相关联的标本和材料。比如,在1888年于辛辛那提举办的展览中,他特意突显与俄亥俄谷地有关的实物。作为一个博物馆管理者,在被任命为美国国家博物馆馆长助理之后不久,他就发布了国家博物馆的第一号通告,就该馆的组织管理提出了一个综合性计划。在他的领导下,国家博物馆有了飞速的发展,人员从13人增长到200余人,标本从20万件增加到300万件,使重组后的博物馆被称许为"充满创意的场所和活思想的摇篮"②。

与此同时,古德在博物馆理论方面也作了大量的探索,对于推动美国乃至美国以外的博物馆运动作出巨大的贡献。大约从19世纪70年代开始,古德就开始撰写博物馆方面的文章。这些论述多数聚焦在博物馆管

---

① Langley, S. P., *Biographical Memoir of George Brown Goode*, *A Memorial of George Brown Goode（1851-1896）: Together with a Selection of His Papers on Museums and on the History of Science in American*, Washington D. C.: Govt. Print, 1901, p.151.

② Langley, S. P., *Biographical Memoir of George Brown Goode*, *A Memorial of George Brown Goode（1851-1896）: Together with a Selection of His Papers on Museums and on the History of Science in American*, Washington D. C.: Govt. Print, 1901, p.154.

理和运营方面,比较有代表性者如《博物馆历史和历史博物馆》《未来的博物馆》《博物馆管理原则》等。

在这些著述中,他提出了许多重要的博物馆学思想。他认为,"博物馆是保存最能揭示自然现象的物品和人类创造物的机构,一个能够将这些东西用于增进知识、教化与启蒙民众的机构"①。动物园、植物园、水族馆以及某些教堂、公共纪念物、历史名城,本质上都是博物馆。他同时强调博物馆在教育上的重要性。在他看来,博物馆是一个主要的传播工具,他极力倡导博物馆在大众教育中的作用。他认为,国家博物馆的作用就是要教育和提升公民的民主精神,而不仅仅是消遣或娱乐。

1888年,他在美国历史学会宣读的《博物馆历史和历史博物馆》一文中,探讨了博物馆概念的历史发展,并重申了那个被广泛引用的论点——"一个有效的教育博物馆,或许可以被看作一个有教育意义的阐述总汇。每一项阐述都应该使用一个精选的标本来加以图示"②。

1889年,他在布鲁克林研究所发表的演讲《未来的博物馆》中指出,美国的博物馆远落后于其民众的精神,也不如英国、德国等欧洲国家的博物馆先进。为此,他提出:"过去的博物馆必须要废止,必须将它们从小古董的坟墓中加以改造,变革成活思想的摇篮。未来的博物馆必须与图书馆和实验室一道成为学院和大学教学设施的一部分。而且,大城市里的博物馆要与图书馆合作成为民众启蒙的主要机构之一。"③

他同时指出:"人民的博物馆不应只是一间装满标本的玻璃柜的建筑。它应该是一个按照最严格体系布置的充满了创意的场所。"在这篇演

---

① Alexander, Edward P., *Museum Masters: Their Museums and Their Influence*, Nashville, TN: American Association of State and Local History, 1984, p.296.

② Langley, S. P., *Biographical Memoir of George Brown Goode*, *A Memorial of George Brown Goode (1851-1896): Together with a Selection of His Papers on Museums and on the History of Science in American*, Washington D. C.: Govt. Print, 1901, p.167.

③ Alexander, Edward P., *Museum Masters: Their Museums and Their Influence*, Nashville, TN: American Association of State and Local History, 1984, p.296.

讲中,他也指出:"完美的博物馆是死的博物馆,死的博物馆是没有用的博物馆。"①1895年,他在向英国博物馆协会提交的《博物馆管理原则》一文中,细致整理了博物馆管理的基本原则,并以格言的形式清晰地将这些原则表达出来。在这一篇文章里,他指出,"公共博物馆是所有高度文明社区的必备之物"。一个好的博物馆管理原则,若用一句话加以概括的话,就是"一个国家、城市和省所达到的文明程度的最好体现就是其公共博物馆的特性以及经营它们的自由程度"②。博物馆的种类不同,但管理原则是一样的。而且,博物馆管理应该具备基本的条件。这些条件包括:博物馆必须是一个拥有来自政府的充分支持、与学术机构联系在一起的,或其自身的资金结构良好的永久性组织;必须要有一个界定清晰的计划,而且至少在一个领域很突出;必须要建立良好的收藏;要有能够胜任工作的人员,特别是研究馆员,而且博物馆人员不应该拥有个人收藏;博物馆建筑必须要绝对地防火、采光通风良好、干燥和防尘;建筑本身要简洁而庄严,且具有灵活性等③。上述这些思想,重点反映了古德对博物馆的理解与思索。其中,许多认识不只在当时,即使以现在的眼光看,也是很有启发性的。正因为如此,古德的上述著述已经成为研习博物馆学的经典文献。

古德在博物馆领域的成就让他赢得了"美国现代博物馆之父"④"博物馆管理权威"⑤的美誉,也使他成为当时最伟大的博物馆学家。在他去

---

① Langley, S. P., *Biographical Memoir of George Brown Goode*, *A Memorial of George Brown Goode* (1851–1896): *Together with a Selection of His Papers on Museums and on the History of Science in American*, Washington D. C.: Govt. Print, 1901, p.167.

② Langley, S. P., *Biographical Memoir of George Brown Goode*, *A Memorial of George Brown Goode* (1851–1896): *Together with a Selection of His Papers on Museums and on the History of Science in American*, Washington D. C.: Govt. Print, 1901, p.167.

③ Alexander Edward P., *Museum Masters: Their Museums and Their Influence*, Nashville, TN: American Association of State and Local History, 1984, pp.297–298.

④ William, E. Cox, Smithsonian Institution Archives, Record Unit 7050: George Brown Goode Collection, circa 1814–1897 and undated, with related materials to 1925.

⑤ Langley, S. P., *Biographical Memoir of George Brown Goode*, *A Memorial of George Brown Goode* (1851–1896): *Together with a Selection of His Papers on Museums and on the History of Science in American*, Washington D. C.: Govt. Print, 1901, p.168.

世后,有人曾评论说:"他的早逝,不仅对美国国家博物馆,而且对整个博物馆界,均是一个巨大的损失。"①由此可知,古德在博物馆领域有着至深且巨的影响力。

原文刊载于《博物馆学季刊》(台湾)2009年第23卷第4期。

---

① Langley, S. P., *Biographical Memoir of George Brown Goode*, *A Memorial of George Brown Goode (1851-1896): Together with a Selection of His Papers on Museums and on the History of Science in American*, Washington D. C.: Govt. Print, 1901, p.167.

杨钟健早期建馆思想及其特点

杨钟健（1897—1979），字克强，陕西华县人，世界知名地质古生物学家、博物馆学家。早年就读于北京大学地质系，参加过"五四运动"，并参与组织以"提倡桑梓文化，改造陕西社会"为主旨的进步社团"共进社"。1923年，大学毕业后，他前往德国慕尼黑大学留学深造，学习古脊椎动物学，获博士学位。在留学期间，他曾到欧洲的众多博物馆参观学习[1]。40年代，又赴美国等国家讲学和从事研究工作，对当地博物馆进行了实际的考察[2]。1949年以后，他以中央自然博物馆筹委会委员的身份参与该馆的筹建工作。1962年以后，他担任北京自然历史博物馆馆长，对中国自然历史博物馆的发展作出了巨大的贡献，被誉为"中国自然历史博物馆的拓荒人"[3]。

在读大学期间，杨钟健就已经意识到博物馆在教学和向群众普及地质科学知识方面的重要性。此后，他在国外的较长时间的留学和研究生涯，让他对西方博物馆有了更为全面的了解，他的博物馆学思想就是在这一过程当中逐步形成的。他先后撰写了不少文章，阐述自己对博物馆的理解，呼吁发展博物馆事业。有关他的博物馆学思想及其对博物馆发展

---

[1] 杨钟健：《杨钟健回忆录》，北京地质出版社，1983年。
[2] 杨钟健：《新眼界》，上海商务出版社，1947年。
[3] 甄朔南：《中国自然历史博物馆的拓荒人——杨钟健》，《中国博物馆》1985年第1期，第87页。

的贡献,已有甄朔南、宋伯胤诸位先生作过些探讨①。在此,我想着重就他的早期建馆思想谈一些看法。

一、建馆思想的主要内容

杨钟健早期的建馆思想集中反映在他1949年前的一些论述当中,内容涉及博物馆建设的多个方面。略述如下。

杨钟健指出,博物馆的建设是一件急要的事情。对于博物馆建设,杨钟健的态度是积极的。他强调博物馆建设的重要性和急迫性,极力倡导建设博物馆。他认为,地方陈列馆"虽不敢说是救国要政,但至少是现代国家设施上,一种必需而急要的设施"②。在这里,博物馆的建设不仅是一件急迫的事情,而且蕴涵了浓重的爱国情感,被赋予了更多的社会使命,成为与救国以及现代国家建设联系在一起的一项重要工作。

杨钟健强调博物馆建设的重要性和急迫性可能主要基于两个方面的原因。一是,他对博物馆功能的深切认识。他指出,陈列馆"不但为文化品物的储藏的地方,研究人才集中的场所,普及专门教育的辅助机关,也是民族复兴与国家元气的大本营"③,"是立体地表现事物的录集机关。此等机关,为人类表现文化、保藏宝藏最进步的一种方法"。在应用方面,陈列馆则能够"普及知识""提高学术",把好东西搜集在一起,使之"不至散失,甚至毁灭"④。地方陈列馆则是"保存文化实物、促进史地知识与启

---

① 甄朔南:《中国自然历史博物馆的拓荒人——杨钟健》,《中国博物馆》1985年第1期,第87页;另见宋伯胤:《杨钟健的"三使命"与"三种工作"》,《博物馆研究》1986年第3期。
② 杨钟健:《地方志及地方陈列馆》,转引自李淑萍、宋伯胤选注:《博物馆历史文选》,陕西人民出版社,2000年,第52页。
③ 杨钟健:《关于陈列馆的意见》,转引自李淑萍、宋伯胤选注:《博物馆历史文选》,陕西人民出版社,2000年,第41页。原文出自《科学》第25卷第5期;又转载于《中国博物馆协会会报》第2卷第5期。
④ 杨钟健:《论陈列馆》,《学生杂志》1925年第12卷第8号,第18、19页。

发人民爱乡爱国观念最重要的设施,在教育上,有大功效"①。对于博物馆所具有的保存、普及、提高文化以及增进学术等方面的独特功效的认识应该是他倡导博物馆建设的一个重要原因。二是,他对于中西方博物馆事业发展的巨大差距的反省。20世纪20年代,他在《论陈列馆》一文中曾指出,西洋各国,"大凡少数大的城市,至少有一二十个陈列馆,最小的城,也有一两个,甚至有些村堡,也有小小陈列馆点缀其间"②。而当时中国博物馆的发展状况又怎样呢?他认为,当时中国博物馆的发展状况"令人惭愧无地"。他不无遗憾地感叹道:"北京为我国首都,人口在百万以上,除发了些清末洋财,弄了些文华、武英二殿及历史陈列馆等且均未加整理外,地质调查所有一个新近草创,未臻完善的地质陈列馆外,曾有什么伟大的陈列馆呢?"③作为首都的北京尚且如此,其他各省会城市就可想而知了。尽管当时西洋各国的博物馆未必均达到杨钟健所说的普及程度,但普及程度比较高应该是一个基本的事实。中西博物馆之间存在的差距是现实的、巨大的。这种反差深深地触动了杨钟健,所以,他在留德期间,"几乎无一日不感觉到外国陈列馆众多和其意义与效力的伟大,也几乎没有一天不感到我国关于此项事业的幼稚与有努力的必要"④。博物馆的独特功效与中外博物馆发展之间的偌大差距,让他深感博物馆建设的重要性和急迫性。

杨钟健不只认识到博物馆建设之重要性和急迫性,更认识到实践的重要性。他在强调建设博物馆的重要性和急迫性的同时,还进一步就博物馆建设中的一系列实际问题提出了自己的构想。

在博物馆建设主体问题上,杨钟健主张一种多元共建的思想,即博物馆建设主体应该多元化,且各主体之间应该各有侧重、相互协作。

对于大规模博物馆的建设,他主张公私并举,但似更倾向于由政府承

---

① 杨钟健:《地方志及地方陈列馆》,转引自李淑萍、宋伯胤选注:《博物馆历史文选》,陕西人民出版社,2000年,第52页。
② 杨钟健:《论陈列馆》,《学生杂志》1925年第12卷第8号,第15页。
③ 杨钟健:《论陈列馆》,《学生杂志》1925年第12卷第8号,第16页。
④ 杨钟健:《泛论地质陈列馆》,《北京大学生》1931年第1卷第4期。转引自宋伯胤:《杨钟健的"三使命"与"三种工作"》,《博物馆研究》1986年第3期,第19页。

办。他指出:"大规模的陈列馆,当然以政府办理为最好,但私人也非绝对不能举办。"①

　　大博物馆由政府办理,自有其特有的优势。政府统筹办理,总体力量强、资金相对充裕,创办大规模博物馆自然比较便当,也就"最好"。不过,政府并不是建馆的唯一力量,社会力量同样也可以办馆,"私人也非绝对不能举办"就是对非政府力量办馆的一种认可。自然,这里的"私人",当不是一般的私人,应该是那些有相当实力的私人,否则是无力承担大规模博物馆建设的。

　　至于地方性博物馆的建设主体,他则另有看法。他指出,地方性陈列馆"尤盼私方面的努力,不过官厅要给予有力的爱护,最好能协助进行"②。在地方性博物馆建设方面,他更倾向于以私家之力来建设。同时,在这一过程中,政府应该积极地加以保护、协调和支持。这样一来,各方各司其职,同心协力推动博物馆的建设。

　　在地方性陈列馆的建设中,强调"私方面的努力"的作用,可能更多地考虑到地方性陈列馆的特点。地方性的陈列馆通常规模小、分布比较零散、创办所需各种资源相对较少,且需要有较大的灵活性,这样的馆由"私方面"承担它们的建设任务,自然要比由政府来实施更为合适、有效。

　　在杨钟健提出这一论点的时代,无论是在国外,还是在国内,均已出现了私人力量建设博物馆的实践。西方私人建立的博物馆数量众多,对于西方有着深刻了解的杨钟健应该是知道的。在国内,当时已有不少的私人博物馆,如张謇的南通博物苑等。所以,杨钟健以私力建设博物馆的设想是有实践基础的,是可行的,并非一种不切合实际的空想。

　　在建馆主体问题上,杨钟健在强调公私并举,肯定私家作用的同时,

---

　　① 杨钟健:《关于陈列馆的意见》,转引自李淑萍、宋伯胤选注:《博物馆历史文选》,陕西人民出版社,2000年,第41页。

　　② 杨钟健:《关于陈列馆的意见》,转引自李淑萍、宋伯胤选注:《博物馆历史文选》,陕西人民出版社,2000年,第42页。

也强调公私力量之间的相互配合。大博物馆的建设,除政府力量外,私人力量可以参与;地方博物馆建设,虽盼私家努力,但政府也需扶持。这是一种共建思想。

可见,杨钟健所倡导的乃是一种多元共建的思想。这种思想不仅强调博物馆建设主体的多元性,同时也突出不同主体之间的相互协作。对博物馆的持久发展而言,这种多元共建思想具有积极意义。

博物馆是一个永久性机构。博物馆的生存和发展需要一个强大而持久的支持力量,既需要政府的支持,也需要私人力量的支持。在博物馆的建设中,公私之力合举,且相互协作与配合,才能构建起多元化的支撑体系,避免单一支持力量所蕴含的潜在风险,保证博物馆长久健康的发展。同时,如果在博物馆建设中坚持这样一种建馆思想,那么,就可以充分调动各方的积极性,利用各方力量和各种资源,服务于博物馆建设,推动博物馆建设。因此,多元共建思想是有益于博物馆发展的。

历史地看,在中国,博物馆建设主体的多元化思想并非始于杨钟健。在他之前,张謇就已经表现出建馆主体多元化的倾向①。与张謇相比,杨钟健又前进了许多。他对创建主体多元化的思想进行了更具体的阐述,并强调了公私力量之间的相互协作与配合。他明确提出私人力量在博物馆建设中的重要作用,同时结合不同规模的博物馆,论证了政府与私人力量在博物馆建设中各自承担的角色,显示出相当的灵活性。这是他不同于张謇的地方,也是其思想的进步之处。

在新近颁布的《博物馆管理办法》中,非公有资本已经被允许进入博物馆领域,博物馆建设主体的多元化思想得到了初步的体现。而在70年前,杨钟健就明确提出多元共建思想,实属可贵。

在博物馆建设的宏观思路上,杨钟健主张采取一种"渐进"式的建设模式,即博物馆的建设应当先行在重点地区建立,而后再从大城市到次要的都市,再到偏僻的县镇。他指出,地方陈列馆的设立,"不妨逐渐推行,

---

① 张文立:《张謇的建馆思想探析》,《回顾与展望:中国博物馆发展百年——2005年中国博物馆学会学术讨论会文集》,紫禁城出版社,2005年,第24页。

每省须先就地位较重要县份,设有陈列馆"①,"不过初办,当从重要区域办起"②。很显然,这是一种由重点地区到一般地区,由大城市到县镇,甚至是偏僻县镇的渐次推进的建设思路。

有意思的是,在早于杨钟健的张謇的建馆思想当中,可以看到类似的主张。张謇在谈到博物馆的建设时曾指出,博物馆应该首建于京师,"京师此馆成立以后,可渐推行于各行省,而府而州而县必相继起"③。杨钟健与张謇是两个不同时代的人,两人对于建馆思路的认识却如此相似,确是一个值得注意并探讨的现象。

如同我在讨论张謇建馆思想时所指出的那样,这种渐次推进的建设模式,既符合博物馆建设的规律,也符合当时中国的国情,因而是科学的。

在讨论张謇建馆思想的那篇论文中,我曾指出,张謇的渐进思想受到中国传统文化的影响,可能也受到日本的影响。杨钟健接受过中国传统教育,同时又更多地接受了西方现代教育。他在欧洲留学多年,对于欧洲博物馆的情况是熟悉的。欧洲国家博物馆建设所走的大多是从上而下的建设路子,杨钟健的这种渐进思想或许也在一定程度上受到欧洲的影响。若此,则杨钟健与张謇又是有所不同的。

除了宏观层次上的认识之外,在博物馆建设的微观层次上,杨钟健也提出了一些个人的主张。在大都市,他强调要建设综合性大馆,并对其设置提出了具体的构想。他指出,大陈列馆"在大的都市,如50万人口以上的都市,尤为必要"。这些地方可以说是"陈列馆事业中心"④。

对于大陈列馆的基本要求,他进行了更具体的描绘。他指出,大都市的陈列馆"务求其伟大,多而完全,无所不包,蔚为大观,是采集、研究和保

---

① 杨钟健:《地方志及地方陈列馆》,转引自李淑萍、宋伯胤选注:《博物馆历史文选》,陕西人民出版社,2000年,第52页。
② 杨钟健:《关于陈列馆的意见》,转引自李淑萍、宋伯胤选注:《博物馆历史文选》,陕西人民出版社,2000年,第37页。
③ 张謇:《上南皮相国请京师建设帝室博览馆议》(清光绪三十一年),载《张季子九录·教育录》卷二。
④ 杨钟健:《关于陈列馆的意见》,转引自李淑萍、宋伯胤选注:《博物馆历史文选》,陕西人民出版社,2000年,第36页。

存的中心,提高的研究与普及的参观并重,甚至可以说前者不妨重于后者"①,"在可能范围内,不妨包括得愈多愈好,因为包括愈多,陈列的意义也愈大"。而且,在搜藏方面,此类博物馆"不当拘泥于只收藏国内的东西"②。

在他看来,大都市的陈列馆务必要大而全,要研究与普及并重。在一些时候甚至研究要重于普及。

杨氏倡导在大都市要建设综合性大馆的思想是与他对大博物馆的认识联系在一起的。首先,他认为,大博物馆拥有世界性的收藏,才会有世界性的声誉。杨氏在西方感受到了博物馆声誉与无所不包的世界性收藏之间的密切联系。在谈到采集工作时,他说:"至于大的博物馆,全为世界性的。全世界之珍奇异兽,奇石殊品,无不在搜集之列,博物馆历史愈久,名声愈大,其采集之富,有世界性愈甚,此乃一定之理。"③其次,他认为,只有大博物馆,才有大功效。在他看来,"一个大的博物馆,对于一地方的教育功能,是不可思议的"。一个纽约自然历史博物馆的效能,要"比好几十个学校的功能,过无不及"④。再次,他认为,"包罗万有"的大馆具有多样的好处。他指出,"盖博物馆的特点,实在于'博'字,要广博,要包括的越多越好,有如百货公司,一入其内,要什么有什么,方可增游览者之兴趣便利"⑤,"而其他方面的长处也不少"⑥。

杨钟健提出的在大都市建立大博物馆的构想,既是对在欧洲所见景象的一种规律性总结,同时也考虑到了当时中国的国情,是对中国国情的一种适应。在西洋各国各都市,"无不有规模伟大的陈列馆"。在我国,强调建立这种大陈列馆则是由我国的实际所决定的。"在我国人才既少,财

---

① 杨钟健:《关于陈列馆的意见》,转引自李淑萍、宋伯胤选注:《博物馆历史文选》,陕西人民出版社,2000年,第37页。
② 杨钟健:《关于陈列馆的意见》,转引自李淑萍、宋伯胤选注:《博物馆历史文选》,陕西人民出版社,2000年,第36页。
③ 杨钟健:《记纽约自然历史博物馆》,《文讯》1948年第8卷第3期,第446页。
④ 杨钟健:《记纽约自然历史博物馆》,《文讯》1948年第8卷第3期,第447页。
⑤ 杨钟健:《记纽约自然历史博物馆》,《文讯》1948年第8卷第3期,第448页。
⑥ 杨钟健:《关于陈列馆的意见》,转引自李淑萍、宋伯胤选注:《博物馆历史文选》,陕西人民出版社,2000年,第36页。

力亦不多,尤不宜东一个陈列馆,西一个陈列馆。应当由知识界人士,通盘合算,设以大陈列馆"①。

这种大而全的博物馆模式可能是当时人心目中博物馆的一种典范。大而全可能是当时人所追求的理想博物馆模式的基本特征和要求。在中国早期博物馆发展史上,存在一个颇耐人寻味的现象:大博物馆多为综合性博物馆。这一现象的出现或许与这种大而全的观念有着直接的因果关系。

在杨钟健的建馆思想当中,尤其突出的是他的地方博物馆建设思想。

对于地方性陈列馆的建设,杨钟健表现出了更大的兴趣。他曾专门撰文讨论地方馆的建设问题。

关于地方馆的模式,他提出了三部设置的基本构想,即自然部、工艺部和人文部。至于各部包含的具体内容,他指出:

一、自然部——专陈列该地方关于自然的品物,如岩石、化石、动植物、物产、考古物件、新出土之历史材料等等,均归此类,此类因地域关系,分组繁简,可以大不相同,在山区的地方,于自然部中之地质动植物当然可以丰富,但在平原或占冲积层的县分,则除古代作物外,殆甚少此等陈列。惟关于历史方面的东西,或者也可以很多,至于地理的沿革,各地均有,可不必述。总之,此须因地制宜,不能详叙。

二、工艺部——此部应当陈列一地方之商业上、工艺上及农业上各种物产及出品,在任何县,均可搜集成很好的一部,也有许多地方,可以有特色出品,不妨连制作方法也陈列一二。如此不但本地人可以知道本地有何出品,连外来人在短期内也可对该地情形一目了然。

三、人文部——陈列一地方人民生活情况及关于风俗与其变迁等种种材料,例如一地方特殊之婚丧风俗,特殊乐器等等材

---

① 杨钟健:《关于陈列馆的意见》,转引自李淑萍、宋伯胤选注:《博物馆历史文选》,陕西人民出版社,2000年,第36页。

料,均可搜集陈列。此外关于该地方历史上有名人物之墨迹、遗著、墓石等等材料,均在搜集之列。地方上有纪念价值的材料也都可以归入此类。总而言之,凡是人事方面可资永久保存的资料,都是人文部应该注意搜集的。①

从这一段引文看,自然、工艺和人文三部是杨钟健所构想的地方馆的基本内容模式。这一模式涉及一个地方的自然环境、人文历史以及风土民俗等多个方面。尽管其中有些内容与我们今天所理解的略有不同,比如,在自然一部里,也包括了考古物件、新出土之历史材料等,但他所构想的地方馆类似于他留学多年的德国的乡土博物馆和20世纪50年代在我国发展较快的地志博物馆,其性质仍是一个无所不包的综合性博物馆,而不是一个专题博物馆。

杨钟健所构想的地方馆的基本模式,延续了他的博物馆所涉及的内容越全面发挥作用越大的思想,是前文提到的大而全思想在地方馆层次上的一种反映。

在地方馆规划方面,他提出了通俗性与地方特色两条基本原则。

至于地方性博物馆的建设,他指出至少应当遵循两条原则:一是"一般陈列物品,不求其充足,但当注意比较通俗的陈列。使参观的人一看可以得到普遍常识,感觉他对于所看过那一部分的兴会";一是"地方陈列馆,自然应当努力求带些地方性的色彩,如此始能引起外来人的兴趣,而本地人看到了,也能油然引起其爱乡爱土的观念"②。

在这里,他不仅阐明了两条原则的内涵,同时也对遵循这些原则的益处进行了解释。

在杨钟健提出的有关地方馆规划的两条原则当中,前一条涉及通俗性问题,指出了陈列品数量与通俗性之间的关系,强调了通俗性的重要。在我看来,通俗性的指向更多的是普通的民众。因为对于专业人士而言,

---

① 杨钟健:《地方志及地方陈列馆》,转引自李淑萍、宋伯胤选注:《博物馆历史文选》,陕西人民出版社,2000年,第48页。
② 杨钟健:《关于陈列馆的意见》,转引自李淑萍、宋伯胤选注:《博物馆历史文选》,陕西人民出版社,2000年,第37页。

通俗性在更多的时候可能是没有意义的。同时，陈列只有做到通俗，一般观赏者才能够看懂，并引起兴趣，更好地利用博物馆及其资料，博物馆提供的服务才会因通俗而有效。因此，杨钟健提出的通俗性原则实际上包含了两个重要的理念：大众服务与有效服务。这些观念又是现代博物馆的基本服务理念和生存基石。

后一条实际上就是通常所讲的地方特色。地方特色的构建对于地方博物馆具有至关重要的意义，地方特色直接关系到地方博物馆的生存。没有特色，地方博物馆就失去了对参观者的吸引力，就失去了生存的根基和活力。对此，杨钟健显然已经认识到了。

在藏品建设方面，他提出了"世界性的搜集"的主张。

在谈到博物馆的收藏对象与范围时，他指出，"大陈列馆不当以国内材料为限"，"为了解一类东西的全貌计，当然有搜集本国以外的东西的必要"[①]。他的这些话主要是针对大博物馆说的。这些话体现了一种面向世界的广阔的搜集视野，反映出来的是一种"世界性的搜集"的理念。

如前文所述，在杨钟健的思想当中，博物馆声誉与形象是与搜集广度密切相关的。在他看来，世界著名的博物馆，其搜集往往是"世界性的"，"世界性的搜集"是一个博物馆成为世界级博物馆的前提之一。从这一点上看，杨钟健所构想的博物馆志在高远。

此外，他还特别地强调了这种"世界性的搜集"对于弱国的意义。他说："倘若弱国的陈列馆专限于本国的东西，而放弃国外的东西，不但减少工作的力量，参考的效力，且可以启人的非笑与轻视。"[②]在他看来，对于弱国而言，"世界性的搜集"还有一层捍卫民族尊严的意味。

至于实施"世界性的搜集"的具体途径，他认为，可以通过藏品的交换，也可以进行实地的采集。他指出，国内的博物馆可"与外国各大陈列馆发生关系，以我们的好标本或模型，去交换他们的好标本或模型"，"若

---

① 杨钟健：《关于陈列馆的意见》，转引自李淑萍、宋伯胤选注：《博物馆历史文选》，陕西人民出版社，2000年，第34页。

② 杨钟健：《关于陈列馆的意见》，转引自李淑萍、宋伯胤选注：《博物馆历史文选》，陕西人民出版社，2000年，第35页。

有力量,当然也可到外国采集"①。

在藏品建设方面,杨钟健所倡导的"世界性的搜集",与张謇也有一些相似之处。在搜集方面,后者曾提出"纵之千年,远之异国"②的思想,只是没有前者细致罢了。

在陈列规划方面,他也提出一些有见地的主张。比如,他指出,博物馆需要重视陈列的方法。"无论大小陈列馆,于陈列的方法,绝对不能忽视,并应随时注意改进"③。对于有特色的物品,在陈列实物之时,"不妨连制作方法也陈列一二"④。这些认识,即使以今天的眼光看,也颇有价值。

在博物馆人才建设方面,他对博物馆人员特别是博物馆的主要负责人提出了一些基本要求。对于人才缺乏的地方陈列馆,他仍指出:"主持该馆的人,也应当至少对于某一项,具有相当专门的知识,那么不但他本人也可以研究他有兴趣的一项,而其他材料,亦可认识或辨别其重要性。"⑤

除了对博物馆建设提出了种种原则性的构想外,杨钟健对于博物馆建设的实施措施,也有不少论述。

从博物馆建设的构想到实施是一个现实的过程。就杨钟健所处时代中国的实际状况而言,走过这一过程并不轻松。对此,杨钟健已经充分认识到了。对于博物馆建设的实施,他指出,"关于如何促其实现,是不易令人乐观的","至于地方陈列馆更是不易办"⑥。不过,他并没有因困难而

---

① 杨钟健:《关于陈列馆的意见》,转引自李淑萍、宋伯胤选注:《博物馆历史文选》,陕西人民出版社,2000年,第35页。
② 张謇:《通州博物馆敬征通属先辈诗文集书画及所藏金石古器启》(清光绪三十四年),载《张季子九录·教育录》卷三。
③ 杨钟健:《关于陈列馆的意见》,转引自李淑萍、宋伯胤选注:《博物馆历史文选》,陕西人民出版社,2000年,第40页。
④ 杨钟健:《地方志及地方陈列馆》,转引自李淑萍、宋伯胤选注:《博物馆历史文选》,陕西人民出版社,2000年,第48页。
⑤ 杨钟健:《关于陈列馆的意见》,转引自李淑萍、宋伯胤选注:《博物馆历史文选》,陕西人民出版社,2000年,第39页。
⑥ 杨钟健:《地方志及地方陈列馆》,转引自李淑萍、宋伯胤选注:《博物馆历史文选》,陕西人民出版社,2000年,第50—51页。

放弃,相反他呼吁"我们不当悲观,仍当努力,求其实现"①,并提出了一些具体的措施。

在人员安排上,他提出,地方陈列馆需要有能力、有知识的人去建设。"少数有能力的人应当组织起来,居于倡导的地位"②。

在具体运作时,他又提出:"关于陈列馆,或由教育部聘约专家,拟定地方陈列馆的组织法,或兴办大纲,或由博物馆协会负此项责任,再由公家提倡,列为地方要政之一。"③在这段话里,杨钟健实际上对于各方在博物馆建设实施中的职责作出了基本的规定。我认为,其中有两点需要加以特别的说明:一是博物馆的建设需要有专家的介入;一是博物馆建设要由公家提倡,并列入地方要政之一。对于博物馆建设而言,两者缺一不可。专家的介入为博物馆建设提供了智力支持,保证博物馆的学术性、科学性。而将博物馆建设列入地方要政,则为博物馆建设提供了坚实的行政保证,有利于建设的顺利实施。第二点与新近颁布的《博物馆管理办法》中有关"县级以上人民政府应当将博物馆事业纳入本级国民经济和社会发展规划,事业经费列入本级财政预算"的规定所体现出来的主旨是一致的。由此,我们不能不佩服杨钟健的高远与睿智了。

在博物馆建设实施中,杨钟健强调定点示范的积极作用。他指出,在建设地方陈列馆时,可选择"地位要冲,文化进步的县镇,设立一二,以资楷模"④。杨钟健早期建馆思想的主要内容大略如上。

综上可知,杨钟健早期建馆思想的内容是丰富的,已经涉及建馆主体、宏观思路、基本模式、藏品、陈列、人才建设以及具体运作实施等多个方面。其中既有宏观性问题,也有微观性问题;既有原则性的构想,也有具体的实

---

① 杨钟健:《地方志及地方陈列馆》,转引自李淑萍、宋伯胤选注:《博物馆历史文选》,陕西人民出版社,2000年,第51页。
② 杨钟健:《地方志及地方陈列馆》,转引自李淑萍、宋伯胤选注:《博物馆历史文选》,陕西人民出版社,2000年,第51页。
③ 杨钟健:《地方志及地方陈列馆》,转引自李淑萍、宋伯胤选注:《博物馆历史文选》,陕西人民出版社,2000年,第51页。
④ 杨钟健:《地方志及地方陈列馆》,转引自李淑萍、宋伯胤选注:《博物馆历史文选》,陕西人民出版社,2000年,第51页。

施措施。尽管杨钟健早年缺少像张謇那样身体力行建设博物馆的经历,但从其建馆思想的内容看,他对于博物馆建设的感悟和见解的深度并不亚于张謇,也不乏精辟之见。同时,他的建馆思想也呈现出自己的一些特点。

二、早期建馆思想的特点

鸦片战争之后,中国开始逐步沦为一个半殖民地半封建社会。面对严重的民族危机,一批批有识之士开启了救亡图存的探索之路。作为西方近代文明的重要标志之一,博物馆也正是在这样一个大的背景下开始进入国人的视野。

大约自19世纪中期起,博物馆就引起了一些有识之士的关注。从早期出国的清政府官员到力主变法的维新派,从王韬到蔡元培,对于博物馆的关注,几乎从未间断过。此间,呼吁和倡导建设博物馆的声音日渐高涨,一些博物馆也相继建立起来。杨钟健早期的建馆思想也是在近代中国特殊的历史背景之中产生和形成的,因此,他的建馆思想就不可避免地受到这一特殊历史环境的影响,体现出一些时代性的特征,与生活在同一历史环境下的其他人的思想表现出一定的相似性。前文中所提到的杨钟健与张謇建馆思想之间的一些相似之处,如对于博物馆建设迫切性的认识、建馆思想中所积聚的强烈爱国热情等,就属于这种情形。同样地,杨钟健早期建馆思想中的外来影响,在一定程度上可能是与近代社会大的历史环境联系在一起的。因为在张謇建馆思想中,也可以看到不少的外来影响。所不同的是,杨钟健早期的一些建馆思想似更多受到欧美的影响,有的认识是以欧美博物馆为蓝本或由其引发的。比如,他的世界性搜集的思想与其对于纽约自然博物馆的感受是分不开的。此外,在办馆主体、藏品搜集等方面,他明确提出,西方各国的做法,"我们很可以效法"。这些方法可以效仿,而西方人热衷于搜集的这种精神,"我们也应当效法",且尤当扩充到自然界[①]。而张謇建馆思想似乎更多地接受了来自日

---

① 杨钟健:《关于陈列馆的意见》,转引自李淑萍、宋伯胤选注:《博物馆历史文选》,陕西人民出版社,2000年,第42页。

本的影响。

不过,除了这些时代性的特征之外,杨钟健早期建馆思想也呈现出一些鲜明的个性特点。

首先,突出了地方博物馆的建设。

在杨钟健早期的建馆思想当中,地方博物馆的建设占据着突出的地位。他甚至将地方馆的建设上升到救国的高度,与救国图存联系在一起。在《地方志及地方陈列馆》一文中,他指出,在"国势日危,国土日削"的情势下,爱国者"莫不感到史地的重要",而设立地方志和地方陈列馆则于史地教育"有重大的作用"[①]。

关于地方博物馆建设问题,杨钟健更是倾注了大量的心血,论述尤多,从建设原则到模式,他均有所论及。有些问题(如建馆主体、地方馆模式等问题)的论述,细致而独到。他对于地方馆的特色构建的论述,更是超越了他所处的时代。可以说,突出地方博物馆的建设乃是杨钟健早期建馆思想的最突出的一个特点。

其次,充分肯定了私人力量在博物馆建设中的作用。

在中国近代博物馆发展中,私人力量发挥了积极的作用。近代博物馆史上著名的南通博物苑就是张謇以个人之力创建的,其后,陆续出现了一些私人的博物馆。尽管如此,对于私人力量在博物馆建设中的作用及其与政府力量之间的关系却少有人进行讨论。即使张謇,也更多地只是在实践层次上对于私人建馆的作用及其可行性给予了证明。杨钟健则从理论上对私人力量在博物馆建设中的作用进行了较为全面的论证,并给予明确而充分的肯定。

杨钟健肯定私人力量在博物馆建设中的作用,但是并没有片面地强调私人力量,而是指出了私人力量与政府在博物馆建设中各自扮演的角色,强调了私人力量与政府之间的相互协作与配合。肯定私人力量的作用而又不以私力为上,是其建馆思想的又一个特点。

再次,突显了高度的灵活性。

---

① 杨钟健:《地方志及地方陈列馆》,转引自李淑萍、宋伯胤选注:《博物馆历史文选》,陕西人民出版社,2000年,第45页。

杨钟健早期建馆思想的这一特点集中体现在他提出的一系列建馆策略上。

作为早期建馆思想的重要组成部分之一,杨钟健提出的建馆策略表现出了高度的灵活性,他对于建馆主体的论述就是一个典型的例子。对于不同规模博物馆的建设主体,他没有采取简单的一刀切的办法,而是针对不同规模馆的特点,提出不同的对策,体现了灵活性。

在不同博物馆的规划上,同样可以看到这种灵活性。如同在前面看到的那样,大都市博物馆的建设,要讲究大而全,讲求世界性搜集,而地方博物馆则要讲究通俗和地方特色。

在杨钟健早期建馆思想中,类似的体现这一特点的例子尚有不少,不胜枚举。应该说,杨钟健早期建馆思想中所体现出来的灵活性还是非常突出的。

第四,强调人的主观努力在博物馆建设中的巨大作用。

杨钟健早期建馆思想的另一大特点就是强调人的主观努力在博物馆建设中的作用。这一特点不只体现在前文提到的他对于博物馆人才的具体要求方面,而且也体现在他另外一些言论当中。

面对中国博物馆发展的落后局面,他呼吁"所有有心人,对此情形,有所惭愧,有所奋发"[①]。即使是落后,他认为"急起直追,亦非难事","只要有有志人士,从事于此,虽有许多困难,亦可克服。相信必能以最短之时间,迎头赶上"[②]。可见,杨钟健非常重视人在博物馆建设中主观努力的巨大作用。同时,从这些言论中也可以看出,尽管博物馆事业的发展不尽如人意,但杨钟健对于中国博物馆建设的前景却依然充满了信心。在一个贫弱的国家,就博物馆的发展而言,这种自信是十分可贵的。

此外,杨钟健早期建馆思想还具有朴素性的特点。他指出,地方博物馆建设,尽可以"先从简便处做起,不必一定需要华丽的建筑才可以有好

---

① 杨钟健:《论陈列馆》,《学生杂志》1925年第12卷第8号,第16页。
② 杨钟健:《记纽约自然历史博物馆》,《文讯》1948年第8卷第3期,第448页。

的内容"①,"初办最好不斤斤于地方与建筑,大可利用旧的房屋"②。这些言论均体现出朴素性的特点。

杨钟健早期建馆思想所呈现出来的这些个性化特点,使得他的思想闪烁着独特的光芒,也奠定了其在中国博物馆思想史上的历史地位,使之成为中国博物馆建馆思想宝库中一份珍贵的遗产。

三、余　论

杨钟健是中国现代博物馆发展史上的一位重要人物。尤其是在博物馆学理论方面,他曾作出过巨大的贡献。20多年前,宋伯胤先生曾对杨钟健给予很高的评价,认为他是30年代初中国对于博物馆学理论论述有了新探索的"代表人物"③。这一评价是中肯的。事实上,杨钟健对于博物馆的功能、性质等理论问题,曾有过诸多精彩的论述,如"欧洲的文化的结晶,最要者实是陈列馆的文化"④,"西洋的文明,只是陈列馆的文明,因陈列馆兼具有保存文化、普及文化、提高文化三种要务,非其他机关所可比拟"⑤等。所以,杨钟健博物馆学思想所涉及的内容是非常广泛的,不只限于博物馆建设领域。前文所讨论的杨钟健早期的建馆思想仅仅是其博物馆学思想中一个重要组成部分。

杨钟健早期的建馆思想已经触及博物馆的建设主体、建馆思路、建馆策略等多个方面,而且呈现出自身的一些特点。尽管他在建设博物馆方面的一些认识(如追求大而全的博物馆等)因受时代所限而呈现出一定的局限性,但是,其思想当中也包含了许多精辟之见,如多元共建等,都已经

---

① 杨钟健:《关于陈列馆的意见》,转引自李淑萍、宋伯胤选注:《博物馆历史文选》,陕西人民出版社,2000年,第42页。
② 杨钟健:《地方志及地方陈列馆》,转引自李淑萍、宋伯胤选注:《博物馆历史文选》,陕西人民出版社,2000年,第51页。
③ 宋伯胤:《中国博物馆的百年足迹》,《文博》1985年第1期。
④ 杨钟健:《关于陈列馆的意见》,转引自李淑萍、宋伯胤选注:《博物馆历史文选》,陕西人民出版社,2000年,第34页。
⑤ 杨钟健:《去国的悲哀》,北平平社出版部,1929年,第212页。转引自甄朔南《中国自然历史博物馆的拓荒人——杨钟健》,《中国博物馆》1985年第1期,第88页。

超越了他所处的那个时代,具有一定的前瞻性。即使在当今的博物馆建设实践中,这些思想仍然具有比较高的指导价值,是需要加以继承和吸收的。

原文刊载于《中国博物馆》2007年第2期。

张謇的建馆思想探析

张謇(1853—1926),字季直,号啬庵,江苏南通人。自幼接受以科举入仕为宗旨的旧式教育。15岁时,即考取附学生员,但在此后的乡试中却屡试不中,遂赴外地游幕多年。29岁时,随吴长庆率领的庆军赴朝鲜平叛。其间,作为庆军统帅的重要幕僚,为处理纷繁复杂的外交事务,他广泛吸纳新知,研习《万国公法》之类的书籍,了解国际斗争的游戏规则,所受历练甚多。41岁时,参加北京恩科会试,中一甲一名进士,授翰林院修撰。面对日趋严重的民族危机和清政府内部的腐朽,张謇弃绝仕途,转向实业和教育,以谋救国。他将教育和实业视为"富强之大本",主张"欲国之强,当先办教育","欲兴教育",则"先兴实业"。本着这样的认识,1896年他先在家乡南通创办了我国近代纺织史上最早的一家规模较大的工厂——大生纱厂,后又陆续开办通海垦牧公司、大达轮船公司、资生铁冶公司、淮海实业银行等企业。同时,他还积极致力于地方自治和现代化建设,兴办了包括师范学校、博物馆等在内的一系列文化教育设施,被称为"中国早期现代化的前驱"[①]。

张謇对于博物馆给予更多关注,并上书呼吁、倡导创建博物馆的直接契机是1903年的日本之行。1903年,张謇应邀东游日本。在为期两个多月的访问期间,他曾到大阪、长崎等地的数十家工厂、农场、学校参观考察,此间,也参观了包括大阪天王寺劝业博览会、东京帝室博物馆等在内

---

① 虞和平主编:《张謇——中国早期现代化的前驱》,吉林文史出版社,2004年。

的一批博览设施,对于近代博览事业有了一个更为切身的理解,深受启发。回国后,他即上书张之洞和清朝学部,极力倡导建设博物馆。遗憾的是,他对于建设博物馆的呼吁和倡导,并没有得到当时清政府的积极回应。于是,素以重实践、雷厉风行著称的他,以个人之力在家乡成功地创建了一座博物馆,是为著名的南通博物苑。

南通博物苑是近代以来我国第一座由中国人自己创建的博物馆。张謇因其贡献而被誉为"我国博物馆事业的开拓者"[1]"开创者"[2]。多年来,张謇和南通博物苑一直是研究者甚为关注的课题,他本人则成为我国博物馆发展史上被研究得最多也最为深入的一位历史人物[3]。不过,以往研究多侧重于其创建博物馆的拓荒之功及对博物馆性质功能等方面的认识,对他的建馆思想尚无专门的探讨,本文将着重讨论他的建馆思想。

张謇的建馆思想一方面反映在他呼吁建设博物馆的上书等著述当中,另一方面则体现在他创建及经营南通博物苑的实践当中。现仅结合这两个方面对其建馆思想剖析如下。

一、建馆思想的主要内容

博物馆的建设是一件复杂的事情,涉及多方面的问题。这些问题既有宏观性的,也有微观性的。前者包括博物馆的建设主体、建设程序等,后者包括博物馆的建筑规划、藏品建设等。从相关的著述及经营博物馆的实践来看,张謇对于博物馆建设中的重要问题几乎均作过认真的思考。

---

[1] 黄然:《我国博物馆事业的开拓者——张謇》,《中国博物馆》1985年第1期。
[2] 金艳:《中国博物馆事业的开创者——张謇》,《中国博物馆》2005年第1期。
[3] 有关张謇研究的相关成果较多。参见宋伯胤的《张謇与南通博物苑》(《博物馆研究》1983年第3期)、黄然的《我国博物馆事业的开拓者——张謇》(《中国博物馆》1985年第1期)、穆烜的《张謇与中国博物馆事业的肇始》(《东南文化》1985年第1期)、曹志君的《状元张謇与中国近代博物馆事业》(《文博》1988年第2期)、吕济民的《张謇开创博物馆理论与实践的重大意义》(《中国博物馆》1993年第3期)和《张謇与中国博物馆》(《中国博物馆》1995年第3期)、周国兴的《南通博物苑沧桑》(《中国博物馆》1996年第1期)、金艳的《中国博物馆事业的开创者——张謇》(《中国博物馆》2005年第1期)、陈卫平的《百年回眸风雨路 万里展望云霞天——纪念南通博物苑100年》(《中国博物馆》2005年第1期)等。

建设的主体问题，即"博物馆应该由谁来建设"的问题是博物馆建设中最为重要的问题之一。在这个问题上，张謇表现出一种多样化的倾向。

最初，他一直将政府看作是创建博物馆的主要力量，或者至少是部分博物馆建设的主导力量。在《上南皮相国请京师建设帝室博览馆议》当中，他指出，博览馆的建设事关重大，"当奏请朝廷钦下筹办"，而且认为，只有这样做，"方足以昭示远近，震耀观听"①。他对于政府创建博物馆寄予很大的期望。

这种将政府作为博物馆建设主体的思想，可能主要受到两方面因素的影响。一方面是外国博物馆实践的影响。在外国博物馆实践中，张謇看到了政府在博物馆建设中所发挥的巨大作用。他指出："泰西诸国博物苑之制，举政府之力，倾一国人之输向营之，费恒数百万千万，如是其盛也。"②同样，他在日本考察期间，也感悟到政府扮演了博物馆建设者的角色。另一方面，可能是基于他对私人创建大型博物馆能力的一种担心。1914年，他在给中馆制匾的题语中说："中国金石至博，私人能力式微。"③他的这番话是针对南通博物苑的藏品搜集而说的，但从中却透露出他对于私人建设博物馆的某种程度上的担忧。

就博物馆建设主体而言，在理论上，张謇肯定了政府的作用。不过，从他以个人之力创建南通博物苑这一事实来看，他显然也承认了民间力量作为博物馆建设主体的合理性。他主张政府应该创建博物馆，但也不反对个人的创建行为。从这一意义上讲，在博物馆建设主体问题上，张謇表现出了一种建设主体多元化的倾向。

对于博物馆的健康发展来说，建设主体多元化无疑是有益的。时下博物馆建设主体多元化逐步成为一种共识，而在中国博物馆发端之际即产生这样的思想，实在是很难得的。

在建设主体问题的认识上，从倡导政府创建到私人可建的变化过程中可以看出，张謇思想正开始从一种美好的理想走向更为理性的现实。

---

① 张謇：《上南皮相国请京师建设帝室博览馆议》，载《张季子九录·教育录》卷二。
② 张謇：《南通博物苑品目序》，载《张季子九录·教育录》卷四。
③ 张謇：《博物苑中馆匾并题语》，载《张季子九录·文录》卷七。

当然,这种认识上的转变在很大程度上带有一种无奈和被动的性质。

资金是博物馆建设和运营的基本物质条件之一,因此,资金问题就成为任何一个建设者都需要认真考虑的问题。对于张謇来说,自然也不例外。

对于博物馆建设的资金问题,张謇在早年的上书中并没有进行直接而深入的论述。但是,从他的相关著述及南通博物苑的运营情况当中,却可以探测到他对于这一问题的基本态度。

从上书呼吁清政府创建博物馆的举动来看,他最初自然还是希望由政府出资兴建博物馆。当这一设想落空的时候,他便转而利用私人资金建立和经营博物馆。

在很长一段时间里,南通博物苑的运营一直依靠私人资金支撑。支持博物馆的这种私人资金,并非仅仅来自张謇一人的捐献,同时也有来自其家族成员的贡献。这一点从张謇的一段话中可以得到印证,他曾指出:"南通各种文化事业,向由私人经营,绝不仰给于政府,亦不募捐于他处,更不受军阀之牵制。故已成立之中等以上各学校及其他关于文化事业之种种场所,均由张詧、张謇及张孝若于各实业私人红利项下,次第拨款建设。偶有不敷,亦以其他私资设法筹补。盖以私人志愿与能力,为地方文化事业之元素也。"①这里所讲的"各种文化事业"自然也是包括博物馆在内的。在实践层面上,张謇实际上认可了一种私人资金的支持模式。这种私人资金并不只是张謇的个人资金、张謇等人捐献的私人红利,还有"其他私资"。在博物馆创建初期,以私资维持一个博物馆,本来已经是一件极不容易的事业。而张謇又"不仰给于政府,亦不募捐于他处,更不受军阀之牵制",就更值得人钦佩了。

在博物馆的实践中,这种私人资金的局限性似乎日显突出,一方面,在经营中,出现了"偶有不敷"的情况;另一方面,博物馆运营资金对于实业经营状况形成了更大的依赖性,一定程度上影响了博物馆资金的稳定与安全。张謇在《致美国政府请求以退还庚子赔款酌拨补助南通文化教

---

① 张謇:《致美国政府请求以退还庚子赔款酌拨补助南通文化教育事业基金意见书》,载《张季子九录·教育录》卷六。

育事业基金意见书》中指出,南通之文化事业,从经费上看,"均恃数人之捐助以为中坚。视实业之状况以为转移,经济充足,则进行速。经济短细,则进行迟"①。很明显,张謇已经意识到私人资金与实业经营状况之间的紧密联系以及由此带来的可能的不利影响。

为改变这种状况,也为"亟谋补充"南通文化事业发展"所需之基金",当美国欲退还庚子赔款之际,张謇极力主张设立文化发展基金,补充经费之不足。他甚至对于退还资金的使用进行了细致的说明。他拟用补助之资金购置地产,目的在于取得经营收入,"将来每年收益""足供前条预计文化事业全体之用"②。这一申请反映出张謇试图建立一种相对比较稳定的资金来源的愿望。

在博物馆的经营实践中,张謇一直坚持以私人资金支持博物馆运行,但他也已经感受到私人资金支持系统的不足。为了解决这一问题,他试图通过设立文化发展基金、获取经营收益等手段去完善私人资金支持系统。这是一种随势而变的积极的经营思想。

从依赖私人资金到对稳定的基金的渴望中,可以看出张謇对待资金问题的基本态度及其变化。

需要指出的是,在博物馆资金问题上,张謇似乎还没有意识到博物馆本身的创收能力。

从国家层次来讲,博物馆建设应该如何实施?这是一个非常重要的建设问题。在这个问题上,张謇所倡导的是一种"渐进式"建设思路。张謇认为,博物馆的建设应该自上而下逐步实施。按照他的看法,首先应该在京师建立国家博物馆,博览馆"建设于京师也尤宜"③。将博物馆首建于京师,原因就在于:一方面,外人到我国游览,"必首诣京师"④;另一方

---

① 张謇:《致美国政府请求以退还庚子赔款酌拨补助南通文化教育事业基金意见书》,载《张季子九录·教育录》卷六。
② 张謇:《致美国政府请求以退还庚子赔款酌拨补助南通文化教育事业基金意见书》,载《张季子九录·教育录》卷六。
③ 张謇:《上南皮相国请京师建设帝室博览馆议》,载《张季子九录·教育录》卷二。
④ 张謇:《上南皮相国请京师建设帝室博览馆议》,载《张季子九录·教育录》卷二。

面,这样做可以起到示范作用,"为行省之模范"①。

在京师建成博览馆之后,博物馆的建设"可渐推行于各行省,而府而州而县必相继起"②。这种从京师到省、州、府、县的自上而下的"渐进式"的建馆思路,可能受到多个方面的影响。

张謇的这种思想与中国的传统思想观念是有一定联系的。他在给南皮相国的上书中,曾引用了司马迁的话:"教化之行也,建首善必自京师始。"③熟知中国传统文化的张謇,是非常了解"自京师始"的巨大影响的。

同时,他的这种"渐进"思想,可能也受到国外博物馆实践的启发。在日本,张謇看到的确实就是这样一种做法。就此而言,张謇的认识是有很大局限性的,他没有看到国外这种做法背后的社会环境。无论是在日本还是在西方,面向公众的近代博物馆的出现都是在资产阶级革命发生之后出现的。在张謇提出这些思想的时代,中国仍然处在"家天下"的封建专制统治下,清政府不可能进行这种自上而下的博物馆建设。后来的事实也证明,他的这种设想更多的是一种理想化的成分,是很难实现的。中国的第一座国立博物馆是在辛亥革命之后出现的,而作为皇家收藏集中地的故宫博物院直到1925年才正式对外开放。

此外,我认为,张謇提出"渐进式"建设思路,可能也是受到了当时中国实际状况的影响。在一个内忧外患的时代,清政府腐败无能,同时,国家又没有更多的建设博物馆的经验。在这样的情况下,博物馆的建设只能是"渐进式"推进,而且,这样做可能是一种最佳的选择。

张謇的这种"渐进式"建设思路是有进步性的。这种进步性主要表现在两个方面:一是,这种"渐进式"建设思路考虑到了博物馆建设的特殊性。博物馆的建设是一项复杂的事情,许多工作做起来都需要时间(如藏品的积累就是一个漫长的过程,绝非一朝一夕的事情),不可操之过急,否则,就会给博物馆的发展带来消极甚至是破坏性的影响。20 世纪 50 年代后期,我国博物馆的发展就曾有过这方面的教训。所以,"渐进式"建

---

① 张謇:《上学部请设博览馆议》,载《张季子九录·教育录》卷二。
② 张謇:《上南皮相国请京师建设帝室博览馆议》,载《张季子九录·教育录》卷二。
③ 张謇:《上南皮相国请京师建设帝室博览馆议》,载《张季子九录·教育录》卷二。

设思路是符合博物馆的发展规律的。二是,这种"渐进式"建设思路显然也考虑到了当时中国的实际情况。在一个缺乏基本社会基础的国家,大规模急进式地建设博物馆是不现实的。在国势羸弱的近代中国,清政府根本没有更多的资金用于博物馆的建设。在这样一种情况下,倡导"渐进式"建设思想是符合当时中国的实际的,也具有比较强的现实的可操作性。

"建设一个什么样的博物馆",或者说"理想的博物馆是什么样的模式",是博物馆建设当中的另一个重要问题。在这一方面,张謇提出了合制模式。

从早期上书的内容看,张謇最初所倡导的理想的机构模式是博览馆。何为博览馆? 按照他的理解,博览馆实为"博物、图书二馆之合制"①,是两者的合并形态。在他的头脑中,理想中的机构模式就是将博物馆、图书馆统合为一体的一种机构,一种合制模式,并非现在通常所理解的单一的博物馆。

就思想层面讲,这种合制模式源于张謇对于博物馆和图书馆功用的基本认识。他指出,"夫近今东西各邦,其所以为政治、学术参考之大部以补助于学者,为图书馆,为博物苑"②。既然图书馆、博物苑同时都具有"参考""补助"之作用,集二者为一体的博览馆自然是一种最佳的选择。就实践层面讲,显然受到了来自日本的影响。在日本,就有像帝室博览馆这样现成的模式。对于这种模式,张謇是比较推崇的。他认为,日本帝室博览馆"其制则稍异于他国,且为他国所不可及",所以,他主张"我国今宜参用其法,特辟帝室博览馆于京师"③。

张謇所主张的合制模式似乎更多地停留在理论层次上。在实践中,他所建成的南通博物苑并不是一种合制模式。

南通博物苑的建设经历了一个较长时段。从1905年在通州师范学校校河西面的公共植物园规划、营造博物苑开始,整个建设工作持续了十

---

① 张謇:《上学部请设博览馆议》,载《张季子九录·教育录》卷二。
② 张謇:《上南皮相国请京师建设帝室博览馆议》,载《张季子九录·教育录》卷二。
③ 张謇:《上南皮相国请京师建设帝室博览馆议》,载《张季子九录·教育录》卷二。

余年的时间。从最终建成的博物苑形态结构来看,在博物苑里,除了旨在"储三部之物,而以教育品附焉"①的南北中馆等主体建筑之外,苑内亭台楼阁、假山园池、竹林、果园,应有尽有。实际建成的南通博物苑是一座典型的园林式的独立而"纯粹"的博物馆,并非张謇拟想中的"合二为一"的博览馆。

所以,张謇头脑中理想的博物馆模式与南通博物苑的模式并不是完全一致的,个中缘由有待于进一步探讨。不过,在这里,必须要提到的一件事就是图书馆的建立。1908年,张謇曾向清政府学部建议设立图书馆,以供学生及社会公众使用,并强调这是预备立宪自治的第一件应办之事。与请建博览馆的结果不同的是,张謇设立图书馆的建议得到清政府的批准,于是在南通城南门外择址创办南通图书馆。如前所述,南通博物苑的建设历时甚久,图书馆的先期建立,可能多少对于南通博物苑最终的形态结构有所影响。

上述诸问题一定程度上均带有宏观的性质,张謇建馆思想的内容并未局限于此。他的建馆思想还体现在单个博物馆的规划等一些微观的方面。

在博物馆建设规划方面,张謇清晰地提出了建设规划的基本任务。在《上南皮相国请京师建设帝室博览馆议》中,他写道:"建设之初,所宜规画者,厥有六端。"②所谓的"六端",即建筑之制、陈列之序、管理之法、模型之部、采辑之例、表彰之宜。每端之下又包括了更为细致的内容。

张謇提出的博物馆建设之初的"六端"之说,大体概括了博物馆建设与规划的基本任务,也指明了博物馆建设与规划的基本内容。

对于建筑的规划与建设,张謇考虑甚为详细,且多精彩之见。

在谈到博物馆建筑之制时,他指出:"所最注重者,则择地。"③他将馆址的选择看作建筑规划中最为重要的一件事情。对于择地,他提出了"为

---

① 虞和平主编:《张謇——中国早期现代化的前驱》,吉林文史出版社,2004年,第455页。
② 张謇:《上南皮相国请京师建设帝室博览馆议》,载《张季子九录·教育录》卷二。
③ 张謇:《上南皮相国请京师建设帝室博览馆议》,载《张季子九录·教育录》卷二。

事固宜择地,为地亦宜兴事"①的基本原则。同时,他还指出,馆址所在之地要"便于交通、便于开拓者为宜"②。对于馆舍规划与建设,他也特别顾及博物馆的未来发展。他指出:"近数十年中,欧、美各国,科学日新,述作益侈,宜留余屋以待旁搜。"③这些认识中所包含的基本思想,直到今天,仍然为博物馆的馆长们所遵循。

在博物馆的建筑规划方面,尤其值得提到的就是他贯穿于南通博物苑建设实践中的园林化的布局思想。在博物苑内,除了在一条中轴线上依次分布的三栋主体建筑之外,"隙地则栽植花木,点缀竹石"④,另有假山、水池等与主体建筑穿插呼应。行走在博物苑里,宛若置身于令人心旷神怡的园林之中。一位参观过南通博物苑的观众曾对此有过贴切的描述。他写道,这里"葱绿草场,迂回的道路,谦亭的垂柳,水榭的清流,可以使人流连忘返,确是一所很秀美的园林"⑤。

这种园林化的布局思想可能与张謇对于亭台楼阁、假山园池等设施的功能认识有着密切的关系。他在《南通公园记》中指出:"公园者,人情之囿,实业之华,而教育之圭表也。人情罔不好逸,罔不好花木水石台榭之娱,好必欲有之,而势不能尽人而有,公园则不啻有于人人囿之谓也。"⑥设置花木水石台榭,实是人之性情所需。而这些花草水木,更有"意取闲野",缓解疲劳之功效。

百年前,张謇就已经构想出这种园林化的布局模式,且将其付诸实践。这种园林化的布局思想,既合人性,又能有效地服务于博物馆功能,同时,也暗合了博物馆发展的潮流。时下,在规划博物馆建筑时,环境因素越来越受到人们的重视,并逐渐成为一种趋势。从这一意义上讲,张謇所构想的园林化的布局模式是一个具有前瞻性的思想,超越了他所在的

---

① 张謇:《国家博物院、图书馆规画条议》,载《张季子九录·教育录》卷四。
② 张謇:《上南皮相国请京师建设帝室博览馆议》,载《张季子九录·教育录》卷二。
③ 张謇:《国家博物院、图书馆规画条议》,载《张季子九录·教育录》卷四。
④ 张謇:《上南皮相国请京师建设帝室博览馆议》,载《张季子九录·教育录》卷二。
⑤ 落花生:《从五公园游到博物苑》,《通光日报》1932 年 9 月 4 日;转引自周国兴:《南通博物苑沧桑》,《中国博物馆》1996 年第 1 期。
⑥ 张謇:《南通公园记》(民国六年),载《张季子九录·自治录》卷二。

那个时代,是其建馆思想中最为精彩的部分之一。

作为博物馆建设的一项基础性工作,藏品建设一直为张謇所重视。他对于藏品建设的基本方式、内容等,都提出了自己的主张。

从藏品建设的基本方式来看,他主张通过多种方式积累博物馆藏品。他认为,捐献是藏品建设的一种重要方式。在谈到帝室博览馆的藏品建设时,他主张,皇家应"赐出内藏"①,并要鼓励民间各人等捐献所藏之物。他指出,待博物馆开办之后,"宜先布章程,谕令京内外大小臣工及世禄之家,嗜古之士,进其所藏"②。为了鼓励捐献,他提出具体的褒奖措施,"如价值巨万,当特加褒赏,以示激劝。且许分室储贮,将为表列,其余呈进,亦付储藏"③。在南通博物苑的藏品建设中,他自己也是带头捐献,同时,通过接受捐献的方式从大收藏家端方那里,得到了70余件文物。他也积极通过调查的方式积累收藏品。南通博物苑的许多藏品都是他指派孙钺调查所得④。

强调手段的多样化是张謇藏品建设思想的一项重要内容。

在藏品建设方面,张謇的另一个重要的思想就是主张并坚持一种全面性的搜集方针。他暗示了一种"纵之千年,远之异国"⑤的开放的搜集思想。在实践层面上,他也是竭尽全力"搜集中外动植矿工之物,乡里金石,先辈文笔"⑥。从《博物苑品目》著录的收藏内容看,藏品中有许多外域实物,如日本的三叶虫化石、美洲的袋鼠、非洲的鸵鸟、爪哇的孔雀等,实物所涉及的地域遍及五大洲。在藏品搜集上,张謇表现出了极强的开放性和包容性。

在藏品建设方面,尤其需要提到的就是,张謇在重视原物收集的同时,还非常重视非原物资料的搜集,这些非原物资料包括拓片、模型等。

---

① 张謇:《上南皮相国请京师建设帝室博览馆议》,载《张季子九录·教育录》卷二。
② 张謇:《上南皮相国请京师建设帝室博览馆议》,载《张季子九录·教育录》卷二。
③ 张謇:《上南皮相国请京师建设帝室博览馆议》,载《张季子九录·教育录》卷二。
④ 金艳:《中国博物馆事业的开创者——张謇》,《中国博物馆》2005年第1期。
⑤ 张謇:《通州博物馆敬征通属先辈诗文集书画及所藏金石古器启》(光绪三十四年),载《张季子九录·教育录》卷三。
⑥ 张謇:《博物苑石额题语》,载《张季子九录·文录》卷七。

对于无法得到的原物,他认为可以搜集拓片作为替代,用他的话讲,就是"不能得原物也,以拓本为断"①。在非原物资料当中,他特别重视模型的制作。他认为,模型之重要就在于对实物的补充和再现。历史的演变,年代的久远,导致许多先前的实物,或损坏,或消失。针对这种状况,张謇指出,在博物馆里,"宜特设模型一部,所有古代宫室器物,今之不可见者,当博征图籍,证于可信,精造模型,分别存庋,岂惟学者得所依归,抑亦历史、美术二科之实践也"②。而且,他将模型之部的建设作为博物馆规划与建设的一项重要内容,足见他对于模型的看重。

由此可知,张謇对于博物馆收藏对象的认识,已经远远超出了单纯的"原物"的观念。他所主张的收藏对象是一个既包括单纯的"原物",也包括模型在内的更为广泛的概念。重视"原物",而又不拘泥于"原物"是非常重要的思想。从重视"原物"到"原物"与非原物资料的并重,收藏品的积累被更多地赋予了博物馆的意义,是一种进步的表现。但是,这一思想在以往的研究中似乎并未引起足够的重视。

此外,在人才建设等方面,张謇也提出了一些非常重要的认识。比如,他特别强调了对国外人才的利用。他指出,"博物陈列,我国旧无先导,即乏专才",对此,他提出,"宜聘一意大利人为之顾问"③。在博物馆领域,这种借用外脑为我所用的建馆思想,在今天看来,也仍不失其前卫性。

张謇的建馆思想大略如上。从上述内容看,张謇的建馆思想几乎涵盖博物馆建设的各个重大领域,涉及博物馆建设的许多重要课题。百年前,在中国博物馆发展的起步阶段,张謇对于博物馆的建设能有如此认识,实在是很难得的。

二、建馆思想的特点

张謇是先呼吁,后又第一个成功地将博物馆的建设付诸实践的中国

---

① 张謇:《博物苑中馆匾并题语》,载《张季子九录·文录》卷七。
② 张謇:《上南皮相国请京师建设帝室博览馆议》,载《张季子九录·教育录》卷二。
③ 张謇:《国家博物院、图书馆规画条议》,载《张季子九录·教育录》卷四。

人。但他并不是第一个关注和倡导博物馆建设的人。

近代以来,在张謇之前,其实就已有人倡导,甚至具体地筹划博物馆的建设①。到了19世纪末期,维新派更是大力呼吁建立博物馆,受其影响,清政府甚至还一度拟订建设博物馆的奖励办法②。不过,与早期的这些先驱者相比,张謇的建馆思想呈现出一些明显的特点。

从最初的上书呼吁到后来实际地经营南通博物苑,张謇的建馆思想前后并不是完全一样的,而是有些变化的,所以,合时适地的变通,应是其建馆思想中最大的一个特点。关于其中一些具体的变化,前文已有过讨论,此不赘言。

除此之外,他的建馆思想还有如下特点。

第一,系统性。从上文有关建馆思想的内容讨论中可以看出,张謇的建馆思想涉及博物馆建设的多个方面。他对于博物馆建设的主体、建设程序、资金问题、博物馆的理想形态、建筑的规划与设计、藏品建设、人才建设等均有过考虑,形成了一套相对完整的认识。而且,南通博物苑的成功建立使他的建馆思想有了坚实的实践基础和实际的操作价值。

如前所述,在张謇之前,虽然也有人提到博物馆的建设问题,但相关的论述大多是只言片语,零碎而不完整。就系统性而言,这些言论与张謇的建馆思想是不可相提并论的。从这一意义上讲,张謇应该是近代以来第一位形成了一套相对系统的建馆思想的中国人。

第二,开放性。张謇的建馆思想的开放性主要表现为一种"世界眼光"。具体说来,这种"世界眼光"主要体现在三个方面:一是积极地吸收外国博物馆建设经验,特别是日本博物馆建设的经验。在前面的讨论当中,在有关博物馆的理想模式、"渐进式"的建馆思路等方面,可以非常清楚地看到来自国外的影响。二是不拘一格,大胆地倡导和使用国外人才。如前所述,他曾主张聘请意大利人作顾问。而且,他主张使用国外人才的

---

① 清朝光绪三年,郭嵩焘曾谋划在上海设立博物院,并已请外国人绘成博物院的图画。郭氏此举应该是中国人最早谋划建设博物馆的一次行动。惜此番努力最终并未有一个明确的结果,不知何故。参见郭嵩焘:《伦敦与巴黎日记》,钟叔河主编:《走向世界丛书》,岳麓书社,1985年。

② 王宏钧:《中国博物馆学基础(修订本)》,上海古籍出版社,2001年,第74页。

思想在他的博物馆实践中也得到一定程度的落实。在创建南通博物苑期间,他曾重金聘请日本人木村忠治郎来南通为博物苑服务。他任用的一些博物馆管理人员也具有国际背景。博物馆建成之后,他委派曾经留学日本的原通州师范学校的优秀毕业生孙钺负责管理博物馆事务。三是世界性的搜集。在藏品建设方面,他强调世界性的搜集。他所主张的"纵之千年""远之异国"的搜藏范围以及藏品当中来自五大洲的实物,就充分地反映了这一点。

这种世界眼光不只是一种创建,更是一种自信。这种自信对于一个贫弱国家博物馆事业的建设来说,是尤为重要的。

张謇是一个具有开放意识的人,这种意识是他面对近代以来西方列强的侵略深刻反思的结果。他的开放是有着明确目的的。他指出:"今日我国处列强竞争之时代,无论何种政策,皆须有观察世界之眼光,旗鼓相当之手段,然后得与竞争之会。"①开放的目的就是为了更好地发展自己,与外人竞争。张謇建馆思想的开放性只是其开放意识在博物馆领域中的一种反映。

张謇建馆思想中的这种开放性,并不是简单的拿来,而是有所批判、有所选择的。它是一种批判性的开放,是保持自主性基础上的一种开放。

第三,多元化。与开放性紧密联系在一起的就是张謇建馆思想的多元化。这种多元化的特点集中表现在其建馆思想的来源上。

关于张謇博物馆学思想的来源,多年前,宋伯胤先生就曾有过论述。他指出:"张謇对于博物馆的认识和理解是来自两个途径:一个是从派到国外去考察的读书人那里听到或看到的;一个是他自己'癸卯之行'对日本的考察。"②这是目前所能看到的对张謇博物馆思想的来源所作的最早的一种解释。

对于这一解释,我认为,需要作两点说明。一是,从建馆的角度看,张謇的思想曾受到中国传统文化思想的影响,当是其思想另一个重要来源。

---

① 张謇:《中央教育会开会词》,曹从坡等编:《张謇全集》第1卷;转引自虞和平主编:《张謇——中国早期现代化的前驱》,吉林文史出版社,2004年,第69页。
② 宋伯胤:《张謇与南通博物苑》,《博物馆研究》1983年第3期,第4页。

张謇的不少思想都是与中国传统文化联系在一起的。南通博物苑中的"苑"字，显然取意于中国古代的园囿。从南通博物苑的园林式布局，可以体会中国传统造园思想的韵味。同样，在"渐进式"的建馆思路当中，也能感受到中国传统文化思想的影响。诸如此类，不一而足。一是，张謇对于博物馆尤其是西方博物馆的了解，可能不只是从派到国外去考察的读书人那里听到或看到的，也应另有来源。在谈到西方战时博物馆保护问题时，他指出，"公法邦国交战例第648条，凡敌境之教堂医院学宫星台博物馆及一切兴学行善公所皆不可侵犯"①。将如此细致的了解与张謇早年幕僚生涯联系起来看，他极有可能直接接触到不少相关的文献材料。此外，他在《通州博物馆敬征通属先辈诗文集书画及所藏金石古器启》一文中，开篇便指出"欧人……咸有博物馆之设，其搜集之部目三，曰天然，曰历史，曰美术"②。这些材料显示，张謇对于与西方有关的博物馆法规及博物馆的构成等是相当熟悉的，他对于西方博物馆可能远不只是泛泛的了解。

因此，张謇的建馆思想不仅来自对日本的考察以及从他人那里听到或看到的，他本人可能还曾直接接触到一些西方的材料，同时也受到了中国传统文化思想的影响。他的建馆思想是多元化的，这种多元化特点又促使其建馆思想更多了一种兼容性。

第四，自主性。如前所述，张謇的建馆思想相当大程度上受到了外来的影响，同时一定程度上也受到我国传统文化思想的影响。然而，无论是对于外来的影响，还是对于中国传统的思想，张謇都是有所选择和区分的，批判地加以吸收。用他的话讲，就是"法古法今，法中国、法外国，亦不必古，不必今，不必中国，不必外国。察地方之所宜，度吾兄弟思虑之所及，财力之所能，以达吾行义之所安"③。这是张謇对他自己一生做事原

---

① 张謇：《通州博物馆敬征通属先辈诗文集书画及所藏金石古器启》（光绪三十四年），载《张季子九录·教育录》卷三。
② 张謇：《通州博物馆敬征通属先辈诗文集书画及所藏金石古器启》（光绪三十四年），载《张季子九录·教育录》卷三。
③ 张謇：《谢参观南通者之启事》，李明勋等编：《张謇全集》第1卷；转引自虞和平主编：《张謇——中国早期现代化的前驱》，吉林文史出版社，2004年，第70页。

则的一个总结。这一原则在他的建馆思想当中直接表现为一种相当强的自主性。在建馆模式上,他就是有所比较、有所选择的。他对于东、西博物馆都有所了解,但他认为,日本的博物馆是理想的。他指出,国外的图书馆和博物馆,"公立私立,其制各有不同。而日本帝室博览馆之建设,其制则稍异于他国,且为他国所不可及"①。"今为我国计,不如采用博物、图书二馆之制,合为博览馆,饬下各行省一律筹建"②。由此可以看出他主张仿效日本在京师建立帝室博览馆的原因。面对我国陈列人才的匮乏,他在对英、法、德、日、意进行了比较之后,才提出聘请意大利人为顾问的主张。他之所以选择意大利人,原因在于后者的"华俭差为适中"③。他的这一想法显然也是考虑到了当时中国的实际国情。此外,在博物馆的结构上,他在坚持天然、历史、美术三部这一基本结构的同时,又根据实际的情况,附设一教育部。这些在一定程度上都反映出了他思想当中的自主性。

张謇建馆思想的自主性的实质在于,他坚持立足于南通乃至中国实际来考虑博物馆的建设。在当时的社会环境下,特别是面对强势的外来影响,仍保持相当的自主性是非常难得的。在一个国势衰弱的国家,对于外来的影响,人们习惯于一种顺从的简单拿来,而不是批判性地、有选择地去接受。

遗憾的是,无论是在 30 年代,还是在 50 年代,在我国的博物馆实践当中,这种自主性建馆思想,似乎都没有得到充分的体现。直到 20 世纪 80 年代中后期,在"建设有中国特色社会主义博物馆"中,这种自主性才得到了一定程度的回复。

对于一个国家,特别是博物馆事业相对比较落后的国家来说,在建设博物馆的过程中,在任何时候强调这种自主性都是必要且重要的。

第五,图书馆、博物馆并重。在张謇的建馆思想中,还有一个突出的特点,就是图书馆、博物馆的并重。

---

① 张謇:《上南皮相国请京师建设帝室博览馆议》,载《张季子九录·教育录》卷二。
② 张謇:《上学部请设博览馆议》,载《张季子九录·教育录》卷二。
③ 张謇:《国家博物院、图书馆规画条议》,载《张季子九录·教育录》卷四。

张謇不仅重视博物馆建设，而且也重视图书馆的建设。在他的一些论述当中，通常是两者并提。如"盖有图书馆、博物馆以为学校之后盾，使承学之彦，有所参考，有所实验，得以综合古今，按讨而研论之耳"①。再如，"夫近今东西各邦，其所以为政治、学术参考之大部以补助于学者，为图书馆，为博物苑"等②。从这些引文看，图书馆在某种程度上似较博物馆更为重要。张謇所倡导的理想的机构模式实际上就是两者的合并形态——博览馆，博览馆这种合制模式就是并重思想的具体体现。

有意思的是，在张謇之后，这种并重的思想似乎一直比较重。在20世纪20年代，我国的许多博物馆都与图书馆并列在一起，如当时湖北、广东、云南等省的博物馆，就依附于图书馆。在一些专业活动中，两者往往也联系在一起。1936年7月，中国博物馆协会第一次年会与中华图书馆协会第三届年会在青岛联合召开。在这次联合年会上，李石曾以北平研究院院长的名义发表演说，阐明了图书馆、博物馆在现代文化教育工作中的重要意义，并以"图书是文字的博物，博物是实物的图书"③说明了图书馆和博物馆的关系。在中国博物馆发展的早期阶段，这种两馆并重的思想是否受到了张謇思想的影响是一个值得进一步探讨的问题。

最后要指出的是，在张謇的建馆思想中还蕴涵着一种强烈的爱国意识。在《国家博物院、图书馆规画条议》当中，在谈到博物馆必设之时期时，他曾指出，中国之古物"往时鼎革兵燹之余，纵播越于民间，只澜翻于中国。今则绀发碧瞳之客；蜻洲虾岛之儒，环我国门，搜求古物。我之落魄士夫醉心金帛，不惜为之耳目，稗贩驰驱。设不及时保存，护兹国粹，恐北而热河，东而辽沈，昔日分藏之物，皆将不翼而飞"④。从这一段话里，可以切实地感受到张謇的拳拳爱国之心。

近代以来，在腐朽的清政府的统治下，中国国势日衰，珍贵文物大量外流。面对这样一种情况，张謇认为，防止文物外流的一个好办法就是建

---

① 张謇：《上学部请设博览馆议》，载《张季子九录·教育录》卷二。
② 张謇：《上南皮相国请京师建设帝室博览馆议》，载《张季子九录·教育录》卷二。
③ 黎先耀主编：《博物馆学新编》，江苏科学技术出版社，1983年，第521页。
④ 张謇：《国家博物院、图书馆规画条议》，载《张季子九录·教育录》卷四。

设博物馆。建设博物馆可以有效地保护古物,遏制古物的外流。这样一来,建设博物馆便多了一层文化上的反侵略性质,博物馆的建设被更多地赋予了社会的使命。

其实,受社会大环境的影响,这种爱国主义情绪一直贯穿于近代以来中国人的建馆思想当中。甚至在 19 世纪中后期,直到 20 世纪早期,一些先驱者的思想中均呈现出强烈的爱国意识①。

因此,爱国意识更可能是一种时代的特征,而不是为张謇的建馆思想所特有。但是,张謇的建馆思想所表现出来的爱国意识却也是值得注意的特点。

三、结　语

根据前面的讨论,对于张謇的建馆思想,大致可以形成几点认识:

张謇的建馆思想,就其内容而言,已经触及博物馆建设的一系列重大问题,如建设主体、资金、理想形态等,并形成了一个相对完整的体系。尽管张謇不是我国第一个论述博物馆建设的人,但他却是第一个对博物馆建设进行系统思考并加以实践的人。

张謇的建馆思想不但内容丰富,而且创见甚多,如他提出的"渐进式"的建馆思路、博物馆规划的"六端"之说等,均是很有新意的见解。其中的一些思想,如馆址选择的基本原则、园林化布局模式、世界性眼光等,不只是在当时,即使在现在,仍旧具有很高的参考价值,是非常宝贵的。

张謇的建馆思想在体现出某些时代特征的同时,更多地表现出了鲜明的个性特征。后者赋予其建馆思想以独特的历史地位。

张謇先是呼吁,后又以个人之力第一个将博物馆建设付诸行动,并获得了成功。他的建馆思想不只具有一般的理论意义,而且还有积极的实践意义。在南通博物苑的实践中,后者得到了很好的体现。

因此,张謇的建馆思想是我国博物馆建馆思想宝库中一份不可多得

---

① 卢作孚:《东北游记》,成都书局,1931 年,第 29—30 页。

的遗产。这些思想奠定了张謇作为近代以来我国建馆理论建设第一人的历史地位。

最后,需要指出的是,受历史条件所限,在张謇的建馆思想当中,有些认识也存在一定的局限性。比如,他在南通博物苑所采用的三部(天然、历史、美术)框架,就当时世界博物馆发展的态势而言,已经不是博物馆发展的新方向。自19世纪以来,在欧美地区,专门博物馆纷纷建立,一些综合性博物馆呈现出一种分化趋势,整个博物馆领域的专门化趋势已经突显出来,并演变为一种新的发展趋势。建立在三部框架基础上的综合性博物馆,已经不是当时博物馆发展新趋势的代表。从这一角度说,张謇对于西方博物馆的认识还是有限度的,当然,也不排除张謇有别的考虑。此外,在他早期的建馆思想当中,还存在更多理想的成分。不过,即便如此,张謇对博物馆建馆理论所作出的杰出贡献,是他之前的任何人所无法比拟的,甚至在其后不短的一段时间里,也鲜有人可与之相匹敌。

原文刊载于《回顾与展望——中国博物馆发展百年》(中国博物馆学会编,紫禁城出版社,2005年)。此文曾荣获"第一届全国博物馆学优秀学术成果"优秀论文奖。

美国博物馆事业的先驱者——皮尔

在美国早期博物馆实践活动当中,私人收藏家是一支活跃而重要的力量。这些人或以个人或以家族的力量建立起博物馆或类似的设施,极大地推动了美国早期博物馆的发展。查尔斯·威尔斯·皮尔(Charles Willson Peale,1741—1827)就是他们当中最引人注目的一位人物。

查尔斯·威尔斯·皮尔出生于美国马里兰州。早年曾做过马具制作匠。他虽出身卑微,但勤奋好学,兴趣广泛,在制作马具的同时,还对绘画、钟表制造等表现出极大的热情。1763年,他以一副马鞍作学费,开始拜师习画,并在肖像画方面日渐显露其超凡的才能。后在一群富人的安排下,赴英国伦敦进一步深造。学成回国后,落脚费城以绘制肖像画为生。美国独立战争期间,他积极投身独立运动,参加了费城的爱国民兵,担任过军官。他与当时的许多有影响的人物交往密切,为他们绘制过不少的肖像画,并以为美国革命领导人物绘制肖像画而著称,一度成为美国首屈一指的肖像画家,是美国独立革命期间和独立后艺术和科学发展的精神领袖[1]。

皮尔最早的博物馆实践是与他的画家身份紧密联系在一起的,他涉足博物馆领域也是从展示自己的作品开始的。

1782年,皮尔在其位于费城的家里开设了一家画廊,展出他自己创作的一些名人肖像画。1784年,由于一个偶然的机会,他开始搜集自然

---

[1] 《大美百科全书》卷21,台北光复书局,1993年,第369页。

史方面的收藏品。两年后,他宣布将画廊改为一个博物馆,即美国博物馆史上有名的皮尔的费城博物馆。

此后,皮尔虽然没有放弃绘画创作,但博物馆却成为他工作的一个焦点。他在实物搜集、保护、展示以及博物馆经营等方面,进行了一系列有意义的尝试。

在搜集实物方面,皮尔被认为是一个不知疲倦的人①。为积累收藏品,他尝试了多种不同的搜集方式。比如他通过在当地的报刊上登载接受个人捐献消息的方式搜集实物,发现这种方式会让那些捐献者因自己的慷慨行为被铅字记录下来而感到心满意足②。他也通过野外发掘的方式获取了一些重要的实物。在他的收藏当中,著名的乳齿象化石就是他于1801年在纽约奥兰治郡湿地发掘所得。此外,像他同时代的人一样,他也通过购买和接受捐赠等方式获取实物。1784年,他曾通过购买方式得到了收藏家杜·西梅提尔雷的绝大部分收藏品。

借助于多种不同的搜集手段,经过不懈的努力,皮尔的收藏日渐丰富起来。从最初主要是艺术品,逐步扩展到自然史、人种学等方面的实物。到后来,他收藏的内容几乎达到了庞杂的程度,除艺术性收藏(如人物肖像等,其中既有独立革命英雄的画像,也有 Baron Cuvier、Alxander von Humboldt 等博物学家的画像)、自然标本(如乳齿象的骨头、保存完好的白鲟标本,以及鱼、贝、岩石、昆虫标本等)、人种学标本(如印第安人的服饰、武器和用具,来自世界各地的器皿,不同人种的人体骨架和人皮标本)之外,还包括一些具有珍奇性质的实物(如四条腿和四只翅膀的小鸟、一块据说是西敏寺教堂加冕椅上的小木条等)、古代珠宝以及雕像的模制品,甚至还有一些机器模型。同时,收藏品的数量也迅速增多,并达到令人惊羡的程度。在1794年博物馆迁至新落成的美国哲学学会所属的哲学厅期间,仅展出的鸟类标本就达243件。这一数量是相当可观的,因为当时号称世界最好的巴黎的法国国立博物馆在1793年收藏的鸟类标本,

---

① David Murray, *Museums: Their History and Their Use*, Vol. 1, London: Routledge, 1996, p.179.

② 严建强:《博物馆与观众》,《中国博物馆》1987年第1期,第56页。

也仅有 463 件。

就性质而言，皮尔的收藏或许可称为是百科式的收藏。从世界范围来看，皮尔的收藏在当时似乎也并不具有特别的吸引力，但如果将它置于美国博物馆发展的大背景下，便会发现皮尔收藏的独特地位。皮尔并没有让自己的博物馆像早些时候建立的查尔斯顿博物馆那样，将收藏更多地局限于自然史领域。如前所述，他将收藏的范围扩展到更广泛的领域。其中最为重要的是，他以前所未有的规模让艺术品特别是肖像画成为收藏的一个重要组成部分。可能正是因为这一点，他的博物馆被誉为美国"第一座受到普遍欢迎的自然科学和艺术博物馆"[1]。此外，与查尔斯顿博物馆突出收藏的地区性不同，他更强调收藏地域的广泛性，他将收藏品搜集的范围延伸到更广大的地区，其人种学方面收藏所涉及的地域范围几乎遍及世界各地。从这一意义上讲，皮尔的收藏是有突破的。

在收藏品保护方面，面对威胁鸟类标本的虫害，他放弃了当时普遍使用的白兰地、熏香等传统的防护方法，原因是这些方法的防护效果并不理想。取而代之，他采用砷和氯化汞来防治虫子，从而解决了威胁剥制标本的虫害问题。遗憾的是，他本人却因长期接触这些有害物质而致病。

此外，他还发明了一套标本剥制技术，彻底改变了标本剥制的基本方法。

在收藏品的展示方面，皮尔表现出了更多的创造性。这种创造性主要集中在对展示方式的大胆革新上。比如，在展示鸟类标本时，他将鸟类标本放在正面有玻璃的柜子里，并以由他的孩子绘制的自然景观或栖息地景观作为这些标本的背景，这样，在表现鸟类标本本身的同时，也展示了它们的生息环境。这种将自然标本与生存环境相结合的做法，要比当时欧洲流行的仅独立展示鸟类标本的做法更为生动，也更富有吸引力。这一做法可以说是后来自然博物馆中常见的生态陈列法的滥觞。有时，在展示中，他还将鸟和动物以不同的姿态吊在空中，或布置在人工池塘和树上，力图营造出一种多样化的场景。

---

[1] Michael Steven Shapiro and Louis Ward Kemp, *The Museum: A Reference Guide*, New York: Greenwood Press, 1990, p.201.

他还利用自己早年在制作马鞍时所受的训练，先手工刻制拟陈列动物的木质模型，然后将动物的皮展放在模型上以企恢复其原有状态。为了使展品形象更为生动，还模制了玻璃质的眼睛，让展品看起来栩栩如生，极大地提高了藏品的观赏性。

在人种学标本的展示方面，皮尔采用了蜡像技术。他使用北美洲印第安人的蜡像，去展示这一民族奇特的服装。

或许是缘于画家的出身，在展示实践中，皮尔非常注重采光的方式。他在博物馆使用了顶部采光，这使他的博物馆成为美国第一个使用顶光的博物馆。

皮尔认为，博物馆的目的就是要教育和吸引那些缺乏正规教育的普通公众。可能是受这种思想的支配，皮尔一直让博物馆保持一种开放的状态。而且，在开放中，他对于被当时欧洲博物馆所忽视的参观群体也给予了足够的重视。与同时期欧洲的一些博物馆不同，皮尔注重对劳工阶层的开放。为了让劳工阶层有机会利用博物馆，皮尔每周都安排一些晚间活动，如晚间音乐会等。按照他的想法，这样做的目的，"是为了让那些在白天或许没有富裕时间的人们也能够享受博物馆各种项目所带来的理性的消遣"[1]。为了适应博物馆的晚间开放，设在纽约和巴尔的摩的分馆，还开发出了最早的汽灯照明系统。

在开放当中，他对北美的印第安人也表现出极大的关注。如同启蒙时代其他思想家一样，皮尔对北美印第安人非常感兴趣。他希望印第安人部落代表能够去参观他的博物馆，还承诺将带着和平的愿望在博物馆里去展示北美印第安人的物品。

皮尔博物馆包容而开放的态度、服务对象的广泛性为其赢得了"美国民主博物馆先驱"[2]的美誉。他本人也成为美国最早的吸引普通公众的收藏家之一。

---

[1] Neil Kotler and Philip Kotler, *Museum Strategy and Marketing*, San Francisco: Jossey-Bass Publishers, 1998, p.13.

[2] Michael Steven Shapiro and Louis Ward Kemp, *The Museum: A Reference Guide*, New York: Greenwood Press, 1990, p.200.

在对外开放的过程中,皮尔还非常注重观赏的有效性和活动的多样性。

为了让参观者更有效地观赏展出的收藏品,他为一些特殊展品配备了专门的装置。比如,一些体形太小难以用裸眼观察的昆虫被放置在显微镜下展示,响尾蛇的毒牙也做了类似的设计,诸如此类等等。

皮尔并没有将博物馆的对外活动局限在收藏品展示方面,在此之外,他还设置了其他形式的服务项目。

在博物馆以免租的形式寄居于独立厅里的一个狭长的陈列室和塔楼期间,他就向博物学者和艺术家提供标本,供他们进行研究和临摹之用,同时也允许那些渴望购买艺术品的观众欣赏。在博物馆里,他还设置了讲座、富有魔力的幻灯展示、化学和物理现象(如电)的演示以及举办音乐演出等活动,此外,还出版了博物馆收藏目录和指南。

在博物馆的经营方面,皮尔也进行了富有想象力的实践。

皮尔是一个具有极强开拓精神的人。他积极致力于欧、美两洲之间收藏品和技术方面的交流。对于发掘所得的 3 件乳齿象化石,他除了于 1801 年在自己的博物馆里安装起了一副完整的骨架之外,在儿子们的帮助下,他还将其中一副骨架运往欧洲巡回展出,使乳齿象化石一时间成为世界范围内一个家喻户晓的名字,是自然史博物馆的必备之物。当然,这一行动也给皮尔带来不少的经济收益。

皮尔意识到,博物馆要想取得经营上的成功,其本身必须要对公众有吸引力,这样才能最终让所有者获利。因此,他对当时一切能够形成吸引力的新东西表现出一种敏锐的态度,并及时地将它们引进博物馆。小电影技术就是一个突出的例子。早在 1784 年,他就将三年前(即 1781 年)才刚刚在伦敦发明的原始的小电影系统引入美国。在位于费城的家里,他开始放映这种小电影[①]。这种系统因其新颖性而引起了当时美国公众的极大兴趣,让皮尔博物馆成为当时费城,甚至是美国东部最有吸引力的

[①] Edward P. Alexander, *Museums in Motion*, Walnut Creek: AltaMira Press, 1996, p.82. 小电影系统的运行是由一个人操纵屏幕和灯光,从而使所表现的场景看起来似乎有一种动感,同时再配以音响效果。

设施之一。

虽然皮尔主张开放博物馆的目的是为社会各阶层人士服务,但这种服务却是有偿的。当时,皮尔博物馆一张门票定价25美分。到1816年,博物馆每年毛收入多达11 924美元[①]。这就意味着每年有近48 000名参观者光顾博物馆,而博物馆为此付出的开销却只有约2 000美元。博物馆的运营实际上产生了巨大的利润。除门票之外,博物馆里的一些活动,如观看小电影等,也是要收费的。

显然,皮尔博物馆实际上是在一种赢利性基础上运行的。就这一点而言,我们或许还很难将皮尔博物馆与真正意义上的现代博物馆完全地等同起来。

博物馆采用这种赢利性的经营模式,更多地可能是与博物馆的私人性质联系在一起的。皮尔博物馆是一项私人事业,缺乏像同时代大英博物馆那样的政府资金的支持,这样,它就不得不通过收取门票等手段,来获得运营所必需的资金。

不仅如此,皮尔还将博物馆发展成为一项带有家族性质的事业。在费城时,他的几个儿子就是他的助手。后来,他们又分别在巴尔的摩、纽约建立了博物馆的分支机构。这种运营模式扩大了皮尔博物馆的影响,也给他带来更多的收入。

需要特别指出的是,虽然皮尔在博物馆经营实践中采用了赢利性的家族经营模式,其博物馆是收费的,但在最初的时候,皮尔却一直遵循着一条基本的道德原则,即严禁为了达到赢利目标而进行迎合和欺骗。这反映出他试图在实现理性教育与获取利润之间寻求一种平衡的愿望。遗憾的是,这一原则并未得到贯彻。在博物馆的后期,因经营上的困难,这一原则被改变了。博物馆在运营中开始牺牲教育和科学项目中的"理性的趣味",而转向更多地迎合人们的兴趣。然而,这种改变并没有给博物馆经营带来根本性的好转,相反地,博物馆的经营日趋艰难。在1827年皮尔去世之后,博物馆更是一路衰落,费城的本馆、巴尔的摩的分支机构

---

① Edward P. Alexander, *Museums in Motion*, Walnut Creek: AltaMira Press, 1996, p.49.

也很快破产。皮尔博物馆最后以失败而告终。

对于皮尔博物馆的失败,有学者认为主要是由于皮尔忽视了赋予博物馆一个非赢利的形式①。我认为,皮尔博物馆的失败原因可能不只在于它缺乏一个非赢利的形式,下列因素同样是不容忽视的。首先,是来自其他博物馆或相关设施的激烈竞争。进入19世纪后,伴随着1812年战争而来的活跃的智力氛围,美国的一些研究组织、学术社团纷纷建立。这些机构往往有自己的收藏,几乎取得了真正的博物馆的地位,而且这些后起的收藏更具有吸引力。同时,博物馆也遇到了来自其他娱乐性设施的挑战。其中,最严重的竞争来自巴纳姆的美国博物馆,巴纳姆在纽约州和美国中西部开设有博物馆。巴纳姆博物馆最吸引人的地方就是将娱乐、冒险、通俗的体验与对自然珍奇的爱好结合在一起。这一做法给皮尔家族的博物馆经营带来了巨大的压力。面对这种压力,连执掌巴尔的摩分支机构的皮尔的儿子鲁本斯也不得不慨叹,在这些设施面前,他的博物馆被人们完全遗弃了。其次,博物馆运营资金构成的单一性。皮尔博物馆的运营资金主要来源于门票收入和服务收益。这样的资金构成模式有其积极的一面,如可以激发博物馆本身的活力,让其努力争取更多的利用者,但其不利的一面同样是很突出的,它会让博物馆更多地依赖于利用者,从而将博物馆资金置于一个非常脆弱的基础之上。一旦博物馆利用者缩减,博物馆就将陷入资金匮乏的困境之中,严重时可能会让博物馆倒闭。皮尔博物馆所遭遇的实际上就是这样的情形。在博物馆发展的初期,博物馆因为运营方面的新颖性,吸引了众多的利用者,博物馆收入丰厚,运营顺畅。到了后期,博物馆吸引力下降,利用者数量锐减,情况则发生了完全的变化。博物馆终因资金问题而告失败。再次,就是博物馆运营成本的增加。19世纪初,皮尔博物馆曾一度免费使用独立厅的场地。这种状况后来也发生了变化,费城市政府收回了独立厅,并每年向皮尔收取1200美元的租金。这样一来,博物馆的运营成本遽然加大,资金压力更显突出,无疑又进一步加大了博物馆生存的困难。最后,就是博物馆机

---

① Edward P. Alexander, *Museums in Motion*, Walnut Creek: AltaMira Press, 1996, p.49.

构化的失败。在博物馆的经营实践中,皮尔已经意识到,如果要让博物馆继续存在下去,就必须要将其从私家机构转变为某种接近公共性的机构①。应该说,这一认识在当时还是有先见性的。然而,可能是由于皮尔和他的儿子们不愿放弃博物馆可观的经济收入,博物馆机构化最终并未获得成功,因而也就无法成为一个相对稳定的组织。这可能是导致博物馆最终失败的另一个重要原因。

虽然皮尔的博物馆最终未能摆脱失败的命运,但其所产生的影响却是巨大的。

从实践方面来说,皮尔在博物馆经营中的许多做法都为其他人所效仿。比如,在搜集方面,他对各种人体骨架和人皮标本的搜集对后来哈佛大学皮博迪考古与人种博物馆的建立产生了比较大的影响。他的博物馆也被巴尔的摩、纽约等地的一些机构如德拉斯克斯特博物馆及其他不甚有名的珍奇室成功地加以仿效。他的防虫方法、标本剥制技术、实物展示方式,也陆续为一些博物馆和收藏家所采用,而他引进的小电影系统在皮尔之后被美国的艺术家使用了近一个世纪。

皮尔的收藏丰富了其他一些收藏的内容。当费城的本馆及巴尔的摩、纽约等地的分支机构倒闭之后,它们收藏的许多标本都进入了后来很有影响的巴纳姆的美国博物馆。19世纪60年代建成的哈佛大学皮博迪考古与人种博物馆也曾以接受捐赠的方式获得了1 000余件皮尔的人工制品②。在比较动物学博物馆里,直到今天,还保存着大约50余件皮尔制作的鸟类标本。在陈列中,还可以看到皮尔从华盛顿那里获得的彩色的中国雉③。

皮尔博物馆的收藏也推动了自然史特别是鸟类的研究。亚历山大·威尔逊颇有影响的鸟类研究方面的著作就是以皮尔的鸟类收藏为基础完成的。而威尔逊的著作又进一步激发费城的一批人创建了自然科学院。

---

① 严建强:《博物馆与观众》,《中国博物馆》1987年第1期,第56页。
② Michael Steven Shapiro and Louis Ward Kemp, *The Museum: A Reference Guide*, New York: Greenwood Press, 1990, p.11.
③ Michael Steven Shapiro and Louis Ward Kemp, *The Museum: A Reference Guide*, New York: Greenwood Press, 1990, p.3.

该院的鸟类标本收藏到 19 世纪中期数量已达 15 万件，成为当时世界上规模最大的鸟类标本收藏之一。

皮尔及其博物馆的影响，并不仅仅局限于上述方面。事实上，在皮尔的博物馆实践当中已经蕴涵了两个重要的理念：民主与教育。这些理念在其博物馆的服务对象以及服务项目上，得到了充分的体现，而这些理念又因为皮尔博物馆模式被仿效而逐渐演变成为美国博物馆的一种传统。从这一意义上讲，皮尔博物馆对于美国博物馆传统的形成，也起到了积极的作用。

可以说，皮尔在博物馆领域内的种种开拓性的实践，对美国早期乃至此后很长一段时间内博物馆的发展以及博物馆传统的形成，均产生了重要的影响，正是这些影响奠定了其在美国博物馆发展史上作为一位先驱者的历史地位。可能也正是因为这种影响，让他与后来的古德、达纳等人一样成为美国博物馆发展史上里程碑式的人物。

原文刊载于《博物馆研究》2005 年第 4 期。

阿什莫尔的博物馆管理观

埃利亚斯·阿什莫尔(Alias Ashmole,1617—1692)创建的阿什莫尔博物馆是众所周知的。但他对于博物馆管理的一些见解和主张,却鲜为人知。本文旨在对此作一些介绍。

埃利亚斯·阿什莫尔,1617年5月23日出生于英国的利奇菲尔德。中学毕业后,他就被送往伦敦攻读法学。成年后,他曾担任过法庭辩护士、国产税局审计官、温莎纹章官等职。他一生兴趣广泛,博学多才,曾研究过占星学、数学、天文学、自然哲学、炼丹术、植物学、解剖学、医学、逻辑学等,并在炼丹术和嘉德勋位的历史研究方面有专著问世。而且,他还曾应邀参与英国皇家学会的组建工作。阿什莫尔还是一位善于交际的人。他有一个上至国家王侯、下及与他志趣相投的占星术士、炼丹术士的庞大交际圈。然而,在婚姻上,阿什莫尔却历经坎坷,曾先后三次结婚。尽管这几次婚姻,从感情方面来看,很难说是真正的婚姻,但它们却使阿什莫尔找到了可靠的资金来源,从而获得大量的资金去有效地支持他的事业。1692年5月18日(或19日),阿什莫尔去世,时年75岁。

在阿什莫尔的一生中,需要特别强调的是,阿什莫尔曾是英国17世纪著名的古物学家和古物收藏家。他本人拥有一个庞大的古物收藏,主要有书籍、手稿、钱币、证章、考古品等。阿什莫尔这种收藏家的身份,使他在藏品管理方面积累了许多经验。正因如此,在王权复兴之前,他曾应邀对牛津大学鲍德利图书馆所藏罗马钱币进行编目,以便这些钱币能用于研究。而在此之前,他也曾对英国植物学家约翰·特拉德斯坎特父子的收藏做过编目。并最终通过一个赠送契约,将特拉德斯坎特父子的所有收藏转入自己手中。1683年,阿什莫尔又把以这些收藏为主体的许多珍品捐赠给了牛津大学,创建了以他名字命名的英国第一座近代意义的博物馆——阿什莫尔博物馆。他本人也因此而名垂博物馆史。

由于阿什莫尔曾多次做过藏品的编目工作,而且又介入了博物馆的筹建等事务,所以,他对于博物馆的管理特别是藏品的管理,便形成了自己的一些看法和主张。这些看法和主张即构成了他的博物馆管理观的基本内容。

阿什莫尔对于博物馆管理的看法和主张主要见于他与友人的通信和1682年他向牛津大学提出的"建议"及后来在该"建议"基础之上修改拟定的《牛津大学阿什莫尔博物馆的规约、制度和章程》之中,其内容涉及博物馆管理的诸多方面。

现将其分述如下:

一、在人员管理上,阿什莫尔强调亲自裁决。人员作为博物馆工作的承担者,其任命和选拔,在阿什莫尔看来,是至关重要的。因此,在其生前,他一直紧握博物馆主要人员的任命大权,在人员任命上强调亲自裁决。他说:"在我有生之年,监护博物馆之人(即管理员,笔者注。下同)应由我来任命。""如果我死后空缺,则由我的夫人在其有生之年任命和罢免该管理员。"

至于管理员的资格,阿什莫尔并没有细说。不过,从他任命的第一任管理员罗伯特·普劳特(Robert Plot)博士的这一事实之中,我们约略可以窥视到他所要求的管理员的资格。

罗伯特·普劳特博士毕业于牛津大学的莫德林学院。曾担任过该学院的导师和副校长。同时,他又是一位非常著名的古物学家。在17世纪,他的兴趣已扩展到历史学、钱币学、占星术、系谱学和早期考古学这样一个广阔的领域。但他主要研究自然史,并有专著问世。

从阿什莫尔选择普劳特博士作为管理员来看,他不仅重视管理员的组织才能,同时,更多地重视他的学识水平。在他看来,"学者+管理者"型的管理员可能最适合他的博物馆。

阿什莫尔不仅在管理员的任命上强调亲自裁决,而且在副管理员的任命上同样强调这一点。他说:"在我有生之年,由我任命和罢免副管理员。在我死后,若我的夫人在世,则由她来做此项工作。"

另外,阿什莫尔还提出,他自己将"始终拥有制定该教授(亦指博物馆的管理员)所遵守的规章制度的权力"。

阿什莫尔在人员管理上强调亲自裁决,由此可见一斑。

二、建立巡视制度。阿什莫尔的这一主张是在1682年呈交牛津大学的"建议"中提出来的。在这份"建议"中,阿什莫尔指出,"现任副校长、基督学院训导长和布雷齐诺学院院长,每三年视察该馆一次,时间在长假期间的米迦勒节前两个星期的星期二"。至于为了阿什莫尔博物馆的良好秩序和管理而负责展示珍品的管理员的工作情况,则由"牛津大学具有制定规章制度权利的学者和校长们来验证"。

这只是在博物馆创建之前,阿什莫尔对巡视制度的看法。但阿什莫尔并没有局限于此,而是随着博物馆实际状况的变化,不断地修正自己的主张。

1683年5月24日,阿什莫尔博物馆正式对公众开放。它的开放吸引了众多的参观者,同时,也吸引了许多收藏家的捐献。这些捐献的到来使博物馆发生了许多变化。作为应变措施,阿什莫尔及时对以前有关巡视制度的主张加以修正。不仅增加了巡视员的数目,而且还缩短了巡视周期。在给牛津大学拟定的《牛津大学阿什莫尔博物馆的规约、制度和章程》中,他提出"我任命现任副校长、基督学院训导长、布雷齐诺学院院长、自然科学方面的名教授和两个学监或他们的副职为上述博物馆(指阿什莫尔博物馆)的巡视员"。这些人"每年应在三一节后的星期一早上八点对上述博物馆进行一次庄重的巡视",其目的在于"检查上述博物馆的现状"。"这不仅关系到对其监护的努力和忠诚,而且也关系到不时增加的新的捐献"。

三、在藏品管理方面,阿什莫尔论述最多。这可能是他在这方面有过多次实际体验的缘故。他对藏品管理的论述,大体可分为以下几个小层次:

第一,对于藏品的入馆和出馆,他指出,"任何珍品、图书和其他东西不应被任何人,无论以什么理由借出或带出馆外"。而当阿什莫尔博物馆里增设了图书馆之后,他又修改说,"博物馆里的任何一部分珍藏,图书馆或储藏室的图书也一样,不应被任何人,以任何理由或借口借出或带出;除非其正面临损坏,为保存记录而需要雕版印图或绘图的时候"。

第二,对于入馆后的实物,阿什莫尔认为,应尽早编目,以防混乱。对此,他说,"所有珍品,在其入馆之后两年之内,应由教授负责编目"。此后,"每年到馆的实物或由谁捐献,也应做附加目录"。

第三,对于藏品登记,阿什莫尔认为应实行分类和编号制度。他说,"全部捐献物应归入确定的名头下,每件实物应有一个编号,而且应相应地标注在目录上"。

第四,对于藏品目录,阿什莫尔认为,至少应该有两份。至于目录的保存,他认为,一份目录"应保存在博物馆里;另一份目录则应由副校长掌管,以防欺骗或挪用"。

而且,作为维持藏品目录管理连续性的一项措施,阿什莫尔还提出,"如果副校长人员有变动,那么,他就必须在将藏品图册和钥匙交给其后继者的同时,将目录原样交给这位后继者"。

第五,对于藏品的记录,阿什莫尔主张应图文并茂。也就是说,记录一件实物,不但要有文字说明,而且更为重要的是应附有绘制的藏品图样。他认为,"任何自然品,无论是鸟、虫、鱼,还是类似的东西,都会随时间流逝而趋于腐败和衰变。所以,应由一些优秀画师用水彩,或至少也应该用黑白图样将其绘在对开本的图册上,以便与目录中提到的捐献者和实物本身的描述联系起来"。而该图册应由管理员来监管。

在缺少更多的直观记录手段的时代,强调图录在藏品记录中的重要作用,其意义是不言而喻的。

第六,对于重复品,阿什莫尔认为,可以用于交换或赠送。他说,如果博物馆里的某种东西很多,那么,对于管理员来说,"用其交换所需的东西"或"将其赠给一些有杰出品性的人",都将"是合法的"。只是这些活动事先必须征得包括副校长在内的三个巡视员的同意。

第七，对于特殊物品，阿什莫尔主张应另辟专室保存。譬如对捐赠的手稿，他认为就应该做这样的处理。他说，"所有捐给博物馆的手稿，应独自保存在……一间小屋里，以便好奇者或另外一些非常渴求的人能看到它们"。不过，在对这些手稿的利用上，阿什莫尔则显得过分地狭隘。他说，"任何人都不能利用或抄录它们或它们中的任何一部分，仅仅除经过管理员批准或任命的人"。

此外，为了使藏品管理的责任更加明确，阿什莫尔还提出一种类似今天的分工负责制式的管理方法。他说，"(藏品)目录应根据巡视员的数目分成若干部分，以便于巡视工作的开展。每个巡视员应对照他的那一部分，检查所有物品是否安全，状态是否良好，是否与目录相符"。

四、在对外开放方面，阿什莫尔坚持最大限度为公众服务的原则，强调开放的灵活性和参观的有效性。他主张，"珍品和展览，除星期天和节假日(除非有特殊情况)之外，应全年向公众开放"。而且，开放的具体时间是灵活的，即随季节的变化而变化。他提出，夏季，最好是"早上，8—11点；下午，14—17点"，冬季，最好是"早上，8—13点；下午，14—16点"。

阿什莫尔在开放时间上的这种灵活安排，是否为后来西方国家博物馆所继承，因资料缺乏，我们不得而知。但事实上，现在许多西方国家的博物馆也遵循着这种随季节安排开放时间的原则。

虽然坚持了较长的开放时间，但在开放期间，阿什莫尔却保持了很谨慎的态度。他说，"在开放时间，被指定负责展示物品的人应始终在场"，而且，"珍品每次只能供一个团体观览，并在他们走进博物馆后，就应关上大门"。"如果在这些人未被打发走之前，还有其他团体到来，那么，(后者)只能在外面等候"。

阿什莫尔之所以做出这样的决定，可能是出于两方面的原因：一方面可能是考虑藏品的安全，另一方面可能是为了能够有一个较好的观览效果——因为当时阿什莫尔博物馆的房间并不大。

五、在收入的支配方面，阿什莫尔的看法是在不断变化的。最初，他认为，收入可作如下的处理：现任的管理员可"从通过展示上述珍品所得到的利润之中取 40 英镑，用于维持其本人生活和资助他展示这些物品，而每年的剩余部分则交由副校长掌管或转给他的后继者,用于购买别的珍品;要么就按阿什莫尔自己的意见支配"。但后来,收入的处理方式又因实际情况的变化而有所改变。即这部分收入,不仅要支付雇员的一部分薪水,而且还应支付名誉费或打扫房间的费用。此后,剩余部分,"应放在阿什莫尔博物馆图书馆的箱子里。上面应有两套锁和钥匙。一把钥匙由现任副校长保存,而另一把则由现任的管理员保存;上述的钱(箱子里的钱)可用于绘制濒临损坏的自然物品的图样,或购置更多的珍品或手稿,或用于其他相关的开支,但不能用于与阿什莫尔博物馆无关的一些事情"。

六、在管理员的职责方面,阿什莫尔认为,管理员的主要职责就是监护博物馆,保管博物馆的珍品,并向观众解释藏品。但在副管理员因病或其他允许的原因而缺席时,管理员有权"挑选第三者担任副管理员职务",并有权让该人从事特殊业务。管理员可以批准打扫博物馆的房间或维护那里的其他东西。在每次巡视时,管理员还"应将上一年通过展示珍品而收到或赚得的所有收入和利润的完整而真实的账目交给巡视员。同一年度的账目,应在米迦勒节前完成"。此外,管理员每年还应负责向巡视员提供"6个半基尼的名誉费"。

从阿什莫尔对管理员职责的这些规定之中,可以看出早期的博物馆因馆小人少,管理员通常需要负责各方面的事务。很显然,这一时期的管理员都是身兼数职,事无巨细都需过问。

七、在博物馆陈列室的建造方面,阿什莫尔也有明确的要求。1675年,阿什莫尔在写给一位朋友的信中,曾表述了他对于用于存放其捐赠物的博物馆的建筑要求。在这封信中,阿什莫尔希望牛津大学能为未来的博物馆建造一座"内有大房间的建筑",并且,"房间里设置火炉,以便在必要时烘烤那些东西"。

提出设计一些大房间,可能是出于对公众开放的考虑。因为一旦珍品要对一般公众开放,就不能再被"贮存"起来,而应该是被展览出来,这样就需要更大的空间。同时,对于一般公众的开放,意味着阿什莫尔博物馆将要容纳比特拉德斯坎特父子的"珍品室"(英国第一个有限制地向公众开放的博物馆)更多的观众。从这一角度看,同样需要更大的空间。

从在陈列室里设置火炉来看,早在 300 年前,阿什莫尔就已经注意到温湿度的变化对藏品的影响,而且已欲采取必要的措施。尽管在陈列室里设置火炉的想法,在今天看来几乎是不可思议的。但可以推测,在 300 多年前,这种想法不但是合理的,而且可能是最佳的了。

从以上几个方面的评介之中可以看出,阿什莫尔对博物馆管理的认识已经不是零星的只言片语或局限于某一方面,而是涉及人员任命、管理员职责、藏品管理、监督制度、开放时间、收入分配等多方面的内容。而且,在某些方面,如藏品管理方面,他的一些见解和主张,至今还闪烁着睿智的光芒。虽然其中更多的看法和见解在今天看来已经不太适合,但这是一种时代的局限。因为阿什莫尔毕竟是生活在 300 年前的那个时代。

如果说,阿什莫尔为特拉德斯坎特父子的收藏所做的目录是"英国博物馆学研究史上的一座里程碑",那么,他对博物馆管理的论述同样树立了一座丰碑,并且使其在博物馆学史上的地位更加牢固。

可以很有把握地说,阿什莫尔不仅是英国 17 世纪著名的古物学家、古物收藏家和藏品整理专家,而且还是英国最早的多角度论述博物馆管理问题的人。

主要参考文献:

① Webster A.Merriam, *Webster's Biographical Dictionary*, Springfield, G. and C. Merriam Company, 1976.
② R. F. Ovenell, *The Ashmolean Museum 1683 - 1894*, Oxford: Clarendon Press, 1986.

原文刊载于《中国博物馆》1993 年第 3 期。

博物馆历史与理论

外国博物馆的发展历程

中国博物馆的发展历程

卢作孚与中国早期社区博物馆实践

16、17世纪欧洲收藏陈设二题

意大利文艺复兴时期私家收藏初论

罗马宫博物馆历史地位质疑

特拉德斯坎特父子收藏的相关问题

从中国文献记载看19世纪后半叶欧美博物馆陈列

"日伪"在东北地区创建的博物馆及其评价

关于博物馆核心价值讨论的前提性思考

博物馆的记录功能与时代责任

论博物馆观众的特征

试论陈列讲解中的四种关系

外国博物馆的发展历程

作为一种社会文化现象,博物馆经历了从萌芽、产生,到逐步发展壮大的历史进程。在不同社会文化中,博物馆呈现出不同的历时性面貌变化。

一、古代世界普遍的收藏现象

博物馆起源于人类对遗产的收藏、保护与利用实践,这种实践可上溯到遥远的古代。在古代,世界各地不同文化的人们,基于宗教、经济、审美等动机和目的,搜集、保存他们认为重要的物品,并建立了具有与后来博物馆类似功能的收藏、展示和保存设施。

(一)亚洲地区

古代亚洲就有过多种类博物馆性质的收藏与保存设施。古代日本就曾出现实物收藏与展示设施,如图书寮、寺院的佛殿、传统神社附设的珍宝阁、"绘马殿"或"绘马堂"、镰仓时代以来武士的私人展览设施等。印度甚至在公元前3世纪之前,在神庙、皇宫中就出现了用于保存绘画、雕塑和陶器的房间,它们被认为是类博物馆机构。在西亚,也有一些类博物馆性质的收藏,年代最早者如新巴比伦王国国王尼布甲尼撒二世的收藏等。

(二)非洲地区

在非洲,实物收藏也有悠久的历史。公元前3世纪,在埃及亚历山大建立的古典世界中最负盛名的亚历山大里亚博学园中,就附设有缪斯神庙,保存有不少实物收藏品。该机构通常被认为是博物馆的源头。在古罗马时期,非洲一些神庙中也保存有实物。此外,一些圣所和宫殿保存有相当规模的文化方面的实物收藏品。它们是具有非洲自身文化特色的传统保存机构。

(三)欧洲地区

在欧洲,在古希腊、古罗马时期的神庙、学园、私人宅第中,就出现了艺术品、自然珍奇和外域之物等收藏。其中,神庙类收藏向旅行者等开放,蕴含了最初的公共精神。进入中世纪之后,古老的收藏传统主要通过世俗王室和教会的收藏得以延续。世俗王室的收藏除圣物、来自远方的珍奇之外,更多是与王权有关的实物或珍宝,经济重要性突出。而教会收藏占据主导地位,内容多是与宗教有关的,如圣母、基督、教皇、圣徒和传道者的遗物、圣像、法器(包括传说中的宗教遗物)、图解手稿、宗教服冠、写本等,另有珍奇之物以及不少年代久远的带装饰的手稿和艺术品。教会收藏的目的在于"哄动民众,刺激其迷信,以坚敬神的心"①,但客观上为普通民众提供了观赏的机会,带有一定的公众性。从这一意义上讲,教会收藏使得古典时代的公共收藏传统得以延续,同时,也保存了一大批有价值的实物,其中不少收藏品进入欧洲后来的公共博物馆。

(四)美洲地区

在欧洲人到达美洲之前,美洲原住民就开始了他们在遗产保护和利用方面的实践,并出现了与其生存环境相适应的多种文化组织和不同类型的收藏系统。在那里,收藏对象不仅有非实用品,还包括有用的活体生物收藏。

可以说,在古代世界不同文化当中,均存在遗产收藏与保护的实践,尽管其中也存在不少差异。搜集和展示有价值的物品或是一种普遍性的

---

① 费畊雨、费鸿年:《博物馆学概论》,中华书局,1936年,第8页。

人类活动，不限于任何阶层或文化群体，更不专属于某个特定的社会，或某个特定的地区（如欧洲），乃是一种跨文化的普遍现象。

二、欧洲文艺复兴时期的收藏实践

文艺复兴时期，受文艺复兴运动等多种因素的影响，欧洲收藏呈现出不同于以往的新面貌。当时收藏活动极为活跃，在欧洲各地均出现了值得一提的收藏。其中，既有机构性收藏，也有私家收藏，尤其以私家收藏最为发达，著名者如意大利的美第奇家族、尼科利、乔瓦、阿尔德罗万迪、凯塞拉雷、伊普雷塔、塞塔拉、科斯皮等的收藏，西班牙的国王腓力四世、著名学者拉斯塔努萨的收藏，英国国王查理一世、特拉德斯坎特父子的收藏，法国国王弗兰西斯一世、路易十四、著名学者佩雷斯克的收藏，荷兰的拉斯奇、塞巴、帕卢达那斯的收藏，丹麦国王腓特烈三世、著名学者沃姆的收藏，中欧地区的阿尔布雷奇五世公爵、神圣罗马帝国皇帝鲁道夫二世和斐迪南二世的收藏以及瑞士的阿莫贝奇家族的收藏等。在东欧，沙皇伊凡四世也有自己的收藏。这些收藏大多是世俗收藏，内容从最初的古物逐步扩展到自然物品与人工制品，以珍奇之物最为惹眼，因内容多样，故常有"百科性质"收藏之称。当时，也有一些收藏呈现出较高的专门化程度。因收藏主体与目的不同，这些收藏呈现出夸耀、象征、身份提升、研究、教学等多样化的功用。不少收藏是允许人们观赏和利用的，利用者多是旅行者、外交人员、王公贵族、学者和学生等。观赏和利用大多是偶然现象，而非常态化。保存这些收藏的地方通常被称为"珍奇室""美术馆"等。

中世纪延续下来的教堂、修道院的收藏也是文艺复兴时期收藏的另一重要组成部分。这类收藏过去常常因为当时世俗私家收藏的突出地位而被人们忽略了。实际上，它们是文艺复兴时期收藏实践完整图景不可缺少的一部分。

文艺复兴时期的收藏实践孕育和生成了诸多博物馆因素，如开放、展示等，而且，部分收藏后来进入一些早期公共博物馆，为其奠定了一定的藏品基础。欧洲文艺复兴时期因而成为现代博物馆酝酿和生成的重要时期。

三、早期公共博物馆

得益于文艺复兴时期欧洲收藏实践丰富的历史遗产，同时也受到宗教改革、启蒙运动、资产阶级革命以及资本主义经济发展的影响，从17世纪后期开始，在欧洲、美洲等地先后出现了早期的公共博物馆。

（一）欧洲地区

在欧洲，早期公共博物馆当中年代较早、影响较大的机构是1683年正式对外开放的牛津大学的阿什莫尔博物馆。其后出现的大英博物馆、早期的卢浮宫博物馆、乌菲兹博物馆和庇护—克雷芒博物馆、贝尔维迪尔宫博物馆、马德里的普拉多博物馆、德国的腓特烈博物馆和慕尼黑雕塑博物馆等也都是比较有代表性的博物馆。这些早期公共博物馆的出现大多与已有的收藏紧密联系在一起。阿什莫尔博物馆是以英国收藏家特拉德斯坎特父子的收藏为基础，融合英国贵族阿什莫尔的部分收藏而建立的。不过，在开放之后的很长一段时间里，该馆主要是作为一个研究机构存在。卢浮宫博物馆是以法国皇家收藏为核心建立起来的。该馆将先前作为部分人把玩的收藏变成了公民共有的财产，博物馆成为展现和传播国家威仪的一种政治工具，标志着博物馆历史上的一个重大转变。

在东欧地区，俄罗斯在18世纪出现了公共博物馆。1719年建立了第一座开放性博物馆。18世纪下半叶到19世纪，在伊尔库茨克等地出现了首批地方博物馆及一些专门博物馆。其间，最有影响的是1764年建立的艾尔米塔什博物馆。

（二）北美洲地区

18世纪后期的北美洲地区，在民间力量推动下，也开始出现一些公共博物馆。1773年,北美南卡罗来纳州查尔斯顿图书馆学会在查尔斯顿城创建查尔斯顿博物馆,美国独立后,它被公认为美国第一座博物馆。它在一定程度上揭示了美国博物馆创设的基本模式。1786年,由美国博物馆大师皮尔在费城创建的皮尔博物馆则是以私人力量创建的最具有影响力的博物馆,曾一度成为费城甚至是美国东部最有吸引力的设施之一,被认为是美国民主博物馆的原型,是第一座受到普遍欢迎的自然科学和艺术博物馆。

(三) 其他地区

伴随着18世纪后期殖民势力的扩张,公共博物馆在欧美之外的地区也落地生根,而且,大多是与一些民间团体联系在一起。在亚洲等地,陆续出现一些公共博物馆。1814年,英国皇家亚洲学会在印度加尔各答建立了印度博物馆。这是一座完全模仿西方模式的博物馆,被看作印度的第一座公共博物馆。在印度尼西亚的雅加达,1778年,由皇家巴达维亚艺术与科学学会建立了今天的印度尼西亚国家博物馆。该馆被认为是亚洲最古老的博物馆之一。18世纪后期,在拉美地区,也出现了少数几座博物馆。

总之,早期公共博物馆最先出现于17世纪的欧洲,到18世纪后期形成了群体性存在,并波及更广大区域。这些早期公共博物馆以收藏的常态开放为特征,博物馆也因此而开始了自身的社会化进程。伴随着这种制度性的开放,博物馆获得了一定的公共性,成为一个公共机构。不过,在开放实践中,仍存在目标定位与实际运营之间的背离。开放承诺很多时候会因实际运行中的种种参观限制而被搁置。同时,开放也给博物馆的藏品管理、建筑设计以及展示等带来巨大变化。这些公共博物馆收藏内容的专门化程度得到提升,出现了古物馆、绘画馆等设施。博物馆的研究、教育、表征等功能被呈现出来。

美洲及其他地区早期公共博物馆的兴起是西欧型博物馆观念和机构形式的第一次大规模的输出,由此,拉开了西欧型博物馆在世界范围传播的序幕,世界博物馆版图因此在很大程度上被改变。

四、现代博物馆的兴起与发展

(一) 现代博物馆的兴起

进入19世纪,受到科学发展、工业革命、国际博览会等诸多因素的影响,现代博物馆在世界范围内普遍兴起。

1. 欧洲地区

在西欧、北欧等地区,出现了以哥本哈根的丹麦国立博物馆、伦敦的南肯星顿博物馆(今天的维多利亚和阿尔伯特博物馆)、巴黎的民族志博物馆、斯德哥尔摩的斯堪森露天博物馆等为代表的一批现代博物馆。这些博物馆通常以现代科学知识为基础,在观念、方法、技术等方面,较此前的博物馆发生了较大的变化。斯堪森露天博物馆通过移建的方式将文化遗产与其生成环境部分地结合在一起,实现了博物馆理念和技术方面的一次革命性突破,同时也为第二次世界大战后生态博物馆的诞生带来了灵感,提供了发展的空间。

在东欧地区,到19世纪中期,现代博物馆也形成一定规模,并呈现出网状特征,农业博物馆、科技馆等陆续建立起来,专门博物馆得到进一步发展。在1860年开始的俄国教育改革的推动之下,一种新型的博物馆——教学博物馆出现了。1864年,在圣彼得堡,一座面向军事学校的教学博物馆开放,这是俄国第一座教学博物馆。到十月革命前,俄国已经有150余座博物馆,但分布极不平衡,绝大多数博物馆集中在今俄罗斯联邦共和国境内。除莫斯科、圣彼得堡、基辅、符拉迪沃斯托克(海参崴)等大城市之外,一般都市都没有博物馆。因不少博物馆藏品归属私人,开放程度受限,博物馆的社会影响比较小。在匈牙利,与资本主义发展较晚相适应,博物馆起步较晚,1867—1895年间,建立了15座新博物馆。1896—1905年,又建立13座新博物馆。1890年前后,在当时还隶属于奥匈帝国一部分的捷克土地上,博物馆的创建作为捷克民族主义和捷克自立的一种表达,出现了第一次高潮。

2. 北美地区

进入19世纪中期,美国博物馆迎来了一个重要的发展与变革时期。

当时，新馆数量迅速增加。与更早时期博物馆偏重自然方面的内容不同，美国的历史与艺术类博物馆快速发展起来。其中，哈斯布鲁克故居博物馆(1850)的建立，开创了故居类博物馆的先河。一些重要的艺术博物馆，如波士顿美术馆、纽约大都会艺术博物馆等也在这一时期纷纷成立。博物馆向公众敞开了它的大门，博物馆教育的性质和责任更显重要。也是在这一时期，博物馆推出的教育展览和与学校的合作标志着"公共服务"的出现，终结了其以往的"俱乐部"性质的活动。导引员制度等新的制度也建立起来。美国博物馆成为博物馆新思想、新观念的重要发源地。19世纪中后期是美国博物馆发展的黄金时期，美国博物馆的国际地位在这一时期快速提升。美国博物馆的崛起使先前以欧洲为主导的世界博物馆格局开始发生变化。

在北美地区的另一个重要国家加拿大，1836年魁北克政府在收购私人收藏的基础上建立了加拿大的第一座公共博物馆。1843年，在蒙特利尔又建立了国家博物馆。

3. 其他地区

随着殖民势力的扩张，现代博物馆观念逐步传播到欧洲、北美以外的地区。19世纪中后期到20世纪初，现代博物馆也开始在这些地区兴起。在亚洲的印度、日本、印度尼西亚等国家，陆续出现了一些现代博物馆。在印度，除了1814年建立的印度博物馆之外，又建立了一些自然、经济方面的专门性博物馆，它们反映了英国的博物馆建设理念。日本现代博物馆观念的传播和实践是在19世纪中后期日本的近代化过程中开始的，当时派往欧洲和北美的使团将博物馆理念引入日本，并付诸实践，博物馆建设得到重视和发展。早期比较重要的博物馆包括汤岛圣堂古物陈列所（后来国立中央博物馆的前身）等，多为综合性博物馆。稍晚时期，专门性博物馆如教育博物馆等得到较快发展。博物馆建设逐步由中央扩及地方，到1911年，日本建立了85个博物馆。同一时期，在印度尼西亚、巴基斯坦、泰国、斯里兰卡、马来西亚等其他亚洲国家，也出现了一些现代博物馆。

在非洲，现代博物馆的兴起是英、法等殖民势力入侵的结果。在这一地区,现代博物馆是从南、北两端首先发展起来的。在非洲大陆的南部,1825 年由南非动物学之父史密斯(Andrew Smith)以自己的动物学收藏为基础在开普敦建立了非洲第一座现代博物馆。1858 年埃及博物馆在开罗成立。19 世纪 80 年代以后,北非的阿尔及利亚、突尼斯也建立了博物馆。到 19 世纪末 20 世纪初,非洲东南部地区的马达加斯加的塔那那利佛(1897)、津巴布韦的布拉瓦约(1901)和哈拉雷(1902)、肯尼亚的内罗毕(1909)等地,也有了各自的博物馆。中非等地博物馆的建立则是 20 世纪早期的事情,如乌干达博物馆(1901),而莫桑比克第一座博物馆的建立则已晚至 1913 年。

在南美地区,现代博物馆是随着葡萄牙等国殖民势力的扩张而发展起来的。19 世纪早期,西欧型博物馆就被引入巴西。1815 年,一个以私人绘画精品收藏为基础建立起来的博物馆(现在已经成为一个国家博物馆)在里约热内卢对公众开放。该馆也是巴西第一个有记载的博物馆。此后,哥伦比亚的国家博物馆(1824)、智利圣地亚哥的国家自然史博物馆(1830)、乌拉圭蒙得维的亚的国家自然史博物馆(1837)、巴西国家博物馆(1918)等也相继建立。19 世纪后半期,地方博物馆、专门性博物馆得到较快发展,像秘鲁利马的地质学博物馆(1891)、巴西圣保罗的地理学和地质学博物馆(1895)、阿根廷的航海博物馆(1892)、解放者西蒙·玻利瓦尔的纪念馆等也建立起来。

总之,进入 19 世纪,特别是中后期,世界各地现代博物馆普遍兴起。在欧美地区,博物馆呈现出群体性特征(也包括博物馆的集群化发展,如德国的博物馆之岛和美国的史密森学会博物馆群等),且博物馆专门化趋势突显。现代博物馆成为现代国家的重要教育机构,同时也成为聚敛大量来自全球各殖民地遗产的藏宝库。其他地区现代博物馆的出现通常是西方殖民势力扩张的产物。这些博物馆被殖民者用作阐释殖民地文化的中心,作为他们宣传殖民统治正当性的手段,带有鲜明的宗主国博物馆色彩。

(二) 现代博物馆的发展

进入 20 世纪,特别是第一次世界大战之后,现代博物馆开始步入发展时期。1926年国际博物馆事务局的成立使这种发展超越地域而具有国际意义。

1. 欧洲地区

第一次世界大战结束后,爱国主义情绪在欧洲各国蔓延,博物馆因其在教育中的特殊地位而受到各国政府的高度重视,各主要国家博物馆都获得了不同程度的发展,出现了一系列新的变化。受战争和工业化的影响,一些新的博物馆类型得到较快的发展。在20世纪20年代以后,欧洲各国普遍成立军事博物馆。在荷兰的阿拉海姆、英国的卡迪夫出现了露天博物馆。博物馆的理念与方法出现重大变化。法国的发现宫和大众艺术与传统习俗博物馆在方法上获得了较大的突破。比如,巴黎的发现宫回避了作为相关学科研究基础的"文物"或标本,而将纯科学如物理、化学等引入博物馆,引发了博物馆观念和方法上的一次巨大的变革,并因此而成为博物馆史上有影响力的博物馆之一。在德国,第一次世界大战后,大量的地方博物馆建立起来,宣传当地的历史和重要人物。1925年对外开放的德意志博物馆以与科学和技术有关的实物为主要藏品,因鼓励参与性体验引领了当时博物馆展示和对外服务的潮流,获得国际声誉。不幸的是,纳粹上台后,特别是20世纪三四十年代,政治力量介入艺术收藏和博物馆,德国境内的艺术品均面临筛检,博物馆展览成为纳粹政治宣传的一部分。纳粹也利用博物馆,特别是地方历史和文化博物馆服务于他们的意识形态。在北欧的瑞典,一种试图将国家与地方博物馆相结合的新博物馆管理模式被开发出来,其理念就是分散国家对史前纪念物和历史建筑的责任,将其与适当建筑中的地方收藏的专业保管联系起来,即鼓励地方将建筑与收藏一并负责,减轻国家压力,国家将提供资金支持。这种将国家利益与地方创新结合在一起的管理模式,在当时格外引人注目。

在东欧地区,最具有影响力的进展是苏联社会主义博物馆的崛起。1917年,俄国十月革命后建立了苏维埃政权,1922年建立了苏联。新兴政权采取了一系列措施(如建立相应的管理机构、召开相关会议及颁布相关法令等)推动博物馆事业的发展。苏联在建设"全民享用的博物馆,使之成为教育源泉的博物馆"的方针下,在改善旧有博物馆的同时,陆续建立了革命历史类博物馆等一批新型博物馆。地方博物馆也得到了比较快的发展。到1941年,苏联博物馆数量已增长到991座。在苏联,博物馆被认为是文化机构之一,是人民共享的场所。它突出了为人民所有、为千百万劳动群众服务的宗旨。马克思列宁主义成为博物馆活动(陈列、教育等)的思想基础,使博物馆有了一个全新的前进方向。博物馆的意识形态功能变得更重要,博物馆的工具性特征得到强化。正是这些特征使得苏联博物馆显示出与以往博物馆的极大不同,创造出一个新的博物馆系统,也使得苏联成为全世界第一个建立新型博物馆的国家。苏联社会主义博物馆的崛起所带来的博物馆定位和方法的变革,不仅影响了包括中国在内的社会主义国家博物馆事业的发展,而且在很大程度上改变了欧洲乃至世界的博物馆格局。

在苏联之外的其他东欧国家,像匈牙利、捷克斯洛伐克等国,博物馆也有一定的发展。如匈牙利在1935年的博物馆总数一度达到46座。

2. 北美地区

进入20世纪,美国政府税收等相关政策的调整,第一次世界大战后经济实力的增强,职业化进程的推进,为博物馆的发展提供了一个相对宽松的环境。第一次世界大战之后,美国的博物馆获得了快速发展,博物馆数量和参观人数都有了较大的增长。据统计,到1939年,全美博物馆数已经从1914年的600座增长到2 500座。观众数量也在增长,到1944年博物馆观众已达5 000万人次。这一时期建立的纽约的现代艺术博物馆(1929)、惠特尼美国艺术博物馆(1930)和古根海姆博物馆(1939)奠定了纽约成为当今世界重要艺术中心的地位。芝加哥科学与工业博物馆(1933)则成为当时科学技术领域的领跑者。也是在这一时期,美国启动了大型保护项目,其中最有影响的就是殖民时期的威廉斯堡恢复与重建保护项目,该项目的成功实施标志着美国历史故居博物馆建设热潮达到一个阶段性的顶点。1925年,美国博物馆协会颁布了职业道德条例,这是博物馆行业自我规范管理的一个重要标志。对于美国的博物馆事业而言,两次世界大战期间是博物馆快速扩张的时期,现代博物馆的框架得以建立。

3. 其他地区

在亚洲的日本,20世纪二三十年代,在朝野上下的合作努力之下,博物馆事业得到较快发展。到1938年,日本出现了一个博物馆建设高潮,仅这一年日本就建成了320座博物馆。从30年代后半期开始,日本博物馆的发展还出现一个重要的变化,就是建设方向从以欧美博物馆活动为样板、以大城市中型专门博物馆为中心,转变成基于日本精神的、以乡土博物馆为中心。随之,兴起了乡土博物馆建设风潮。乡土博物馆的兴起是博物馆学寻求本土化的一种尝试,也是对欧洲博物馆模式的一种变革。进入20世纪之后,印度博物馆数量增长很快。到1936年,印度已有105座博物馆,它们绝大多数是由政府建立的。在新建馆中,考古遗址类博物馆发展迅速。在萨尔纳特等一些重要的考古遗址,纷纷建立了博物馆。在印度尼西亚,20世纪30年代,地方博物馆建设迎来一个突进,位于万隆的地质学博物馆是这一时期重要的博物馆之一。到第二次世界大战结束,印度尼西亚拥有约24座博物馆。

在非洲,更多的博物馆是在进入20世纪之后建立起来的,且依然处在殖民势力的控制之下。1936年,由法国政府支持创建的法国黑非洲研究所在非洲西部的象牙海岸(今科特迪瓦)建立了阿比让国家博物馆(1944)等一批博物馆。但是,与英国殖民者在非洲创建的博物馆相比,法国黑非洲研究所创建博物馆的数量要少得多。到1940年,英国殖民者仅在南非就建有31座博物馆。这些殖民势力对博物馆的控制一直持续到非洲独立之前。与19世纪不同,这一时期的博物馆内容有所变化。在摩洛哥,以古建筑为依托的一些民族和考古方面的博物馆(像非斯的巴塔宫和拉巴特的乌达亚斯宫的博物馆等)陆续建立起来,使博物馆的建立与文化遗产、古迹保护紧密地联系在一起。

在南美洲地区,巴西在20世纪20年代以后,社会政治结构发生了深刻而巨大的变化,国家文化概念发展起来,国立科学博物馆(1922)、国立历史博物馆(1922)等随之建立。到了30年代,受益于政府文化财产的保护政策,又建立了国立美术馆(1937)、帝国博物馆(1940)等一系列国家博物馆,多被安置在具有历史价值的建筑中。这些博物馆连同先前的博物馆一起,服务于遗产保护。

总之,在经过了兴起和初步发展之后,现代博物馆基本成型,博物馆作为一个面向普通公众的实物机构的形象确立起来。博物馆反映的主题内容是艺术、历史和自然科学等,它们发挥着收藏、科研、教育等多种功用。不同区域博物馆的特点逐步形成。以苏联博物馆为代表的社会主义特征,以欧洲博物馆为代表的强调保护传统特征和以美洲博物馆为代表的突出教育的特征逐步显现出来。它们在目标设定、运作方式等方面也显示出各自的一些特点。这一时期欧美地区博物馆出现诸多创新性的发展,而其他地区现代博物馆的发展使博物馆逐步成为一种世界性文化现象。

原文系马克思主义理论研究和建设工程重点教材——《博物馆学概论》(高等教育出版社,2019年)第三章第一节"外国博物馆的发展历程",第46—54页。收入文集时对章节序号略作调整。

中国博物馆的发展历程

与世界其他古老文明一样,中国收藏、保护和利用珍贵遗产的实践历史悠久,并形成了良好的传统。而作为西方文化结晶的博物馆,则是近代以来从西方逐步引进的,在中国经历了一个不同寻常的发展历程。

一、中国古代的收藏实践

作为一个文明古国,中国对珍贵遗产的收藏、保护和利用的实践由来已久。出于崇拜与祭祀祖先、崇尚古物、储存财富、炫耀富贵、商品交换等不同的动机和目的,至晚在商周时期,就开始了对珍贵遗产的收藏、保护和利用的实践活动,并建立相应的保存设施,如殷人保藏典策的府库等。在此后的数千年间,这种实践赓续不断,并出现了多种形式的保存设施,如纪念性祠堂、画像陈列馆、宫室、朝庙、武库、园囿等,其中,著名者如周代的天府、玉府,春秋时期的孔子庙堂,秦汉时期的上林苑、麒麟阁、武库,唐代的凌烟阁,宋代的稽古、博古、尚古三阁,明清时期的功臣庙、南薰殿、万牲园、武英殿等,均有收藏之用途。这些设施或保存文物宝器类收藏,或保存自然标本,但后者似远不及文物宝器类收藏发达。这一现象可能与古人对于两类收藏对象功用的认识有关。而这种认识影响深远,甚至影响后来我国现代博物馆的类型结构。在这种实践中逐步形成了官方和民间两个大的系统,并一直延续至近代。

中国古代遗产的收藏、保护和利用实践并未直接生成现代意义上的

"博物馆"概念,但其中蕴含了一些博物馆性质的因素,如收藏、保护和利用珍贵遗产的意识、最初的公共性。在很多时候,这些收藏实践中贯穿了娱乐的功能,有些可能还孕育了教育观念。而且,在长期的收藏、保护和利用的实践中,较早地发展起较为完备的收藏管理、著录制度、保护方法与技术。当现代博物馆在中国兴起之后,这些制度、方法和技术融入了中国现代博物馆的运营之中,成为中国现代博物馆发展的颇具特色的重要支撑之一。

中国古代遗产的收藏、保护和利用实践及相关设施的发展,逐步形成有别于西方文化的、具有自身特色的遗产保存和记忆系统,从而丰富了人类收藏、保护和利用遗产的手段、方式和方法,其在人类遗产的收藏、保护和利用方面的历史贡献、价值和地位有待进一步挖掘和探索。

二、现代博物馆在中国的出现

现代博物馆在中国的出现并非中国古代相关实践自然发展的产物,而是从西方引进的,并且是与近代以来西方殖民势力入侵、西学和新学盛行以及中国社会近代化紧密联系在一起的。对于现代博物馆,中国人经历了一个从接触、体认到创建的过程。

(一)中国人在国外看到了现代博物馆

鸦片战争之后,清王朝被迫打开国门,中国开始逐步沦为半殖民地半封建社会。为了救亡图存,在"师夷长技以制夷"思想的影响下,包括政府官员、学者、留学生、维新派成员等在内的中国人,开始走出国门,走向世界。他们在国外接触到包括大英博物馆、卢浮宫博物馆、日本帝室博览馆等著名博物馆在内的不同类型的博物馆,并以笔记、日记、游记等方式,将所见记录下来,介绍给国人。这些记录成为现代博物馆观念引入中国的重要途径。

中国人对于博物馆的认识是逐步深入的。最初,对于西方现代博物馆,中国人更多地表现出一种新奇,观察到博物馆形式上的多样化,并简单地将其类比于中国传统观念的"园""苑""库""馆""楼""阁"等。随着时间的推移和相关知识的不断积累,国人对于博物馆日渐形成了更接近其本质的认识,看到了多种不同形式下的共同性。对于这种新生事物,国人表现出不同的态度。一些人对西方博物馆展出的内容看不惯或不理解,从而表现出一种谨慎的态度,但更多人则看到了博物馆机制之利,如"开风气""广识见""益智巧""佐读书之不逮""有益于民生"等,进而开始鼓吹建立博物馆。

对西方现代博物馆的接触和体认对后来的中国博物馆建设实践起到了借鉴作用。

(二)外国人在中国的早期博物馆实践

随着西方殖民势力的入侵,一些外国人出于多种目的开始了他们在中国的博物馆实践,现代博物馆陆续在中国建立起来。其中年代较早且较有影响的机构包括1868年法国人韩德在上海建立的徐家汇博物院、1874年亚洲文会北中国支会创建的上海博物院等,这些博物馆大多为综合性博物馆。这些实践在将现代博物馆实体引进中国、传播博物馆观念的同时,也借机对中国进行文化渗透。一些博物馆还充当了珍贵遗产掠夺者的不光彩角色。外国人在中国的早期博物馆实践刺痛了中国人,激发了中国人自行建设博物馆的决心。

(三)中国人最初的博物馆实践

随着国人对于西方现代博物馆认识的不断加深,大约从19世纪中后期开始,民间的一些有识之士就开始筹划创建博物馆。其中,最为成功、最具影响力的是清末状元张謇创建南通博物苑的实践。

南通博物苑是张謇秉承"设苑为教育"的宗旨,于1905年在其家乡江苏南通创办的一座博物馆,主要用作学校教育之辅助。博物苑所藏分天然、历史、美术、教育四部分,藏品数量多达2900余号,计2万余件。虽然南通博物苑"当时规模狭小",是"仅供师范教授的简单设备",但是,南通博物苑是国人最早自主创设博物馆的成功实践,被认为是"国人创办博物馆之发轫"①,"国人自办综合博物馆的开端,也是我国第一个学校博物馆,同时也是中国博物馆事业发展史上足资纪念的一件大事"②。从一定意义上讲,南通博物苑具有开风气的作用。

在张謇之后至清代结束,还有其他一些民间博物馆实践活动。在北京、天津和山东等地也开办了几座博物馆和一批陈列馆或陈列所,但大多规模有限,影响不大。

在民间博物馆实践之外,清朝末年政府层面也在博物馆领域做了一些努力,包括清政府颁布的奖励民办博物馆的措施等。在民间实践兴起之后,清政府设立了一些部门管理博物馆事务,如在中央一级学部专门司下设立专门庶务科负责包括博物馆在内的学术技艺等事务,在各省学务公所设图书课(科)掌管图书馆、博物馆等事宜。遗憾的是,由于当时清政府业已内外交困,政权摇摇欲坠,这些努力并没有产生出更多实质性的结果。

总之,在中国,现代博物馆是在近代以来中国社会逐步走向半殖民地半封建社会的背景下出现的,是自主力量和外来入侵力量双重作用下的产物。这种特殊背景使中国博物馆从一开始就呈现出浓厚的救亡色彩,表现出强烈的社会责任意识,而不是思想启蒙作用,并深深影响到后来中国博物馆发展的观念取向和道路选择。从这一意义讲,博物馆作为一种社会改造工具的责任意识是与现代博物馆在中国的出现相伴而生的。因此,"社会使命"被看作中国近代以来博物馆发展的特点之一。

现代博物馆在中国的出现深刻影响了中国固有的传统保存设施的自然演变进程,不仅影响了社会价值观念和传统,也影响了文化意识和民族自信心。中国现代博物馆的外来"侵入"特征与中国固有的遗产收藏、保护和利用传统形成了一定的矛盾,如何协调这种矛盾成为中国博物馆发展的一个长久命题。

---

① 陈端志:《博物馆学通论》,上海市博物馆,1936年,第24页。
② 傅振伦:《博物馆学概论》,商务印书馆,1957年,第10页。

三、现代博物馆在中国的初步发展

在经历了晚清时期艰难的初期实践之后,随着中华民国的成立,现代博物馆在中国迎来了初步发展时期,尽管其中充满了曲折与艰辛。

(一) 民国建立至 20 年代末的博物馆

1911 年辛亥革命推翻了清朝统治,次年建立了中华民国。民国初期,虽有战乱,但受保存民族文化思想等的影响,保护文化遗产、建立博物馆仍得到政府一定程度的关注,并被提上了议事日程。公共力量开始介入博物馆建设。

公共力量的介入促成了不同层次公立博物馆的形成。一方面是国立博物馆的建立,像国立历史博物馆(1912)、古物陈列所(1914)、国立北京故宫博物院(1925)等,这些博物馆都是"国家本位"的产物。其中,故宫博物院是依托明清两代皇宫建筑和宫廷原有珍藏而建。它的建立终结了皇家收藏封闭、被独占的历史,使之成为国民共享的财产,因而产生了巨大的政治和社会影响。另一方面是地方公立博物馆的迅速发展。到 20 年代末,已先后建成了河南博物馆、浙江西湖博物馆、山东博物馆等。在公共力量之外,私人博物馆也得到了发展。这些私人博物馆是私人筹款、董事会主持的博物馆,包括颜文梁创办的苏州美术馆(1919)、曾叙创办的福建博物研究院(1923)、王遵先创办的兰州市立博物馆(1928)等。

公、私力量的共同努力使得中国博物馆在发展初期呈现出一种良性发展的态势,为博物馆发展提供了动力。到 1929 年,全国共有博物馆 34 座。

(二) 20 年代末至全面抗战爆发之前的博物馆

国民政府定都南京后,博物馆事业进入一个较快的发展时期。建立了包括上海市博物馆等在内的一批新的博物馆,并开始筹建中央博物院等大型的综合性博物馆,博物馆数量迅速增长。到 1936 年,全国博物馆数量已经达到 77 座。同时,初步建立起了博物馆的内部制度。在藏品保管方面,建立起一系列的规则,如《古物陈列所各库存储古物保管程序》、上海市博物馆的《处理陈列品的规则》《陈列品编号办法》等。在人员管理方面,也出现了对博物馆从业人员的基本资格要求。此外,博物馆的对外活动也比较活跃。1935年,故宫博物院、古物陈列所、河南博物馆和安徽图书馆所藏铜器、玉器、瓷器、书画等,曾赴英国伦敦参加中国艺术国际展览会。中国历史文物首次在西方公开展出,引起了广泛的影响。1935年,中国博物馆协会在北平成立。次年,上海市博物馆开始对新入职人员进行专业培训,开启了博物馆的职业化进程。

这一时期博物馆事业发展在各主要领域均取得了比较大的成就,达到了旧中国博物馆事业的高峰,被称为我国博物馆发展史上的第一个高潮期。现代博物馆格局初步形成。

受当时政治环境的影响,博物馆事业发展呈现出国民党统治区、共产党领导的革命根据地及"伪满"统治区等多区并行发展的局面。前面所介绍的博物馆事业发展,主要是国统区的发展状况。在革命根据地,共产党人在艰苦的战争环境中,也建立了像中央革命博物馆(位于江西瑞金叶坪)、红军学校模型室等设施,开始了最初的博物馆实践。它们是一种新型的博物馆,代表了我国博物馆发展的一种新方向。在"伪满"统治区,日伪为实施和巩固殖民统治,也建立了一些博物馆,如1935年成立的"伪满洲国国立博物馆"(1939年改称奉天分馆)、热河宝物馆等。它们成为日伪实施殖民统治、进行奴化教育和掠夺遗产资源的工具。

(三) 全面抗战爆发至中华人民共和国成立之前的博物馆

1937年,日本帝国主义发动的全面侵华战争爆发。在抗战胜利后,国民党当局又发动内战,中国广大城乡较长时间处于战争和动乱之中。这一现实使稍有起色的博物馆事业又走向低谷。

受战争环境影响,这一时期博物馆事业遭到很大的破坏。全民族抗日战争期间,有的博物馆毁于日军炮火;更多的博物馆被迫关闭或内迁,在辗转迁徙途中文物也遭到损坏,或遭敌机空袭而被毁。值得赞颂的是,故宫博物院的前辈们护卫着一万多箱文物藏品辗转流离南方多地,历经千辛万苦,终而使这批国宝躲过了战火。一些沦陷地区受到敌伪劫掠,大批文物散失、损毁,博物馆藏品损失巨大。中央博物院等新馆的筹建工作被迫中断,博物馆的正常运转也难以为继。博物馆事业基本上处于半停顿和守摊子的状态,甚至陷入倒退的境地。长期战乱造成博物馆数量锐减。到1949年时,全国博物馆仅存25座,且状况堪忧。

战争给博物馆事业带来严重的灾难,不过在局部地区也新建了少数博物馆。比如,在国民党统治区,1941年3月在成都建立四川博物馆,1944年12月在重庆北碚建立中国西部博物馆。此外,还有北碚民众博物馆、北泉历史博物馆等。

其中,中国西部博物馆是一所自然科学性质的博物馆,由当时国民政府的中央研究院动植物研究所、气象研究所,经济部中央地质调查所、中央工业试验所、矿冶研究所,农林部中央农业实验所、中央林业实验所、中央畜牧实验所、中国科学社生物研究所、国立江苏医学院、中国地理研究所及中国西部科学院等机构共同筹备创建。翁文灏、卢作孚担任筹备委员会正、副主任,1944年12月25日博物馆正式成立(1945年7月更名北碚科学博物馆,1946年10月1日改为中国西部博物馆)。该馆成立后得到各方面支持,许多科学家如尹赞勋、杨钟健、伍献文、赵九章等都对该馆作出过贡献。当时该馆分工矿、农林、生物、地质、医药卫生、气象地理六馆。仅展出的科学标本就达10万余件。1944年12月至1947年8月间,共开放827天,接待观众16万余人次。中国西部博物馆是抗战期间最重要的博物馆,代表了当时我国博物馆发展的水平。

在抗日根据地和解放区,出于对群众进行革命教育的需要,中国共产党人进行了包括举办展览会、建立展览设施等活动在内的博物馆实践。自1943年起,延安就陆续举办了大规模的展览会,并建立了诸如生产馆、翻身馆、时事馆、卫生馆等设施。展出对象包括工农业的产品、发明创造、战利品、翻身物品等。当时一些学校,如鲁迅艺术学院也建有陈列馆(室)等。1940年建立的成吉思汗纪念堂、蒙古文化陈列馆,1946年在西北党校设立的四八烈士纪念室(陈列遗作、译著、纪念文章等),1947年在哈尔滨建立并于次年开放的东北抗日暨爱国自卫战争牺牲烈士纪念堂等,是当时较重要的设施。

在"伪满"统治区,也零星建有新馆,如1939年1月,在长春建立的所谓"国立中央博物馆"。1941年在佳木斯建有东宫(铁男)纪念馆等。这些博物馆随着"伪满"政权的倒台而消失,存在时间很短。

总体上看,全面抗战爆发至中华人民共和国成立之前这一时期中国博物馆事业呈现出一种整体停滞状态下的局部发展面貌。

综上,中国对珍贵遗产的收藏、保护和利用实践历史悠久,但中国现代意义的博物馆是近代以来在中国社会不断半殖民地化的过程之中生成和发展起来的。这种特殊的历史环境造成旧中国的博物馆发展呈现出一种复杂的局面。主要表现在公立与私立并存,中国人与外国人建立的博物馆并存,甚至一度出现了国统区、共产党领导的根据地和"伪满洲国"等多区博物馆并存发展的局面。这些不同主体创建博物馆的动机、目的与博物馆发挥的作用是不同的,而且在不同时期各区博物馆所占比重也处在不断变化之中。博物馆事业发展的这种复杂局面决定了我们在评价这一时期博物馆事业时,不能简单地认为旧中国博物馆是半殖民地社会的产物,是资产阶级的点缀品,而需要作具体而客观的分析。

在1949年以前的中国,现代博物馆经历了一个从观念传播到实践的过程,博物馆事业从无到有、从小到大艰难地发展起来,并取得了一定的成就。特别是经过20世纪30年代的初步发展之后,中国现代博物馆的基本格局初步形成。但是,旧中国特殊的历史环境决定了这种发展是有限的,而且也存在不少的问题,像类型比较单一、博物馆表征意义远大于实际意义、博物馆还远未成为公众可以自由体验的文化场所和实用、有效的民众教育和娱乐的工具,而且博物馆的发展"多因人成事,兴亡无定"[①]。中国博物馆事业的真正发展只能是中华人民共和国成立之后的事情。

正是由于中国现代博物馆生成和发展的这种特殊环境,中国现代博物馆从一开始,就带有较为浓厚的半殖民地色彩,独立性不强,西方痕迹

---

① 包遵彭:《中国博物馆史》,台湾"中华丛书"编审委员会,1964年,第50页。

明显。这一特点为日后博物馆提出了一个现实的、无法回避的任务,即去殖民化。

原文系马克思主义理论研究和建设工程重点教材——《博物馆学概论》(高等教育出版社,2019年)第三章第三节"中国博物馆的发展历程",第61—67页。收入文集时对章节序号略作调整。

卢作孚与中国早期
社区博物馆实践

在中国早期博物馆实践中,先辈们曾有过不少的建树,其中蕴含了新的博物馆元素。卢作孚无疑是这些先辈当中重要却又甚少被关注的一位。

卢作孚是我国近代著名的爱国实业家、教育家、社会活动家。青年时代即提出教育救国主张,致力于教育事业,并为之不懈奋斗。受进步思想影响,他积极参加保路运动、五四运动等进步爱国运动。中年时代,他又投身实业,推行实业救国计划,创办民生公司,并使之在短时间内发展成为当时中国最大和最有影响的民营企业集团之一。抗战爆发后,他领导的船运公司为人员和物资运输作出巨大的贡献。其中,宜昌物资抢运曾被誉为"中国实业上的敦刻尔克"。同时,他还以北碚为基地,致力于乡村现代化建设的理论探索和社会实践,发展科学文化事业,推动区域开发,取得了一系列成就。这些成就奠定了他在中国近代史上的特殊地位,特别是实业方面的贡献使其与张之洞、范旭东、张謇一样成为中国近代民族工业史上不能被忘记的人[①]。

在卢作孚一生所从事的事业中,文化教育事业一直占据着重要地位。在他所从事的文化教育事业中,也包括当时尚属于新生事物的博物馆建设。自20世纪20年代起,卢作孚就开始在其家乡从事以社会优化改造

---

① 凌耀伦、熊甫编:《卢作孚文集》,北京大学出版社,1999年,第9页。

为目标的具有社区博物馆性质的一系列实践活动,这些活动最终以他参与其中的、被誉为"战时的缪斯殿堂"①的中国西部博物馆建设而达到顶峰。鉴于以往有关卢作孚博物馆实践的研究不多,本文拟对此作初步探讨。

一、早年民众教育活动中的博物馆实践

卢作孚的博物馆实践在他早年致力于民众教育活动时期就已经开始了。创办成都通俗教育馆是他这一时期博物馆实践的集中体现。

从青年时代起,卢作孚就一直积极致力于民众教育活动。1921年,卢作孚被永宁道尹邀往泸州,任道尹公署教育科长。此间,他大力改革教育,广泛开展通俗教育活动,受到当地好评。然而,他的这些活动后因军阀混战而终止。数年后,即1924年②,为了继续他的民众教育运动,进行创造新的集团生活的试验,借四川军阀杨森邀请他到成都担任教育厅长之机,在婉拒杨森的同时向其建议在成都创办通俗教育馆,并自任馆长。这一建议得到杨森的积极赞同,并邀请他到成都负责通俗教育馆的筹备工作。

受命之后,在资金不足、馆舍简陋的艰苦条件下,卢作孚以非凡的才能和坚强的毅力将通俗教育馆建立起来,并成为四川境内第一座通俗教育馆,被誉为"当时全国最有成效的通俗教育馆"③。

当时,通俗教育馆馆址设在成都少成公园(今成都市人民公园)内。整个通俗教育馆包括六大部分:即(1)博物馆,内设自然陈列馆、历史陈列馆、农业陈列馆、工业陈列馆、教育陈列馆、卫生陈列馆、武器陈列馆、金石陈列馆;(2)图书馆;(3)公共运动场;(4)音乐演奏厅;(5)动物园;(6)游艺场。其中的博物馆于1924年8月8日开馆,馆舍简陋,

---

① 徐玲:《战时的缪斯殿堂——中国西部博物馆》,《中国博物馆》2010年第4期。
② 另一说是1923年,参见凌耀伦、熊甫编:《卢作孚文集》,北京大学出版社,1999年。
③ 凌耀伦、熊甫编:《卢作孚文集》,北京大学出版社,1999年,第9页。

仅有10间陈列室,内容涉及自然、工业、农业、模型、教育、美术、史地、金石、武器、卫生以及动物等①。所有这些设施均设置在花园当中,周围环境优美②。

通俗教育馆的活动非常活跃。在博物馆里,常常举办古物展览会、中国画展览会、西洋画展览会、货币展览会、卫生展览会、金石展览会、革命史展览会等。而且,陈列品更换频率比较高。有时,一夜之间,就"改换了十个陈列室的陈列品"③。通俗教育馆开展这些活动的目的就是为了让人们看到它的建设、看到它的成功、看到建设者们的成就,在不知不觉之中受到教育、启发和鼓舞,培养起对现代集团生活④的兴趣。

事实上,这些活动确实吸引了不少观众参观。最多时,通俗教育馆的参观人数数以万计,且受到好评,"没有任何一个通俗教育馆在名副其实地完成其自己的宗旨方面,比它做得更好"⑤。公众参观通俗教育馆的情况,从稍晚时候一些参观者留下的记载中也可以得到印证:"往少成公园,先参观公园通俗图书馆。图书甚多,阅览的人亦不少。参观博物馆约分六部:(一)边区风物室;(二)自然品陈列室;(三)史地陈列室;(四)模型标本陈列室;(五)武器陈列室;(六)工业陈列室。各种陈列品物,蔚为大观。入其内,浏览久之,如入山阴道上,目不暇接。"⑥

从通俗教育馆的构成来看,博物馆是其中重要的组成部分,同时,里面还包括了广义上的博物馆设施,如动物园等。从通俗教育馆当时开展

---

① 卢国纪:《我的父亲卢作孚》,重庆出版社,1984年,第49页。
② 凌耀伦、熊甫编:《卢作孚文集》,北京大学出版社,1999年,第334页。
③ 卢国纪:《我的父亲卢作孚》,重庆出版社,1984年,第51页。
④ 现代集团生活是一种社会生产方式与生活方式。它是超越家庭、亲戚邻里朋友关系的"工商时代的集团生活组织",以社会、国家而非家庭、朋友关系为核心;是以一心为社会、国家谋福利,而非以小集团利益作为道德标准。建立现代集团生活就是要把建立在落后的自给自足的封建自然经济基础上的农业社会改变成具有现代精神文明和物质文明的工业社会,变旧的封建宗法关系的社会为资本主义关系的社会。卢作孚认为,现代集团生活是建设现代化国家之必备。创办成都通俗教育馆是他借以尝试新的集团生活的实验(参见凌耀伦、熊甫编:《卢作孚文集》前言,北京大学出版社,1999年)。
⑤ 转引自《卢作孚与他的长江船队》,*Asia and America's*,Vol.44(1944);参见卢国纪:《我的父亲卢作孚》,重庆出版社,1984年。
⑥ 侯鸿鉴:《西南漫游记》,无锡锡成印刷公司,1935年,第103、104页。

的活动考察,通俗教育馆俨然是一座广义上的博物馆。而且,从它的目的和活动内容看,已经具备了社区博物馆的某些因素,如推动社区的整体进步,介入公众现时生活等。从这一意义上讲,通俗教育馆可以说就是一座社区博物馆。

遗憾的是,就在通俗教育馆不断前行的时候,支持卢作孚创办通俗教育馆的军阀杨森被赶下台,其后继者对于民众教育运动失去兴趣,且百般刁难。1925年7月,卢作孚毅然辞掉通俗教育馆馆长职务。但他并没有因此放弃对博物馆的关注和建设,而是在更大规模上开始了新的尝试。

二、乡村建设运动中的博物馆实践

乡村现代化建设试验是卢作孚所从事的另一项重要事业。在乡村现代化建设运动中,他将创建包括博物馆在内的文化事业和社会公共事业视为乡村现代化建设的一项重要内容,并将其纳入他的乡村建设规划之中。1927年春,卢作孚担任嘉陵江峡防团务局的局长,整顿峡区内的社会治安,同时又开始以地处嘉陵江三峡中心的北碚为中心发起了乡村现代化建设运动。他发起这一运动的目的,用他自己的话讲,是"在消极方面要减轻人民的痛苦,在积极的方面是要增进人民的幸福"。而从事这些建设事业是为了使人民"多些知识和能力,多些需要的供给,多些娱乐的机会"①。

为此,他决心将嘉陵江三峡建成一个生产区域、文化区域、游览区域,目的在于"打破苟安的现局,创造理想的社会"②。作为创造理想社会的一部分,文化教育事业受到了高度的重视,博物馆被作为文化区域建设的一个方面来加以规划和实施。在描述未来社会的愿景时,卢作孚就已经将博物馆纳入建设规划之中:"创办一个平民公园,在公园里有一个博物馆、一个动物园。每天下午集中了无数本地和嘉陵江上下过此停宿的人

---

① 卢国纪:《我的父亲卢作孚》,重庆出版社,1984年,第73、74页。
② 卢国纪:《我的父亲卢作孚》,重庆出版社,1984年,第71页。

们在那里游玩。"①在描绘住宅区域时,他指出:"里面是要有美丽的花园、简单而艺术的家具,有小学,有医院,有运动场,有电影院和戏园,有图书馆和博物馆,有极周到的消费品的供给,有极良好的公共秩序和公共习惯。"②他认为,作为形成文化区域的一个方面,要"设立博物馆、图书馆、动物园以供人们参观和游览"。对于读书的学生而言,博物馆也是一个"多识鸟兽草木"③之所。

而且,卢作孚并未将博物馆建设仅仅局限于规划,而是将其付诸实施。

在落实乡村现代化建设的行动中,为取得必要的房舍,用于创办文化事业,他指派手下人,在一夜之间,将当时北碚市场的火焰山山顶的东岳庙所有的城隍、小鬼统统毁掉,使之成为一个博物馆,即峡区博物馆。博物馆由峡防局和科学院出资兴建,1930年10月10日开馆。陈列分"风物陈列室""卫生陈列室""工业陈列室""峡区物产陈列室""美术""煤矿""动物""地质""园艺""货币"等,另陈列有盐场及碉堡模型两具。博物馆附设有动物园,饲养各种珍禽异兽供人鉴赏参观④。这座诞生在旧神庙里的博物馆,被认为是重庆地区公共博物馆事业的开端⑤。如此,不仅解决了文化及公益事业所需要的房舍问题,而且还向民众进行了一次破除迷信的宣传⑥。

在乡村现代化建设运动期间,他的博物馆实践不只限于创办狭义的博物馆,同时也创办了不少广义的具有博物馆性质的设施,如植物园、动物园等。他利用温泉寺温泉、森林自然之美,古刹、山川之胜,在1927年秋创建了温泉公园,使之成为休闲娱乐之地⑦。1929年末,他又开始规划筹建包括动物园、鸟禽栏、水池、花圃等在内的平民公园,与早先完成的温

---

① 凌耀伦、熊甫编:《卢作孚文集》,北京大学出版社,1999年,第355页。
② 凌耀伦、熊甫编:《卢作孚文集》,北京大学出版社,1999年,第340页。
③ 凌耀伦、熊甫编:《卢作孚文集》,北京大学出版社,1999年,第91页。
④ 萧蕴琨:《北碚博物馆一瞥》,《北碚》1937年第1卷第5期。
⑤ 胡昌健:《六十年来重庆文博事业发展概述》,《中国博物馆》1996年第2期。
⑥ 卢国纪:《我的父亲卢作孚》,重庆出版社,1984年,第78页。
⑦ 卢国纪:《我的父亲卢作孚》,重庆出版社,1984年,第81页。

泉公园遥相呼应①。通过这些活动,他要"将这个在封建社会沉浸了几千年的市镇(北碚)整个包围起来,造成一个崭新的社会环境,促使北碚民众的思想和行动自然地产生变化"②。卢作孚创办这些文化事业和社会公益事业有着明确的民众和社会改造的目的。

三、出川考察后的博物馆实践

1930年3月8日,卢作孚率领民生公司、北川铁路公司峡防局、川江航务管理处等单位部分人员组团出川考察,足迹遍及华东、华北及东北诸省,前后历时五个月十三天,归来后撰写《东北游记》一书。由于此次出川考察是本着"带着问题出去,求得办法回来"③的方针,因此,他的这次考察直接影响到相关事业的具体实施。

在他此次考察的诸多内容中,博物馆是一项重要的内容。从《东北游记》的记载看,他所考察的博物馆,不仅包括中国人创办的私人和公立博物馆,如地质调查所陈列馆、古物陈列所、故宫博物院、静生生物调查所、沈阳故宫博物馆等,也有外国人在中国创办的博物馆,如日本人在大连创建的满蒙资源馆、工业博物馆、旅顺博物馆、水族馆,俄国人在哈尔滨创建的哈尔滨博物馆等。这些考察让卢作孚对现代博物馆有了一个更为全面的认识,同时,也让他强烈地感受到创建博物馆的紧迫性。"我们一度游历东北,见日本人在东北之所作为,才憬然于日本人之处心积虑,才于处心积虑一句话有了深刻的解释。才知所谓东北问题者十分紧迫,国人还懵然未知,未谋所以应付之"④。在游历了日本人占领下的东北之后,他深切地说:"他们侵略东北,有两个更厉害的武器,为平常所忽视。"其中之一就是满蒙资源馆,"凡满蒙的矿产农产畜牧,都被日本人将标本搜集起来,将数量统计起来,将地形测绘起来,绘图列表,并制模型,加以说明,一

---

① 卢国纪:《我的父亲卢作孚》,重庆出版社,1984年,第136页。
② 卢国纪:《我的父亲卢作孚》,重庆出版社,1984年,第80,81页。
③ 卢国纪:《我的父亲卢作孚》,重庆出版社,1984年,第104页。
④ 罗中福等编:《卢作孚文选》,西南师范大学出版社,1989年,第82页。

一陈列在满蒙资源馆里。我们无须到满蒙,只须到满蒙资源馆,便可以把满蒙的家屋看得清清楚楚了。别人已把我们的家屋囊括到了几间屋子里去,我们自己还在梦中"①。很显然,当时卢作孚已经清醒地认识到,外国人在中国创办这些博物馆的真实目的。作为一种回应,他呼吁,这些工作"我们觉得是不应该让外国人来做的。国人应该起来,而且各地应联合起来,作伟大的搜求与经营"②。这可能也是他创建中国西部博物馆的直接动因之一。

正是在这次考察过程中,卢作孚得到京沪各学术团体及其领导人蔡元培、黄炎培等人的支持,在上海成立了中国西部科学院筹备处。他希望中国西部科学院的建立能够将科学文化知识传授给民众,使他们能够享受到科学知识的好处,从而唤醒民众,以现代科学武装民众的头脑。同年秋天,他创建的中国西部科学院在北碚正式成立。该院以"从事于科学之探讨,开发宝藏,富裕民生,辅助中国西部经济文化事业之发展"③为宗旨,体现了明确的区域面向。而科学院下属的研究所在制定各自的目标时,也有类似的面向。中国西部科学院的成立为西部博物馆成立奠定了组织基础。

1943年12月,"鉴于科学教育之急待普及,学术研究尤待发扬",西部科学院发扬联合、协作的团队精神,联络内迁北碚的十余家全国性学术机关,发起博物馆筹备委员会,翁文灏、卢作孚任正、副主任,共同筹建中国西部博物馆(今重庆中国三峡博物馆和重庆自然博物馆的前身)。一年后,1944年12月25日,中国西部博物馆正式对外开放,"创战时科学文化一时之盛"④。

新成立的中国西部博物馆以"从事科学教育之推广及专门学科之研究"为宗旨,初设工矿、农林、生物、医药卫生、气象、地理6个分馆,后又增设有人文馆收藏社会历史文物。博物馆推举翁文灏、卢作孚等13人组成

---

① 罗中福等编:《卢作孚文选》,西南师范大学出版社,1989年,第87页。
② 卢作孚:《东北游记》,成都书局,1931年,第34页。
③ 中国西部科学院,参见重庆自然博物馆官网:www.cmnh.org.cn。
④ 徐玲:《战时的缪斯殿堂——中国西部博物馆》,《中国博物馆》2010年第4期。

理事会,主持经营。1945年7月召开第一次理事会,聘请李春昱、王家楫等各学科专家26人组成设计委员会,负责规划本馆教育与研究工作,并聘李乐元为馆长,主持馆务①。由于缺乏建馆经费,卢作孚又慷慨地将西部科学院的主楼("惠宇")借予西部博物馆用作陈列大楼,为博物馆运营展出提供基本的物质保障。诞生于抗战时期的西部博物馆(始称"中国西部科学博物馆")是整个民国时期建成的综合了最多学科的自然科学博物馆。其建制、规模和水平在当时的中国都是屈指可数的,该馆是当时中国博物馆发展水平的代表,"在中国博物馆史上留下极为光彩的一页"②。创建中国西部博物馆是卢作孚博物馆实践的顶峰。

四、结　　语

从以上的讨论之中可以看出,在二十余年间,卢作孚在博物馆实践领域耕耘不辍,博物馆实践的规模和影响也在不断扩大。他的博物馆实践活动一直是以民众教育为宗旨,以提升社区的整体人口素质和生活水平为目标,围绕着所在社区改造建设来进行的。而且,从最初的民众教育馆到后来的中国西部博物馆,卢作孚将博物馆实践与当地社区、当时社会的急务联系在一起的。他最早的民众教育馆是围绕着民智开发的目的而建立的。而乡村建设中,不仅通过博物馆教育活动,还通过建设博物馆的实践如搬掉岳王庙来影响当地群众;又通过博物馆教育活动帮助民众养成更多的良好生活习惯,革掉赌博、抽烟等陋习。中国西部博物馆同样是围绕着区域展示建立起来的。这些博物馆因其突出博物馆社会责任以及与博物馆所在社区之间的密切关系,旨在推动社区全面发展而呈现出社区博物馆的某些元素,他们的实践也践行了社区博物馆某些基本理念。从这一意义上讲,卢作孚可以说是中国早期社区博物馆的一位积极的实践者、先驱者。

---

① 中国西部博物馆,参见重庆自然博物馆官网:www.cmnh.org.cn。
② 徐玲:《战时的缪斯殿堂——中国西部博物馆》,《中国博物馆》2010年第4期。

附记:"卢作孚与博物馆"是本人早年间"中国博物馆人物研究系列选题"之一,后因种种原因,一直未能落笔成文。今恰逢天津博物馆创建百年,遂成此文,并贺天津博物馆百年华诞。

原文刊载于《博物院》2018 年第 3 期。

16、17 世纪欧洲收藏陈设二题

16、17 世纪欧洲收藏的陈设问题,在 20 世纪初就已经引起了研究者们的关注。D·默里在谈到这一时期的收藏陈设时曾指出,收藏品"通常布置得很糟糕,而且几乎总是根据其次要而非突出的特征来组织。实物是根据大小来处理,如同管风琴的管子一样;屋子的两边必须均衡,这样,极不协调的实物往往彼此并列在一起;鸵鸟蛋的旁边是犰狳;雄天鹅的旁边是椰子;印鱼旁边是极乐鸟"①。这一观点在我国博物馆界影响很大。在相当长的一段时间里,它束缚了我国学者的眼界。20 世纪 30 年代,陈端志在《博物馆学通论》一书中沿袭了默里的看法。在谈到早期的陈列时,他指出"陈列品的排列,一般多以物品的大小而决定,恰如管风琴的管子一般排列,而将陈列物平均地重叠地置于室的两侧,是毫无何种联络的'百物杂呈',因此,当可以看到在犰狳之邻是鸵鸟之卵,在造白鸟模型的旁边列着可可果实的标本等等杂乱无章的状态"②。到了 50 年代,当时的陈设仍被认为是"堆积拉杂,漫无系统"③,"不伦不类,荒谬已极"④。甚至到了 80 年代,这一认识也并未有太大的改变⑤。不过,从现存的材

---

① David Murry, *Museums: Their History and Their Use*, Vol.1, London: Routledge/Theommes Press, 1996, p.207.
② 陈端志:《博物馆学通论》,上海市博物馆丛书,1936 年,第 15 页。
③ 傅振伦:《文物陈列法》,《文物参考资料》1951 年第 6 期,第 76 页。
④ 傅振伦:《博物馆学概论》,上海商务印书馆,1957 年,第 29 页。
⑤ 韦直:《博物馆的历史和发展(上)》,《博物馆研究》1984 年第 1 期,第 13 页。

料来看,这些认识是值得研究的。在此,我们仅就当时欧洲收藏的陈设中的规划与设计以及基本法则谈一些看法。

一、16、17世纪收藏陈设的规划与设计

数年前,在一篇讨论意大利文艺复兴时期的私家收藏文章当中,我们曾指出,当时"至少有部分收藏的陈设是经过有意识的规划和设计的","设计观念在当时是存在的"①。限于文章的主题,那篇文章并未对收藏的规划和设计作更多的讨论。事实上,在意大利之外的欧洲其他国家同一时期的收藏当中,也存在不少有意识的规划和设计的陈设实例。兹举两例为证。

奥尔·沃姆(Ole Worm,1588—1654)是17世纪著名的收藏家。为了将学术研究从玄想引向实证,他创立了自己的收藏,并使之成为当时欧洲最重要的收藏之一。

沃姆的收藏,从内容上看,分自然标本和人工制品两大部分。前者又可分为化石、植物和动物。在动物部分,也包括了现在所说的人类学方面的标本。后者包括钱币、容器、用具、武器和其他一些陶、琥珀、石、金、银、青铜、铁、玻璃和木质器。他本人对丹麦的古物非常感兴趣,反映在收藏中,就是我们现在通常称作考古材料的实物特别多。

沃姆的收藏与当时许多重要的收藏一样,也有目录问世。1665年目录中的卷首插画直观地揭示了当时收藏品的陈设情况。根据这幅插画,在保存收藏品的屋子里,地板上和格架的底部是一些盒子和小盘,里面放置着较小的实物,先是矿物,接下来是植物和动物,悬挂在格架上的或穿插于小盘之间的是各种畸形和怪异之物。这些东西上面的格架是一个包括雕像、古物、鸟、鱼、骨头、珊瑚和化石在内的多样组合。格架以上的墙面布置着乌龟、鳄鱼、蜥蜴、骨架、矛、鱼叉、镞、浆和来自格陵兰的服饰。窗户之间悬挂着角、鹿茸、鹿头及其他动物;窗户下面的地板上放置着鲸鱼的脊椎骨。天花板上悬挂着一只巨大的北极熊、鲨鱼及其他鱼类标本、鸟的标本和一只爱斯基摩人的皮船。

---

① 张文立:《意大利文艺复兴时期私家收藏初论》,《中国博物馆》1999年第4期,第90页。

在这里，收藏品的陈设显然是经过有意识地规划和布置的。从立面上看，陈设至少可以区分为四个部分，即地板和格架的底部、格架的顶部、格架之上至天花板之间的墙面与天花板。在局部展示上，也遵循了一定的顺序，比如，先是矿物，而后是植物和动物。这是有意识设计的产物。当然，在这里，确实存在不同种类收藏品穿插并置的现象，从而使得整个屋子看起来如同杂货铺一般。至于产生这一现象的原因，后文将作进一步的讨论。

另一个生动的实例就是莱顿大学解剖学堂的收藏陈设。莱顿大学的解剖学堂是一个学术场所，它里面的珍奇室保存了当时最有名且最富刺激性的一个收藏。收藏的内容，除了最突出的解剖学标本外，还有各种考古与民族学实物（如挪威人的房屋模型，来自俄国、泰国、埃及的脚部饰品、人皮，一只用摩尔人头骨做的饮杯，中国的兵器、纸张、诗歌集、书和其他实物，埃及木乃伊、偶像，以及古罗马钱币、灯等）、绘画（如反映四种体液的系列画和包括鲁道夫二世肖像在内的各种肖像画等）和许多来自中国、印度、非洲和美洲的自然史标本。

珍奇室的收藏几乎每年都会用不同的语言出版一份目录。1591年的一份目录所附插图反映了当时内部陈设的场景。根据这幅插图，陈设当中最突出的是骨架，包括有雪貂、马在内的各种动物骨架，也有一些声名狼藉的罪犯的骨架，如一个偷羊者的遗骸等。其中，一些骨架的组合是非常有趣的。一个因偷牛而被处死的罪犯的骨架，被放置在牛骨架之上。更有吸引力的是一个驴的骨架，上面放置着一个杀死自己女儿的妇人的骨架。在一些人骨架的手里，还擎着小旗，上面写着劝人从善之类的警世之言。在解剖台的中央，有一个由两副骨架和一棵树构成的组合，树在中间，两侧各有一副骨架。由于空间狭小，在整个陈设当中，除骨架外，鸟及兽类标本都不得不挂在解剖学堂的四周。

在陈设当中，展品不仅具有解剖学含义，可能还具有象征性含义。骨架与树的组合，有学者认为"象征着智慧树、亚当和夏娃"[①]。若将这一组

---

① Arthur Macgregor ed., *Tradescant's Ralities: Essays on the Foundation of the Ashmolean Museum*, 1683; With a Catalogue of the Surviving Early Collections, Oxford: Clarendon Press, 1983, p.78.

合与其他骨架及小旗上的警世之言结合起来看,极容易让人联想到原罪的恶果。妇人与驴骨架的组合也是具有深刻的寓意的。在关于这一组合的文字叙述中,"驴"一词英文作"ass"。按照通常的理解,"ass"有两层含义:一是驴;二是傻瓜、蠢人、固执的人。母亲杀死自己的女儿终究不能说是一种明智之举,将杀死自己女儿的母亲的骨架和驴的骨架而不是其他大型动物(如马或牛等)的骨架组合在一起,显然是要用驴去暗喻这位母亲。驴在这里具有明指和暗喻双重功效。如果不是刻意规划和设计,我们很难想象会出现这样的组合。可见,在解剖学堂的陈设当中,有意识规划和设计不但是存在的,而且是非常明显的。

上面这些实例可以作为几年前我们所提出看法的补证材料。

当然,在16、17世纪收藏陈设中存在有意识的规划和设计,并不意味着当时所有收藏陈设都非常注重陈设的规划与设计。事实上,当时也存在一些贮藏式的收藏陈设。在那里,收藏的拥有者所关心的是他们积累起来的收藏品的数量和对每件实物的熟悉,一般不大考虑收藏品的陈设方式和陈设效果。像西班牙的查理五世、鲁道夫二世等人的收藏陈设,多属于此。

16、17世纪是欧洲收藏特别是私家收藏非常发达的时期,当时在欧洲的许多国家都出现了重要的收藏。由于这些收藏所有者、收藏的内容、收藏的目的和收藏的利用状况等都不尽相同,所以收藏的陈设也就呈现出多样化的特征。其中既有经过有意识规划和设计的陈设,也有不太注重方式的贮藏式陈设,所以,以往那些诸如"堆积拉杂,漫无系统"之类的笼统的看法是应该放弃的。

二、16、17 世纪收藏陈设与形式法则

既然在 16、17 世纪收藏陈设中存在一些有意识规划和设计的行为,那么,当时人们在规划和设计时遵循的是一种什么样的法则?我们认为,在当时的收藏陈设当中,一个基本的组织规则就是形式法则。

所谓的形式法则是一个与内容法则相对应的概念,是指按照收藏品

外在的、非本质的特征对它们进行组织和布置的一种规则。它是对收藏品组织和布置规则性质的一种概括（当然，这种规则是站在现代人角度而言的，在当时人的眼里，也可能是内容性的）。在陈设实践中，这种法则常常会有不同的表现形式。如上文默里所指出的，收藏品布置"几乎总是根据其次要而非突出的特征来组织的。实物是根据大小来处理"，实际上就是形式法则的一个生动实例。

在当时陈设组织的实践当中，形式法则不仅仅局限于此。除了根据大小来处理实物之外，还有其他的一些表现方式。比如，罗马的帕拉提那陈列馆就采用了一种近乎几何式的展示手法展出绘画作品。在陈列馆，所有绘画都放在统一规格的框子里，并且按照对称的原则悬挂。这种布置方式被认为有助于绘画的研究和欣赏[1]。17世纪威尼斯的收藏家安德鲁·温哲明的收藏陈设，则采取了另外一种方式。他的收藏在性质上是聚财式的。在收藏品的布置方面，他尝试将处于混乱状态的实物秩序化。在他那里，雕像、浮雕、证章、绘画等被分成三排，每排又再分成三部分。这种做法仅仅是对收藏品进行了形式上的分割，目的只是让每一部分更易接近和观察，并未充分展示标本的本质特征，因而同样体现了形式法则。此外，当时还有按照阶梯式层次组织收藏品的做法[2]，收藏品的组织更多的是考虑形式而不是内容上的联系。虽然在这些收藏陈设中实物的具体组织方式有所不同，但组织方式的性质却都是形式的。形式法则乃是16、17世纪欧洲收藏陈设中习见的规则。

在16、17世纪的欧洲收藏陈设中，形式法则的普遍被采用并不是偶然的，是与当时的历史条件分不开的。其中有两个非常重要的因素，一是当时的知识水平，一是陈设的目的。

在近代之初，知识仍被视为一个整体。科学还没有与哲学分离，也没有分化成众多的门类。当时，人们对于自然界的认识存在极大的局限性，

---

[1] Alma S. Wittlin, *The Museum: Its History and Its Tasks in Education*, London: Routledge, 1949, p.87.

[2] Th. H. Lunsingh Scheurleer, *Early Dutch Cabinets of Curiosities*, *the Origins of Museums*, Oxford: Clarendon Press, 1985, p.118.

社会的整体知识水平比较低。以实物的分类为例,在当时人的头脑当中,实物的分类知识非常有限。一些本质上没有联系的实物,往往因为表面上的某些相似的特征而被归为一类,有的则是被人为地、甚至因一些难以得知的理由而被划归一类。这一点在当时出版的一些收藏目录中表现得非常突出。比如,当时作为一种模式存在的古物分类方法,将古物分成四大类:(1) 与基督教有关的;(2) 与古埃及和古罗马宗教有关的;(3) 与葬俗有关的;(4) 罗马时代的度量衡器[1]。同样,在昆贝齐那里也有类似的情况[2]。这是一些在逻辑和内容上缺乏内在必然联系的分类系统。这种认识水平反映在收藏品的陈设当中,就必然是用形式的而非内容的规则去组织和布置收藏品,从而造成一种形式上有规则可循、内容上则缺乏联系的结果。

由于当时的知识分类系统与我们现在的知识分类系统之间存在巨大的差距,当时的收藏陈设在现代人的眼里犹如杂货铺一般,变得不大容易理解了。这样,也就难免让现代人认为收藏的陈设是"堆积拉杂,漫无系统",甚至是"可笑的陈列",这实际上是一种时代错位的认识。

应该说,16、17世纪收藏陈设中所流行的形式法则是当时人们知识水平所能达到的一种陈设规则,是当时人们认知水平的一种真实反映。如果看不到这一点,而是站在现代的知识基础上非历史地评判当时的收藏陈设,显然是有失公允的。同时,也应该注意到,正因为收藏陈设采用的是形式法则,所以缺乏科学性,与现在博物馆的陈列存在本质的不同。

形式法则的流行,除了受社会总体认知水平的影响之外,也与陈设的目的有着直接的关系。当时,许多收藏陈设的目的更多的是"为了制造惊奇,而不是提供教育"[3]。对于组织者来说,重要的是要让收藏品的陈设能够引起人们的兴趣和好奇心,让观众感到惊奇。于是,陈设的重点更多

---

[1] David Murry, *Museums: Their History and Their Use*, Vol.1, London: Routledge/Theommes Press, 1996, p.218.

[2] Eilean Hooper-Greenhill, *Museums and the Shaping of Knowledge*, London: Routledge, 1992, p.108.

[3] David Murry, *Museums: Their History and Their Use*, Vol.1, London: Routledge/Theommes Press, 1996, p.208.

地放在形式而不是内容上。收藏室的入口处被认为必须"营造成一个引人注目的场景"①,而且必须要使用鳄鱼、乌龟、灰熊、白熊、剑鱼、鲸鱼、鲨鱼、埃及木乃伊等一些在当时能够激起人们好奇心的珍稀之物。

最后,必须要指出的是,形式法则并非只存在于16、17世纪的收藏品陈设之中。在此后很长一段时间,它仍有相当大的市场。它最终被内容法则所取代,则已是现代科学学说如汤姆森的三期说、达尔文的进化论以及林奈的科学分类法等出现之后的事情,而从那时起收藏品的组织与布置也便进入了一个新的阶段。

原文刊载于《博物馆研究》2003年第4期。与唐小轩合作,本人系第一作者。

---

① David Murry, *Museums: Their History and Their Use*, Vol.1, London: Routledge/Theommes Press, 1996, p.210.

意大利文艺复兴时期
私家收藏初论

一

在我国,对于意大利文艺复兴时期私家收藏的认识是同对整个欧洲文艺复兴时期收藏的认识交织在一起的。

至晚从20世纪30年代起,一些博物馆学著作就已开始介绍欧洲文艺复兴时期的收藏,陈端志的《博物馆学通论》对此着墨尤多。作者在该书中不仅提到文艺复兴时期收藏兴起的原因,而且对当时整个欧洲的收藏情况作了概括性的描述。不过,有关意大利私家收藏的知识却是极为有限的。

自50年代至70年代末,对于欧洲文艺复兴时期收藏涉猎较多的著述当推傅振伦的《博物馆学概论》和包遵彭的《博物馆学》。从这些著作中,我们不仅对于当时欧洲收藏的一般情况有了更多的了解,而且也知道了意大利的一些重要的收藏家如科西莫、奥多万迪、尼可里、西里亚可、波乔等。相对于前一个时期来说,这是一种难得的进步。

80年代以来,随着我国博物馆学研究的不断深入,有关欧洲文艺复兴时期收藏的著述也多起来。遗憾的是,除个别著述外,此间绝大部分著述并未给人们提供太多的新东西,其认识实际上仍停留在30、50年代的水平。对于意大利文艺复兴时期私家收藏的认识仍然是比较少的、零碎的。

文艺复兴时期是欧洲私家收藏活跃的一个时代,在意大利尤其如此。由于意大利在当时欧洲所处地位独特,因此,系统地考察意大利文艺复兴时期私家收藏不仅对于认识当时整个欧洲的收藏状况有着重要的意义,而且也会极大丰富我们以往有关这一领域的知识。

二

意大利文艺复兴时期的私家收藏是在一种特殊的历史条件下兴起和活跃起来的。

文艺复兴时期是得名于文艺复兴的一个历史时期。文艺复兴是一场肇始于意大利,后又波及欧洲其他国家的、持续数个世纪的"新兴资产阶级在文学、艺术、哲学、自然科学以及政治学、法学、历史学、教育学领域内开展的新思想、新文化的革命运动"[①]。这场由意大利新兴资产阶级中的知识分子掀起的革命运动是在"复兴古典文化"的旗帜下拉开序幕的。其最初的着眼点就是对古代希腊、罗马时期著述、实物的广泛整理与研究。这就直接导致了对古代典籍和遗物的渴求与搜寻。当时,像彼特拉克这样的著名人物都热切地投入其中。在其影响之下,搜集成为一时之风尚。从这一意义上讲,文艺复兴运动直接激发了人们对古物的兴趣,促成了搜集时尚的形成。

文艺复兴对于收藏的兴起和活跃的影响不只是直接诱发了人们对于古物的关注,更重要的是它极大地改变了人们的观念。这些观念变化主要表现在四个方面:一是对于古物认识的转变。文艺复兴之前,人们对于古物通常抱着一种特殊的态度。比如,对于古代的雕像,人们常常就怀有一种惧怕心理,认为它们是有魔力的。对于在建造活动中偶尔遇到的雕塑,人们或是将其重新掩埋,或是将其毁掉。到了文艺复兴时期,这种旧观念发生了变化,古罗马时期的纪念物被视为"重要人物的证据"[②]。

[①] 刘明翰主编:《中世纪史》,人民出版社,1986年,第438页。
[②] Eilean Hooper-Greenhill, *Museums and the Shaping of Knowledge*, London: Routledge, 1992, p.58.

古物和文献受到了同样的重视,这种对古物认识的变化奠定了古物搜集的思想基础。二是对于人本身及尘世的关注与重视。文艺复兴时期,人们的精神得到了解放。人本身及其周围客观世界的地位被抬高了,人们的眼界开始从虚幻的来世转向更真实的尘世。这种思想上的变革导致了收藏这一古老的人类活动在文艺复兴时期有了新的价值取向。收藏者的目光已经不再只是盯着先前的宗教文物、宗教题材的艺术品、各地教徒的还愿物、礼品以及传教士从远方带回来的奇异之物(如鲸鱼骨、鸵鸟蛋等),而是更多地转向了反映人本身及其周围世界的实物,如人体骨架、动植矿物标本等,这种转移的热情是此前任何时代所无法比拟的。三是强调自我认识。文艺复兴时期,人们开始逐渐摆脱中世纪基督教观念的禁锢,以一种世俗的眼光去看待人和人生。一些知识分子再也不满足于通过阿拉伯人和中世纪学者的眼光了解古代,而要求用他们自己的眼睛直接阅读文献。他们渴望通过自己的感官去观察事物,并在批判的基础上得出结论。这种变化从最初的反对经院主义发展为普遍的创新和调查精神。这样,收藏就因其"为基于观察的研究提供了机会"①而受到格外的关注。应该说,对于自我认识的强调乃是收藏兴起与活跃的重要原因之一。四是重视和强调直观教学原则。文艺复兴时期,教育观念也发生了变化。其中一个重要的方面就是对直观教学原则的重视与强调。虽然这些原则直到夸美纽斯时才在理论上得到了全面系统的阐述,但其基本思想在此前很长一段时间就已经为人们所接受。人们开始重视实物在教育中的作用,当时,一些学校收藏的出现及一些收藏家将其收藏品用于教学实践显然与这种观念变化有着密切的关系。

在文艺复兴时期,虽然人们的思想观念发生了许多新变化,但这并不意味着人们完全摆脱了陈旧思想的纠缠。正如一位学者指出的那样,"在意大利艺术和学问的辉煌大厦下面,愚昧和迷信的余烬仍在冒烟"②。旧

---

① Alma S. Wittlin, *The Museum: Its History and Its Tasks in Education*, London: Routledge, 1949, p.59.
② [美]爱德华·麦克诺尔·伯恩斯等:《世界文明史》第二卷,商务出版社,1995年,第148页。

的思想与观念还残存在人们的头脑之中,顽固地制约着人们的行为。至少在15世纪中期,一些旧的思想观念仍在流行。当时,有一种看法认为,如果一个人搜集和收藏肖像,那么,肖像上人物的权力就会传递给他。而另一些实物则被认为具有神秘的特性,如耀眼的宝石就被认为可以让佩带它的人隐形。锡耶纳的维纳斯事件或许是反映这种观念的最突出的例证①。在意大利不少私家收藏当中,此类"具有"特殊功用的实物的出现可能就是这种旧思想观念的产物。

文艺复兴对于收藏的另一个重要的影响就是它间接地丰富了当时的收藏内容。文艺复兴时期,意大利涌现出了一批杰出的艺术大师,如达·芬奇、米开朗基罗等。他们的作品成为收藏家尤其是意大利以外收藏家们钟爱的收藏对象。

文艺复兴对意大利私家收藏兴起和活跃的影响是积极而重大的。不过,其他因素所产生的作用也是不容忽视的。

意大利固有的传统与丰富的古物资源是收藏兴起和活跃的一个重要基础。在整个中世纪,意大利人就坚信他们是古罗马人的后裔,而且,希腊、罗马古典文化的传统也更多地保存在意大利。在意大利显贵的藏书室里,有大量希腊、罗马的珍贵文献。早在11世纪,意大利就已经有人开始从事古物搜集。同时,意大利本身也有丰富的古物资源。在那里,不仅地下蕴藏着大量的古物,在地面上也有许多残存的古物。甚至在布鲁内莱斯基和多那泰罗的时代,通向罗马的路旁还满是残损的雕像。另外,在拜占庭灭亡前后,拜占庭的许多有知识的人纷纷逃亡至当时比较开明的意大利城市,许多重要的古希腊手稿和珍贵的艺术品也随之流入意大利。意大利本身具有的这种良好基础是其收藏得以较早兴起和活跃的基本条件之一。

---

① 14世纪中期,在锡耶纳镇曾挖出了一尊维纳斯雕像。起初,它被作为古代高超技艺的一个例证和该镇伟大祖先的物质证据立在锡耶纳的广场上。凑巧的是,该镇由此进入了衰落。此中原因便被归咎于雕像的出现。于是,雕像又被放倒、砸碎。其残片被埋到了锡耶纳人的宿敌——佛罗伦萨人的辖区内,以便让雕像也给佛罗伦萨带去噩运。参见 Eilean Hooper-Greenhill, *Museums and the Shaping of Knowledge*, London: Routledge, 1992, p.60。

意大利是资本主义生产方式最早出现的地区。在14、15世纪时,意大利就已经出现了资本主义产生的最初萌芽。在北方的城市里,可以看到资本主义性质的简单协作和手工工场。这种先进的生产方式很大程度上解放了生产力,促进了意大利经济和贸易的发展,并使意大利成为当时欧洲最富庶、最先进的地区。经济、贸易的发展产生了三个直接的结果:一是造就了一个富裕的有闲阶层。这个有闲阶层主要是大银行家、大工场主、大商人、新兴的资产阶级知识分子等。他们无忧的生活使他们能够更从容地进行收藏活动。这对于意大利收藏的活跃是一种积极的因素。二是促成了城市的崛起与繁荣。作为经济、贸易发展的结果,意大利涌现出一批重要的工商业城市,像银行业和丝织业并列欧洲之冠的佛罗伦萨、以经营海上运输和商业而闻名的威尼斯等。随之而来的,是社会生活的中心也开始从过去的封建贵族的城堡和采邑转向这些富庶而开明的城市。城市成为新时尚的策源地,搜集和收藏的时尚就是在这里最先孕育和流行起来的。没有城市的繁荣,很难设想会有收藏的兴起与活跃。三是形成了一个庞大而有效的搜集网络。随着贸易的发展,一些异地贸易点纷纷建立起来,并逐步形成了一种网络。这种网络在发挥其商业功用的同时,也传递着信息和观念。当收藏观念兴起时,这种网络就成为事实上搜集实物尤其是外域物品的重要渠道。在文艺复兴时期,不少实物就是通过这种渠道进入意大利私家收藏的。

自然科学的进步对于收藏的活跃也产生了积极的影响。文艺复兴时期各个学科尚未完全独立,自然科学依然是哲学的一部分,但是这一时期在天文学、医学、植物学、动物学等诸多领域均取得了明显的进步,这种进步促进了收藏的活跃。首先,自然科学研究的需求刺激了对自然物品的搜集。文艺复兴时期,自然科学的研究已经从此前的盲从开始转向依赖于研究者本人的直接观察和实验。这就迫使研究者必须搜集自然物品,供自己研究之用。一些研究自然科学的人往往就是因此而成为大收藏家的,如奥多万迪、马蒂奥利等。其次,自然科学研究扩大了收藏对象的范围,这一点在稍晚时期表现得更为突出。随着自然科学研究的发展,出现了各种科学仪器,如数学工具、化学仪器、光学仪器等。这些既不同于古物又不同于外域物品的实物引起了收藏者的浓厚兴趣,并进而成为其收藏的对象。然而,在当时,它们是以新的珍奇之物的身份进入收藏的,大多不具有现在科学博物馆中同类实物的含义。

新航线的开辟和新大陆的发现推动了意大利文艺复兴时期私家收藏的活跃。15世纪末和16世纪初,随着生产力的发展,商品货币经济的急剧增长,以及对于开拓市场和贵金属的狂热渴求,在欧洲掀起了一股探险的热潮。从15世纪开始,以葡萄牙、西班牙为首的欧洲国家竞相组织探险队,"海上远征队"探寻新的航线。这些活动不仅打通了欧洲直达印度、通向美洲的新航线,而且还开辟了许多其他重要的航线。虽然新航线开辟的动机和结果主要是经济上的,但其却实际地推动了收藏活动。一方面,新航线的开辟开阔了欧洲人的心胸,扩大了人们的收藏眼界,拓宽了人们从事搜集和收藏的地域基础。另一方面,伴随着新航线的开辟,来自新地域的实物大量流入欧洲,丰富了收藏对象的范围,并出现了以此类实物为特色的收藏。在意大利,安东尼奥·吉根提的收藏①就是一个极好的例子。不过,伴随着新航线的开辟和新大陆的发现,贸易路线从地中海区域转向大西洋区域。意大利先前所占据的海上贸易霸主的地位受到了削弱,意大利城市也逐渐失去了其作为世界贸易中心的优势。如同贸易的繁荣曾是意大利文化繁荣的重要推动力一样,贸易的削弱也极大地影响了其文化的发展。所以,从新航线的开辟和新大陆的发现当中,受益最大的并不是意大利,而是大西洋沿岸的欧洲各国和北欧国家。这种状况在收藏领域直接表现为,外域实物更多地流向大西洋沿岸各国,而不是意大利,尽管在意大利也有像吉根提那样的收藏。因此,对于新航线的开辟和新大陆的发现在推动意大利收藏发展方面的作用应该保持一种谨慎的态度,而不应过分地夸大。

---

① 安东尼奥·吉根提(Antonio Giganti,1535—1598)是意大利文艺复兴时期一位重要的收藏家。其收藏包括绘画、自然标本以及我们现在所说的民族学、考古学和语言学等方面的材料,尤以民族学方面的材料见长。其中,有来自东、西印度群岛,中东等地的实物。参见 Laura Laurencich-Minelli, *Museography and Ethnographical Collections in Bologna during the Sixteenth and Seventeenth Centuries*, the Origins of Museums, Oxford: Clarendon Press, 1985, p.18.

在文艺复兴时期,文化赞助人的活动对意大利收藏的活跃也产生了相当大的影响。

文艺复兴时期的文化赞助是一个提供资助人的群体,而非一个阶层。在这些文化赞助人当中,既有新崛起的富裕的世俗望族如佛罗伦萨的美第奇家族、米兰的斯福尔扎家族等,又有圣职人员如教皇尼古拉五世、庇护二世等,他们"对于文化进步所起的作用是无法估价的"①。其对收藏的活跃所产生的作用主要有二:一是他们直接影响了当时私家收藏的发展。不少文化赞助人本身就是收藏者,作为收藏者,他们直接影响了当时私家收藏的发展。一方面,他们的收藏行为活跃了当时的收藏活动,其收藏是当时私家收藏的一个重要组成部分。以美第奇家族为例,在15世纪中叶,该家族就开始与搜集结合,致力于收藏活动,并积累起了在当时意大利和欧洲都颇有影响的庞大的家族收藏。另一方面,虽然他们不是最早的收藏者,但是,当他们介入该领域之后,其雄厚的财力和特殊的地位导致了收藏成本的提高。一些中小收藏家因此而被挤出了收藏领域,或沦为这些文化赞助人的搜集代理人。相反地,文化赞助人的收藏规模则日渐扩大。二是他们支持了其他人的收藏活动。比如,美第奇家族的科西莫就曾支持了尼可里这样的学者进行研究和收藏。科西莫或是直接为他们提供旅行资金,或是让他们利用其在海外的代理人帮助搜集实物。而这些学者往往又以顾问等身份进一步促成了赞助人与收藏的结合。

最后要提到的一点就是收藏与身份和地位的联系。在文艺复兴时期,人们对于实物与收藏价值的认识是多方面的。收藏在被人们用作认识自身和周围世界的手段的同时,也被视为一种抬高身份和地位的手段。比如,当时,有一位名叫马克普的年长医生就劝告年轻的同行去创建包括古物、外域实物及畸形的自然品在内的收藏,用以提高自身的社会地位。收藏与身份和地位相联系的观念是促使一些人尤其是出身卑微的新贵涉足收藏领域的一个重要因素。

总之,意大利文艺复兴时期私家收藏的兴起和活跃不是一种偶然的

---

① [美]爱德华·麦克诺尔·伯恩斯等:《世界文明史》第二卷,商务出版社,1995年,第121页。

现象,而是有着特殊的历史背景的。它的兴起和活跃乃是多种因素共同作用的结果。正是在这些因素的共同作用下,在文艺复兴时期,意大利迎来了私家收藏活跃的时代。

三

意大利文艺复兴时期的私家收藏是极其活跃的。据统计,到16世纪中期,在意大利,仅钱币与证章收藏就有380余家①。由于私家收藏本身不稳定的特点以及统计中可能存在的不准确性,这一数字可能会与当时实际存在的收藏家数量有些出入。但是,透过这一数字,我们还是可以感受到当时私家收藏的活跃程度。下面就从收藏主体、内容、积累方式、收藏的利用、收藏的陈设等方面,对当时的私家收藏作更进一步的考察。

就收藏主体而言,意大利私家收藏的主体身份是在不断变化的,且呈现出多样化的特征。

在文艺复兴的早期,收藏主体主要是人文学者和艺术家。像文艺复兴时期的旗手彼特拉克就是一位有名的钱币收藏家。到了15世纪20年代,古物便不再是孤立的学者和艺术家的古怪消遣,一些富有的王子和圣职人员也开始介入这一活动。此后,古物搜集与收藏更多地成为适合富人的活动。至于学者,有的由于成本方面的原因而逐渐沦为富有收藏者的搜集代理人或顾问,有的则转向自然品的收藏。

从整个文艺复兴时期来看,收藏主体呈现出多样性的特征。其大致可以分作三类:王子或望族、圣职人员和学者。王子或望族是意大利文艺复兴时期私家收藏主体中的一支重要力量。这类收藏主体人数较少,但实力雄厚,收藏规模比较大,且多被用作展示收藏者的高贵、富有和象征其对世界的驾驭、强化其主体地位的一种手段。佛罗伦萨的美第奇家族可视为其代表。曼图亚的贡扎加家族、费拉拉的埃斯特家族以及埃贝

---

① David Murray, *Museums: Their History and Their Use*, Vol. 1, London: Routledge/Theommes Press, 1996, p.14.

诺和伽贝诺的蒙蒂菲特罗家族等也属于此类收藏主体。圣职人员是意大利文艺复兴时期私家收藏主体中的另一支重要力量。这类收藏主体人数不是很多,但其地位特殊,影响较大。他们更关注的是同时代艺术家的雕塑、绘画作品和古代艺术品。这类收藏主体主要是教皇和红衣主教。教皇西克斯图斯四世、保罗二世、尤里乌斯二世、利奥十世等都是其中影响比较大的人物。第三类收藏主体是学者,主要包括人文主义者、博物学家和艺术家。这类收藏主体人数众多,是当时收藏的主导力量。虽然这些人本身不及君王们富有,同时也缺乏圣职人员的优势,但他们大多与其有着这样或那样的联系。这也是他们收藏形成的一个重要基础。彼特拉克、薄伽丘等人可以说是这类收藏主体的早期代表。在他们之后,更多的学者如尼可里、吉根提、乔瓦、奥多万迪、埃波拉托、莫科提、凯塞拉雷、马蒂奥利等都加入了收藏者的行列。这些人的收藏大多与其所从事的工作或职业联系在一起,其收藏在一定程度上是一种工作的手段。奥多万迪及尼可里的收藏是其中两个比较典型的例子①。所以,这些人的收藏与美第奇家族那样的收藏在性质上是有所不同的。

意大利私家收藏主体身份的多样性在一定程度上也反映了当时收藏活动的广泛性和活跃程度。

从内容方面看,整个意大利文艺复兴时期的私家收藏内容庞杂,收藏品种类丰富,主要可以分人工制品和自然物品两大类。前者如钱币、证章、工具、仪器、服饰、武器、雕像、手稿、绘画、刻花宝石、铭刻等,后者如动物、植物、矿物标本、木乃伊以及化石等。而一个收藏家的收藏,往往也是两类收藏品兼而有之。除此之外,当时收藏的内容还呈现出以下四个特征:一是收藏内容的不断变化。在文艺复兴时期长达数百年的时间里,

---

① 奥多万迪(Ulisse Aldro vandi,1522—1605),意大利文艺复兴时期著名的动物学家,曾做过波伦亚大学的教授。其收藏以自然标本为主,包括万余件动物、果实和矿物标本及数千件干制和贴制的植物标本。这种收藏内容显然是与其所从事的工作分不开的。尼可里(Niccolo Niccoli,1363—1437),意大利文艺复兴早期著名的人文学者,曾被称为"伟大而热情的寻觅者和天才的收藏家"。他的收藏主要是人工制品。在他的收藏当中,除了珍贵的手稿之外,还有地图、宝石、绘画、雕像、钱币及其他古物。其收藏内容也是与其身份有关的。

私家收藏的内容是在不断变化的。收藏最初从古物开始①。而后,随着新航线的开辟和新大陆的发现以及自然科学研究的发展,外域物品(如印第安人的服饰、武器等)和自然标本也成为私家收藏的对象。再晚,自然科学研究中使用的一些仪器和工具,如显微镜、望远镜、圆规、钟表等,也进入收藏品的范围。二是同时代的实物也受到了收藏者的关注。虽然意大利的私家收藏是从收藏古物开始的,但"对于古代雕像的尊重并没有减弱对同时代创作物的热情"②,同时代的实物并未被忽视。在教皇和美第奇家族收藏当中,就可以看到不少同时代的艺术品。同样地,艺术家多那泰罗的收藏不仅有古代的雕像,而且还有他本人创作的雕塑作品。对于同时代实物的重视与收藏标志着收藏已经跳出了单纯的"过去"的范围,而延伸至更为广泛的领域。对于收藏的发展来说,这是一种有意义的进步。三是珍奇品的存在。珍奇品是指稀有或被人为赋予某种神奇特性的收藏品。在不少私家收藏中,都可以看到此类实物。其中既有人工珍奇,也有自然珍奇,比如独角兽的角、测谎石等。在意大利私家收藏中,珍奇品的存在是不应被忽视的。四是一些收藏的内容已经呈现出一定程度的专门化倾向,这一点多集中于学者的收藏。在保罗·乔瓦那里,则表现得更为突出③。

意大利文艺复兴时期私家收藏的积累是多途径的,旅行是文艺复兴

---

① 意大利文艺复兴时期私家收藏是从古物开始的,古物也是早期私家收藏的一项重要内容。但意大利的古物搜集与收藏却并非始于文艺复兴时期,而是可以追溯到11世纪。当时,有一个名叫尼克拉斯·库雷森蒂斯的人在其罗马的房子里,保存有古代的建筑遗存。而有收藏清单保存下来的最早的私家收藏是大约1335年前后,由一位富有的公民奥里维埃罗·福扎在特雷维萨创建的一个收藏。内容包括古代证章、钱币、大理石制品和手稿。在那份收藏清单里,福扎也提到了与其本人收藏相似的威尼斯的收藏。而彼特拉克、薄伽丘等人收藏的内容也多是古典手稿、钱币等。参见 Alma S. Wittlin, *The Museum: Its History and Its Tasks in Education*, London: Routledge, 1949, p.41.
② Alma S. Wittlin, *The Museum: Its History and Its Tasks in Education*, London: Routledge, 1949, p.94.
③ 保罗·乔瓦(Paolo Giovio, 1483—1552),文艺复兴时期的一位传记作家、著名的拉丁语文体家。他以专门搜集名人肖像画而闻名。内容分过世的诗人与学者、当代的诗人与学者、艺术家与政治家、神父与修士四部分。参见陈国宁:《博物馆的演进与现代管理方法之研讨》,台北文史哲出版社,1978年。

时期人们增长知识的一种重要方式。这种增长知识的方式也被不少收藏者用作积累收藏的一种手段。像人文学者西里亚可就是在希腊和近东旅行时积累起了他的铭刻、雕像和钱币收藏①。挖掘是当时收藏者获取收藏品的另一种主要方式。特别是在 15 世纪晚期和 16 世纪罗马城的大兴土木之中,许多收藏都是通过挖掘积累起来的。红衣主教多米尼科·格雷马尼的许多大理石雕像与古物就是在建造威格纳宫时挖掘出来的②。当时,较为重要的收藏积累方式还有购买、接受捐赠、代理搜集以及委托制作。后一种方式在望族及教皇等的收藏积累之中使用得更为广泛。比如,像美第奇家族就曾委托多那泰罗制作了包括大卫青铜像等在内的艺术品。此外,文艺复兴时期,意大利政局不稳,政治上的荣辱兴衰往往导致一些家族或个人会在短时间内创建或丧失其收藏。这种非正常的方式在当时的收藏积累中也发挥了一定的作用。

  在意大利文艺复兴时期的私家收藏当中,有些收藏是允许人们观赏和利用的。比如,尼可里在其晚年已拥有 800 余件手抄本和其他一些收藏品,他的家向学者和艺术家开放。吉贝尔提就在他那里看到了"其所见到的最精美的玉髓"③。据说,美第奇家族的收藏也向塔斯坎尼地方的居民开放④。凯塞拉雷也是一位向学生展示其收藏的人。收藏的开始和利用也可以从当时旅行者有关收藏的记录之中得到印证。我们现在对于当时收藏的认识不少就是来自旅行者的记录。虽然当时有些收藏是开放的,但利用者多是特殊的群体,学者和学生可能是收藏利用的主体,而旅行者、外交人员、王公贵族可能也是收藏的利用者。所以,当时收藏的利用可能是有条件的,而不具有普遍性,公众观念在当时似乎并不存在。而且,在很大程度上,提供利用只是收藏者的一种个人优势的体现。

---

  ① Alma S. Wittlin, *The Museum: Its History and Its Tasks in Education*, London: Routledge, 1949, p.104.
  ② Alma S. Wittlin, *The Museum: Its History and Its Tasks in Education*, London: Routledge, 1949, p.104.
  ③ Eilean Hooper-Greenhill, *Museums and the Shaping of Knowledge*, London: Routledge, 1992, p.62.
  ④ [英]杰弗里·刘易斯:《藏品、收藏者和博物馆——简略的世界性综览(上)》,《博物馆研究》1990 年第 4 期,第 17 页。

就此而言,意大利文艺复兴时期的私家收藏是对古希腊、罗马时期私家收藏的一种延续,对于中世纪的教会收藏则是一种倒退。

至于意大利文艺复兴时期私家收藏的陈设,相关材料甚少。但这些有限的材料仍让我们对当时收藏的陈设情况有了一些认识。

一幅时间为1622年的图画揭示了凯塞拉雷收藏的布置情况。根据这幅图,在屋子的三面,环列着带有搁架的柜子。图中两侧柜子底部是抽屉和搁架,里面有花瓶、贝壳、鱼和其他收藏品,且穿插布置。其上分别有5个搁架,几乎接近天花板。搁架当中塞满了贝壳、小件器物等。两侧搁架前面各有一古代雕像,形成遥相呼应之势。在两侧搁架的顶部靠近天花板的地方,分别安置了一些鸟类标本,标本多采用站立姿态。有的双翅垂合而立;有的则扭着头,用喙梳理着羽毛。在这些鸟类标本之间穿插着少量的海生实物,如贝壳、海星等。图的正中间,底部是放置书籍的搁架及花瓶。搁架之上有两个小盒,上面各有一个骑士雕像;雕像上方,左右各有一个窗户,从而产生了一种对称的效果。在窗户顶部的搁架之上,似亦布置有爬行类动物标本。在整个屋子的天花板上,布置的是一些奇特的动物,另有一只以头发悬挂在天花板上的人头。

在这里,收藏的布置显然是经过一番规划和设计的。在空间处理上,这里已经事实地形成了四个分区:以搁架为核心的上、中、下三区和天花板区。同时,收藏品的布置也已经显露出对展示效果的追求。鸟类标本的不同造型就是一个极好的例证。不同实物的穿插布置而不是随意地堆放在一起,本身也产生了一种变化的效果。而屋子两侧同样数目的搁架以及搁架前面的古代雕像、小盒上的骑士雕像等均呈现出明显的对称效果。

除了凯塞拉雷的收藏是经过有意识的布置之外,其他一些收藏也有类似的行为,而且可能还走得更远。比如,前面提到的吉根提就是怀着"要塞满每一个角落……和获得一种和谐的对称效果的强烈愿望"[1]进行

---

[1] Laura Laurencich-Minelli, *Museography and Ethnographical Collections in Bologna during the Sixteenth and Seventeenth Centuries*, the Origins of Museums, Oxford: Clarendon Press, 1985, p.19.

其收藏布置的。在他的收藏陈设当中,可能采用了两种对称系统:一种是涉及单个实物布置的"交替性微观对称系统",一种是涉及实物组群布置的"重复性宏观对称系统"①。

从这些材料来看,在意大利文艺复兴时期的私家收藏当中,至少有部分收藏的陈设是经过有意识的规划和设计的。而且,收藏的陈设在一定程度上已开始追求展示的效果。这些都反映了设计观念在当时是存在的。在私家收藏的陈设看似混杂的外壳之下,实际上蕴涵着可循的规则与"秩序"。只不过,这些规则与"秩序"更多的是人为赋予的,是形式上的规则与"秩序",而非收藏品本身或其之间内在的本质上的规则和"秩序"。它们是当时人的认识水平所能达到的规则与"秩序",而不是我们现代人所理解的规则与"秩序"。

因此,对于意大利文艺复兴时期私家收藏的陈设,我们或许可以称它们是"非科学的",但却没有任何理由称其"毫无系统可言"②。

总而言之,意大利文艺复兴时期的私家收藏是由不同的收藏主体通过多种方式积累起来的。其内容大多是人工制品和自然标本兼而有之,较为庞杂,但专门化的倾向却已显露出来。虽然许多收藏仍被用于抬高拥有者身份等不同的目的,但也有一些收藏开始被用于更接近博物馆收藏的目的,如研究或教学等。另外,一些私家收藏业已开始关注陈设的方式与效果。所有这些变化都是私家收藏发展中的进步性因素,在形态上表现出了与博物馆收藏一定程度的相似性,对私家收藏走向博物馆收藏具有重要意义。

四

如同在意大利一样,在整个欧洲,文艺复兴时期也是一个收藏活跃的

---

① Laura Laurencich-Minelli, *Museography and Ethnographical Collections in Bologna during the Sixteenth and Seventeenth Centuries*, the Origins of Museums, Oxford: Clarendon Press, 1985, p.19.

② 韦直:《博物馆的历史和发展(上)》,《博物馆研究》1984 年第 1 期,第 13 页。

时代。当时,在意大利之外也出现了许多重要的收藏。那么,意大利私家收藏与当时欧洲其他国家的收藏又是一种什么样的关系呢?

意大利私家收藏对于其他国家收藏的发展产生了巨大的影响。

意大利是文艺复兴的发源地。在意大利文艺复兴的晚期,这一运动就已经越过阿尔卑斯山脉,传播到欧洲其他国家,并在那里得到了延续和发展。当时,意大利的思想可能主要通过三种方式传播:意大利的文学家和艺术家到其他国家去,其他国家的人到意大利访问,以及书籍和艺术作品的流通[1]。在意大利方面,早期主要是文学家和艺术家,后来,士兵、军事方面的工程师以及科学家也加入其中。在其他国家则主要是外交官、学者等。在收藏领域,旅行者和收藏目录的出版与流通也在传播思想观念方面发挥了重要的作用。伴随着意大利与其他国家之间的交流,意大利搜集与收藏之风也波及这些国家,促进和推动了其收藏的发展。主要表现是:首先,意大利的收藏观念影响了其他国家的收藏家,为其收藏的发展提供了思想源泉。1354年,当意大利文艺复兴的先驱者、诗人彼特拉克在曼图亚遇见德国皇帝查理四世时,他向这位君主展示了其罗马钱币收藏的精华,并劝说他仿效其前辈的做法。奥尔·沃姆是丹麦文艺复兴时期重要的收藏家之一。他曾到那不勒斯、波伦亚参观埃波拉托等人的收藏。在1654年发行的他的收藏目录当中,资料编排遵循了埃波拉托、凯塞拉雷的原则,即从低到高、从矿石到动植物、再到人的解剖的顺序。而目录中的有些图例,则直接选自奥多万迪的著作。在这里,意大利的影响是显而易见的。其次,意大利的收藏实践为其他一些国家的收藏树立了榜样。教皇尤利乌斯二世在梵蒂冈的贝尔维迪宫收置了一个雕塑收藏。在其影响之下,红衣主教和显贵纷纷仿效,将自己的别墅装扮成艺术宝库。圣职人员在古代雕像方面的努力同时也激发其他一些艺术爱好者形成了类似的收藏,这些收藏通常被安置在专为这种特殊目的建立的画廊或其他建筑之中。在这些收藏当中,著名的有1584年以后的慕尼黑古物馆、1618年以前的伦敦阿伦德尔屋等。再次,意大利私家收藏还直

---

[1] [英]丹尼斯·哈伊:《意大利文艺复兴的历史背景》,三联书店,1988年,第187页。

接补充和丰富了其他国家的收藏。像美第奇家族的弗兰西斯科就曾向菲力二世捐赠了切利尼的《基督受难像》，而查理五世也从曼图亚公爵那里获得了不少的捐赠品。除了接受捐赠之外，其他国家的收藏家还通过在意大利直接获取实物建立和丰富自己的收藏，如英国的阿伦德尔侯爵托马斯·霍伍德等。由于其他国家的收藏家将意大利作为收藏品的重要来源地，因而引起意大利古物、艺术品的大量外流。当时，这种流失可能已经到了相当严重的程度。否则，就不会有1534年禁止艺术品出口的权威法案。同时，也可能是为了满足对搜集的需求，当时意大利的赝品制造甚为流行。所有这些都显示了意大利对其他国家收藏发展的影响。

或许是受意大利的影响，或许是当时一些共同因素（如自然科学的发展、新大陆的发现等）的普遍作用，在其他国家收藏与意大利私家收藏间，出现了诸多相同或相似之处。就收藏对象而言，作为意大利私家收藏的重要组成部分的古物，也是其他国家收藏者喜爱的对象。比如，在英国，阿伦德尔伯爵、白金汉公爵、查理一世、罗伯特·考顿等都是在古物收藏方面颇有影响的人物。至于自然物品的收藏，在意大利之外，也出现了一些著名的人物，如与奥多万迪齐名的瑞士博物学家康罗德·杰森那，以收藏花卉和贝壳而闻名的法国的M·罗宾。在意大利私家收藏当中所见的外域物品在其他国家的收藏中也是不少的，而且后者往往是有过之而无不及。在荷兰的"精明的收藏家"约翰·毛雷斯那里，可以看到许多来自美洲的实物。而英国特拉德斯坎特父子收藏中的外域物品所涉及的地域范围则更为广泛，几乎涵盖了当时已知世界的各个部分。就搜集方式而言，意大利私家收藏与欧洲其他国家的收藏之间也表现出一定的相似性。意大利私家收藏所采用的旅行搜集、购买、接受捐赠、委托代理人搜集等方式，在其他国家的收藏家那里也得到了广泛的使用。这一点在特拉德斯坎特父子、英国的查理一世、法国的弗朗西斯一世以及西班牙菲力四世的收藏积累中是非常清楚的。在收藏利用方面，奥尔·沃姆也因像奥多万迪一样将收藏品作为学生学习博物学的实证资料，而与后者一起被认为是这样做的"大学教师中的早期代表"①。在收藏的陈设方面,两者同样表现出一定的相似性。在埃波拉托的收藏陈设中,有一制成标本的塘鹅。为了用自己的血救活死去的幼崽,它正试图用自己的喙挑开其胸膛。塘鹅标本的这种造型被认为可能是一种传统观念——人类是借助耶稣的血而复活的观念的产物。无独有偶,在英国收藏家罗伯特·考顿的收藏当中,可以看到同样造型的塘鹅标本。而且,在标本旁边还附有说明其用喙杀死幼崽而又想用自己胸膛的血救活它的文字。意大利私家收藏与欧洲其他国家收藏之间的密切联系由此可窥其大略。

意大利私家收藏与欧洲其他国家收藏之间的联系固然密切。但是,这并非意味着两者是完全相同的。相反地,它们之间还是存在一定的差异。

文艺复兴时期,意大利在政治上一直是分散的城市共和国,并不时地受到战争的侵扰。这种状况与欧洲其他国家,尤其是北方国家形成了鲜明的对照。在北方,较早地出现了中央集权国家。比如,在法国,15世纪末就已经形成了封建的中央集权国家。这些集权国家的国王拥有辽阔的疆土,他们比意大利的王子们更有权威,收入也远比后者多。他们当中有不少人都对搜集和收藏有着浓厚的兴趣,并投身收藏活动。像英国的查理一世、法国的弗兰西斯一世、西班牙的菲力四世等,都是当时有名的收藏家,都拥有令同时代人羡慕的庞大收藏。由于这些人特殊的地位,所以,利用高压手段或武力掠夺便成为他们积累收藏的一种常用的方式。如法国弗兰西斯一世收藏的达·芬奇、切利尼等人的作品就是由占领米兰的法国军队劫掠到法国的。在这方面,他们甚至超过了古罗马的统治者。由于没有形成统一的民族国家,所以,在意大利就看不到在其他国家极为显赫的君主或皇家收藏。相应地,那种掠夺式的积累方式在意大利也是不常见的。

---

① H. D. Schepelern, *Natural Philosophers and Princely Collectors: Worm, Paludanus and the Gottorp and Copenhagen Collections*, *the Origins of Museums*, Oxford: Clarendon Press, 1985, p.122.

五

意大利文艺复兴时期的私家收藏,多保存在收藏者的家里。保存之处有"画廊""珍奇室""书斋",甚至"博物馆"等不同的称谓。其中一些私家收藏已经蕴涵了一些进步性的因素,有的后来还与博物馆发生了联系,如美第奇家族的收藏与乌菲兹美术馆、教皇收藏与梵蒂冈博物馆等,于是,一些学者就将这些收藏与博物馆等同起来[①]。近些年来,在国内,也有一种将其视为博物馆形态"过渡"的倾向[②]。

从博物馆发展的历史来看,私家收藏与博物馆是有联系的,而且是博物馆产生和发展的一个重要来源。在历史上,确实有一些私家收藏进入了博物馆,为这些博物馆的建立奠定了藏品基础。除前面提到的意大利的两个例子外,著名的阿什莫尔博物馆和大英博物馆也都分别是以特拉德斯坎特父子和汉斯·斯隆的私家收藏为核心而创建的。不过,这并不意味着私家收藏与博物馆之间存在必然的联系。历史上更多的私家收藏并没有进入博物馆,而是散失了。所以,我们不能因为个别私家收藏与后来博物馆的某种联系而将其本身称作博物馆。

私家收藏是由收藏家本人或其家族积累而成的一类收藏。它们的创建和发展与收藏者本人的兴趣、品位、财力、社会地位及社会关系等有着密切的关系。这些因素多是以收藏家本人的存在为基础的。由于收藏家本人生命是有限的,而兴趣、品位等因素又是变化的,非继承性的,所以,私家收藏的最大特点就是不稳定性。这种不稳定性从根本上决定了私家收藏必然要时常面对易手或散失的威胁。文艺复兴时期,意大利私家收藏也是如此,易手或散失时常威胁着这些收藏。比如,奥多万迪的收藏后来就留给了波伦亚议会,尼可里的收藏在其死后为科西莫所得,甚至美第奇家族的收藏也曾因该家族被驱逐而一度散失。意大利私家收藏的这种

---

① 在国内,可参见陈端志等人的著作。在国外,可参见泰勒、亚历山大等人的观点,如 Eilean Hooper-Greenhill, *Museums and the Shaping of Knowledge*, London: Routledge, 1992, p.23.

② 参见苏东海:《博物馆演变史纲》,《中国博物馆》1988 年第 1 期。

不稳定性决定了其与博物馆收藏存在本质的区别。原因是博物馆作为一种"永久性机构",其收藏具有相当的稳定性。

意大利私家收藏不仅缺乏博物馆收藏所具有的稳定性,而且其目的也与博物馆收藏相去甚远。

意大利私家收藏是由不同收藏者建立起来的。在不同收藏者那里,收藏的目的不尽相同。有的是要通过收藏象征其对世界的驾驭,有的是为了提高自身的身份与地位,有的是将收藏作为财富储存形式和经济支付手段,有的则用收藏品装点私家花园,有的甚至将收藏品用作日常用品,像尼可里就曾用其收藏的精美的古代器皿进餐。当然,也有少数收藏兼具科学研究和教学的目的。除了最后一类收藏在目的上与博物馆收藏有相似之处外,其余各种收藏目的着实与博物馆收藏的目的相去甚远。

所以,意大利文艺复兴时期的私家收藏本身并不是博物馆收藏,更不是博物馆。尽管其与博物馆之间存在某些形态上的相似性,但本质上却是完全不同的两种东西,那种将其与博物馆直接等同起来的看法是不合适的。

本文为吉林大学笹川良一优秀青年教育基金项目成果。

原文刊载于《中国博物馆》1999年第4期。

罗马宫博物馆历史地位质疑

罗马宫博物馆是一座考古遗址博物馆，位于英国苏塞克斯郡奇切斯特附近的费什博恩。该馆创建于1968年，隶属于苏塞克斯考古学会。

费什博恩曾是古罗马时期的一个重要港口。其最初是在1世纪作为一个军事供应基地而发展起来的，后一直沿用至3世纪末。1世纪的最后二十五年间，在此港口附近曾建造了一座庞大而豪华的宫殿，即罗马宫。20世纪60年代，考古工作者对此进行了发掘，并在发掘基础上，在原罗马宫的北翼建造了一座保护性建筑。其下原状展示了当时的马赛克地面和墙体的下半部分，其间的过道可以让观众清楚地看到里面的细部。同时，观众还可以在这里看到用英、法、德三种语言对其中最有意义的特征所作的解释。解释文字清晰易懂，并提供了一切必要的信息。在这座保护性建筑的一端是一座博物馆，那里陈列着所有的发掘品，并向人们解释了该遗址的历史及意义。在开放的第一年，费什博恩就吸引了25 000名观众，显示了它的新颖与特性。到80年代中期，每年的观众人数基本稳定在125 000人左右。对于一个高度专门化的博物馆来说，这是一个非同寻常的数目。如此众多的人前来费什博恩参观，可能"恰恰是因为其如此地专门化、如此地简洁和如此地易于被理解"[①]。

费什博恩的成就可以分作三个部分：让发掘能够永久地被看到，保有发掘品以及用一种对广泛人群有吸引力且易为其领悟的方式解释一

[①] Kenneth Hudson, *Museums of Influence*, Cambridge: Cambridge University Press, 1987, p.36.

切。费什博恩正是由于将三者结合在一起而与众不同的。

费什博恩的秘诀——在历史发生地理解历史和将发掘品保留在发掘地作诱饵已经被证明是极具吸引力的。比如,在挪威的皮尔根、丹麦的罗斯凯尔德、奥地利克拉根福附近的皮斯奇尔朵夫,人们都可以看到同一方法的成功应用。而且,随着费什博恩的遗址博物馆概念开始运行,英国以往那种为了安全、方便保存和学术调查而将所有发掘品移至他处的做法也从根本上得到了扭转。

费什博恩的罗马宫博物馆"为考古遗址博物馆成为基于最高学术水平基础上的、极受欢迎的博物馆可能和应该具备的条件树立了一种新标准"①。而这正是它跻身"有影响的博物馆"行列的一个充分理由。以上是英国学者肯尼斯·赫德森先生为我们描绘的罗马宫博物馆的基本轮廓,为了让人们牢记罗马宫博物馆的贡献及其在博物馆发展史上的重要地位,他还强调,"现在,在80年代的中期,我们将这种博物馆几乎看作是理所当然的,但却负恩地忘记了费什博恩作为先驱者在60年代具有的国际影响"②。

很显然,肯尼斯·赫德森先生是将罗马宫博物馆作为考古遗址博物馆领域中的"有影响的博物馆"和"先驱者"来看待的。

正如肯尼斯·赫德森先生在其著作中指出的,"有影响的博物馆"是指"用一种其他博物馆意欲或不得不仿效的、独创的或惹人注目的方式开辟了新领域的博物馆",且"独创性本身不足以成为入选的充分理由。它必须是重要的、有真正价值的独创性,而非仅仅是新奇。这就意味着,每个博物馆通过它的存在、它的方式、它的风格满足了实际的社会需求。它不仅回应了一个国家或国际性的思想倾向的变化,而且促进了它的发展。自然,这就暗含这些先驱性机构的影响已经被普通人、被它的观众,而不仅仅是被其他博物馆感受到了"③。

---

① Kenneth Hudson, *Museums of Influence*, Cambridge: Cambridge University Press, 1987, p.35.
② Kenneth Hudson, *Museums of Influence*, Cambridge: Cambridge University Press, 1987, p.36.
③ Kenneth Hudson, *Museums of Influence*, Cambridge: Cambridge University Press, 1987, p.7.

从肯尼斯·赫德森先生的这段话里可以看出,他所谓的"有影响的博物馆"必须具备下列条件:第一,必须用一种独创的方式开辟一个新领域,而且这种独创性必须是重要的、有真正价值的;第二,必须满足实际的社会需求;第三,必须反映并刺激一种思想倾向的发展;第四,其影响必须为人所知。相比较而言,第一、第三个条件更容易加以确认,而第二、第四个条件的把握则相对较为困难。观众的数量及同类型博物馆的出现也许是确认它们的最为有效的标准。

根据肯尼斯·赫德森先生所谓的"有影响的博物馆"必须具备的这些条件,结合其对罗马宫博物馆的认识,在肯尼斯·赫德森先生的眼里,罗马宫博物馆显然是一座用一种"重要的、有真正价值的""独创的方式开辟了新领域",并为考古遗址博物馆"树立了一种新标准"的博物馆。

肯尼斯·赫德森先生是国际知名的博物馆学家、公认的博物馆发展趋势观察家和反传统者,他对于世界博物馆的历史与发展有着令人尊敬的了解和认识。他所著《八十年代的博物馆》等博物馆学著作都具有国际影响,而且有的著作已被一些大学的博物馆专业指定为学生必读的参考书目。所以,他在博物馆学方面的言论理应受到尊重,并应引起人们的重视。

不过,就对罗马宫博物馆历史地位的认识而言,赫德森先生的看法却是缺乏广阔的视野和坚实的事实基础的。至少在中国,西安半坡博物馆就比罗马宫博物馆更有资格作为考古遗址博物馆领域中的"有影响的博物馆"和"先驱者"。半坡遗址是位于西安市东浐河东岸半坡村北的一处新石器时代的聚落遗址。1954—1957 年间,中国科学院考古研究所在此进行了大规模发掘。由于该遗址"很重要,有很大的历史价值"①,所以,为了妥善保护半坡遗址和出土遗物,1955 年国务院决定在其原址上建立遗址博物馆。1958 年 4 月 1 日,博物馆正式对外开放,是为西安半坡博物馆。

西安半坡博物馆主要包括一个遗址保护大厅和若干陈列室。遗址保

---

① 石兴邦:《半坡遗址纪事》,《中国文物报》1997 年 12 月 14 日第 4 版。

护大厅为一面积约3 000平方米的拱形建筑,里面原状展示了半坡原始村落的一部分。在那里,观众可以看到发掘所揭露出来的当时的房屋、灶坑、窖穴、圈栏及大围沟等遗迹。而且"遗址中的柱洞、断墙、路面和窖穴等都经过硬化,以便长久保存"①。后来,又在遗址保护大厅里增添了相关的陈列图版和文字说明,并将原来设置在陈列室中的半坡人墓葬迁入保护大厅内展出,同时还辅以半坡人氏族公共墓地示意模型。80年代又对半坡人居住房屋进行了两次模拟复原,从而对观众直观地理解半坡人房屋建筑的结构与特点起到了促进作用。除了遗址保护大厅之外,另有由八座硬山拱脊瓦房组成的四合院型的中式庭院陈列区。在其中的陈列室里,展出了遗址中出土的一些生产工具和生活用具,如石斧、尖底瓶、骨鱼钩、碧玉耳坠等。这样,西安半坡博物馆就通过"在历史发生地了解历史和以发掘品保留在其发掘地做诱饵"的方式让观众较完整地了解到了当时人们使用的生产工具、居住和社会生活等情况。

从世界范围来看,西安半坡博物馆采用的这种模式是具有独创性的。在西安半坡博物馆诞生的那个时代,"没有任何一个国家想到像半坡博物馆这样建造这么宏伟的大厅把聚落遗址科学地涵盖起来,这是一个创举"②。西安半坡博物馆是"从高起点上把传统博物馆的保护、科研、展示的基本职能与'物加环境'的新思维出色地统一起来"③的博物馆。它实际地反映了"物加环境"这一新思维,并刺激了它的发展。同时,西安半坡博物馆的创建也"为保护古代文化遗址,提供了一个科学的范例"④。此外,西安半坡博物馆的这种开创性的模式还为我国后来的一些博物馆所继承,并由此衍生出一批具有世界影响的遗址博物馆,如秦始皇兵马俑博物馆、浙江河姆渡博物馆等。自创建起至80年代中期,西安半坡博物馆

---

① 参见《我国第一座遗址博物馆开放》,《文物参考资料》1958年第4期,第6页。
② 苏东海:《应对半坡遗址博物馆进行更高的历史评价》,《中国文物报》1997年10月19日第3版。
③ 苏东海:《应对半坡遗址博物馆进行更高的历史评价》,《中国文物报》1997年10月19日第3版。
④ 魏光:《发掘半坡遗址建立半坡博物馆的历史意义及社会价值》,《中国文物报》1997年12月14日第3版。

的观众已达1 000万人次①。这一庞大的参观人数显示了该馆对于社会需求的满足及其广泛的社会影响。所以,无论从肯尼斯·赫德森先生所谓的"有影响的博物馆"应该具备的哪一方面条件来看,西安半坡博物馆都有充分的理由进入"有影响的博物馆"行列。当然,这也就意味着西安半坡博物馆是一个"先驱性机构"。

如果再将创建于1958年的西安半坡博物馆与创建于1968年的罗马宫博物馆加以比较的话,就会发现,后者所谓的"成就"的三个部分——让发掘能够永久地被看到,保有发掘品以及用一种对广泛的人群有吸引力的且易为其领悟的方式解释一切——事实上在半坡博物馆里已经产生了。而且,这些"成就"的出现要先于罗马宫博物馆十年之久。这是被肯尼斯·赫德森先生忽略了的一个重要事实。正如肯尼斯·赫德森先生本人所言,他在确定哪座博物馆可进入"有影响的博物馆"行列及因什么原因被选中时,部分地依赖于"个人在自己旅行过程中看到和听到的东西"②,而部分地甚至更多地依赖于其"与之讨论过这一方案的许许多多博学之士的评价"③。可见,在很大程度上,他所谓的"有影响的博物馆"实际上仅仅是其本人经验范围内的"有影响的博物馆",而非历史上事实地存在过的"有影响的博物馆"。西安半坡博物馆被忽略也就不足为奇了。

目前,我们尚无直接的证据可以用来证明罗马宫博物馆的做法是否曾受到西安半坡博物馆模式的影响,但是,有一点却是可以肯定的,即西安半坡博物馆模式绝不是罗马宫博物馆影响下的产物。所以,至少就西安半坡博物馆和罗马宫博物馆而言,真正"为考古遗址博物馆成为基于最高学术水平基础上的极受欢迎的博物馆可能和应该具备的条件树立了一种新标准"的,不是罗马宫博物馆,而是西安半坡博物馆。西安半坡博物

---

① 参见《中国大百科全书·文物博物馆》,中国大百科全书出版社,1993年,第617页。
② Kenneth Hudson, *Museums of Influence*, Cambridge: Cambridge University Press, 1987, p.7.
③ Kenneth Hudson, *Museums of Influence*, Cambridge: Cambridge University Press, 1987, p.7.

馆才是真正的考古遗址博物馆领域中的"有影响的博物馆"和"先驱者"。"考古遗址博物馆"的观念肇始于西安半坡博物馆而不是罗马宫博物馆。

西安半坡博物馆在考古遗址博物馆发展史上的开拓性贡献是毋庸置疑的,其作为考古遗址博物馆的先驱也是当之无愧的。

虽然西安半坡博物馆早在20世纪50年代末就已矗立在中国的大地上,但长时间以来,人们"对它诞生的历史意义的认识并不充分"①。对其"在世界范围内的开拓意义和超前实践的价值"②未能给予足够的认识。直至西安半坡博物馆创立四十周年的前夕,才有了"我们应该站在历史的高度上更充分地评价它"③的呼声,并随之出现了一系列相关论述。

西安半坡博物馆的历史贡献长期以来被博物馆界尤其是国外博物馆同行所忽视,这可能主要由两方面原因造成。一是我们对自己国家博物馆发展历史的研究不够深入。80年代以来,我国博物馆史研究取得了前所未有的成就。这是任何一个人,即使是对博物馆学抱有成见的人,也不能不承认的事实。不过,与我国博物馆产生和发展的实际历史相比,迄今为止的研究工作还远远不够深入。博物馆史领域中的不少问题尚未引起人们的重视,许多问题的研究依然停留在较低的层次上,缺乏深度。这种状况严重地束缚了我们的眼界,妨碍了我们对一些问题的正确认识。西安半坡博物馆的历史贡献被埋没就是在这种情况下出现的。如果我们对自己国家博物馆的发展历史有了较为深入的研究,那么,西安半坡博物馆的历史地位本身就不应该成为问题。二是我们的对外宣传工作做得不够。从我国博物馆学研究的历史来看,我国博物馆界历来重视对国外博物馆发展经验和国外博物馆学研究成果的介绍,80年代以来尤其如此。与之形成对照,我们在对外介绍我国博物馆发展成就方面所做的工作却相对较少。在一些国际性的专业刊物上,虽然有时可以看到个别中国学

---

① 苏东海:《应对半坡遗址博物馆进行更高的历史评价》,《中国文物报》1997年10月19日第3版。

② 苏东海:《应对半坡遗址博物馆进行更高的历史评价》,《中国文物报》1997年10月19日第3版。

③ 苏东海:《应对半坡遗址博物馆进行更高的历史评价》,《中国文物报》1997年10月19日第3版。

者的著述，但与中国博物馆的丰富实践相比，这些著述显然是不够的。这就使得我们已经做过的工作，包括一些开拓性工作很难为世界所了解和认识。正是上述两方面的原因导致了西安半坡博物馆这一"创举"被长期地埋没了。

当今的世界是一个需要相互沟通的世界。我们固然需要了解世界，但同样重要的是，我们也需要让世界了解我们自己。就目前的情况来看，宣传自己、让世界了解我们将是今后工作当中应该引起特别重视并需要加以着力的一个领域。如果我们在这一领域做了应该而且能够做的工作，那么，就不仅会有助于扩大中国博物馆在国际上的影响，而且也完全有理由相信，在肯尼斯·赫德森先生修订他的那本著作时，就不会再也没有一座中国的博物馆。

中国博物馆为世界博物馆发展所作出的贡献应该得到承认，西安半坡博物馆必须得到它应有的荣誉。

原文刊载于《中国博物馆》1998年第4期。

特拉德斯坎特父子收藏的相关问题

一、特拉德斯坎特父子生平简介

特拉德斯坎特父子是指17世纪英国植物学家、收藏家约翰·特拉德斯坎特和他的同名儿子。前者通常被称作老约翰，后者则通常被称作小约翰。

老约翰·特拉德斯坎特（John Tradescant，？—1638）祖上可能是荷兰人。其本人早年情况不详，有关他生平事迹的明确记载是从1607年开始的。那一年，他在萨福克的梅佛姆与伊丽莎白·戴结婚。婚后不久，即到哈特菲尔德替罗伯特·塞西尔伯爵工作，从而开始了长达数十年的服务于权贵的生涯。其后，又曾受雇于德华·沃顿爵士、白金汗公爵乔治·威利尔斯等人。其服务于权贵的生涯因1630年成为"玫瑰与百合皇后"海雷塔·玛丽亚的园林管理员而达到顶峰。1637年虽曾被任命为牛津药园管理员，但不久就病倒了，并于次年离开人世。

老约翰后半生所处的特殊地位使他同他的雇主们建立了较为密切的关系，为其进行搜集和收藏活动提供了极大的便利。这主要体现在两个方面：一是雇主们的交际圈成了他积累收藏品的搜集网。1623年，老约翰开始受雇于白金汗公爵。两年后，他就以白金汗公爵的名义写信给爱德华·尼科莱斯请求帮助搜集实物。此外，在其收藏的捐献者当中，有不少人都是白金汗公爵交际圈中的人物。二是他因服务于有声望的雇主及由此而带来的显赫声名使其获得了许多旅行搜集机会。据文献记载,他曾到达过后来的荷兰、法国、挪威、俄国及阿尔及尔等地。他外出旅行多以其雇主代表的身份出现。借助这些机构,他有效地进行了植物学研究,考察了所到地区的民俗风情,进行了广泛的搜集活动,为其雇主的园林搜集了新的花草、灌木和树木品种,同时,也积累和扩大了属于他自己的收藏品。

随着他作为一名园林管理员和植物学家的名望和地位的不断提高,他积累收藏的方式增多了,其收藏的规模也扩大了。于是,他在伦敦附近的南兰贝斯为其家族租了一座周围有大片庭园的房子,他的收藏也随之迁到那里。这就是在欧洲博物馆发展史上颇具影响的特拉德斯坎特博物馆或珍奇室。

小约翰·特拉德斯坎特(John Tradescant,1608—1662)出生于萨福克的梅佛姆。1619 年至 1623 年,就读于坎特伯雷的国王学校。1627 年,与简·胡尔特结婚。数年后,在其父的精心指导下开始以学徒身份从事园艺工作。每当父亲外出,他就代替父亲管理自家在南兰贝斯的园林和博物馆。这样,他很快就熟悉了园林业务。1634 年,被吸收为园艺师同志会的成员。4 年后,被任命为奥特兰德斯陛下园林的管理员。

小约翰缺少父亲那种强劲的品格和多彩的个性,但他谦和、务实、单纯、能干,曾不止一次去美洲新大陆搜集"新的植物、花卉、贝壳和珍奇之物"[1]。不过,这些活动都是奉父命而行,并非出自其本人的意愿。他本人更关注的是土地和园艺,对收藏则缺少像他父亲那样的热情和兴趣。这一点,老约翰在世时已经觉察到了。他曾在遗嘱中表示,如果他的儿子不愿意经营自家的珍奇室,"'珍奇室'就应该敬献给国王"[2]。老约翰的觉察是敏锐的。事实上,在他死后,小约翰将收藏的参观对象局限在他的

---

[1] R. F. Ovenell, *The Asholean Museum 1683 - 1894*, Oxford: Clarendon Press, 1986, p.4.

[2] R. F. Ovenell, *The Asholean Museum 1683 - 1894*, Oxford: Clarendon Press, 1986, p.5.

朋友范围内,以致招来"通过秘藏起他新发现的珍奇来吊我们胃口"①的抱怨,曾一度打算卖掉博物馆。尽管在1660年,小约翰管理下的特拉德斯坎特博物馆又像以前那样重新对外开放,但他对收藏的冷漠态度似乎并未有太大的改变。因此,特拉德斯坎特父子收藏的最终易手仅仅是一个时间问题。

二、15—17世纪欧洲搜集、收藏之风与特拉德斯坎特父子收藏

在欧洲,实物的搜集与收藏有着较长的历史。在特拉德斯坎特父子收藏形成之前的各个主要历史时期,几乎都存在过值得一提的收藏②。就与特拉德斯坎特父子收藏的联系及对其形成和发展的影响而言,15—17世纪则是更具重要性的时期。

对于欧洲来说,15—17世纪是一个经历了巨大变革的时期。这一时期,在欧洲发生了一系列众所周知的重大事件,如资本主义的初步发展、航海探险与新航线的开辟、殖民贸易的兴起以及文艺复兴运动等。这些事件极大地影响了当时的社会生活和人们的观念,同时也直接或间接地刺激了人们的搜集与收藏欲望,引发了实物搜集与收藏的活跃。

在欧洲大陆,实物的搜集与收藏由此而成为一种风气。其具体表现是,收藏家的人数迅速增多③,各种收藏相继建立。有私人性收藏,也有机构性收藏。前者如佛罗伦萨的美第奇家族的收藏、苏黎世的杰森那的收藏、蒂罗尔的斐迪南的收藏、慕尼黑的阿布雷奇五世的收藏、布拉格的鲁道夫二世的收藏、德累斯顿的奥古斯都的收藏、埃奎兹思的帕拉达那斯的收藏等,后者如莱顿大学医学系的解剖学珍奇室等。

---

① R. F. Ovenell, *The Asholean Museum 1683 - 1894*, Oxford: Clarendon Press, 1986, p.5.
② [英]杰弗里·刘易斯:《藏品、收藏者和博物馆:简略的世界性综览(上)》,《博物馆研究》1990年第4期。
③ 据统计,到15世纪末,仅德、意、法、荷4国的收藏家就多达千余。参见《中国大百科全书·文物博物馆》,第563页。

在英国,这种风气的流行稍晚一些,收藏的规模也比较小。在特拉德斯坎特父子收藏形成之前,英国也曾出现过一些值得重视的收藏,如沃尔特·考普的收藏等,但却缺少像欧洲大陆上美第奇家族、斐迪南那样的收藏。

在15—17世纪的欧洲,人们搜集与收藏的动机是多样的。有的是想从收藏品中汲取某种特殊力量,有的则旨在夸耀,有的是为了科学研究和教学之用,有的则只为观赏和自娱。因此,这一时期搜集与收藏的实物的种类也就比较庞杂。除了绘画、雕塑、钱币、证章、古物、外域材料、自然标本外,一些被人为地赋予某种神奇力量的实物在收藏中也屡见不鲜。在价值评判方面,一件实物的价值在当时似乎更多地取决于它的珍奇与稀有程度。一些珍奇稀有之物如反映人类精湛制作技艺的物品、畸形动物、独角兽的尾巴、犀牛角、传说中的或被认为具有魔力的动物等都倍受珍视。而收藏者也常以自己收藏中有这样的实物而自豪。

为了广泛地搜集实物,人们尝试了多种搜集方式,如请求他人(包括商人、传教士、外交使节、代理人等)代为搜集、个人旅行搜集、接受捐赠、与他人交换、购买等。由于搜集与收藏之风盛行、社会需求旺盛,一些好利者便开设商店专门出售珍奇之物,从中谋利。据记载,在巴黎有一家名叫诺亚·方舟的商店。在这家商店里,人们可以买到包括贝壳、象牙制品、稀有昆虫、鸟、绘画和外域奢侈品在内的各种人工或自然珍奇。这类商店的出现对当时的搜集与收藏活动起到了推波助澜的作用。

15—17世纪欧洲的搜集与收藏之风对特拉德斯坎特父子收藏的形成和发展产生了积极的影响。

首先,搜集与收藏之风构成了特拉德斯坎特父子收藏形成的动力来源。

在15—17世纪的欧洲,搜集与收藏之风的盛行形成了一种观念:从事搜集和拥有收藏乃是一种身份、地位和财富的象征。因此,当时许多权贵名流不惜重金大肆搜罗珍奇之物。对于由园艺师而跻身名流行列的特拉德斯坎特父子来说,积累并拥有收藏无疑是抬高其身价,在时尚方面趋同于社会上层并为其认可的最好方式。而这恰恰又是搜集与收藏之风盛行的直接结果。可以说,没有欧洲的搜集与收藏之风,也就不大可能有特拉德斯坎特父子收藏的出现。正是在这一意义上,我们说,当时的搜集与收藏之风构成了特拉德斯坎特父子收藏形成的动力来源。

其次,业已存在的收藏或博物馆为特拉德斯坎特父子建立其收藏提供了灵感和可资借鉴的模式。这一点,阿泽·迈克格雷杰早在1983年就已经指出过。在对考普和特拉德斯坎特父子的收藏进行过比较之后,他指出,"在两个收藏之间存在许多共同点"[1],而考普的博物馆则可能为特拉德斯坎特本人的珍奇室提供了一种模式[2]。至于莱顿大学解剖学珍奇室,迈克格雷杰则认为,它"可能更进一步为特拉德斯坎特后来创建的那座博物馆提供了灵感"[3]。

再次,大量私人收藏的存在为特拉德斯坎特父子收藏的形成和发展提供了更多的机会。如前所述,随着搜集与收藏之风的流行,一批私人收藏相继出现。这些收藏的存在为特拉德斯坎特父子利用自己的地位和财力通过接受捐献、交换、购买等方式积累和丰富收藏提供了可能和便利。事实上,在特拉德斯坎特父子收藏的捐献者名单上,有不少捐献者本身就是拥有庞大收藏的收藏家,如阿什莫尔等。

不难看出,15—17世纪欧洲的搜集与收藏之风实际上为特拉德斯坎特父子收藏的形成和发展提供了一个良好的外部环境。这一良好的外部环境,加上特拉德斯坎特父子的特殊地位、雄厚的财力以及他们的勤勉,终于促成他们父子的收藏较快地建立和发展起来,并"超过了当时英国任何一个同类收藏,即使不能超过类似的大陆收藏,也足以与之相匹敌"[4]。

---

[1] Arthur MaeGregor, *The Cabinet of Curiosities in Seventeenth-Century Britain, the Origins of Museums*, Oxford: Clarendon Press, 1985, p.149.

[2] Arthur MaeGregor, *The Cabinet of Curiosities in Seventeenth-Century Britain, the Origins of Museums*, Oxford: Clarendon Press, 1985, p.149.

[3] Arthur MaeGregor, *The Cabinet of Curiosities in Seventeenth-Century Britain, the Origins of Museums*, Oxford: Clarendon Press, 1985, p.149.

[4] R. F. Ovenell, *The Asholean Museum 1683 - 1894*, Oxford: Clarendon Press, 1986, p.3.

三、特拉德斯坎特父子收藏的内容

1656年,小约翰·特拉德斯坎特出版了其父子收藏的目录:《特拉德斯坎特博物馆:一个保存在伦敦附近南兰贝斯的珍奇收藏》。这一小八开本的目录全面记载了特拉德斯坎特父子收藏的内容。阿泽·迈克格雷杰曾对该目录进行过较深入的研究,并有成果问世①。下面就根据迈克格雷杰的相关著述,对特拉德斯坎特父子收藏的内容作简要的介绍。

特拉德斯坎特父子收藏的内容可分为两大类:自然类和人工类。

自然类收藏可再分为鸟、四足兽、鱼、介壳动物、昆虫、矿物和奇异果实等小的类别,每个小类别又包括多个不同的标本个体。譬如,在鸟类标本中就包括企鹅、鹦鹉、食火鸡、渡渡鸟、极乐鸟、塘鹅等,矿物标本中则有菊石、箭石、各种岩矿标本以及被认为具有特殊功用的胃石等,而鱼类标本中则有印头鱼(或称作螂)、箭鱼(或称作旗鱼)等品种。如果将特拉德斯坎特父子收藏的内容同之前及同代其他收藏的内容加以比较的话,我们就会发现,在特拉德斯坎特父子收藏的自然类收藏品中,有许多标本如渡渡鸟、极乐鸟、印头鱼、畸形动物等也都见于之前或同时代的其他收藏当中。关于这一点,阿泽·迈克格雷杰曾作过明确的阐述②。在自然类收藏品上存在的这种相似性,反映了它们之间的联系。

人工类收藏则可分为器具、家庭用品、教服、武器、艺术珍品、钱币、证章、工艺品、书籍和古物等小的类别。而每个小类别同样包括多个实物品种,如艺术珍品中就有绘画、雕像等。在特拉德斯坎特父子收藏的人工类

---

① Arthur MaeGregor, *Tradescant's Rarities: Essay on the Foundation of the Ashmolean Museum*, 1683; With a Catalogue of the Surviving Early Collections, Oxford: Clarendon Press, 1983.另参见 Arthur MaeGregor, *The Cabinet of Curiosities in Seventeenth-Century Britain, the Origins of Museums*, Oxford: Clarendon Press, 1985, p.150.

② Arthur MaeGregor, "Collectors and Collections of Rarities in the Sixteenth and Seventeenth Centuries", *Tradescant's Rarities: Essay on the Foundation of the Ashmolean Museum*, 1683; With a Catalogue of the Surviving Early Collections, Oxford: Clarendon Press, 1983.

实物中，有三点是需要特别注意的。第一，有些收藏品是同历史人物联系在一起的。譬如，收藏中的亨利八世的手套、马镫、鹰的头罩、狗项圈等。第二，有些收藏品反映了人类精湛的制作技艺。譬如，内含52个极薄木杯的套杯、内含一打木勺的樱桃核等。第三，外域材料来源广泛，实物种类繁多。在这些实物当中，有来自北美的印第安人的羽毛制品、烟斗、靴子等；有来自非洲的弓箭、飞镖、鼓、手镯、灯笼等；有来自土耳其的背心、中国的甲胄、印度的纸张、日本的武器等。除此之外，还有来自其他地区的一些实物。与自然类收藏品一样，特拉德斯坎特父子收藏中的一些人工类收藏品也常见于之前或同时代的其他收藏当中，这表明它们之间同样存在许多相同之处。

总之，特拉德斯坎特父子收藏的内容是比较庞杂的，而且大多数的收藏品都是珍奇稀有之物。同时，在内容方面，特拉德斯坎特父子的收藏与之前及同时代的其他收藏还存在一定的联系。

特拉德斯坎特父子收藏的数量和规模也达到了相当大的程度。到1634年，仅对"其内容的匆匆浏览就需要花费……一整天的时间"①。而且其中许多实物又都是"所能搜集到的最大的……珍稀之物"②。南兰贝斯因此成为当时英国国内和国外参观者拜谒的中心。

四、阿什莫尔与特拉德斯坎特父子收藏

一般认为，英国第一座公共博物馆是1683年对外开放的阿什莫尔博物馆。阿什莫尔博物馆是以17世纪英国著名古物学家、收藏家埃利亚斯·阿什莫尔提供的捐献品为基础创建的。在这些捐献品当中，有"一些是由其本人搜的……其余的则是由他的朋友约翰·特拉德斯坎特（此处所称'约翰'当为小约翰）遗赠给他的。它们构成了（阿什莫尔）

---

① Arthur MaeGregor, *The Cabinet of Curiosities in Seventeenth-Century Britain, the Origins of Museums*, Oxford: Clarendon Press, 1985, p.150.

② Arthur MaeGregor, *The Cabinet of Curiosities in Seventeenth-Century Britain, the Origins of Museums*, Oxford: Clarendon Press, 1985, p.150.

博物馆的核心"①。在阿什莫尔博物馆早期的陈设当中,特拉德斯坎特父子的收藏品占据着重要的位置。据托马斯·莫利纽克斯爵士的记载,在阿什莫尔博物馆对外开放的初期,该馆的墙上"挂满了约翰·特拉德斯坎特的珍奇和另外几件阿什莫尔本人的珍奇"②。很显然,特拉德斯坎特父子收藏是经由阿什莫尔之手最终在阿什莫尔博物馆找到了它的归宿。

如前所述,小约翰对其家族的收藏缺乏热情和兴趣,收藏的易手仅仅是时间问题。那么,阿什莫尔究竟是如何成为小约翰的朋友？小约翰为何将家族收藏遗赠给阿什莫尔？后者又是如何得到这一收藏的呢？

要回答这些问题,就必须从特拉德斯坎特父子收藏在南兰贝斯的开放说起。

老约翰一家移居南兰贝斯之后,老约翰即将其收藏对外开放。将个人收藏对外开放并非老约翰首创,有所不同的是,他对外开放的范围扩大了。只要支付一定费用,普通观众也可以观赏其收藏。老约翰的这一做法吸引了众多的人前往南兰贝斯争先目睹他的收藏。

埃利亚斯·阿什莫尔是前往南兰贝斯的众多参观者中的一员。1650年6月15日,阿什莫尔在其日记中写道:"我、我的妻子和瓦尔顿博士(即托马斯·瓦尔顿)前往南兰贝斯拜见约翰·特拉德斯坎特先生。"③根据这一记载推断,两人的交往应当不晚于这一时间。尽管阿什莫尔本人也是一位著名的收藏家,拥有一个包括书籍、手稿、钱币、证章等在内的庞大收藏,但南兰贝斯之行却给他留下了深刻的印象,使他对特拉德斯坎特父子收藏产生了浓厚的兴趣。

自那次拜见之后,阿什莫尔与小约翰之间的交往更趋频繁,两人之间的友谊也在交往中进一步加深。这一点在特拉德斯坎特父子收藏目录编制一事上得到了充分的印证。小约翰曾与阿什莫尔约定,由阿什莫尔和

---

① Joyce M. Hawkins and Robert Allen, *The Oxford Encyclopedic English Dictionary*, Oxford: Clarendon Press, 1991, p.79.
② R. F. Ovenell, *The Asholean Museum 1683 - 1894*, Oxford: Clarendon Press, 1986, p.24.
③ R. F. Ovenell, *The Asholean Museum 1683 - 1894*, Oxford: Clarendon Press, 1986, p.6.

瓦尔顿博士合作编制特拉德斯坎特父子收藏的目录，编制成的目录于1652年年底交给小约翰。四年后，即1656年，这份目录由小约翰利用阿什莫尔提供的资金印刷、出版。这就是前面介绍特拉德斯坎特父子收藏内容时提到的那份著名的目录。

可能是因为两人之间的深厚友谊，抑或是作为对阿什莫尔在编制目录中所付出的辛苦及在目录出版上慷慨解囊的一种回报。1659年，即阿什莫尔资助出版目录后的第三年，小约翰通过一个附有条件的赠送契约答应将其父子收藏转让给阿什莫尔。这个附加条件是：小约翰或他的妻子，如果她比他长寿的话，（生前）应替阿什莫尔代管这一收藏。然而，遗憾的是，在小约翰留下的遗嘱当中，却忽略了先前的那个契约。于是，在他死后，其遗孀赫斯特·波克斯[1]先是否认那个契约的存在，而后又以阿什莫尔在可疑的情况下得到了那个契约为借口否认它的有效性。在这种情况下，阿什莫尔只好将此事诉诸法庭。法庭判定，那个契约"是有效的和不可更改的。而且在赠予之日实有的'书籍、钱币、证章、矿石、绘画、工艺品和古物'在特拉德斯坎特夫人去世时均应归交阿什莫尔"[2]。在法庭的申辩过程中，小约翰夫人则提议将特拉德斯坎特父子收藏捐献给牛津大学。这一提议可能对阿什莫尔后来将此收藏捐献给牛津大学产生了一些影响。

此后，阿什莫尔与小约翰夫人可能有过短暂的和好。但是，和好似乎并未最终化解两人之间的矛盾。1674年，阿什莫尔突然决定购买与特拉德斯坎特家族地产相邻的那座房子。不久，两人之间的关系就又趋紧张。虽然人们尚不清楚阿什莫尔去南兰贝斯的动机以及小约翰夫人为何在他到达时当即表示她愿意立刻将特拉德斯坎特父子的"珍奇"交给阿什莫尔，但有一点却是非常清楚的，即到1674年年末，除绘画之外，特拉德斯坎特父子的其他收藏品都已转移到阿什莫尔在南兰贝斯购置的那座房

---

[1] 小约翰的前妻简·胡尔特于1635年去世。三年后即1638年，小约翰与赫斯特·波克斯结婚。

[2] R. F. Ovenell, *The Asholean Museum 1683-1894*, Oxford: Clarendon Press, 1986, p.11.

子里。

阿什莫尔与小约翰夫人之间的紧张关系是由于1678年4月4日小约翰夫人淹死在自家的池塘里而彻底结束的。虽然人们不清楚她究竟是失足落水还是自杀身亡,但她的死确实给阿什莫尔带来了好处。4月2日,阿什莫尔"将绘画从特拉德斯坎特家中搬到自己家里"①。这样,随着绘画的最终转移,特拉德斯坎特父子收藏便落入阿什莫尔手中。

五、对特拉德斯坎特父子收藏的几点认识

对于特拉德斯坎特父子收藏,可以形成如下一些认识:

第一,特拉德斯坎特父子收藏是在欧洲搜集之风盛行、收藏活跃的背景下形成和发展起来的。在收藏内容等方面,特拉德斯坎特父子收藏与之前及同时代的其他收藏存在许多相同之处。因此,在一定程度上,它可以看作是一个时代的缩影。

第二,特拉德斯坎特父子收藏是一种珍奇性质的收藏。其收藏品种类繁多,数量及规模庞大。尽管特拉德斯坎特父子收藏"绝不是同类收藏中最早的,也不是'整个欧洲最庞大的'"②,但它却是同类收藏中一个不容忽视的重要收藏。而且,这种重要性又因它与阿什莫尔博物馆的联系而显得更为突出。

第三,特拉德斯坎特父子收藏对阿什莫尔博物馆产生了相当大的影响。这种影响主要表现在以下两个方面:首先,这一收藏奠定了阿什莫尔博物馆的藏品基础。如前所述,特拉德斯坎特父子收藏在小约翰夫人死后便归阿什莫尔所有。后来,阿什莫尔又将这一收藏转赠给了牛津大学。牛津大学正是以这一收藏为核心创建了著名的阿什莫尔博物馆,因

---

① R. F. Ovenell, *The Asholean Museum 1683 - 1894*, Oxford: Clarendon Press, 1986, p.12.

② Arthur MaeGregor, "Collectors and Collections of Rarities in the Sixteenth and Seventeenth Centuries", *Tradescant's Rarities: Essay on the Foundation of the Ashmolean Museum*, 1683; With a Catalogue of the Surviving Early Collections, Oxford: Clarendon Press, 1983, p.96.

此,是特拉德斯坎特父子收藏奠定了牛津大学阿什莫尔博物馆的藏品基础。其次,这一收藏的开放行为影响了阿什莫尔博物馆早期的对外开放。在阿什莫尔博物馆落成开馆后不到一个月,"普通公众就获准进入(博物馆)"[1]。这一点与特拉德斯坎特父子在开放其收藏上的做法是完全相同的。不仅如此,在收费参观及收费标准等方面,二者也同样表现出极大的一致性。可以肯定地说,阿什莫尔博物馆在开放上的这些做法显然是受到了特拉德斯坎特父子收藏的影响。

第四,特拉德斯坎特父子收藏在人们认识私人收藏向博物馆收藏转化方面也具有重要意义。私人收藏是与公共收藏相对的一种收藏形式,这类收藏的形成和维系是一种个体行为。个体的兴趣、意愿、经验等在很大程度上决定着收藏的基本面貌,并决定着收藏能否作为一个整体而存在。由于个体的兴趣、意愿、经验等多是处于一种相对不稳定状态,因此,私人收藏本身非常容易因个体的某些变化而流散。这种易流散性是私人收藏与博物馆收藏的一个最大的区别。

私人收藏向博物馆收藏的转化本质上是一个收藏"机构化"的过程。无论这种"机构化"是在公共的还是私人的旗帜下完成的,其目标指向都是为了巩固私人收藏的完整,防止其流散。作为一个私人收藏,特拉德斯坎特父子收藏较早地而且成功地实现了"机构化"。这样,它就为人们研究和认识私人收藏向博物馆收藏的转化,即收藏的"机构化"提供了一个生动的例证。

原文刊载于《中国博物馆》1997 年第 3 期。

---

[1] R. F. Ovenell, *The Asholean Museum 1683 - 1894*, Oxford: Clarendon Press, 1986, p.22.

从中国文献记载看 19 世纪后半叶①欧美博物馆陈列

研究一个特定历史时期博物馆陈列最可靠的证据莫过于当时人遗留下来的直观的和非直观的记录材料。在缺乏更多直观记录手段的 19 世纪后半叶,有关博物馆陈列最可靠的、数量相对较多的记录材料就是当时人所作的非直观的文献记载。

19 世纪后半叶,欧美博物馆已经进入了大众化时代。在这一时期,参观博物馆已经不再是特定阶层独享的权利。所有的人,不管其身份和等级如何,只要感兴趣,都可以到博物馆里去游览一番。这就为来自不同地区、不同阶层的人参观和记录所看到的博物馆提供了可能。

鸦片战争以后,中国被迫打开国门。随之,一批批中国人离开故土,奔赴欧美。虽然这些人的目的不尽相同,但他们在达到既定目的的同时,多以游记、日记等形式对所到国家的政治、经济、文化以及风土人情等作了大量的记录②,博物馆也是他们记录中的一项重要内容。虽然对于博物馆的这些记录是在一种非专业的基础之上完成的并且是零碎的、不系统的,但其中却蕴含着有关欧美博物馆方面的许多有价值的信息,其间自然也不乏博物馆陈列方面的信息。由于这些记录都是由当时的目击者留下来的,所以其作为这一时期欧美博物馆陈列研究资料的真实性和可靠性是不容怀疑的。

---

① 这一时限可下延至 20 世纪的最初几年。
② 参见钟叔河主编:《走向世界丛书》,岳麓书社,后文所引各书均出自该丛书。

对于中国文献中保存的 19 世纪后半叶欧美博物馆方面的材料，以前曾有人做过一些研究，且多侧重于材料所反映的近代中国人的博物馆观念及其对中国近代博物馆产生和发展的影响。这无疑是一项极有意义的工作，但它们却仅仅体现了这些文献记载价值的一个方面。事实上，这些文献记载的价值是多方面的。对于当时欧美博物馆诸般情形，特别是其陈列状况的真实反映就是其基本价值之一，而其他方面的东西多是在目睹了这些基本情形之后派生出来的。因此，借助于这些文献记载是完全能够对当时欧美博物馆陈列状况进行复原性的研究。这不但能够让我们对那个时期欧美博物馆陈列有一个总括的了解，而且这项工作本身实际上也是对这些文献记载的多重价值的一种挖掘。

本文正是从这种认识出发，试图对这些材料所反映出来的当时欧美博物馆陈列的一些情况进行初步的探讨。博物馆陈列，概括地说，可分为两大部分：一是直观上可以看得见的那一部分，譬如陈列的具体内容、展示方法与手段等；一是隐含在可见部分当中的、看不见的那一部分，即陈列的设计思想与观念等。任何一个博物馆陈列都是由这两部分构成的，19 世纪后半叶欧美博物馆陈列自然也不例外。下面就根据前面提到的那些文献记载从陈列内容、陈列方法与技术、陈列设计思想与观念三个方面，谈谈笔者对 19 世纪后半叶欧美博物馆陈列的一些粗浅看法。

一、陈 列 内 容

博物馆的陈列内容是由博物馆的性质和类型决定的。博物馆的性质和类型不同，其陈列内容就会有所差异。换言之，不同性质和类型的博物馆会有不同的陈列内容。19 世纪后半叶，欧美博物馆的性质和类型已经日趋明确化了。内容单一的专业博物馆已经在博物馆的总数当中占据了不容忽视的比例，与此同时，内容多样的综合性博物馆仍然以相当的数量存在着。因此，这一时期欧美博物馆的陈列内容也可以从这两个大的方面来加以叙述。

就专业博物馆的陈列而言，其内容所及属人文科学方面的主要有考古与历史、人种学(包括民族民俗)、艺术等；属自然科学方面的主要有动植物学、机械制造、农业、医学等。这类陈列所展示的内容相对来说比较明确、集中，基本摆脱了混杂状态。就其性质而言，它们基本上等同于当代人观念中的博物馆陈列，而不是"珍奇室"中的陈设。现将其分述如下：

以考古与历史方面内容为展示对象的博物馆在这一时期数量颇多。在欧美主要国家几乎都可以看到这样的博物馆，其中所涉及的具体内容大体包括考古(主要是古物)、历史事件、历史人物、一般历史诸方面。

考古陈列主要展示遗址和古物，其中尤以古物为多。在意大利的庞培古城这座露天博物馆里，除展示遗址本身外，还将"城中所得，悉萃于此"①。德国的古器博物馆则"多存古物及各国器具，大抵16、17世纪之物为多，如牙器、骨器、漆器、木器、铜铁金石器、瓷器、钢器、药器，大都古制"②。在这类陈列当中，兵器一直是各国博物馆所看重的一类器物。英、法、德、丹麦等国都有自己的兵器博物馆。英国的伦敦塔，"为藏洋鸟枪、洋刀之所……凡入门数重，至内宫，塑为骑马像，皆旧君及各名将。而藏古兵器有远至千余年者"③。巴黎的兵器博物馆有"法国古今各式军器"④。从上面这些引文当中，我们可以感受到当时考古方面陈列内容之大略。

不过，这一时期古物陈列可能要比此前"珍奇室"内的古物陈设进步一些，这主要表现在器物本身的处理上。有些博物馆在器物处理上已经做到了"每器悉编列时代、名字及作者姓名，俾入观者一览了然"⑤。

反映重大历史事件是当时历史方面陈列内容的一个重要组成部分。法国的全景画馆(或称战画院之类)表现的就是"昔年普法血战之状"⑥。费城的独立厅则把美国历史上的制宪会议这一重大历史事件作为陈列展示的重要内容。用博物馆陈列的形式去反映重大历史事件，不能不说是

---

① 戴鸿慈：《出使九国日记》，第512页。
② 戴鸿慈：《出使九国日记》，第40页。
③ 郭嵩焘：《伦敦与巴黎日记》，第148页。
④ 王韬：《漫游随录》，第91页。
⑤ 王韬：《漫游随录》，第90页。
⑥ 徐建寅：《欧游杂录》，第760页。

博物馆陈列本身的一大进步。因为这在以前的博物馆里是极少有的事情。

在19世纪后半叶,特定历史人物也是历史陈列表现的内容之一。对于历史人物的表现或设专馆,或设专室。前者如设在华盛顿故乡的华盛顿故居博物馆①,后者如圣彼得堡一座博物馆中所设的彼得大帝遗物室。在这个遗物室里,"其少年做工之机器、刀、斧、锯、錾及其所造成之物器,与生前所用之服物、犬马甚众,并模蜡像及列画像以志景仰"②。两者虽形式有所不同,但对历史人物的表现却一致无二。

自然,对于一般历史的表现也并未被博物馆所忽视,在文献记载中可以很容易地找到这方面的例证。而有的馆甚至将其宗旨限定为"考其国历史"③。

人种学(包括民族民俗)是这一时期博物馆陈列所表现的内容当中又一个值得注意的方面。从有关斯德哥尔摩的民族博物馆和柏林的人类博物馆的记载中可以约略了解到当时的一些情形。斯德哥尔摩的民俗博物馆是一座设在山坡上的露天博物馆,馆内多陈列"土人器物","有衣服、有船、有兵器、有裘、有庐舍","有炮、有载重车"④,不一而足。人类博物馆"陈列各国古今器物,多关于风俗研究上者",且"人骨、骷髅甚众"。而"中国、日本、高丽、印度、菲律宾等风俗事物,几无不备。如丧祭、嫁娶,官府仪从,神佛述信,一切穷形尽相,罗致无遗"⑤。

艺术方面的内容是当时陈列所反映的内容中的大宗。在欧美各主要国家都可以看到以此作为陈列展示对象的博物馆。在意大利一座专藏绘画作品的博物院里,"悬画凡千幅百幅,而拉斐尔所画占数室,凡百数十幅"⑥。在陈列当中,用以表现这方面内容的实物最常见的是绘画和雕塑,特别是石雕。当然,其他有较高审美价值的实物,如图章、绣像之类在

---

① 戴鸿慈:《出使九国日记》,第353页。
② 戴鸿慈:《出使九国日记》,第483页。
③ 钱单士厘:《癸卯旅行记》,第750页。
④ 戴鸿慈:《出使九国日记》,第450页。
⑤ 戴鸿慈:《出使九国日记》,第400—401页。
⑥ 康有为:《欧洲十一国游记二种》,第132页。

陈列中也是可以看得到的。

有关人文科学方面的陈列内容大致如此。

下面来看看有关自然科学方面的陈列内容。

动植物学是自然科学方面陈列当中的一项传统内容。但在19世纪后半叶，这类陈列的具体内容是略有变化的。譬如，动物博物院"所陈动物标本，多至不可胜数，有巨鲸、大象、鹿豹之骨，狮、虎、熊、豹、海象之属"，"有长鱼、巨龟及种种介虫之属"，且"有鱼类之室、鸟类之室、虫类之室"①。博物室"备列动植矿物，又附小园、杂种花木，以供植物之研究"②。从这些记载中不难看出，这一时期陈列中的标本已经不像此前那样仅局限于外域物产或珍奇之类，如鸵鸟蛋、渡渡鸟等，而是普及到一般之物。这一变化可能与当时观念的转变以及科学研究的需要与进步有着极大的关系。

兴起于18世纪的产业革命极大地推动了工业经济的发展，同时，也导致了大量用于近代工业的机器的产生。为了推广新技术和新机器的应用，博物馆对机械方面的实物表现出极大的兴趣，机械方面的内容因此而进入了博物馆的陈列。到19世纪后半叶，这种情势有增无减。如在机器博物院，"新旧机器式备具于此"③，而"轮船机器""轮车机器""织布机器""制酒及制糖机器""开矿机器""制瓷器铜器及金石玻璃各种机器""称量机器"④等，都成了博物馆的展品。工艺博物院，"凡格致，工艺各种机器，皆以金木之属，制雏形罗列于中。几尽搜世界所用之机器，千名万类，聚而为举国制造家之探讨，询如法良意美"⑤。陈列的内容与宗旨昭然可见。

农业方面的内容大多是由农业机械、作物品种、土质、矿石等实物和模型之类的辅助材料来表现的，这可以在有关农务博物院的记载当中得到印证。农务博物院"外列犁泥、剪草、捆草、戽水、簸谷等新式机器，并陶

---

① 戴鸿慈：《出使九国日记》，第399页。
② 戴鸿慈：《出使九国日记》，第471页。
③ 郭嵩焘：《伦敦与巴黎日记》，第732页。
④ 郭嵩焘：《伦敦与巴黎日记》，第732页。
⑤ 载泽：《考察政治日记》，第653页。

器、铁器之关于农务者,而矿石、鸟兽骨、人骨均备焉。内则畜牧、种植之品,如牛、羊、犬、豕、鸡、鸭各种模型,与种鱼、取鱼之法,及百谷、蔬菜、果实、烟叶之类。凡植物之子,五谷之种,皆盛以玻瓶,注其产地及其性质。或于其上画图,以表所含物质之力量多寡,察其补益人身与否;且旁考地中各质,以辨土宜"。而"农家庐舍、家具、获场、草屋、兽栏均有模型"①。显然,凡是与农务有关的内容几乎都在陈列中得到了反映。虽然不敢断言这样的陈列就代表着当时的最高水平,但其与现时的同类陈列相比,就内容而言,几无太大差别。现时有关农业方面的陈列,内容所及一般也不过如此。

医学也是这一时期陈列所反映的一项重要内容。在这类陈列中,所用实物大多为人体骨架、医用工具及与医用有关之物。医学博物馆的实物达数万种之多,"人身全骨至数十具,骷髅首骨千余,各国种类皆有标记","五脏肠胃及周身筋络,则用玻璃瓶蓄水贮之"。另有"海中螺蚌及石华、海草之属数百品"②。解剖博物馆除人体骨架之外,还陈列"所用锯齿及大小刀"③之类的医用工具。

除上述四个方面之外,属自然科学方面的其他一些内容如矿业④、通讯⑤、气象⑥等也在陈列中得到了反映,但与此相关的记载却较少。这极可能是由当时记录者的价值取向决定的。

就综合性博物馆的陈列而言,其陈列通常包括多个方面。这些方面或属于人文科学或自然科学两者中的一个,或既包括属于人文科学的若干方面,又包括属于自然科学的若干方面。实际上,在19世纪后半叶的欧美博物馆的陈列当中,上述两种情形都是存在的。

前一种情形可引两条记载为证。如圣彼得堡一座博物院的陈列就包括了同时属于人文科学中若干方面的内容。既有"彼得大帝遗物室",又

---

① 戴鸿慈:《出使九国日记》,第398—399页。
② 郭嵩焘:《伦敦与巴黎日记》,第616—618页。
③ 郭嵩焘:《伦敦与巴黎日记》,第255页。
④ 郭嵩焘:《伦敦与巴黎日记》,第423页。
⑤ 徐建寅:《欧游杂录》,第687页。
⑥ 徐建寅:《欧游杂录》,第670页。

悬挂"油画千数百幅",还有"镶珠宝石,雕金镂牙之品,不可胜计"①的宝物室。英国一博物馆则同时包括属于自然科学中若干方面的内容。其陈列涉及"一、机器;一、矿产;一、地产;一、化学造色之法;一、医学配合之法"。此外,"各种强水、各种火药",也"无一不备"②。19世纪博物馆陈列绝大多数属于这一情形,纯然以一个方面的内容作为展示对象的并不是很多。

后一种情形则以大英博物馆和卢浮宫博物院为代表。大英博物馆"内有大室十余处,皆三千年前古物",与之并行的还有"大室两间,一为各类兽皮,一为鸟皮"③。在被称作是"无与争锋"④的卢浮宫博物院,其展示内容,依王韬的说法,主要包括"生物""植物""宝玩""名画"和"制造"⑤。其中"生物"一类,凡一切鸟兽虫鱼以及骨角毛羽、皮革齿牙,罔不收罗⑥。卢浮宫博物院和大英博物馆都是当时颇有影响的博物馆,但其陈列内容却并未局限于人文科学或自然科学中的一个领域,而是两者兼而有之。一般说来,内容的专门化是一种进步的标志。不过,对于上述两馆来说,内容的多样性却奠定了它们成为名馆的基础。这在专业博物馆普遍成长的时代确实是一个值得思考的现象。

二、陈列方法与技术

陈列方法与技术是陈列的必要组成部分,也是反映陈列水平的重要标志。一个高水平的陈列总是与其所采用的先进的陈列方法和技术紧密联系在一起。因此,对于一个特定历史时期陈列方法与技术的研究,会极有助于对这一时期陈列水平的推断。

19世纪后半叶,欧美博物馆陈列中所用的方法和技术可以说是多样

---

① 戴鸿慈:《出使九国日记》,第483—484页。
② 郭嵩焘:《伦敦与巴黎日记》,第768—769页。
③ 李圭:《环游地球新录》,第286—287页。
④ 康有为:《欧洲十一国游记二种》,第213页。
⑤ 王韬:《漫游随录》,第89—91页。
⑥ 王韬:《漫游随录》,第89页。

的。现时博物馆陈列中使用的不少方法与技术几乎都能在这一时期的博物馆陈列当中看到。这些方法和技术的应用,一方面反映了展示对象本身的要求,另一方面也反映了设计者对展览效果的追求。若对这一时期欧美博物馆陈列中所用方法与技术进行归纳的话,大体可作如下分类:

(一) 陈列方法

这一时期的陈列方法主要有以下数种:

分类陈列法。这是在当时博物馆陈列中普遍应用的一种陈列方法,这种方法的实质就是要"分门区种、各以类从、汇置一屋、不相肴杂"①。分类的依据或以内容,或以用途,或以国别,不可详尽。建筑上的"层""室""院"通常是划定各类陈列内容的自然单位。前文所举机器博物院即以"院"为单位展示不同用途的机器,东方博物院则以"室"为分割单位,如"院内中国、日本、越南、柬埔寨、波斯、印度、罗马之物,各分一室"②。

时代顺序陈列法。这种方法的突出特征就是把时间作为组织陈列材料的基本线索。它是一种比较进步的陈列方法,原因就在于它能够让参观者在时序框架中看到对象的演变和发展。19世纪后半叶,许多欧美博物馆陈列都采用了这种展示手法。如哥本哈根的一座博物馆即按"自石而铜而铁"③的顺序组织其材料,而德国的人类博物院则将古代遗物分如骨、石、铜、铁,"凡为四个时代"④。

原状与复原陈列法。这种方法在美国费城的独立厅得到了较为成功的运用。在独立厅里,"入门左侧一堂,即1787年会议宪法处也。陈旧椅七张,围以铁链。中一椅,华盛顿所坐也。华盛顿时为议长。余六椅,则哈弥尔顿、遮化臣诸人所坐,皆标名椅旁。当时各代表人鉴名所用之笔及墨水壶等,皆宝存焉。一堂上悬遗像数十通,皆当时会议宪法各省代表人也"⑤。此外,蜡像馆一类设施中的场景表现大致也可看作这种方法的应

---

① 王韬:《漫游随录》,第89页。
② 薛福成:《出使英法义比四国日记》,第103页。
③ 戴鸿慈:《出使九国日记》,第441页。
④ 戴鸿慈:《出使九国日记》,第40页。
⑤ 梁启超:《新大陆游记及其他》,第501—502页。

用实例。如法国一蜡像馆所表现的拿破仑临终时的情景,即属这种情形。有拿破仑临死状,孤灯故帐,一老兵(一说为其子①)瞑目守之"②。这似乎可看作原状与复原陈列法应用的另一种类型。

全景画展示法。文献中对这种方法多有记述,其中以黎庶昌的记述最为详尽、生动。黎氏在其著作中记述道:"其法以布绘成油画而张糊于四壁,房顶全盖玻璃,另以布帐从近玻璃处离墙一二尺四周悬结之,使纷纶下垂,而收系帐心于顶正中,逼令天光斜射墙上。中有圆台,距墙丈许,环以铁栏。人从台上观之,如立城中最高处直观远近数十里,浅深高下、丝毫毕肖,不知其为画也……栏外置一铁炮,与画上之炮,几无从识别。四面炮烟而起,近城数段,则炮弹炸入,墙垣崩裂,各兵士有从墙缺施放枪炮者,有为炸炮轰击血肉纵横者。房屋正烧,红焰四出。其白山空际有轻气球,盖当时乘以侦敌……"③这种展示方法产生了极真实的视觉效果,常令参观者"几自疑身外即战场,而忘其在一室中者。迨以手扪之,始知其为壁也、画也,皆幻也"④。

演示法。这一方法的最好例证可能就是斯德哥尔摩露天民俗博物馆的土著人舞蹈表演。戴鸿慈曾对此作过记录,他写道:"观土人跳舞式。男女各三,彩服登台,乐工三人奏土乐,以节步次。又一男二女,作回旋、扶肩、交手诸式,移时乃已。"⑤至于这种方法是否被用来表现其他方面的内容,推测应当是肯定的。

生态陈列法。如果把动植物标本(包括活标本)按其生存环境加以展示可称作生态陈列法的话,那么,这种方法在19世纪后半叶博物馆陈列中的应用就是肯定的了。在英国的一座鱼馆,"前厅设玻璃罩,有獭骨及海苔、海石之类……鱼池皆为大屋,累石其中,若崖若洞,而铸小碎文石其下,引海水灌之,外施玻璃为墙。其中淡水鱼,别贮淡水"⑥。根据鱼的不

---

① 康有为:《欧洲十一国游记二种》,第227页。
② 戴鸿慈:《出使九国日记》,第382页。
③ 黎庶昌:《西洋杂志》,第47页。
④ 薛福成:《出使英法义比四国日记》,第111页。
⑤ 戴鸿慈:《出使九国日记》,第450页。
⑥ 郭嵩焘:《伦敦与巴黎日记》,第128页。

同种类分别供给不同的水,实际上就是对其不同生存环境的确认和重塑。而且又以石头的堆砌创造出一种"若崖若洞"的水底效果。这种手法应当属于生态陈列法的范畴。

从文献记载中可以明确探测到的陈列方法大抵如此。

(二) 陈列技术

在陈列技术方面,蜡像技术是在这一时期得到广泛应用的一项技术。在美、英、法、德等国的博物馆陈列中都可以看到应用这项技术的生动实例(限于篇幅,在此恕不一一列举)。从这些实例来看,这项技术或是被用于表现特定场景、历史典故,或是被用于表现人种、人体结构等。而且,当时蜡像制作技术水平已经达到了惟妙惟肖甚至是神奇的地步。如在美国一蜡像馆中,有"一蜡像前置棋坪,能与人对弈。如对手欺之,如下一子不如式,则像即停子不下,若不豫状。其仍不改,即以手将棋子扫之"①。对此,阅历甚广的戴鸿慈也不得不承认"巧妙如此,诚可叹也"②。

蜡像技术的应用,一是避免了陈列中见"物"不见"人"的缺憾,二是提高了展示的效果,使展示形象更为生动。由于用蜡模制成的人像,"发肤、颜色、态度、长短、丰瘠、无不毕肖"③、"与真人无异"④、"置活人于中,不动不能别"⑤,所以看到这样的蜡像几如看到真人一般,其效果自然是画像或人体骨架等所无法比拟的。这也许正是蜡像技术创设不到百年,而"盛行于欧洲各国"⑥的缘故。

19世纪后半叶欧美博物馆陈列技术中另一个值得注意的方面就是对外部空间的利用。空间是陈列得以展开的基本物质条件之一,陈列的空间可分为内部空间和外部空间。前者指建筑内部的有效展示空间,后者则指建筑外面的空间,如庭院之类。对于外部空间的利用,一方面扩大

---

① 戴鸿慈:《出使九国日记》,第373页。
② 戴鸿慈:《出使九国日记》,第373页。
③ 薛福成:《出使英法义比四国日记》,第111页。
④ 徐建寅:《欧游杂录》,第662页。
⑤ 康有为:《欧洲十一国游记二种》,第227页。
⑥ 薛福成:《出使英法义比四国日记》,第111页。

了陈列空间的总量，另一方面也是更为重要的一个方面，就是使得一些特定的内容获得了展示的机会。在19世纪后半叶的欧美博物馆中，外部空间多用来展示一些大型、笨重的实物或无法或不宜在室内展出的内容。前文提到的庞培古城遗址博物馆、斯德哥尔摩的露天民俗博物馆对于外部空间的利用自不待言。就是在其他博物馆里也常可以看到这方面的实例。如费城的独立厅，"门外地面嵌一铜牌，一门外铸华盛顿像……"①

需要提到的陈列技术的第三个方面就是装架技术。装架技术在此主要指骨架的组装和标本的制作，在大英博物馆的陈列当中就成功地应用了这项技术。在那里，"动物则取已死者存其骨殖、被以全体皮毛，实以纸棉药料，屹立无异于生"，人的骨架则用"铜线连缀焉"②。尽管装架技术极可能不是这一时期才出现的新东西，但其在博物馆陈列中的运用却应当引起重视。原因是，被展示的对象因这一技术的应用而得以立体化，从而产生了一种更为生动的视觉形象，增强了视觉效果。

在19世纪后半叶欧美博物馆陈列所应用的技术当中，需要特别提及的主要有上述三项。

不过，陈列方法与技术的应用与存在是一回事，而它们的创立或缘起则是另一回事。对于上述的陈列方法与技术，我们可以证实它们在19世纪后半叶博物馆陈列中的存在和应用，但却无法一一明确它们创立或缘起的时间。如果进行大胆的推测，可能的情形应当是，这些方法和技术中的绝大多数是对此前博物馆陈设方法与技术的继承和改进，只有极少数才是这一时期新创的东西。

三、陈列设计思想与观念

在研究一个特定历史时期陈列的诸问题当中，最不易把握的可能就是陈列的设计思想与观念。因为这一部分内容并不像上述内容那样是可见的、有形的，而是隐含在陈列之中的、无形的。所以，对于这一问题的研

---

① 梁启超：《新大陆游记及其他》，第501页。
② 王韬：《漫游随录》，第102页。

究只能根据在文献记载中所看到的现象去推测。但文献记载本身的非专业性和零散性极可能会使这种推测在很大程度上变成一种猜测,甚至会让我们将原本不属于那个时期的东西人为地强加给它。这是我们在进行这方面研究时遇到的最大的困难。然而,对于研究中存在这种困难的认识,只是意味着对由此得出的结论应该保持一种清醒的认识和谨慎的态度,而绝非意味着这方面的研究无法进行。诚然,这些文献记载是在非专业基础上完成的、是零散的,但它们所记载的陈列毕竟是当时陈列设计思想与观念的一种体现。因此,借助于这些记载是完全能够探测到当时陈列设计思想与观念方面的信息的。

整体设计观念。世间方物不是孤立的,而是相互联系的。是孤立地去表现一个事物,还是在相互联系之中对其加以表现,不仅直接关系到陈列能否真实地反映世界,而且也是衡量陈列本身进步性的一个标志。整体设计观念的核心就是在相互联系之中去表现客观事物,由此形成的陈列不是单个的无联系的实物的罗列与堆砌,而是一个相关实物与资料的有机组合。通过参观这样的陈列,观众就会对陈列所表现的对象形成一个完整的概念。整体设计观念在19世纪后半叶的欧美博物馆陈列中是有所反映的。譬如在前文所引的农务博物院中,凡是与农务有关的内容,如农用机械、畜牧、植物品种及其产地、土质、农家房舍等,都一一陈列出来。这样,通过参观陈列,观众即可获得有关当时农务的完整概念。在这一陈列的背后就是整体设计观念,陈列内容本身便是这种观念的具体表现。

展品选择观念。展品的选择是陈列内容设计中的一项重要内容。选择什么样的实物作为展品实际上反映着设计者的设计观念。在19世纪后半叶,设计者在选择展品时,已经不再单纯地去追求其外在的表现力。一些外在表现力较差但却有价值的实物同样也被选中并作为展品陈列出来。美国费城独立厅里的"自由钟"就属于这样的展品。就外在表现力而言,应该说这口钟是比较差的,因为该钟的钟体"已破裂"且"古色斑然"[①]。它被选作展品,应当说主要是由其作为美国独立的历史见证之一

---

① 戴鸿慈:《出使九国日记》,第363页。

的内在价值决定的,而不是由它的外在表现力决定的。在其他博物馆,展品也并非都是感官上绝伦美妙之物,剥落的古代石刻以及"窥劣之物"①也不时见于陈列之中。这种选择外在表现力虽差一些但对内容的表现又是不可缺少的实物作为展品的做法,反映了当时在设计者的头脑当中可能存在这样一种观念:单纯的外在表现力不是实物取舍的唯一标准,实物的内在价值要比其外在表现力更为重要。

新材料处理观念。在新材料的处理方面,当时的陈列设计者都尽可能地在陈列中表现最新的材料。尽管我们无法准确地推断出这种观念产生的原因,但从文献记载来看,反映这一设计观念的例证是不少的。如肯星顿博物院"于旧陈设之外,亦颇以新近所得陈列其旁"②。徐建寅在参观了机器博物院后曾写道,"机器、器具极多,大半能知用处,其不能尽知者,亦不少焉"③。在徐建寅这位技术专家眼里尚且"不能尽知"用途的机器当不是什么常见之物,极可能是新近生产的东西。设计者对于最新材料的不断接纳由此可见一斑。

特色设计观念。特色设计观念是指设计者在设计陈列时力求突出本馆陈列的特点,形成自己的特色。在19世纪后半叶的欧美博物馆陈列当中,这种设计思想得到了成功的贯彻,并且已经被参观者强烈地感受到了。英国的医学博物馆和肯星顿博物馆的陈列对此做了极好的说明。"铿新敦(即肯星顿)各处在侈陈美观,以资考证而已。此处(即医学博物馆)则主于辨证异同,循求脉络,以推究其所以然,而悟人身骨节血脉之相为维系灌输,所以为医学之源也"④。两者的差异是显而易见的。可以设想,如果不是设计者有意识地去追求这样的效果,一个非专业的参观者是决然不会有如此明确的印象和感受的。

追求"奇异"的设计观念。在19世纪后半叶的陈列设计中,追求"奇异"效果的设计观念仍然有一定的市场。这一方面反映在相当数量的旨

---

① 载泽:《考察政治日记》,第593页。
② 郭嵩焘:《伦敦与巴黎日记》,第607页。
③ 徐建寅:《欧游杂录》,第669页。
④ 郭嵩焘:《伦敦与巴黎日记》,第617—618页。

在"亮宝"的珍奇陈列的存在,另一方面反映在场景安排上追求"奇异"的效果。如比利时首都的一座博物馆有"一室列欧洲古代酷刑与施受之人,惨不忍睹"①。事实上,除此之外,从文献记载中还可以很容易地找到许多以"奇异"的陈列效果吸引观众的实例。这种追求"奇异"效果的设计观念应该说是"珍品室"展示设计思想的残余。在19世纪后半叶,这种设计观念既不是什么先进的东西,也不是这一时期陈列设计思想的主流。

一般地来说,陈列的设计思想与观念决定着陈列的面貌。有什么样的设计思想与观念,就会有什么样的陈列。因此,可以说19世纪后半叶的欧美博物馆陈列实际就是上述设计思想和观念的直接产物。

以上从陈列内容、陈列方法与技术、陈列设计思想与观念三个方面,对19世纪后半叶欧美博物馆陈列进行了粗线条的描绘。由于所依据的材料本身的局限性,在此基础之上得出的结论不可避免地会同实际情形有些出入。因此,一幅19世纪后半叶欧美博物馆陈列的完整图景还需要用更多的材料,特别是欧美方面的原始材料去补充和完善。

原文刊载于《中国博物馆》1995年第4期。

---

① 载泽:《考察政治日记》,第663页。

"日伪"在东北地区①创建的博物馆及其评价

当我国博物馆史的研究已经从全国逐步转入地区博物馆史研究的时候,东北地区博物馆史却很少有人问津,仅有的几篇文章也主要以资料汇辑和史实叙述为特征②。因此,全面而深入地研究东北地区的博物馆史,确属必要。

一、"日伪"在东北地区创建的博物馆

日本和"伪满洲国"在东北地区创建(包括筹建)的博物馆,以前曾有人作过一些介绍③。但是,这些介绍一是疏误不少,二是资料欠全,甚至在介绍中遗漏了一些较重要的博物馆。为此,根据手头现有资料,笔者拟重新对"日伪"在东北地区创建的博物馆作一个简要的介绍。

---

① 这里所谓"东北地区",相当于当时"伪满洲国"的管辖范围,并非仅指今日的东北三省。
② 傅振伦:《金静庵先生筹备沈阳博物院始末》,《辽海文物学刊》1986 年创刊号;佟悦:《金梁与初期的沈阳故宫博物馆》,《中国博物馆》1989 年第 4 期;赵晓华:《旧事摭存》,《中国文物报》1991 年 10 月 20 日第 4 版、1991 年 10 月 27 日第 4 版、1991 年 11 月 3 日第 4 版、1991 年 11 月 17 日第 4 版、1991 年 11 月 24 日第 4 版;吕军:《东北早期博物馆概述》,《中国博物馆》1991 年第 4 期。
③ 荆三林、李元河主编:《博物馆基础理论与实用技术》,河南大学出版社,1990 年,第 78—79 页;王宏钧主编:《中国博物馆学基础》,上海古籍出版社,1990 年,第 102—104 页。

"日伪"在东北地区创建(包括筹建)的博物馆总数多达十余座。其中主要有以下几座博物馆。

旅顺纪念馆,又称"旅顺要塞战纪念陈列场""旅顺要塞战纪念品陈列馆""战利品陈列馆"。它是由日军旅顺要塞司令部于1906年(即日本明治三十九年)6月创立的。创立之初,只是一种非公开性设施。1908年6月,该馆由日本关东都督府民政部接管之后,才正式对外开放,供一般民众参观。1921年5月,该馆并入旅顺博物馆,成为它的一个附属机构。旅顺纪念馆的馆址在当时旅顺旧市区东端的出云町,馆的建筑是原俄国统治时期的陆军下士俱乐部。该馆主要搜集和陈列有关旅顺要塞战役的纪念品,如日俄两国军队的被服、兵器、电讯电话机、医疗器械、战前战后的炮台模型、防御物的构造图说、攻围激战的实况照片、出征诸将的相片等。旅顺纪念馆是目前所知的东北地区最早的博物馆。

旅顺博物馆,最初称"满蒙物产馆"。1917年4月1日,在旅顺松树町开馆。1918年11月迁至大迫町,改称"关东都督府博物馆"。1933年4月,根据关东厅命令,又改称"关东厅博物馆"。1934年,随着关东州厅的设立,该馆改称旅顺博物馆。当时,博物馆分考古馆、本馆、纪念馆三大部(后变成本馆和纪念馆两部分)。其中,考古馆建于1917年4月(也就是通常所说的旅顺博物馆的创建时间),内分史前时代遗物、历史遗物等部。本馆创建于1918年4月,内分动物、植物、水产、矿物、风俗、参考等部。纪念馆指蒯颐纪念馆。据1927年统计,三馆的藏品分别是5 406件、48 518件和2 489件。除以上三大部之外,该馆还附设有植物园、动物园和图书阅览室。这座博物馆便是现在的旅顺博物馆的前身。

"满洲资源馆",最初称"满蒙物资参考馆"。1926年10月1日正式开馆;1928年11月改称"满蒙资源馆";1932年12月又改称"满洲资源馆"。当时,馆址设在大连市儿玉町4号。该馆主要介绍与"满铁"经营有关的"满洲"资源的实际状况。馆内设有矿产、农产、林产、畜产、水产等基础资源标本。据1942年统计,当时该馆的藏品有17 203件。其中,农产标本6 172件、矿产标本6 945件、畜产标本58件、林产标本353件、水产标本296件、民俗及一般参考标本1 709件、图表及照片1 140件。除收藏和展出之外,该馆还开展一些附属业务。这些附属业务包括定期召开讲演会、电影会,解答参观者的问题,介绍标本制作方法,免费赠送印刷品,租借预备标本,寄赠不用标本以及对类似设施提供援助等。"满洲资源馆"是今大连自然博物馆的前身。

大连科学工业馆。它由社团法人"伪满洲技术协会"于1930年创立,当时称"满洲工业博物馆"。1931年4月1日,以财团法人资格从"伪满洲技术协会"分离出来,成为一个独立经营部门。同时,改称大连科学工作馆。该馆馆址设在旧大连市北大山通14番地。博物馆主要包括两大部分:工业馆和交通馆。在工业馆里,"凡属机械工业的机器零件、模型、说明,都有陈列。必须使看清机器之转动和使用的,更用电力发动"①。在交通馆里,"轮船、火车、电车、汽车、飞机、电报、电话都有,很完备。还有可发动或使用的模型,以供人参观"②。在陈列室的外面,则陈列着已解体的实物,如飞机、汽车等。大连科学工业馆所从事的主要业务,除陈列和收藏之外,还有参加编写理科教材、举办参观实习会、讲演会、讲习会、展览会、研究会以及其他活动等。另外,该馆还有自己的刊物——《大连科学工业馆馆报》(月刊)。

"伪满洲国立博物馆",亦称"满洲国立中央博物馆""奉天国立博物馆"。馆址在旧奉天商埠地十纬路原汤玉麟公馆。1935年6月1日,该馆举行开馆典礼。同月5日,正式向一般公众开放。1939年,随着"伪满国立中央博物馆"在长春的成立,该馆由原来的"伪满洲国立博物馆"改称"国立中央博物馆奉天分馆"。"伪满洲国立博物馆"是以汤玉麟父子的遗产和罗振玉等人的捐赠为主体而建立起来的,是一座以历史、考古、美术和工艺为主要内容的社会科学博物馆,它主要搜集、整理、陈列有关上述各方面的物品。同时,也从事各种调查研究成果的发表,举办特别展览会、讲演会等活动。

"伪国立中央博物馆",亦称"中央博物馆"。整个博物馆分两处,办公处在当时"伪满"新京市(今长春市)中央通,展览厅在大经路。该馆的筹

---

① 卢作孚:《东北游记》,成都书局,1931年,第29—30页。
② 卢作孚:《东北游记》,成都书局,1931年,第29—30页。

建过程是：1938年5月1日，在沈阳设立"伪国立中央博物馆筹备处"；自接管"满铁教育参考馆"所藏资料后，将办公处移至长春；1939年1月，正式宣告成立"伪国立中央博物馆"。当时，该馆隶属"伪满洲国"民生部。"伪国立中央博物馆"是一座以搜集、整理、保存、展示一切有关自然及人文科学方面的有价值的资料为主要职责的博物馆。在有关该馆的基本情况当中，特别值得一提的就是它的科学研究活动非常活跃。其研究范围主要是古生物学和地质学。这些研究活动的核心人物是该馆的自然科学部部长远藤隆次，以他为首的一批研究者，在当时号称"博物馆学派"①。他们所做的研究工作在学术界影响很大，研究成果多发表在该馆创办的《"国立中央博物馆"馆报》上。

吉林省立古物陈列馆，隶属于"伪满洲国"吉林省公署民政厅，馆址在吉林市文庙。自1940年起，该馆即开始从省内各市、县、旗搜集文物。1941年4月1日，正式开馆展出。每日开馆，观众可自由参观。

大连水族馆。它是由日本人在大连海滨创建的。馆内用水族箱陈列着各种海产品，如鱼类、海兽、珊瑚等。但因当时该馆面积狭小，实际陈列的水族并不多。

东宫纪念馆。隶属财团法人东宫会，成立于1941年前后。馆址在"伪满"三江省佳木斯市新兴街东宫公园内。该馆是为纪念日本关东军的一个大佐——东宫铁男而建的，馆内的纪念室里搜集了许多纪念者的遗物、手迹。

除了上面介绍的这几座博物馆之外，"日伪"创建的比较有影响的博物馆还有中长铁路博物馆、热河省立博物馆、"伪满洲国立民俗博物馆"、辑安古坟博物馆、"新京特别市立美术馆"、省立兴安西省史迹保存馆等②。

虽然"日伪"在东北地区已经建立起了大量博物馆，但他们并未满足，

---

① "伪满洲国"通讯社：《满洲国现势》，"伪满洲国"通讯社，1943年，第183页。
② 哈尔滨博物馆也是东北地区建馆时间较早、影响较大的博物馆。但因它是由俄国人创建的，所以，此处并未将其列举出来。1929年，中华民国奉天省政府曾在清朝的沈阳故宫旧址建成了东三省博物馆。"伪满洲国"成立后，该馆便成为"伪满"的"奉天故宫博物馆"。东北光复后，该馆为国民党政府接收，改称"国立沈阳故宫博物院"。这便是今沈阳故宫博物院的前身。因为该馆最初并非"日伪"所建，所以，此处也未将其列举出来。

而是不断地制定计划,继续筹建新的博物馆。其中,最引人注目的是他们计划筹建的科学技术馆。关于筹建"伪满科学技术馆"的设想,是由远滕隆次等人在1942年"伪满"科学技术联合部会第一次"全国科学技术联合协议会"上阐述"关于促进培养科学技术知识的具体方针"这一议题时提出的。这一提案的修正案,在谈到推动科学技术知识高速发展的办法时指出,应尽快在新京动物园内或者其附近建立自然科学图书馆,并设置最新、最完备的科学技术馆。预定建筑费用350万元,建筑面积16 500平方米,设备费60万元,总共850万元。其中,政府出资350万元,民间集资50万元。全科技联各事业部会、研究会中所有陈列品均从各特殊团体及个人收藏品中募集,全部交本馆展出;"中央博物馆"自然科学部的陈设也全部划归本馆;购买陈列品的范围扩大到"大东亚共荣圈"区域内的各个地区。各学校理科教育的日常授课全都以本馆为中心,各学校不再购置特殊设施。科学技术馆的领导管理应由专门的权威并且是实际上的教育家来掌管,以期达到推动产业发展、学术研究和科学技术知识的深入与提高这三大目标。但由于这一时期"日伪"在侵略斗争中消耗过大,财力已严重不足,所以,这一提案所构想的计划最终并未付诸实施。

从以上介绍中我们看出,"日伪"在东北地区创建的博物馆多达十余座。这在解放前的中国是一个不小的数字。由于这些博物馆是整个旧中国博物馆事业的一个重要组成部分,加之东北地区在中国现代史上的特殊地位,所以,如何正确地认识这些博物馆的确是我国博物馆史上一个值得研究的问题。

二、"日伪"在东北地区创建的博物馆的评价

"日伪"在东北地区创建的博物馆是"旧中国博物馆事业的怪胎,是日本在我国东北殖民统治的产物,完全是日本帝国主义掠夺我国文物资料,实行奴化教育的工具"[①]。这是目前对"日伪"在东北地区创建博物馆的

---

① 王宏钧主编:《中国博物馆学基础》,上海古籍出版社,1990年,第104页。

一种很有代表性的看法，也可以说是对它们的一种评价。然而，我认为这一看法存在明显的不足：首先，这一看法的产生缺乏足够的论证；其次，这一看法用对这些博物馆性质的断言代替了对其全面的评价。所以，重新认识和评价这些博物馆显然是必要的。下面，笔者仅从性质和作用两个方面谈谈对这些博物馆的一点粗浅看法。

（一）日伪在东北地区创建的博物馆的性质问题

1904年日俄战争的胜利使日本帝国主义在中国东北取得了立足点，开始了它在我国东北的"经营"。"九·一八"事变后，这种"经营"进而扩及整个东北，"伪满洲国"只不过是一个傀儡政权，一个日本"经营"东北的代理机构而已，因为日本在东北的"经营"并未因它的建立而停止，而是一直延续到1945年日本战败为止。日本帝国主义"经营"东北的一个重要方面就是对东北文化事业的"经营"。在侵占"南满"之初，日本侵略者就立即办报纸、建学校，不遗余力地"经营"起各项文化事业。"九·一八"事变之后，日本帝国主义更是将一切文化宣传事业尽皆操纵在"日伪"统治者管辖的文化事业机构手中。这些机构控制了新闻、广播、出版、电影等宣传工具和各种文化教育机构，在东北创建的博物馆正是其进行文化"经营"的一个组成部分。虽然这些博物馆与日本"开发"东北并无直接关系，但却是社会教育的有力手段①。通过对"日伪"在东北地区创建博物馆的历史背景的考察，我们清楚地看到，这些博物馆是在侵略的羽翼下产生的，是日本帝国主义在东北进行文化侵略的一个方面。所以，从本质上看，这些博物馆都具有侵略的性质。因为这些博物馆的建立并不是为了真正地发展中国的文化事业，而只是为了服务于日本帝国主义对我国东北的侵略。这一点，可以从创办这些博物馆的目的当中得到确切的印证。如"满洲资源馆"，在名义上主要介绍"满蒙"物产，但这种介绍的目的却是要作为"该国军事家、经济家之指针，并引起该国人士研究满蒙，移居满蒙

---

① ［日］"满史会"著，东北沦陷十四年史辽宁编写组译：《满洲开发四十年史（补卷）》，内部交流资料，1988年，第466页。

的兴味"①,"使日本人都知道,都起经营之念"②。虽然当时有一些博物馆,如筹建中的科学技术馆,也曾提出其目的在于普及科学技术知识,推动科学技术的高速发展,但这种普及的最终目的却是为了"大东亚战争"的最后胜利和"保卫日益严峻的北方领土"③。把服务于侵略作为其目的者,最突出的莫过于为纪念东宫铁男而创建的东宫纪念馆。东宫铁男何许人也?为何要为他建立纪念馆?东宫铁男,作为日本关东军的一名大佐,生前曾是皇姑屯事件的现场组织者。而且,还曾积极致力于所谓的"满蒙开拓事业"和"满洲国建国事宜"。1937年1月,他在浙江省平湖县广陈镇的一次作战中被我抗日武装击毙。在其死后,日本侵略者先成立了一个以"表彰东宫铁男大佐的……突出事迹""普及东宫精神,完成大佐遗志,繁荣开拓事业,增强社会福利事业"为目的的财团法人东宫会。然后,又由该会设立了这座纪念馆。而设立这样一座博物馆的目的是"为弘扬大佐的高风亮节的开拓精神,培养拓土的指导人才"④。这无疑是要明目张胆地为侵略者唱赞歌了,无疑是要让更多的人知道东宫铁男的"事迹"和鼓励对中国的侵略,其侵略性是昭然可见的。所以,我们说,从产生的背景及创建的目的来看,"日伪"在东北地区创建的博物馆都带有赤裸裸的侵略性。

(二) 日伪在东北地区创建的博物馆的历史作用问题

日伪在东北地区创建的博物馆,在本质上具有侵略的性质,这一根本属性决定了它们在当时社会所起的实际作用必然是反动的。这主要表现在以下几个方面:

首先,这些博物馆的存在起了奴化东北地区人民,特别是东北地区青少年思想的作用。在日本侵略东北的政策当中,最恶毒的就是它的文化

---

① 马鹤天:《东北考察记》,正中书局,1934年,第134—136页。
② 卢作孚:《东北游记》,成都书局,1931年,第29—30页。
③ 吕振涛、刘国华主编:《伪满科技史料辑览》,黑龙江科学技术出版社,1988年,第187页。
④ "伪满洲国"国务院:《满洲国科学技术要览》,"伪满洲国"国务院,1942年,第222页。

侵略,而东北地区的青少年受这种文化侵略的毒害尤深。当时,"满铁"属地及旅大金洲等地的"青年学生大半不知中华民国,曾入日本小学校、初级中学的学生,大都称赞日本而鄙薄中华民国"①。从日本学堂出来的中国毕业生甚至认为旅顺、大连"自古系日本土地"②。由此可见,当时日本在中国东北进行奴化教育,而在这一教育的实施过程中,博物馆曾起了很大的作用。如"满洲资源馆"开展的业务当中有一项就是援助这种奴化青年学生思想的学校教育,这些援助活动包括"针对市内中小学校对各种指导的要求",制作设计图表及调制陈列品等。而且,该馆对于"各学校标本寄赠的请求,也尽可能地满足"③。仅1942年,该馆就曾先后援助了大连第二中学校、岭前国民学校等多所学校,其他博物馆也有类似活动。所以说,通过辅助学校教育奴化青少年思想是这些博物馆在当时所起的反动作用之一。

其次,这些博物馆建立之后,积极地为日本帝国主义的侵略服务。"九·一八"事变之后,日本帝国主义占领了东北全境。为了掩人耳目,使其在东北的"经营"更"合法",日本侵略者就开始筹建所谓的"满洲国"。而此时的旅顺博物馆便闻风而动,匆忙披挂上阵,开始为"适应'满洲国'的建立而收集满蒙文化古籍,研究中国本土的遗产"④,为"满洲国"的建立做准备。为了更好地服务于侵略,这些博物馆甚至在馆名的确定上也大作文章。像"满蒙资源馆"之所以要用"满蒙"二字,就是要借此标明"东北原非吾国之领土",进而"坚该国占据之野心,并分化当地民族爱国之观念"。其为侵略服务,可谓"用心诚苦矣"⑤。

当时,这类机构为侵略服务已经发展到众人皆知的地步。如1930年,卢作孚在实地考察东北之后就曾指出,"满洲资源馆"是日本侵略东北

---

① 陈本善:《日本侵略中国东北史》,吉林大学出版社,1989年,第153页。
② 陈本善:《日本侵略中国东北史》,吉林大学出版社,1989年,第153页。
③ "伪满洲国"国务院:《满洲国科学技术要览》,"伪满洲国"国务院,1942年,第229页。
④ 吕振涛、刘国华主编:《伪满科技史料辑览》,黑龙江科学技术出版社,1988年,第246页。
⑤ 马鹤天:《东北考察记》,正中书局,1934年,第134—136页。

的"更为厉害的武器"①之一。而同时代的马鹤天,也认为该馆是日本帝国主义"侵略之先锋也"②。所以说,服务于侵略是这些博物馆在当时所起的反动作用之二。

再次,这些博物馆不光彩地充当了日本帝国主义掠夺我国文物资料和自然标本的工具。如当时的"满洲资源馆"所从事的附带业务之一就是对类似设施的援助。这种援助,实际上是分别替东京满蒙资源馆、大阪满蒙资源展示馆,以及东京、大阪、门司、小樽、新潟等各满铁鲜满支指南处展示室选定和搜集标本。而日本侵略者占领承德之后,又以热河省立宝物馆为基地,以清理文物为名,不断地将搜集到的文物劫送日本。其中被劫送的文物有大小金铜佛、各种镀金和镀银佛、名庙的丹珠经、甘珠经等。所以说,掠夺和盗运中国的物产标本和文物资料是这些博物馆在当时所起的反动作用之三。

最后,这些博物馆在竭力为侵略服务、千方百计掠夺我国自然标本和文物资料的同时,又通过陈列等手段肆意侮辱中华民族。当时,在"满洲资源馆"有一处陈列着旧式满人家庭的状况:有拖着大发辫的男主人,有缠足的女仆,还有水烟筒、鸦片枪……在这里,我们的同胞被他们"尽量地挖苦、尽量地讥骂、尽量地丑化了"③。更有一处,陈列着蒙人张着布幔居住的情形,这是在"诬蔑蒙人是未开化的民族,并且是对各国人士做一种恶意的宣传"④,"实有意侮辱我中华民族,阅之令人难过"⑤。所以说,利用其特有手段肆意侮辱中华民族是这些博物馆在当时所起的反动作用之四。

正是出于对这些博物馆所起的反动作用的一种抵制和回击,我国的一些有识之士才发出这样的呼声:这些工作"我们觉得是不应该让外国人来做的。国人应该起来,而且各地应联合起来,作伟大的搜求和经

---

① 参见卢作孚:《东北游记》书后附记,成都书局,1931年。
② 马鹤天:《东北考察记》,正中书局,1934年,第134—136页。
③ 徐鸿涛:《西南东北》,大风社,1935年,第98页。
④ 徐鸿涛:《西南东北》,大风社,1935年,第99页。
⑤ 马鹤天:《东北考察记》,正中书局,1934年,第134—136页。

营"①。从而，开始着手创办自己的博物馆。

综上所述，笔者认为，日本在东北地区创建（包括筹建）的博物馆的数量相对来说是比较多的，种类也是不少的，但它们却是日本帝国主义侵略东北、实行殖民统治的产物。

在本质上，它们具有侵略的性质。在作用上，它们所起的是反动作用。从客观上看，尽管它们的创建将博物馆——这种近代形式的社会教育机构引进东北地区，个别馆甚至还曾为后来中华人民共和国的一些博物馆积累了一定数量的藏品，但这种引进和积累并不能改变其侵略的本质。而且，这些博物馆的创立和存在对当时中国东北所产生的恶劣影响，也远不是这种引进和积累所能抵消的。对于这一点，我们在评价"日伪"在东北地区创建的博物馆的时候，必须十分清醒。

原文系1989年本人参加在吉林长春举行的吉林省博物馆学会学术研讨会时提交的论文。后略作修改，刊载于《中国博物馆》1992年第4期。

---

① 卢作孚：《东北游记》，成都书局，1931年，第34页。

关于博物馆核心价值讨论的前提性思考

博物馆核心价值的讨论应该涉及两个基本方面,一是对核心价值具体规定的探究,即核心价值是什么;一是对与此相关的一些前提性问题的思考,如博物馆核心价值为什么会成为一个话题,博物馆核心价值讨论的本质是什么,应该如何界定博物馆核心价值等。这两个方面是相互关联的,没有对博物馆核心价值具体规定的探究,前提性思考是没有意义的;没有前提性思考,对核心价值具体规定的探讨就如同盲人摸象,可能会失去方向,更不会深入。因此,两方面的讨论都是必要的。以往有关博物馆核心价值的讨论多关注博物馆核心价值的具体规定,而对与此相关的一些前提性问题所论甚少,所以,笔者拟仅就博物馆核心价值讨论中若干前提性问题作些探讨,求教于前辈同行。

一、变化与迷茫

"博物馆核心价值"为什么能够成为具有学术价值的讨论话题,这是在讨论博物馆核心价值时首先需要明确的,因为它在很大程度上会影响博物馆核心价值讨论的目标、任务等。

"博物馆核心价值"话题的提出是与战后世界范围内的巨大变化以及博物馆界为此做出的种种反应紧密联系在一起的。

二战结束以来,整个世界范围内诸多领域均发生了翻天覆地的变化。

殖民体系崩塌,世界政治格局发生了巨变,科学技术的突飞猛进带来了技术领域的革命,全球经济的一体化导致了经济与文化、民族国家利益之间的巨大冲突。面对纷繁复杂的变化,旨在解释和解决冲突的各种学说、思潮和方案不断地涌现出来。为了适应来自外部世界的这些巨大变化,博物馆也主动或被动地调整、应对,随之出现了一系列新现象和新变化[1]。概括起来,这些新现象和新变化可分作两大类:一类是在所谓的传统博物馆原有框架下的变化,一类是超越这种框架的新发展。其中,前一种变化主要体现在三个方面:一是商业化。商业化是文化与商业的融合趋势在博物馆领域中的一种反映。在博物馆的多个层面,均可以看到商业化的印记。在博物馆决策中,经济考虑成为首要[2]。"一些博物馆越来越多地将它们看作是商业事业……这样,博物馆商店或饭馆的运营可能占用了与管理员工作一样多的时间、精力和思想"[3]。在商业化趋势下,博物馆正在面临着蜕变为街头艺人的危险,博物馆身份和角色趋于模糊。"商店变得更像博物馆——视觉和审美陈列的场所——而博物馆更像商店"[4]。二是娱乐化。在博物馆实践中,追求娱乐正在成为博物馆发展的一种活动取向。博物馆迪士尼化[5]、追求轰动效应的"爆炸性展览"等,都

---

[1] 对于战后博物馆领域出现的种种变化,不少学者都曾有过论述。参见苏东海:《博物馆演变史纲》,《中国博物馆》1988年第1期;[荷]彼得·万·门斯奇:《博物馆和博物馆学新说》,《东南文化》1989年第4、5期合刊;张誉腾:《现代博物馆的发展趋势》,台南艺术大学博物馆学与古物维护研究所官网·博物馆学教育资源(http://art.tnnua.edu.tw/museum/space/space.html) 2012年12月26日访问;Wittlin, Alma S., *Museums: In Search of a Usable Future*, Cambridge, Massachusetts: Massachusetts Institute of Technology Press, 1970.

[2] Janes, Robert R., "Museums and the End of Materialism", *The Routledge Companion to Museum Ethics: Redinfining Ethics for the Twenty-first-Century Museum*, London and New York: Routledge, 2011, p.57.

[3] Vergo, Peter., "The Reticent Artifact", *The New Museology*, London: Reaktion Books Ltd., 1989, p.41.

[4] Smith, Charles Saumarez., "The Future of the Museum", *A Companion to Museum Studies*, Blackwell Publishing Ltd., 2006, p.545.

[5] 张誉腾:《后现代社会的博物馆情境》,《博物馆大势观察》,台北五观艺术管理公司,2003年,第164页。

不同程度地体现了娱乐化。"博物馆正日渐成为娱乐、好奇和轻松舒适的场所"①。三是"去物质化"。受新技术特别是信息技术和互联网技术在博物馆领域中广泛应用的影响,加之近年国际博协对博物馆所作新定义的引导,博物馆正呈现出一种"去物质化"的趋向。电视、录影、触摸屏计算机陈列以及影院越来越多地出现在博物馆里,动态影像博物馆②、虚拟博物馆等也受到更多博物馆管理者的青睐。这些变化导致屏幕上的图像体验正在试图超越物质的、三维实物的体验。不过,"屏幕上的图像体验"毕竟不同于"物质的、三维实物的体验"③,所以,这种"去物质化"的趋向,尽管丰富了博物馆利用方式,提升了博物馆吸引力,却弱化了"实物"体验,"削弱了博物馆与当代其他视听文化形式之间的差别"④,并挑战着博物馆传统的、以实物为主导的价值观。后一种变化最突出的代表是新博物馆学运动的崛起及发展,作为一场革命性的实验,新博物馆学运动创设了自己独特的实践表达。生态博物馆、社区博物馆、整体博物馆、活史博物馆等新的博物馆形式是这一运动的现实体现⑤。这一运动已经不是所谓传统博物馆原有框架内的一种变革,而是上升到了基本价值观层面上的分歧,体现了一种新思维,代表了一种新的博物馆哲学。它强调对"人"的问题的思考、对社会变革的关注与参与,强调本土性适应,因而,对博物馆原有价值观念和实践的冲击最为强烈。最直接的一个结果就是,"新博物馆学的实践模糊了博物馆边界"⑥。

上述两类变化给博物馆带来的影响是巨大的。伴随着这些变化,博

---

① Prior, Nick., "Postmodern Restructurings", *A Companion to Museum Studies*, Blackwell Publishing Ltd., 2006, pp.509 - 523.

② Vergo, Peter., "The Reticent Artifact", *The New Museology*, London: Reaktion Books Ltd., 1989, p.41.

③ Smith, Charles Saumarez., "The Future of the Museum", *A Companion to Museum Studies*, Blackwell Publishing Ltd., 2006, p.548.

④ Bennett, Tony., "Civic Seeing: Museums and the Organization of Vision", *A Companion to Museum Studies*, Blackwell Publishing Ltd., 2006, pp.275 - 276.

⑤ Bhatnagar, Anupama., *Museum, Museology and New Museology*, New Delhi: Sundeep Prakashan, 1999, pp.91 - 116.

⑥ 王嵩山:《博物馆的价值》,《博物馆学季刊》2007年第2期,第5页。

物馆传统的核心功能被削弱,甚至变成辅助活动,同时另外一些博物馆并不擅长的功能如经营、商业等则被附加到博物馆身上。特别是后一种变化几乎颠覆了博物馆原有的社会形象,博物馆呈现出泛化和异化的倾向。正如 Josie Appleton 所言,"在过去的 10—15 年里,博物馆的面目已经变得难以辨认"[1]。博物馆身份和社会角色日渐模糊起来,博物馆本身及行业特点被弱化了,博物馆及其行业识别变得日益困难。在这样的情况下,"博物馆是什么""博物馆应该是什么"[2]"什么东西可以算作博物馆"[3]等原本看似清晰的事情,因这些新变化而变得模糊不清了。博物馆因获取自我身份识别和行业认同的困惑而陷入了迷茫,变得有些无所适从。正是这种变化和迷茫导致"博物馆核心价值"问题的学术价值或意义突显出来,并成为一个学术讨论的话题。所以,博物馆核心价值话题的提出是在二战后世界巨变的大背景下,对博物馆领域新发展和新变化所引发的博物馆核心价值危机的一种担忧与回应。同时,这一话题的提出也反映了博物馆界在快速变化的世界中对博物馆身份清晰、稳定的期待,和对博物馆未来发展一个更为明确的方向的期待。

二、本相与本质

博物馆核心价值话题是因博物馆领域新发展和新变化所引发的博物馆传统核心价值危机而提出来的。那么,这种危机的本相究竟如何?

一般来说,在博物馆学文献中,除特别说明之外,研究和讨论中所提到的"博物馆"通常是指西方现代博物馆或西欧型博物馆。这种博物馆是在欧洲社会现代化进程中产生和发展起来的,是一种纯粹的欧洲文化的

---

[1] 引自 Sandell, Richard., "On Ethics, Activism and Human Rights", *The Routledge Companion to Museum Ethics: Redinfining Ethics for the Twenty-first-Century Museum*. London and New York: Routledge, 2011, p.132.

[2] Vergo, Peter., *The Reticent Artifact in the New Museology*, London: Reaktion Books Ltd., 1989, p.41.

[3] Macdonald, Sharon., "Expanding Museum Studies: An Introduction", *A Companion to Museum Studies*, Blackwell Publishing Ltd., 2006, p.5.

产物。这种博物馆随着欧洲殖民势力的扩张而在世界范围内流播开来,并成为当今世界范围内占主导地位的博物馆形态。这种博物馆所秉持的是"以物为导向"的理念。战后博物馆的变化大多是与对这种理念的质疑联系在一起的。所以,严格地讲,前文所论述的博物馆核心价值危机实际上是博物馆一种特定形态,即西方现代博物馆核心价值的危机。

就整个博物馆领域而言,战后尤其是最近几十年来,博物馆领域出现了一些新发展和新变化,并引发了博物馆传统价值观的危机。这是一个不争的事实。但是,另一个不容忽视的事实是,绝大多数博物馆所恪守的仍然是"以物为导向"的基本价值观念。"物"仍然是博物馆运作的核心,博物馆的工作仍然是以"物"为基础及围绕"物"而展开的,"物"的数量规模和品质仍然是衡量博物馆地位的最重要的指标。大英博物馆、卢浮宫博物馆、大都会博物馆、故宫博物院等被人们推崇为重量级大馆其实就是基于这样的价值观。根据 Harrison 的研究,到 20 世纪 90 年代,博物馆藏品仍然是关注的主要目标,尽管一些人将"人"放在首位[1]。即使是在一些新建的博物馆中,这一基本观念仍然是博物馆的思想基础。在荷兰新建的博物馆中,绝大多数博物馆还是"以收藏为本"的[2]。上述迹象表明,至少在实践层面,相当数量的博物馆仍然在坚守着博物馆传统的价值观念,目前这种价值观念占据着主流地位。

简言之,博物馆核心价值危机实际上是西方现代博物馆的核心价值危机。即使出现了价值危机,博物馆传统的价值观念也仍然占据着主流地位,这或许是博物馆核心价值危机的本相。

博物馆是一种社会性存在。在生存和发展过程中,博物馆时常会受到各种不同的社会性形塑因素的影响,发生着这样或那样的变化。对于博物馆而言,变化是一种常态,也是其生存的基本法则。历史上,摄影技术的发展等变化也曾给博物馆造成很大冲击。战后博物馆领域中出现的种种变化不过是博物馆历史发展中的一个小插曲,它们所产生的影响也

---

[1] Harrison, Julia D., "Ideas of Museums in the 1990s", *Museum Management and Curatorship* 13(1993): p.163.

[2] [荷] P. V. 门施:《何谓博物馆?何谓成功?》,《中国博物馆》2001 年第 1 期。

不过是博物馆历史长河中的一朵小浪花。如果明确了这一点,同时又熟悉了博物馆核心价值危机的本相,那么博物馆就不必对一些新变化引发的危机而过分焦虑,更不必惊慌与不安,应该看到博物馆在这种危机中,在新的社会环境下所呈现出来的进取精神和积极态度。没有博物馆对当代社会现实需求的关注和积极适应,就没有核心价值的困惑。困惑与应对正是博物馆积极适应社会发展需求的产物,也是博物馆生生不息的生命力之所在。这是在博物馆核心价值问题讨论上应有的基本态度。

如前所述,博物馆核心价值作为一个讨论议题的学术价值和意义是因博物馆领域的新变化与原有价值观念的冲突而突显出来的。在"博物馆核心价值"这一表述中,"价值"显然具有特殊的规定,似乎不宜作为一般意义上的价值来理解。在这一话题表述中,博物馆核心价值应该是对作为一种机构组织的博物馆自身独特性的最基本的概括和提炼,是博物馆实现自我身份识别(包括相对于自身的身前与身后),相对于其他机构或组织认同的一种规定。它应该是博物馆这种机构组织最独特的内核,是其独特性的最佳体现。简言之,博物馆核心价值是博物馆区别于其他机构组织的基本标志或判断标准,具有身份识别和组织认同的意义。由此,博物馆核心价值讨论就是追寻和确认"博物馆相对的特殊性或特色"[①]。通过这种特殊性或特色的规定,可以在纷繁复杂的博物馆乱象中迅速有效地剥离出博物馆的独特内核,识别和确认博物馆的身份,进而实现组织认同。博物馆核心价值讨论本质上就是在寻求博物馆身份识别,并不必然意味着寻求稳定与组织认同,强化博物馆的组织意识和行业统一。

基于这样的认识,博物馆核心价值的讨论,就需要致力于廓清博物馆身份识别和组织认同的基本标志,以便澄清博物馆身份特征,使之区别于其他的组织或机构。同时,还应该着眼于博物馆的理想状态应该是什么,为迷茫中的博物馆提供未来发展的思想基础,规约和引导博物馆发展。

既然博物馆核心价值讨论目标指向在于寻求博物馆身份识别和组织

---

① Macdonald, Sharon, "Expanding Museum Studies: An Introduction", *A Companion to Museum Studies*, Blackwell Publishing Ltd., 2006, p.7.

认同,那么这种讨论在有助于实现这一目标的同时,也就蕴含着一种潜在风险。近些年来,随着遗产概念逐渐替代"实物"的概念,保护和利用遗产已经成为包括博物馆在内的诸多遗产机构的共同责任。博物馆已经不再是人类遗产保护和利用的唯一形式与力量。遗产保护和利用的大趋势就是要着眼于共同的目标追求与合作的共同基础,寻求共性,强调合作。而博物馆核心价值的讨论则寻求博物馆身份识别与组织认同,要突出个性,强调独立,这样,核心价值的讨论就有可能削弱博物馆与其他相关组织行业的共同基础,在实践中,可能会对博物馆寻求合作带来负面影响。博物馆核心价值的探讨不只有助于博物馆身份识别和组织认同,也可能会导致博物馆特性的自我膨胀,将博物馆引入孤立境地。这一点是应该警惕的。

三、单数与复数

这里的单数与复数问题关涉到博物馆核心价值界定的角度与依据,即应该从哪个角度、依据什么样的基本元素去界定博物馆核心价值。它是讨论博物馆核心价值的另一个前提性问题。

关于博物馆的核心价值,研究者曾提出过多种不同的看法。从界定的角度与依据来看,较有代表性的看法可举数种如下:

一是从博物馆的目的角度去界定博物馆核心价值,如认为"以人为本"[1]"促进社会变化发展"[2]等是博物馆核心价值的看法,大都可归入这一类。这类看法突出了博物馆核心价值目的性的一面,而忽视了其手段性的一面,因而,就导致所谓的博物馆核心价值缺乏对博物馆独特性的表达,显得过于宽泛,实际上未能充分地表达博物馆的本质。博物馆的泛化与这种主张不无关系。

---

[1] 马自树:《以人为本 博物馆不断追求的核心价值》,《文博余话》,紫禁城出版社,2011年,第123—131页。

[2] 唐红炬:《从康有为创设工业文明博物馆构想谈博物馆的核心价值》,《中国文物科学研究》2010年第1期。

一是从博物馆工作物质基础的角度去界定博物馆核心价值，如倾向于认为"藏品"或"遗产"①等是博物馆核心价值的看法，便可归入这一类。这类看法突出了博物馆实现自身目标的手段性的一面，而对其目的性的关注不够，容易导致博物馆将手段当作目的本身，终究会使博物馆迷失方向，在新变化面前失去应变能力，失去存在的时代合理性。作为战后博物馆改革运动思想基础的新博物馆学，就是由此获得了对所谓的传统博物馆和博物馆学批判的前提和空间。相对于那种从目的角度界定博物馆核心价值的做法，这类看法实际上同样是有局限性的。

一是从博物馆活动/功能的角度去界定博物馆的核心价值，如认为"收藏与展示（教育）应该是博物馆建立核心价值观的价值取向"②，"文化遗产的保存、延续和交流"③是博物馆核心价值等看法，均属于此。这是强调活动/功能的一种核心价值观。它的可贵之处在于，认识到了博物馆活动/基本功能在身份识别中的作用，而且注意从"收藏""展示"等多个基本元素去界定博物馆核心价值。不过，如果从更为广阔的视野观察，"收藏""展示"等这些有限的活动/功能并非博物馆特有，难以反映博物馆的独特性或专门性。正如在本文第二节中所指出的那样，博物馆仅仅是人类整个遗产保护体系中的一个组成部分、一种力量，而不是全部。同时，这种核心价值观更多是从形式而不是本质上去关注活动/功能。它只看到不同时期博物馆活动/功能的不变的存在，但忽视了这些活动/功能的原则、内容、方法等已经发生的根本性变化，因而存在巨大的差异。文艺复兴私家博物馆收藏与展示的是珍奇，而现代博物馆收藏和展示的是物证；前者强调稀有性，后者强调系统性。同样是观看，珍奇室、启蒙博物馆和进化博物馆同样存在很大的差异④。强调和突出博物馆活动/功能

---

① 苏东海：《关于博物馆的核心价值——苏东海先生访谈》，《博物馆的沉思——苏东海论文选（三）》，文物出版社，2010年，第52页。
② 甄朔南：《坚守博物馆的核心价值观》，《中国文物报》2012年5月2日第6版。
③ 国际博协制定：《国际博协2005—2007年战略规划》（2005年）。参见侯春燕：《〈中国博物馆〉2013年1期主题阐释与约稿——博物馆的核心价值》，中国博物馆杂志http://blog.sina.com.cn/u/2211559273。
④ Bennett, Tony., "Civic Seeing: Museums and the Organization of Vision", *A Companion to Museum Studies*, Blackwell Publishing Ltd., 2006, p.271.

的核心价值观更多出于形式上的考虑,而不是本质上的考虑。这种看法在追求永恒不变的具有本质性博物馆核心价值的过程中,恰恰走向了自身的反面。

上述数种代表性的看法,从博物馆核心价值界定依据的基本元素上看,有单数(如前两类观点),也有复数(如后一类观点);但是从界定的角度上看,无论是从目的、物质基础,还是活动/功能等角度去界定博物馆核心价值,均属于单一取向。从根本上讲,这些看法仍属于单数观点。单数观点在对博物馆核心价值的表述上看似简洁,但由于它主要借助于单一取向去把握博物馆特殊性或特色,因而表现出这样或那样的局限性,对于博物馆核心价值的界定缺乏足够的说服力,最终均难以真正地实现博物馆核心价值讨论所追求的博物馆身份识别和组织认同的基本目标。上述数种代表性的看法已经证明了这一点。

相比较而言,复数观点在表达上看似冗繁,但由于它是在多角度基础上着眼于多项元素去界定博物馆核心价值,因而,它更有可能真正地把握博物馆的独特性,实现博物馆核心价值讨论的基本目标,避免单数观点的某些局限。因此,在博物馆核心价值的单数与复数问题上,应该坚持复数观点,即应该在多角度基础上着眼于多项元素去把握和界定博物馆核心价值,而不是相反。具体地说,在界定博物馆核心价值时,不仅要考虑博物馆的目的,也要考虑博物馆的手段;不仅要考虑活动功能,也要考虑其中的本质内涵;不仅要考虑认识、技术,甚至还需要考虑博物馆伦理。在讨论博物馆核心价值时,考虑博物馆的目的、手段等因素的理由是不用多说的。前面提到的单数观点对博物馆核心价值的界定已经注意到这一点。这些因素是界定博物馆角色和行业特征所必需的。对于博物馆伦理的因素的考虑则需要作些说明,它对于保障博物馆身份特征和行业认同至关重要。前述博物馆身份和角色模糊的形成原因固然有多种,但是,博物馆伦理的丧失无疑是其中最为重要的因素之一。博物馆商业化、娱乐化和去物质化等,实际上都是与对博物馆伦理因素不同程度的忽视密切相关的。正是因为博物馆基本伦理的丧失导致博物馆的异化、博物馆身份和角色的模糊。在未来新的发展面前,博物馆如何在生存压力面前抵制住诱惑，不仅需要目的、手段、活动和功能，更需要依赖于伦理的约束。在博物馆核心价值界定中需要考虑伦理因素，这在当下显得尤其重要。

四、多元与超越

如前所述，二战后为了适应社会发展的需求，博物馆领域出现了种种新变化，其中的一些变化已经上升到博物馆基本理念层面的分歧。事实上，从博物馆基本理念的角度看，战后一个清晰可见的态势就是博物馆基本理念的多元化。其中，尤其以下列博物馆基本理念最为引人关注。

"以物为导向"的博物馆理念。这种博物馆理念突出"物"在整个博物馆生存和运营中的核心地位，关注的是收藏、围墙建筑、观众等元素。在这种理念下，博物馆是以间接的方式介入和服务社会的。博物馆主要是通过对社会中人的塑造去服务于社会，推动社会的发展，而不是通过将博物馆作为一个发展项目去介入和推动社会发展。在实践层面上，"以物为导向"的博物馆理念是以西方现代博物馆或传统的西欧型博物馆作为它的实践基础。或者说，后者的实践集中体现了这种理念。从这一意义上讲，"以物为导向"的博物馆理念是西方现代博物馆的哲学。正如在上文所指出的那样，这种理念在战后博物馆发展中仍有很大的市场。

"以社会为导向"的博物馆理念。这种博物馆理念主张实物及其保护不再是博物馆的核心任务，博物馆应该关注人、关注社会，致力于社会发展与进步。这种理念倡导博物馆与社会的直接性关联，强调直接性介入当代社会。在这种理念之下，博物馆通过涉及与区域社会整体发展相关联的项目运作直接性地介入当地社会的发展。"博物馆要走进人的生活中，要为社会服务"①，博物馆要成为当地居民"了解和控制经济、社会、文化变化"②的工具。从这一点上讲，这种博物馆理念是强势的，甚至带有

---

① 苏东海：《关于博物馆的核心价值——苏东海先生访谈》，《博物馆的沉思——苏东海论文选（三）》，文物出版社，2010 年，第 48 页。
② ［荷］彼得·万·门斯奇：《博物馆和博物馆学新说》，《东南文化》1989 年第 4、5 期合刊。

一定的"暴力性"。在实践层面,这种博物馆理念的重要表现就是著名的新博物馆学运动。这一运动是对传统的西方现代博物馆的质疑与挑战,并以多种新的博物馆形式,尝试直接性服务社会。由于这种理念部分地击中了"以物为导向"的博物馆理念及其实践体现即西方现代博物馆的要害,并呈现出"新"的特征,所以,这种理念的出现不仅让它的倡导者们无比兴奋,而且也让那些恪守"以物为中心"的博物馆理念的人们受到很大的触动,因而受到广泛的关注,并在那些谋求变革者当中有着广泛的市场。

整合博物馆的理念。这种理念理论上的表现就是调和的博物馆学。调和的博物馆学"不仅是在政治或社会方面调和,而且在认识和实践上调和,综合众多理论和实际经验的积极方面"①。新博物馆学派与博物馆学主流学派接近与对话已经宣告了这种整合的开始。对此,苏东海先生曾评论道,"显然,博物馆学主流学派和新博物馆学派正在走到一起,相互汲取理论智慧"②。这种整合博物馆理念是在对上述两种基本理念的反思和批判基础上提出来的,它肯定并试图融合上述两种基本理念中的积极因素。正因为此,可以期待的是,这种理念必然会在实践层面产生更多务实性的新试验和新成果。

"去欧洲"的博物馆理念。这是一种伴随着战后殖民体系崩塌而兴起的博物馆理念。这种博物馆理念强调和崇尚遗产本属文化固有的保护理念和手段,强调保护模式的多元化、适用性和在地性。主张"每一个民族,每一个族群社区要在其自身传统的基础上去界定它们自己的特有的保存结构"③。不同文化有各自保护和陈列自己过去的方式,而不必形成博物馆收藏。"在一些文化中,博物馆搜集不一定是好的或有用的活动——它

---

① [巴]特丽萨·希尔纳:《世界博物馆的新思维、新现象和新趋势》,《中国博物馆》2006年第3期,第24页。
② 苏东海:《当代博物馆发展中的几个基本问题》,《博物馆的沉思——苏东海论文选(二)》,文物出版社,2006年,第254页。
③ Kreps, Christina F., *Liberating Culture: Cross-Cultural Perspectives on Museums, Curation, and Heritage Presevation*, London and New York: Routledge, 2003, p.42.

甚至是极为糟糕的事情,可会帮助破坏一个文化,而不是帮助保护它"①。这一理念的实质是质疑作为殖民时代文化产物的西方现代博物馆在保护其文化遗产方面的合理性与有效性。在这一理念之下,传统意义上的藏品、搜集等会受到质疑。在实践层面,这种理念就意味着在考虑当地的保存结构和实践的基础上去探索和创造新的博物馆实践形式②。在像非洲等地区的前殖民地国家,这种"去欧洲"博物馆理念有相当的市场。

战后,博物馆理念的多元化终结了"以物为导向"的传统博物馆理念独霸天下的局面。在这种多元格局下,出现了不同的博物馆形态和丰富多彩的博物馆实践。西方现代博物馆形态不再是博物馆的普适型,它的实践也不再是博物馆实践的全部。西方现代博物馆形态终结的序幕已经拉开。

博物馆核心价值与博物馆理念有着密切关系。博物馆理念是认识和界定博物馆核心价值的思想基础,直接影响和制约着对博物馆核心价值的认识和界定。博物馆核心价值反映着博物馆理念。博物馆核心价值不同看法的背后实际上是不同博物馆基本理念和价值观的差异。因此,讨论博物馆核心价值,就不能不关注并考虑博物馆基本理念及其变化。就战后而言,就不能不关注博物馆理念的多元化。这就意味着,博物馆核心价值界定应该意识到理念的多元化所带来的选择的多种可能,而不仅仅是在单一的"以物为导向"或"以人为导向"理念之间摇摆、选择。这样,博物馆核心价值的讨论才会超越西方现代博物馆这一特定的博物馆形态和实践,寻求更普遍意义上的博物馆核心价值,也就避免了将博物馆核心价值讨论演变成西方现代博物馆核心价值讨论的可能。同时,也才能达到通过博物馆核心价值去实现规范当代博物馆实践和引导未来博物馆发展方向的目的。博物馆核心价值的讨论才不至于走偏。

---

① Mcleod, Malcolm., "Museums Without Collections: Museum Philosophy in West Africa", *Museum Studies: An Anthology of Contexts*, Blackwell Publishing Ltd., 2004, p.455.
② Kreps, Christina F., *Liberating Culture: Cross-Cultural Perspectives on Museums, Curation, and Heritage Presevation*, London and New York: Routledge, 2003, p.43.

以上有关博物馆核心价值讨论所作的前提性思考,主要涉及这一话题的提出以及博物馆核心价值界定方法与取向等问题。这些前提性思考或许无法为"博物馆核心价值是什么"提供一个直接的、具体的答案,但它们却可能有助于更有效地回答"博物馆核心价值是什么"。如果上述这些思考能够引起同行对文中所涉及问题的关注,并对博物馆核心价值讨论有所启发,那么本文的目标和期待就实现了。

原文刊载于《中国博物馆》2013年第1期。

博物馆的记录
功能与时代责任

  博物馆是现代社会创设的具有多种功能的公共机构。记录功能是博物馆的重要功能之一。

  博物馆记录功能主要是指博物馆在对人类与环境及其变迁的描述、再现、留存等方面所发挥的作用。这种记录功能建立在反映上述内容的、经过选择的"实物"基础上，或者说，博物馆是通过搜集和保藏这些特殊"实物"来发挥记录功能。博物馆也因此而奠定了其在遗产保护和文化传承体系当中的特殊地位。

一

  在漫长的历史发展中，人类曾发明了基于不同介质（如文献、口语以及"实物"等）的多种记录机制。博物馆是其中基于"实物"介质的一种记录机制，通过将各种不同的"实物"汇集在同一空间，去记录和揭示人类及其生存环境的变迁。它是人类借助"实物"实现遗产保护和文化传承目标的一种组织表达。博物馆记录机制的这种特殊性是博物馆得以产生和存在的内在基础，也是它有别于其他记录机制（如图书馆等）的重要组织特征。同时，作为一种记录机制，博物馆又与其他记录机制共同承担起遗产保护和文化传承的使命，履行其特殊的社会责任。

  博物馆的记录功能可表现为不同的方面。它既可以是对过往的历史上人类及环境变迁的一种记录,即对历史的记录,也可以是对博物馆所处时代社会发展与环境变迁的一种记录,即对当代现实的记录。前者是通过对历史性"实物"的搜集和保藏来完成的,后者则主要通过对现实性"实物"的搜集和保藏来实现。就记录功能的发挥而言,两方面记录同等重要,缺一不可。同时关注与实施两方面的记录,博物馆的记录功能才能得到全面均衡的发挥。

遗憾的是,受历史、观念、类型、结构等诸多方面因素的影响,目前在国内,博物馆记录功能的发挥并不均衡。除个别类型博物馆,如当代艺术类博物馆之外,绝大多数博物馆的记录功能更多体现为对历史的记录。博物馆记录功能的另一个重要方面,即对当代现实的记录,并未受到应有的关注,重历史、轻现实的状况突出。这一状况需要引起重视,并亟待扭转。

翻开博物馆的历史,会发现博物馆在其演进过程中一直扮演着时代记录者的角色,并通过这种方式去履行自身的时代责任。文艺复兴时代的珍奇室,记录和展现了探险和大发现时代社会的变迁;启蒙时代的卢浮宫博物馆以世界收藏记录和展现了欧洲殖民势力的对外扩张,成为殖民时代国家关系的缩影;诞生于19世纪的南肯星顿博物馆则记录了工业革命时代所取得的巨大成就。这些博物馆为后来者描述和再现了各自时代社会变化的景象。可以说,博物馆是在记录时代变化中发展前行的,博物馆的历史是一部时代记录的历史。凡此种种,揭示了博物馆是时代的记录者,同时,也显示了博物馆有能力去记录它们生存的时代。

二

在我们所处的当代,国际上,记录时代变迁正在成为博物馆发挥记录功能、履行其时代责任的重要方面。早在20世纪80年代,博物馆记录当代的诉求已经凝练成国际博物馆界的一种共识——"为明天搜集今天"。1996年国际博协更是将"为明天搜集今天"确定为当年"5·18"国际博物馆日的主题。在实践层面上,瑞典的SAMDOK计划(SAMDOK是瑞典语"samtidsdokumentation"一词的头字语,意为"对于当代社会的记录"。SAMDOK 是 20 世纪 70 年代末,在瑞典发起的面向未来的系统收集和记录当代社会的一项国家规模的计划)是国家层面上记录当代社会变迁的一个有益探索。"记录当代"在认识和实践层面正在成为博物馆发展的一个方向。

强调博物馆要记录当代,并非仅仅是因为博物馆记录功能发挥得不均衡,而是博物馆发展的启示以及记录当代正在成为博物馆发展的一个方向。更为重要的是,就我国目前博物馆发展的实际情况而言,记录当代具有更为特殊的现实意义。

记录当代,对于博物馆,尤其是中小博物馆藏品建设意义重大。在博物馆藏品大搜集时代已经结束的今天,记录当代已经成为后起博物馆建立收藏的重要途径。近些年来,我国新建博物馆数量增长迅速,这些博物馆中,绝大多数新建是中小博物馆,馆藏严重缺乏,这不仅会影响这些博物馆正常运行及与一些大型博物馆进行合理竞争,而且也会对博物馆的组织形象产生误导。在这样的情况下,记录当代,在反映当代社会生活及环境变化的"实物"中寻找博物馆藏品建设的基本方向和收藏领域,对于这些博物馆低成本、快速地积累藏品,构建自身的收藏特色与优势,就显得尤为重要,也是这些博物馆更为务实的一种发展取向。记录当代将会在很大程度上创建和丰富中小型博物馆馆藏,有利于它们突破当前藏品建设的困局。

三

记录当代是博物馆履行时代责任、走向社会生活中心的优先选择。过去,在谈到博物馆履行时代责任时,更多关注的是博物馆通过搜集、保藏、展示等一系列活动,向公众提供历史性的资料及记忆去履行时代责任的方式。这种方式强调博物馆要通过对历史性资料的当代解读,引导人们关注历史,在反思历史、获取历史经验的过程中,寻求解决现实问题的思路和办法,改造社会,走向未来。这是博物馆履行时代责任的一种非常重要的方式。不过,对于这种方式的强调与运用的一个习惯性后果,就是博物馆通常变成了"历史性"的机构,而非"现实性"的机构,博物馆被社会边缘化了。这也是目前多数博物馆不景气的主要原因之一。同时,博物馆对于当代社会所肩负的社会责任被不自觉地弱化了,博物馆在当代社会存在的合理性在一定程度上受到质疑。

即使不考虑上述方式的局限性,也应该看到,博物馆履行时代责任可以有多种不同的方式,并非仅限于上述一种方式。记录当代是博物馆记录功能的内涵之一,也是其履行时代责任的一种重要方式。记录当代会让当代人及其生活走进博物馆,让当代人在博物馆这样一个将现实生活神圣化的空间中,对博物馆产生一种情感和心理上的认同,让博物馆成为当代公众生活的一个组成部分。若此,博物馆将会从社会生活边缘走向社会生活的中心,并逐步摆脱被边缘化的尴尬境地。

记录当代也是我们所处时代的一种迫切的现实需求。我们生活在一个巨变的时代,在国内,变化尤其突出。经过改革开放以来数十年的快速发展,我们的国家地位、社会结构、民众的物质生活水平、思想观念等都发生了巨大的变化。当前,快速推进的城镇化等改革实践,正在给我们国家带来新的变化。这些变化体现了我们所处时代的社会发展与进步,具有多方面的意义与价值,博物馆有责任去记录这些变化,为后代留下关于我们这个时代的有价值的材料。这是时代赋予博物馆的神圣使命,是博物馆作为公共机构履行时代责任的一种具体体现。

所以,无论从目前博物馆记录功能发挥的实际状况、自身发展的需要、国外博物馆发展趋势,还是从我们所处时代的迫切现实需求看,博物馆都需要关注当代、记录当代。这不仅有助于博物馆全面发挥记录功能,而且也是博物馆履行社会责任的重要途径。

如前所述,博物馆主要是通过"实物"去发挥其记录功能。这种功能的发挥可以通过多种途径和方式去实现,如博物馆可以根据自身性质和任务去搜集匹配的当代"实物",也可以通过对自身的重新定位或建立专门博物馆去记录我们的时代,还可以通过突破博物馆围墙,实施整体性区域保存方式来记录我们的时代。在这一过程中,需要注意的是,博物馆

"实物"概念本身在不断地变化，而我们的时代又是一个快速发展的时代，许多变化前所未有。这就意味着博物馆在记录当代的实践中，必然要面对一个又一个新的挑战。为此，博物馆在记录当代时，除了创造性地利用传统手段与方法，尚需要秉持不断创新的精神，努力探索新的记录手段与方式，甚至需要创造新的博物馆概念与类型。这是博物馆全面发挥记录功能，履行其时代责任，最终赢得自身存在合理性的关键。

原文刊载于《中国文物报》2015年7月21日第6版。

论博物馆观众的特征

正确地研究和认识博物馆观众①是有效开展博物馆工作的基础。

众所周知,博物馆观众是博物馆生存和发展的社会基础。但是,长时间以来,由于受传统博物馆观念的影响,重"物"轻"人"的倾向一直相当普遍地存在。这种倾向反映在博物馆学研究当中,就是对于博物馆观众的研究和认识远不及对博物馆实物资料的研究和认识。

正是由于对博物馆观众缺乏应有的研究和正确的认识,导致博物馆工作常常陷入一种低效、盲目、缺乏针对性的状态。在实际工作中,藏品利用率低、陈列没有人看、讲解不吸引人等诸多低效现象的出现在很大程度上应该归结于对观众缺乏应有的研究和正确的认识,如果能够对非学者型博物馆观众利用藏品的价值领域、方式等有一个清楚的了解,那么藏品就不会像

---

① "博物馆观众"通常被划分为两大类别:显在观众和潜在观众(参见《中国大百科全书·文物博物馆卷》,中国大百科全书出版社,1993年,第43页)。

笔者认为,显在观众和潜在观众的划分是合适的。但是对于"潜在观众"的理解,笔者却不能同意《中国大百科全书·文物博物馆卷》一书的看法。笔者认为,"潜在观众"应该指全体社会成员,而非仅指"本人并未来馆,而通过信函、出版物、广播或影视渠道,获得来自博物馆的知识与信息"的那些人。理由如下:"潜在观众"中的"潜在"一词应该理解为"可能的"。"潜在观众"就是"可能的观众",即那些有可能转变为博物馆显在观众的人。而博物馆又是一个向全社会开放的机构,从理论上讲,一切社会成员都有可能成为博物馆的显在观众。正是基于这样的理解,笔者认为"潜在观众"应该指全体社会成员。

由于"潜在观众"是指全体社会成员,因此,就对博物馆工作有效性的启示而言,其意义远不如显在观众重要。故本文所探讨的对象仅指博物馆显在观众,即实际到博物馆参观的那些人(参见严建强:《博物馆观众研究述略》,《中国博物馆》1987年第3期,第18页)。为行文方便,文中简称为"博物馆观众"。

以往那样主要为学者们所利用,而会为更多的人所利用,藏品利用率自然就会提高。如果能够准确地把握观者的心态、需求、欣赏品位等,那么博物馆陈列就不再仅仅是设计者及其同行们欣赏的"得意之作",而会成为普通参观者真正喜爱的观赏对象和信息载体。实际上,不必再作更多的假设,一个基本的事实是:博物馆工作的有效性是建立在对其观众的研究和正确认识基础之上的。没有对观众的认真研究,就不可能对观众形成正确的认识,博物馆也就无法有效地开展工作。所以,对于任何一个谋求有效发展的博物馆来说,都必须重视对其观众——这一博物馆生存和发展基础的研究和认识。

博物馆观众研究是一个大题目。从狭义上讲,它是一项"描述、收集有关博物馆观众——不仅是现有观众,而且还有潜在观众之资料的全部有系统的工作"[①]。从广义上讲,它应该包括四个方面的内容:观众本体研究,大体相当于狭义上的观众研究;观众与博物馆及社会的关系研究;观众研究历史的研究;观众研究方法的研究。在四个方面的研究中,观众本体研究是观众研究的核心部分。其内容又可细分为对观众概念、类型、特征、行为、心理的研究等。由于观众研究涉及诸多方面的内容,所以本文不可能对其中所有问题一一探讨。在此,笔者仅就博物馆观众的特征及其现实意义谈一些粗浅的看法。

一、博物馆观众的特征

博物馆观众具有多重身份。这种多重身份特征表现在博物馆观众首先是人,其次是观众的一个类别,再次是博物馆的服务对象。因此,探讨博物馆观众的特征就必须从其多重身份特征入手。

(一) 作为人的博物馆观众

人是一种社会化的高级动物,"具有自然属性和社会属性,是二者的

[①] 转引自贾建明:《博物馆观众研究应该使用社会学方法》,《中国博物馆》1987年第1期,第54页。

统一"①。其中,自然属性是指人在生物学、生理学方面的特点,如饮食、休息等。它是人的一般属性,是由人作为一个生命有机体所决定的。人的自然属性是其社会属性的前提条件。社会属性是指人在社会生活方面的特点,如社会角色、价值观念、需求等。它是一定社会关系的产物,是人的本质属性,体现着人的本质。

博物馆观众是生活在现实社会中的人。无论是光顾博物馆的专业性研究者或咨询者、学习者,还是游览观赏者②,都来自现实社会。因此,博物馆观众就必然具备人所具有的一切属性,即自然属性和社会属性。博物馆观众作为人的这种双重属性决定了其具有下列特征:第一,博物馆观众首先是一个活的生命有机体。与博物馆收藏和保存的大量无生命的实物资料不同,博物馆观众是有生命的,是活的生命有机体。对于他们来说,维持其生命的延续必然成为其作为自然的人的首要需求。只有当维持生命延续的需求,如饮食、休息等得到满足之后,才有可能引发出其他更多的更高层次的需求。第二,博物馆观众社会生活的各个方面总是处于不断变化之中。博物馆观众社会生活的各个方面是不断变化的,这可以从他们的社会角色、价值观念、需求、欲望等方面得到印证。而导致这种变化的原因主要来自两个方面:一是人的生命机体的不断变化;一是社会的发展和社会环境的变化。人的生命机体的变化是导致其社会生活各方面变化的重要原因。当一个人从儿童成长为成年人的时候,他或她的生命机体发生了巨大的变化。相应地,他或她的社会角色、价值观念、需求、欲望等也都会发生变化。社会的发展和社会环境的变化也会对博物馆观众社会生活的不同方面产生很大影响。博物馆观众总是生活在现实社会之中,而非游离于社会之外。故随着社会的发展和社会环境的变化,他们的社会生活的各方面必然会发生相应的变化。50年代,观众可能喜欢看阶级教育性的展览,而80年代,观众可能更喜欢看知识性、艺术性较强的展览。社会的发展和社会环境的变化对观众社会生活的影响由

---

① 刘延勃等主编:《哲学辞典》,吉林人民出版社,1983年,第10页。
② 参见《中国大百科全书·文物博物馆卷》,中国大百科全书出版社,1993年,第43页。

此可见一斑。第三,博物馆观众社会生活存在差异性。人的社会属性决定了作为人的博物馆观众总是存在于一定的社会关系之中,存在于特定的社会、时代,属于特定的阶级或阶层。因而,他们社会生活的不同方面,如价值观念、社会需求、欣赏品位等无一不带有其所处社会、时代、阶级或阶层的深刻烙印。由于所处社会、时代和所属阶级或阶层的不同,他们的社会角色、价值观念、社会需求、欣赏品位等往往会呈现出巨大的差异性。而且这种差异性又会因为个体的个性差异(如性格差异等)而得到进一步的强化。譬如,属于同一层次的两名观众,一个独立性比较强,一个依赖性比较强,那么在参观时,前者可能更喜欢独自一个人去品味展览,不大喜欢讲解,而后者可能更愿意结伴参观,喜欢讲解。这样,两人的性格差异就会导致社会、时代、阶级或阶层等因素在社会生活方面所产生的差异之外更大的差异。所以,博物馆观众社会生活的差异性不但是存在的,而且是通过两方面表现出来的。一方面是社会的、时代的、阶级的或阶层的差异,另一方面则是个性的差异。

博物馆观众的上述特征是由其作为人的双重属性决定的,它们是博物馆观众特征的第一个层次。

(二) 作为观众一个类别的博物馆观众

就一般意义而言,观众是指"观看表演或比赛的人"[①]。由此加以引申,观众乃是对一类体验主体的总称,是一个包含内容广泛的概念。在日常的经验范围内,只要稍加注意,就会发现许多与"观众"联结在一起的称谓,如竞技观众、戏剧观众、电影观众、电视观众及博物馆观众等。那么,作为一类体验主体,观众具有哪些特征呢?

作为一类体验主体,观众的基本特征可概括如下:第一,观众内在地包括了数量众多的个体。观众一词本身就内在地包括了"多数的人"[②],即多个个体。无论是竞技观众、戏剧观众,还是电影、电视观众等都无一

---

① 中国社会科学院语言研究所词典编辑室:《现代汉语小词典》(1983年修订本),商务印书馆,1988年,第193页。

② 参见《辞海》(1989年版缩印本),上海辞书出版社,1994年,第365页。

例外地包括了多个个体。尽管不同观众类别所包括的个体的具体数量、个体身份等可能会存在不同程度的差异,但它们在包括多个个体这一点上却是相通的、共同的。由于任何一个观众类别都包括了多个个体,因此,每一个观众类别都是以群体的形式存在和出现的,都是由多个个体组成的庞大群体。这样,对于每一个观众类别来说,其整体的年龄、文化程度、角色、需求等构成都会呈现出多样化的特点。第二,观众体验的基本方式是视觉体验。观众感知客观对象的方式通常是"看",换句话说,其体验主要是通过视觉来完成的,视觉体验是其体验的基本方式。无论是观众中的哪个类别莫不如此,所不同的是竞技观众看的是运动员的比赛,戏剧观众看的是演员的表演,电视观众看的是电视画面,博物馆观众看的是"实物"及由实物组成的陈列或展览,诸如此类。不过,观众的体验通常借助于视觉来完成并非必然地意味着视觉体验是观众体验的唯一方式,事实上,在观众的实际体验中,视觉体验只是一种基本方式。除此之外,在体验过程当中,观众可能同时还会调动其他感官方式参与体验。譬如,电视观众在其实际体验当中,除了通过视觉观看电视画面之外,可能还会利用听觉感知相应的声音。这样,在整个体验过程当中,他或她不仅利用了视觉,而且同时还调动了听觉。因此,对于观众来说,视觉体验乃是其体验的基本方式。第三,观众体验的实现是以其本身的自愿作为基本前提条件之一,任何一个观众类别中的个体都不例外。一个人若不愿意观看竞技比赛,那他或她就根本不可能成为竞技观众。只有当他或她存在观看意愿时,他或她才有可能成为观众。但是,我们不能由此而认为,有了自愿,就是必然的观众,体验自然能够得以实现。原因是可能并不等于现实,自愿并不等于自由。有了自愿,仅仅是具备了成为观众、实现体验的一个必要的前提条件。如果一个人仅具备了这一条件而不具备其他一些必须的条件(如必要的时间、费用等),那么,他或她同样不会成为观众。所以,观众的体验是以其自愿作为前提的,但自愿只是其实现体验的必要条件之一。由于观众的体验是以其本身的自愿作为前提的,故观众与实际体验间的关系是一种或然性的、松散的关系,而非必然性的、紧密的关系。

博物馆观众是观众中的一个类别。因此,观众所具有的这些特征也就必然为博物馆观众所具有。

博物馆观众作为观众的一个类别所具有的这些特征是博物馆观众特征的第二个层次。

(三) 作为博物馆服务对象的博物馆观众

博物馆观众不仅仅是作为人、作为观众的一个类别存在,更重要的是,它同时还是博物馆的服务对象。这是博物馆观众的特殊性所在。

作为博物馆的服务对象,博物馆观众具有区别于其他类别观众的一些特征。这些特征包括:第一,博物馆的"实物"是其体验的基本对象。对于绝大多数博物馆观众来说,无论其体验方式和获取的信息有何不同,其在博物馆中的体验总是同博物馆的"实物"联系在一起的。博物馆特有的"实物"是其体验的基本对象。普通观众从"实物"当中获得的是见识和新奇,而特殊观众从中获得的则是与其特定目的相关的信息。由此可见,"实物"乃是博物馆观众体验的基本对象。将博物馆特有的"实物"作为体验的基本对象是博物馆观众区别于其他类别观众的特征之一。第二,博物馆环境本身是其体验内容的重要组成部分。博物馆环境可以分为外环境和内环境。前者包括博物馆的门庭、建筑、庭院及院内雕塑等。后者则主要指建筑内部环境,尤其是陈列室环境。博物馆环境成为博物馆观众体验内容的一个组成部分是由两方面因素决定的:一是博物馆的部分是性质和功能,一是博物馆环境本身的特殊性。博物馆是一个具有多种功能的机构。它的这一性质决定了观众在博物馆中的体验不是一种单纯的知识或信息的获取,而是融休闲、审美、知识或信息获取等为一体的一种综合体验。而博物馆环境由于其更多地具有一种文化内涵,譬如博物馆建筑往往就蕴含着许多与博物馆相关的信息,有的建筑本身就是博物馆里最大的一件展品[1],因而就成为一种满足观众休闲、审美等体验的良好中介。上述两方面因素结合在一起就使得博物馆环境本身成为博物馆观众体验内容的重要组成部分。在博物馆里,对于大多数人来说,环境本身

---

[1] 艾赖文:《中国博物馆建筑造型中的暗示性》,《博物馆研究》1995年第2期。

是其体验内容的组成部分,这一点是无须多说的;而在一种极端情况下,如对少数观众来说,环境体验甚至会成为其博物馆体验的全部。在实际参观当中,我们会发现少数观众来到博物馆,仅在庭院里转了一圈或仅在门口或主体建筑等具有代表性的地方拍几张照片,便走出了博物馆,结束了他们的博物馆体验。对于他们来说,陈列、讲解之类的服务项目并非像这些项目的设计者们主观想象得那么重要,其全部的博物馆体验就是对博物馆外环境的体验。与此形成对照,对于其他类别观众来说,环境本身很难构成其体验内容的重要组成部分。因此,环境本身成为体验内容的重要组成部分是博物馆观众区别于其他类别观众的另一个重要特征。

博物馆观众作为博物馆服务对象所具有的这些特征是其最具本质意义的特征,是博物馆观众特征的第三个层次。

以上从博物馆观众作为人、作为观众的一个类别和博物馆的服务对象的三重身份分析了博物馆观众的特征。在这些特征当中,存在一般特征和本质特征的区别。博物馆观众作为人、作为观众一个类别所具有的特征是其一般性特征,但却是其不可分割和不容忽视的特征。博物馆观众作为博物馆服务对象所具有的特征是其本质性的特征,是博物馆观众区别于其他类别观众的特征。对于这些特征必须给予特别的重视。

二、博物馆观众的特征对博物馆工作的启示

对于博物馆观众特征的研究与认识具有积极的现实意义,这表现在对于博物馆观众特征的确认,为有效地开展工作提供了诸多有益的启示。

第一,对于博物馆观众作为活的生命有机体这一特征的确认,要求博物馆在开展工作、设计活动项目时必须考虑到观众首先是一个活生生的人。作为活生生的人,观众必须饮食、休息、排泄等。这是维系其生命有机体正常运行所必需的,也是观众有效进行其博物馆体验的前提。观众在博物馆中的体验是一种身心互动的综合体验,只有当生命有机体的基本需求得到满足之后,博物馆提供的诸如陈列等旨在满足其精神需求的项目才有可能得到有效的利用。博物馆服务于社会、服务于观众的宗旨

和目标才能最终得到实现。因此,对于博物馆来说,应该考虑在其内部设立能够满足其观众基本生理需求的设施,如饮食处、休息室、厕所等。而且必须从实现博物馆的宗旨和目标的高度来认识这些设施的建设。

第二,对于博物馆观众社会生活各个方面不断变化这一特征的确认,要求博物馆必须动态地去看待其服务对象,并根据动态的观察设置相应的活动项目。具体地说,博物馆观众社会生活各方面不断变化的特征要求博物馆必须做到:一、定期地进行观众研究。由于观众处于不断变化之中,因此,每一次对观众研究的成果都只能在有限的时期内发生效用或作为博物馆开展工作的基础和依据。而超出一定的时间范围,研究成果的有效性就会大大削弱,其对实际工作的指导意义就会大大降低。就此而言,对观众的研究必须定期地进行。在此问题上,那种一劳永逸的观念和做法在理论上是讲不通的,在实践中则是无益的。二、及时地调整服务项目及其具体内容。在实际工作当中,面对不断变化着的观众,博物馆必须要做到这一点,这是保证其工作有效性和事业成功的关键。任何一个面对变化着的观众而无动于衷的博物馆,注定是要失掉观众的。在以往的实践当中,大量无情的事实业已证明了这一点。

第三,对于博物馆观众包括多个个体和其社会生活存在差异性两个特征的确认,要求博物馆在设置活动项目时必须讲求多样性和层次性。博物馆观众是一个包括多个个体的庞大群体,而其社会生活又存在差异性,所以,博物馆在设置活动项目和开展服务时就必须对此给予充分的考虑。具体到实践当中,就是要强调活动项目种类的多样性和同一项目的多层次性。只有做到这一点,才能够满足不同观众的不同需求,实现博物馆服务于整个群体的目标。

第四,对于视觉体验是博物馆观众体验基本方式这一特征的确认,要求博物馆在利用多种感官方式的同时必须特别注意强化其观众的视觉感受。如前所述,视觉体验是观众体验的基本方式,而且视觉又是人类获取信息的最主要的途径。因此,对于博物馆来说,在设计活动项目特别是陈列展览时,必须重视强化观众的视觉感受,以便通过这种强化使其能够获得更深切的体验。当然,强化视觉感受并非单纯地追求奇异的视觉刺激。

恰恰相反,单纯地追求奇异的视觉刺激是在强化观众视觉感受时应竭力避免的,至于如何强化视觉感受及如何正确地把握强化视觉感受同单纯地追求奇异的视觉刺激的关系则是另一个需要专门研究的课题。

第五,对于博物馆观众体验的实现是以其本身的自愿作为前提这一特征的确认,要求博物馆必须有一种服务意识。博物馆观众体验的实现是以其自愿作为前提的。而自愿的产生主要来自博物馆诸多高质量的服务项目和良好的服务态度。这就要求博物馆必须要有一种服务意识,以一种服务者的姿态面对观众,而不是像过去那样,以一种教导者的身份出现在观众面前。否则,博物馆必然会遭到来自其观众的抵制,最终将失去观众。在这一方面,每一个博物馆都应该明确,博物馆观众体验的实现是建立在其本身自愿基础上的。博物馆观众与其在博物馆体验之间的关系是建立在观众自愿基础上的一种或然性的、松散的关系。观众是否参观博物馆取决于其本身的自愿,而不在于博物馆的强求。博物馆只有在自己的工作中始终贯彻服务意识,努力提高服务的质量,才有可能赢得观众,让其自愿地走进博物馆的大门。

第六,对于博物馆"实物"是博物馆观众体验的基本对象这一特征的确认,要求博物馆在开展工作、设置服务项目时必须注意突出其特有的"实物"。博物馆作为一种文化设施存在的价值就在于它是一种对"实物"进行保存、研究、展示的机构。"实物"是它的特色和优势。所以,对博物馆来说在开展工作、设计服务项目时,必须注意突出"实物"的重要性,强调其主导地位。具体地讲,在陈列当中,就是要以"实物"为主,尽可能地少用文字说明和辅助材料,在讲解中,也应围绕"实物"来进行。只有这样,博物馆自身的优势才能得到最大限度的发挥。

近些年来,在博物馆的实际工作中,有一种博物馆文化中心化的倾向。这种倾向的突出表现就是一些博物馆开始越来越多地借助于非"实物"手段吸引观众。这一做法实际上是削弱了博物馆自身的优势,对于博物馆的真正发展是十分不利的。

第七,对于博物馆环境本身是博物馆观众体验内容的重要组成部分这一特征的确认,要求博物馆必须重视环境的作用及环境建设。由于对于博物馆环境本身的体验在博物馆观众体验中占据着举足轻重的地位,所以,每一个博物馆都应该加强对环境地位和作用的认识,重视自身环境的建设。

博物馆环境建设可分为内环境建设和外环境建设。内环境建设多属于陈列艺术设计范畴,以往多有高论,此不赘述。外环境建设主要是指对博物馆门庭、建筑、庭院及其附属设施的设计、规划和实施。鉴于前面提到的原因,这项建设的意义是不言而喻的。在此需要特别强调的是,在进行外环境建设时,必须注意:一是,建筑、门庭及雕塑等的设计和规划必须考虑到文化内涵,在可能的情况下,应尽量地同博物馆的性质、所反映的主题内容等协调起来,使其发挥更大的作用。二是,庭院的设计与规划应首先考虑博物馆普通观众的审美情趣,使他们能够在其中得到身心的陶冶。明确这一点对外环境建设是非常重要的,因为博物馆普通观众是外环境体验的主体。

博物馆观众研究一直是我国博物馆学研究中的一个薄弱领域。然而,无论是在理论上,还是在实践上,这一领域的研究都具有极为重要的意义。拙文旨在抛砖引玉,以期引起更多研究者对此领域的关注和研究,进而将这一领域的研究推向更高的层次。

原文署名"艾赖文",刊载于《中国博物馆》1997年第1期。

试论陈列讲解中的四种关系

对于我国的绝大多数博物馆来说,陈列讲解是它们联结公众、服务于社会的主要方式。因此,做好陈列讲解对于发挥博物馆的社会职能和树立其社会形象都具有重要意义。

陈列讲解是一项技术性很强的工作。在陈列讲解中会涉及许多技术或技巧。譬如,在语言的表达、表情的运用、观众的组织等方面,都包含着极大的技术成分。不过,仅仅认识到陈列讲解技术性较强这一特性是不够的。原因是这种认识本身会让人产生一种错觉,即陈列讲解不过是一个技术问题而已,只要技术问题解决了,陈列讲解也就做好了。这种观念反映在研究当中就是有关陈列讲解的文章多囿于技术的探讨。事实上,这是一种误解。

在陈列讲解中,技术固然是一个不容忽视的重要因素,但它不是陈列讲解的全部。在陈列讲解中,除了技术因素之外,一个重要的问题就是认识问题。这中间包括对陈列讲解的一些原则性认识,如陈列讲解的任务和作用,陈列讲解中各种关系的处理原则等。这些认识在根本上会制约技术的运用和发挥,最终也决定着陈列的效果。那么,从认识的角度讲,在陈列讲解当中,哪些问题应该引起特别的重视呢?

博物馆陈列,就内容方面而言,是一个由博物馆特有的实物、辅助展品①和文字说明构成的有机的知识系统和情感系统。陈列讲解就是通过

---

① 这里的辅助展品是指模型、图表、沙盘等,不包括文字说明。

讲解员对这一特殊系统的阐释而对观众产生影响的一种行为过程。这样，在陈列讲解中，就必然会涉及三个基本因素：讲解员、陈列和观众（或称为参观者）。陈列讲解实际上就是三者间相互作用的一种行为过程，这种相互作用通常以不同的关系形态表现出来。对于这些不同关系形态的认识和处理会直接影响讲解的效果。在这些不同的关系形态之中，笔者认为尤其应该给予重视的主要有以下四种关系：

- 讲解宗旨与观众兴趣的关系
- 讲解内容与观众知识结构的关系
- 陈列讲解与文字说明的关系
- 讲解词与实地讲解的关系

下面分别谈谈笔者对这些关系的一些粗浅认识。

一、讲解宗旨与观众兴趣的关系

陈列讲解是阐释陈列这一特殊系统的一种行为过程。这种行为过程作用于观众的基本运作模式，首先是对蕴含着设计者价值观念的陈列基本内容的介绍，其次是在此基础之上的情感诱发，最后是对观众价值观念的影响。大凡陈列讲解，无论其陈列内容如何，其发生大都遵循着上述这种模式。可见，陈列讲解绝不像有些人理解的那样仅仅是一种单纯的知识传授，而是一种涉及知识、情感、价值观念等多种因素的、具有多层次目标的行为过程。任何一个陈列讲解的最高目标都在于改变其接受者的观念，而不只是传授知识；知识的传授只是其多层次目标中较低层次的目标，是实现最高目标的一个前提和基础。很难设想，对于一个历史文物陈列的讲解只是为了让观众知道历史上所发生的事情，而不想让他们对这些历史文物的创造者们形成一种新的看法或态度。

所以，博物馆陈列讲解是有意而为之。任何一种陈列讲解都是有其明确目的或宗旨的（区别仅在于不同内容的陈列讲解，其目的或宗旨的具体内容不同）。而且，这种目的或宗旨还有不同的层次。从这一意义上讲,陈列讲解是主观的、强制性的,是不以观众本身的兴趣或态度为转移的。无论观众的兴趣或态度如何,陈列讲解的宗旨都是不能改变和放弃的。放弃或改变陈列讲解的宗旨,实际上就等于放弃了陈列讲解本身。这就好比做生意,任何生意都是要赚钱的,这是宗旨,是不能改变或放弃的。如果放弃了赚钱,做生意本身就失去了意义。因此,问题的关键不在于是否坚持明确的宗旨,而在于如何有效地利用观众的兴趣点去为实现陈列讲解的宗旨服务。这就要求在陈列讲解中必须注意处理好讲解宗旨与观众兴趣之间的关系。

讲解宗旨与观众兴趣的关系问题是陈列讲解中经常遇到而且必须解决的问题。但在这种关系的处理上,存在两种不良倾向,一种是一味地强调计划宗旨的实现,全然不考虑观众的兴趣,因而就产生了一种讲解与参观截然分开的现象。一方面是讲解员只顾为实现讲解的宗旨而讲;另一方面,观众则按自己的兴趣去听或干脆不听。结果是,陈列讲解的宗旨不但没有得到实现,而且观众也未能从讲解中获得最大的收益。这种现象在强调博物馆"教育"职能的时代是很普遍的。在现时的讲解当中也并非没有。另一种不良倾向是讲解过分迁就观众的兴趣。具体表现是观众喜欢听什么就讲什么,讲解被观众的兴趣牵着鼻子走,陈列讲解进行得很被动。结果,一些观众的兴趣确实得到了满足,但有些为实现讲解宗旨所不可缺少而起初观众的兴趣点不在于此的内容却未能有效地传达给观众,陈列讲解的宗旨并未随着讲解的完成而得到彻底的实现。由于博物馆观众的构成是复杂的,其兴趣是多种多样的,一般观众的兴趣所在往往是陈列当中一些"好玩""漂亮"或"有名"的实物和一些稀奇的内容,而这些与最能体现陈列讲解宗旨的内容并不是完全重合的。因此,仅仅顺着观众兴趣的牵引进行讲解,不但不能很好地实现讲解的宗旨,反而会使讲解陷于较低的层次。这种现象在现时的陈列讲解中并非不存在。正因如此,在处理讲解的宗旨和观众的参观兴趣间的关系时,就应尽力避免上述两种情形。因为无论其中哪一种情形都算不上是完美的讲解。一次成功的、完美的讲解应该是讲解的宗旨与观众参观兴趣的高度有机结合。

从这一认识出发,在讲解的实施过程中,讲解员必须时时牢记讲解的宗旨,并把它渗透在讲解过程的始终。同时,对于观众的兴趣,则应加以合理地利用和诱导,使他们自发的兴趣焦点逐步从"好玩""漂亮"的内容转移到与更全面地实现讲解宗旨相关的内容上来。这种诱导工作是陈列讲解中必须做的一项工作(至于如何进行这种诱导工作属技术范畴,当容另文专论)。这是因为博物馆的陈列讲解毕竟不是娱乐场里的说唱,可为取悦观众完全按其兴趣好恶去进行,它是有自己明确宗旨的。它应该有些微的自尊,而不应是完全的迎合。

二、讲解内容与观众知识结构的关系

从一定意义上讲,陈列对于任何人来说都是需要讲解的。普通观众固然需要讲解,专家型观众同样需要讲解。研究社会科学的专家在一个自然陈列面前只不过是一个普通参观者;而一个研究政治学的专家,站在历史文物陈列面前,需要讲解的内容可能要比一个刚出校门的大学本科考古专业的学生多得多;一个研究哺乳动物的专家在两栖动物陈列面前可能同样需要讲解。学科越是专业化,陈列越是先进,对于专家型观众来说就越是需要讲解。这主要是由博物馆陈列这一特殊系统所容纳知识的广泛性及其使用的特殊语言决定的。可以说仅就需要讲解这一点而言,普通型观众与专家型观众是没有区别的。任何观众在陈列面前都是需要讲解的。

虽然观众都需要讲解,但对不同的观众来说,在需要讲解的内容多少、程度深浅、侧重点等方面却可能会有所差异。这种差异的背后实际上是观众已有知识结构或经历的差异。观众已有知识结构与陈列内容本身的知识框架重合或接近的地方比较多,在陈列中观众需要讲解的地方就会少些;观众已有的知识结构与陈列内容本身的知识框架重合或接近的地方比较少,观众需要讲解的地方就会多些。因此,如何把握所讲内容同观众已有知识结构之间的关系在很大程度上会影响到讲解能否最大限度地满足观众的需求以及讲解的效果。

关于讲解内容同观众已有知识结构之间的关系问题,笔者曾以历史文物陈列为例对此作过论述①。在此，仅对以前的看法作两点补充。

第一，把讲解内容同观众已有知识结构相联系的原理适用于一切陈列讲解。在《问题》一文中，笔者曾指出，在历史文物陈列讲解中应该把讲解内容同观众现时经验范围内的东西联系起来。这是把讲解内容同观众已有知识结构相联系的原理在陈列讲解中运用的一个特例。事实上，这一原理同样适用于其他内容的陈列讲解。如前所述，对于所有观众来说，陈列都是需要讲解的。讲解之所以必要，就是因为在陈列中存在观众所不熟悉的东西，而陈列讲解的目的之一就是要让观众通过听讲解对所看到的内容从不熟悉变得熟悉起来。根据知识接受的原理，接受者对新知识的接受是一个循序渐进的过程，对于新知识的吸纳是以接受者已有知识结构为基础的。一种新的知识只有放在接受者原有的知识背景之上，即与其已有的知识结构联系起来才易于被接受和吸纳。博物馆陈列作为一个大容量的知识系统的特性决定了观众对其中知识的接受同样是以他们已有的知识结构为基础的。所以，要想有效地将相关知识传达给观众，并让其能够接受，就必须把所讲内容同观众已有的知识结构联系起来。这不仅适用于历史文物陈列的讲解，而且同样适用于其他内容的陈列讲解。

第二，知识结构的主体是"类人"。在《问题》一文中，限于篇幅，笔者没有进一步明确知识结构的主体。实际上，在"把讲解内容同观众已有知识结构相联系"这一命题中，"观众"一词既不是泛指陈列的所有参观者，也不是指个体的参观者，它是指"类人"。所谓"类人"，即是对作为一个类别的、具有某种共同特征的人的总称。在实地讲解中，任何一次讲解实际上所针对的并不是观众中的每一个个体，而只是由一定群体中的个体综合而成的"人"，即"类人"。如果讲解是针对每一个个体的观众，那么这种讲解不但不可能进行，而且也是没有必要的。

既然讲解的对象实际上是"类人"，那么上述命题中所涉及的知识结构的主体就应当是"类人"，而不是观众中的每个个体，更不是泛指所有的

---

① 参见拙文《历史文物陈列讲解中应注意的两个问题》，《无锡文博》1995年第2期。以下简称《问题》。

观众。在认识和处理所讲内容与观众已有知识结构的关系问题时,这一点是必须清楚的。

至此,讲解内容同观众知识结构之间的关系已经明确了。对于他们之间的关系,简言之,可概括为:观众的知识结构是讲解内容展开的基础;在讲解中,必须把讲解内容同观众已有的知识结构联系起来。

三、陈列讲解与文字说明的关系

一般说来,陈列中的文字说明包括前言、标题、部分说明、单元说明、展品说明等。在一个陈列当中,文字说明是必不可少的。首先,"实物"本身的非自明性决定陈列中必须有文字说明。博物馆的陈列是以博物馆中特殊的实物为基础组织起来的一个知识系统和情感系统,"实物"作为这一系统所使用的一种特殊语言在其中发挥着不可替代的作用。在陈列所容纳的知识当中,有很大一部分直接来自"实物"本身。虽然这种"实物"是直观的、形象的,但它却是非自明的,即"实物"本身一般不会自己向观众说明它是什么。一个普通的观众即使站在看得见摸得着的地动仪的模型前,如果仅仅借助于本人的观察,那么他或她是不会知道面前的这个东西是怎么一个运作原理,甚至连它的名字也无从知晓。博物馆通过陈列的形式将"实物"展示出来,目的就是为了让观众了解它们。这样,在缺少讲解员的情况下,就需要用一种说明方式将"实物"介绍给观众。在这种情况下,就产生了一种知识性的文字说明,如展品说明、原理说明等。其次,"实物"的组合性决定了陈列中应当有文字说明。在博物馆陈列当中,"实物"占据着绝对主导的地位,但"实物"通常不是以个体形式出现的,而是以组合形式出现的。多个"实物"被组合在一起,目的就在于揭示某种意图,某种由这一组合所体现的内涵。如前所述,由于"实物"本身具有非自明性,所以,由"实物"组合而成的整体本身也就无法自我说明。在这种情况下,就需要用一种说明方式将一定"实物"组合及其所揭示的内涵展示给观众。这样,就产生了另一种文字说明——揭示性文字说明,像前言、部分说明等均属于此。再次,文字说明是博物馆大众化的必然产物。

在大众化的博物馆产生之前,以少数特殊阶层为对象的博物馆是存在的。这些博物馆大多限制参观,参观人数一般都较少。在参观过程中,博物馆通常派专人进行讲解兼作警卫。这一时期,对于陈列的说明主要是通过口头形式来完成的。由于参观人数少,这种口头形式的说明尚能满足需要。随着博物馆大众化时代的到来,参观博物馆的观众增多了,陈列的内容也更加丰富,仅仅依靠口头说明即讲解已经无法满足观众的需要。于是,一种更能满足观众对陈列解释需求的说明方式产生了,这就是文字说明。可见,文字说明在博物馆陈列中是不可缺少的,它是博物馆陈列的一个必然的组成部分。从功能角度讲,它是对"实物"及其组合的一种解释;就性质而言,它是陈列的一种自我说明方式。

与之形成对照,陈列讲解是由讲解员对陈列所作的一种解释。它是解释陈列的另一种方式,而且通常以口头形式出现。从目的和功能上看,它与文字说明是相同的,二者都是通过对陈列的解释让观众了解和熟悉陈列内容。这样,在陈列讲解中,就必然会遇到陈列讲解与文字说明之间的关系问题。那么,究竟应该如何认识和处理二者间的关系,才能使两者各自的作用得到最大限度的发挥,同时又能避免两者的重复呢?

在回答这一问题之前,有必要看一看陈列中文字说明的特性。

在博物馆陈列当中,文字说明有两个突出特点:首先,文字说明的解释是概括性的。在博物馆陈列当中,文字说明的作用是解释,但这种解释却是概括性的。无论是知识性说明,还是揭示性说明,都只是对对象的一种总体上的解释,而不是一种详尽的解释。它不可能也没有必要这样做,否则,博物馆陈列就会充满文字,陈列中"实物"的主导地位就会被削弱。由于文字说明有这样一种特性,所以,在进行陈列讲解时就必须注意对它进行细化,即对其作进一步阐释。其次,文字说明具有中性化的特征。陈列中的文字说明是给每一个观众看的,但它的撰写却不是以每一个个体的或某一特定层次的观众为对象进行的。这种非特定层次的观众可称为"中性"观众。它既不是指个体的观众,也不是指某个特定层次的观众。实际上,它是对他们的概括和抽象,其中虽隐含了他们,但又不是他们。正是从这一意义上说,文字说明具有中性化的特征。这样,对于个体或某一特定层次的观众来说,要想从这种以"中性"观众为对象写成的文字说明中获得最大收益,就需要有一个个性化的过程,即将以"中性"观众为对象的文字说明转化为以自身为对象的文字说明。这一转化过程既可以由对象自身来完成,也可以由讲解员来完成。由讲解员完成的这一过程属于陈列讲解的范畴。

不难看出,正是陈列中文字说明的概括性和中性化特征决定了在陈列讲解中必须对文字说明进行"再加工"。这种"再加工"一方面表现为细化过程,一方面表现为个性化过程。不过对于文字说明的这种"再加工"只是陈列讲解与文字说明之间关系的一个方面。

陈列讲解与文字说明之间关系的另一个方面就是在进行"再加工"的同时,讲解内容必须注意渗透文字说明中的基本思想。这主要是由陈列讲解的性质和观众的参观习惯决定的。首先,陈列讲解在性质上是相对独立的。陈列讲解有其自身的系统。它不像文字说明那样本身就是陈列的一个组成部分,而是相对独立地存在于陈列之外。从理论上讲,仅通过陈列讲解,观众应该能够对陈列有一个完整的印象。如果在陈列讲解中不注意渗透文字说明中的基本思想,那么,观众所得到的印象便只能是零碎的。这不是陈列讲解的目的。其次,一般观众参观陈列时习惯于听讲解,通常很少仔细阅读文字说明。对于他们当中的绝大多数人来说,陈列讲解结束了,他们的参观行为也就结束了,极少有人再返回去重新阅读文字说明。这就要求在对文字说明进行"再加工"的同时,必须注意把文字说明中的基本思想渗透到陈列讲解的内容中去,以便观众能够获得一个完整的印象。否则,不仅文字说明的作用得不到最大限度的发挥,而且一味地强调文字说明的"再加工",还会造成"只见树木,不见森林"的后果。

因此,在处理和认识讲解内容与文字说明二者间的关系时,一方面要注意对文字说明的再"加工",另一方面,但并非不重要的一个方面,就是要注意在经过"加工"的内容中渗透文字说明中的精髓。只有这样,文字说明和陈列讲解才能做到相得益彰,使各自的作用得到最大限度的发挥。

四、讲解词与实地讲解的关系

讲解词是解释陈列时基本的内容依据,它是以书面形式存在的。就功能而言,它可以为讲解员提供讲解所需的基本素材。在内容上,它通常包括陈列所涉及的最基本的东西。在语言风格上,与文字说明相比,它更具有口语化的特征,更适合于口头表达。但是,无论讲解词如何地口语化,它终归是一种书面的、"死"的内容介绍。要想将这种内容转变成观众能接受的口头语言,还需要有一个对它的"活化"过程。这种"活化"过程就是实地讲解。

观众是实地讲解的对象,而观众又具有"活"的特性。这主要表现在他们的心境、知识、积累等都处于不断变化之中。即使是同一群观众,在不同的时间和环境里,其在本质上也是不相同的。没有完全相同的观众,因此,每一次实地讲解所面对的观众都是不一样的,都是"新"的观众。这就决定了每一次实地讲解不可能是完全一样的,而是处于不断变化之中。对象的这种"活"的特性决定了实地讲解也是以"活"为特征的。

所以,讲解词与实地讲解的关系的一个重要方面就是"死"与"活"的冲突。因为讲解词是以"死"为特征的,而实地讲解是以"活"为特征的。

讲解词与实地讲解之间关系的另一方面表现为二者间的不完全对应性。由于讲解词是以"死"为特征的,而实地讲解是以"活"为特征的,所以,任何一种讲解词实际上都无法完全对应于一次实地讲解。在每一次实地讲解中,无论怎样完美的讲解词都需要讲解员在对观众的基本情况作出判断的基础上进行一些适当的调整,这种调整就是"活化"的实质。其表现形式主要是建立在"活"的对象基础之上的对讲解内容侧重点深浅程度的及时而灵活的变通。

以上两点是在认识二者间关系时必须首先清楚的。

在博物馆界有一种颇为流行的观点。这种观点认为,一个陈列应有几套不同的讲解词以满足实地讲解的需要,保证陈列讲解的效果。从表面上看,这种看法似乎完美地解决了讲解词与实地讲解之间的冲突。但实际上，这种观点至少存在下列不足：第一，这种观点没有认识到实地讲解的本质特征。实地讲解是以"活"的观众为对象的，具有"活"的特征。在其实施过程中，讲解员和讲解对象——观众都处于不断的变化之中。而上述观点恰恰忽视了这一点，它建立在对讲解对象静态划分的基础之上，认为观众可以划分为几个大的类而且各类别是不变的，因而，就可以用几套静态的不同的讲解词去满足实地讲解的需求。第二，这种观点没有认识到实地讲解与讲解词之间的不对应关系。由于实地讲解是以"活"为特征的，而讲解词是以"死"为特征的，因此，在二者之间，只能是一种单向的适应关系，而不是完全的对应关系。"死"的讲解词只能去"适应"实地讲解，而不能去对应实地讲解。在经验范围内，二者之间的关系也正是表现为一种适应关系而不是对应关系。在实地讲解中，要想取得一种好的效果，讲解员就不可能完全按照讲解词去讲解，只能是根据实地讲解的对象和情况去及时调整讲解词，适应他们的需求（但这种适应同迎合是有本质区别的）。在这里，真正与实地讲解对应的并不是先前那种"死"的讲解词，而是经过"活化"了的讲解词。后一种讲解词虽然脱胎于前一种讲解词，但与前者却有极大的差别。前面提到的那种看法并未认识到这一点。由于这是以讲解词与实地讲解之间的完全对应关系为基础的，就认为可以用几套不同的讲解词去对应以不同类型观众为对象的实地讲解，这其中的不足是显而易见的。

由于存在上述不足，前面提到的那种观点在理论和实践上的意义就需要重新去认识。

总之，在对讲解词与实地讲解之间关系的认识上，我们必须明确以下三点：第一，讲解词与实地讲解的本质特征是不相同的。前者是以"死"为特征的，后者则是以"活"为特征的。第二，讲解词只是为实地讲解提供了基本的内容依据，它不是实地讲解内容的全部；实地讲解是对讲解词的"活化"，而不是对讲解词的重复叙述。第三，讲解词与实地讲解之间不是一一对应的，二者之间只是一种单向的适应关系。

陈列讲解是一项复杂的工作，它涉及多种因素和多种关系。在它的实施过程中，各种因素和关系都发挥着自己的作用。上面所讨论的只是这一过程中的四种关系,但它们在陈列讲解的过程当中却起着至关重要的作用,对讲解效果有着直接而巨大的影响。因此,在陈列讲解中必须给予足够的重视。

原文刊载于《文物春秋》1997年第1期。

叁

博物馆发展

中外博物馆社会资金利用的比较分析

非国有博物馆体制回转现象剖析

　　——以陕西省凤翔县"秦公一号大墓"博物馆为例

关于美国联邦政府对博物馆资助的几个问题

现阶段我国博物馆发展的两个问题

中外博物馆社会资金
利用的比较分析

社会资金①是博物馆可以开发和利用的重要社会资源之一。在社会资金利用方面,中外博物馆之间却存在比较明显的差距。本文旨在通过对中外博物馆社会资金利用状况的比较分析,廓清两者之间的主要差距及成因,以便我国博物馆更好地开发和利用社会资金。

一、中外博物馆社会资金利用状况比较

在西方博物馆事业比较发达的国家,尽管博物馆在利用社会资金方面因各自国家博物馆管理体制等方面的不同而有所差别,但博物馆对社会资金的利用却是较为普遍的一种现象,无论在博物馆管理社会化程度较高的国家,还是在博物馆管理集中化程度较高的国家,莫不如此。

美国是一个博物馆管理社会化程度较高的国家。在美国,几乎没有博物馆不接受来自社会的资金。在一些公立博物馆资金构成中,社会资金也占有相当的比例,是其资金构成中一个不容忽视的组成部分。以史密森学会为例,根据该学会 2007 年年度报告,其资金来源主要包括联邦政府的直接拨款、政府其他部门的资助以及私人资金。此外,还有博物馆

---

① 本文中的"社会资金"是一个相对于政府资金的概念,通常包括博物馆自营收入(如门票收入、商店经营收入等)、捐献收入以及其他非政府性收入等。由于这些收入主要来自社会,故统称为"社会资金"。

自身经营收入。在博物馆资金构成中,各类资金的所占具体比例如下:联邦政府拨款占59%、捐助和私人赠予占19%、政府补贴与契约收益占11%、投资收益占6%、商业投资占3%、其他收入占2%[1]。社会性资金几乎占到博物馆资金的1/3。在一些私立博物馆中,社会资金在博物馆资金构成中所占比例更高。以美国纽约大都会艺术博物馆为例,根据该馆2006—2007年年度报告,在该年度博物馆近3亿美元总的收入、资助和让渡中,门票近2 600万、会员费约2 400万、捐助及补贴等5 000万、来自纽约市的拨款约2 700万、基金会资助近6 000万、附属活动收入(包括商品广告推销、餐饮等)则约10 600万,其他收入约占700多万[2]。这一资金构成显示,社会资金已经成为该馆资金构成的主体,政府资金仅占很小的一部分。而且,这些社会资金的来源是多渠道的,如门票收入、捐赠、会员费、附属活动收入等,而不只是单一的门票收入。史密森学会与大都会艺术博物馆是美国较有代表性的博物馆,从它们的资金构成中可以窥探到美国博物馆社会资金的利用情况。

法国是一个博物馆管理集中化程度比较高的国家。在这里,除了由非赢利团体(如基金会、学会组织等)创建的博物馆,更多的博物馆是由公共资金运营的。博物馆与政府之间的关系比较密切,其情形与我国博物馆有着较多的相似性。即便就后者而言,社会资金在博物馆资金构成中也占据了相当的地位。以卢浮宫博物馆为例,除政府资金之外,社会资金在该馆资金构成中的地位日趋重要。2004年,伴随着法国卢浮宫博物馆角色的变换,门票收入成为博物馆运行费用的重要组成部分(其收入的20%用来购买新的藏品)。同时,博物馆也积极争取和接受来自外部的捐助。卢浮宫在展厅的修复方面就曾得到日本的资助,在临时性修复方面,则得到了一些私人的捐助。博物馆的网站建设得到了里昂信贷以及日本

---

[1] *Smithsonian Institution 2007 Annual Report*, p.32, http://www.si.edu/opa//annualrpts/2007report/index.html.

[2] *The Metropolitian Museum of Art*, Annual Report for the Year 2006–2007, p.62, http://www.metmuseum.org/annual-report/index.asp.

资生堂的资助①。

在英国,属于国立的大英博物馆,资金主要来自政府,但社会资金在博物馆资金构成中也占有一定的比例。根据该馆2006—2007年年度报告,其收入构成中,既有来自英国文化、媒体和体育部拨付的补助金,也有通过开展商业、筹资等活动获得的收入,其收入构成也是混合性的②。作为二战后得到较快发展的独立博物馆,其运营资金社会化程度更高,像号称规模最大的铁桥峡博物馆几乎完全是依靠社会资金运营的。

在其他国家,博物馆对于社会资金的利用也是比较常见的现象。在加拿大,20世纪90年代曾以在管理领域的改革而闻名的格林堡博物馆就是一个例子。根据该馆2006—2007年年度报告,博物馆收入中有近70%来自筹资、资助和入场费,政府资助只占较少的一部分。具体说来,该年度博物馆收入构成比例是:筹资占31%,投资收益占15%,商业性活动收益占9%,入场费和会员费占8%,而来自博物馆所在的省、市的收入合计占37%③。在这里,对于社会资金的利用同样是比较突出的。

在西方博物馆事业比较发达的国家,对于社会资金的利用是一种较为普遍的现象。近些年来,这一现象尚有加剧的趋势。加拿大在过去的10年里,尽管政府仍然是博物馆最大的资金提供者,但博物馆在资金上对于各级政府支持的依赖却在逐步削弱。2002—2003年度一项统计数据显示,该年度博物馆的总收入中,公共资金占到近62%,而10年前,这一比例高达71%;同一时期,博物馆筹资收入增长了23%,收入来源则更趋多元化④。在一些国家如荷兰,甚至开启了博物馆"私有化"的进程⑤。

---

① [法]卢瓦耶特:《大型博物馆的现代化管理——在故宫博物院的演讲》,《文物工作》2005年第2期,第29—33页。
② *The British Museum Account 2006 - 2007*,p.4,http://www.britishmuseum.org//PDF/TAR06 - 07.pdf.
③ *Glenbow Museum Annual Report 2006/07*,p.23,http://www.glenbow.org/abou//annual.cfm.
④ *The Museums sector*,http://www.pch.gc.ca/progs/emcr/eval/2005/2005 - 05/3 - e.cfm.
⑤ [荷]史迪芬·恩格尔斯曼:《荷兰国有博物馆走向"私有化"》,《中国博物馆》2004年第1期。

这是博物馆利用社会资金的更为激进的方式。

从上述材料来看，对于国外博物馆利用社会资金，至少可以形成如下一些认识：一是至少在一些西方发达国家，博物馆对于社会资金的利用是一个较为普遍的现象，且对于社会资金的利用呈现出逐步加深、日趋多元化的趋势。这反映出包括博物馆在内的社会各方对于博物馆利用社会资金已经形成了共识。二是社会资金成为博物馆资金结构中的一个重要组成部分，在一些国家（如美国），社会资金已经对博物馆构成了实质性的支撑，成为博物馆发展所不可缺少的。三是博物馆在利用社会资金方式和手段方面，相对比较丰富。除门票之外，博物馆还通过争取和接受捐献、从事投资、开展经营活动、获取会员费等方式利用社会资金，并在这一方面取得了相当的成效。

在我国，有关博物馆收入及其构成方面的资料，主要来自政府相关职能部门的统计数据，这些数据时常又会因为不同部门关注点不同而存在比较大的出入。至于单个博物馆，几乎没有公开发布的完整的信息资料。这在一定程度上对分析我国博物馆利用社会资金的实际状况带来了一些困难。在此，只能根据有限的资料对我国博物馆利用社会资金的情况作一个综括性的推测。

据文化部计划财务司的一项统计，2005 年度，全国各类博物馆的总收入是 344 539.2 万元，其中，财政拨款 166 731.3 万元，上级补助收入 15 510.6 万元，事业收入 145 107.4 万元（其中含门票收入 125 181.2 万元），经营收入 4 604.8 万元，附属单位上缴收入 146.9 万元，其他收入 12 437.9 万元。而全国文物系统博物馆情况也大体一致。2005 年度，全国文物系统博物馆的总收入是 340 458.5 万元，其中，财政拨款 165 868.8 万元，上级补助收入 15 214.8 万元，事业收入 142 882.4 万元。事业收入含门票收入 123 168.5 万元，经营收入 4 604.8 万元，附属单位上缴收入 146.9 万元，其他收入 11 740.5 万元①。这些统计数据表明，从总体上看，

---

① 文化部计划财务司编：《中国文化文物统计年鉴（2006）》，北京图书馆出版社，2006年。另，在该统计当中，各地区博物馆及各地区文物系统博物馆总收入比收入明细均多出 0.3 万元。此处暂存疑。

我国博物馆收入中一半以上来自财政拨款,事业收入中有近9成来自门票,至于经营收入及其他收入则很少。就个体博物馆而言,情况略显复杂一些。一些博物馆的情况与全国的情况大体一致。以上海博物馆为例,据介绍,上海博物馆2004年的运营经费大约是9 000万元,其中政府投入6 400万元,门票收入约为2 000万元,博物馆经营收入约为400万元①。从其收入构成来看,政府资金仍然是主导性资金,社会资金占有一定的比例,但也主要是由门票收入构成,其他收入来源所占比例低。另一些博物馆由于在市场化运作方面进行了大胆的尝试,情况则有所不同。比如,湖南省博物馆每年运行经费约为1 800万元,其中政府投入约600万元,经营性收入(主要是门票收入)1 200万元②。重庆红岩革命纪念馆和歌乐山革命纪念馆,2003年门票收入和在社会上举办各种活动获得的收入有1 300万元左右,政府人头费的拨款将近500万元,再加上其他一些专项拨款,总共有2 000万元左右③。从这些博物馆的收入构成看,非政府的社会资金已经占据了较大比例,传统的以公共资金为主导的收入结构在这些博物馆正在发生着变化。这些博物馆的情况反映了近年来我国博物馆在利用社会资金发展方面出现的一些新变化,但这样的博物馆数量并不多。

近年来,尽管出现了像湖南省博物馆、重庆红岩革命纪念馆和歌乐山革命纪念馆等一些在利用社会资金方面取得了较大进展的博物馆,但就整体而言,我国博物馆利用社会资金尚不普遍,收入主要集中在事业收入一块,其中又以门票收入为大宗。除此之外,缺乏其他来源的收入。这也正是我国博物馆对于政府门票政策比较敏感的重要原因之一。

如果将我国博物馆与国外博物馆利用社会资金的状况加以比较的话,可以看到两者存在诸多方面的差异,集中表现在以下几个方面:

---

① 傅斌:《中国博物馆:从数字看差距——从5·18国际博物馆日中央电视台〈爱上博物馆〉特别节目说起》,《中国文物报》2005年7月1日第6版。
② 傅斌:《中国博物馆:从数字看差距——从5·18国际博物馆日中央电视台〈爱上博物馆〉特别节目说起》,《中国文物报》2005年7月1日第6版。
③ 李艳:《"红岩"的改革——重庆红岩革命纪念馆长厉华访谈》,《博物馆观察——博物馆展示宣传与社会服务工作调查研究》,学苑出版社,2005年,第94页。

一是，社会资金的利用程度不同。国外博物馆社会资金利用较为普遍，在一些地方和私立博物馆，社会资金的利用程度还比较高。在国内，总体上博物馆对社会资金的利用程度普遍较低，且不同馆之间差别较大。如上海博物馆，社会资金利用远不及政府资金，而湖南省博物馆运营资金中有2/3来自社会资金。

二是，利用社会资金的方式与手段不同。国外博物馆社会资金利用的途径相对较多，除了门票收入之外，还有投资收益、会员费、自营收入等。在我国，社会资金利用途径少，主要是门票收入和经营收入。当然，一些博物馆也在尝试其他的创收方式，如与企业联营等。郑州博物馆在展陈经费短缺的情况下，积极开展工作，先后有八家房地产企业捐助400余万元，博物馆则为其树碑致谢，在每个展厅为其冠名并利用多媒体播放该企业的介绍，企业得到了广告宣传，博物馆也得到了有力的支持，缓解了经费压力。再比如，举办商业性巡回展览，兴办文物复制或仿制品工厂，开展对外书画装裱业务，开展对外文物鉴定业务等①。

三是，社会资金利用的稳定性不同。在国外，博物馆将向社会募集资金看作是博物馆发展的一项战略，一种长期的工作，并建立有相应的组织和机构，从而保证了社会资金利用的相对稳定，利用社会资金不再是一时的偶发性事件。我国博物馆在利用社会资金方面则缺乏稳定的组织保障，依赖于博物馆主管者的个人能力。在这样一种情况下，社会资金的利用通常处在一种偶发状态，社会资金整体利用状况并不稳定。

四是，在资源利用的取向上，国外博物馆侧重对社会资源的利用，甚至包括对国外资金的利用（如卢浮宫博物馆等），其资源利用取向是外向的。而我国博物馆则更侧重对自身资源的开发和利用，其资源利用取向是内向的。

综上所述，在社会资金利用方面，我国博物馆与国外博物馆仍存在比较大的差距，这种差距在社会资金利用的广泛程度、方式、手段以及取向上都有所反映。

---

① 马玉鹏：《路在自己脚下——读〈佛山市博物馆现象之我见〉有感》，《中国文物报》2006年9月15日第6版。

二、中外博物馆社会资金利用
状况差异形成的原因分析

我国博物馆与国外发达国家博物馆在利用社会资金方面存在比较大的差异。这种差异的形成,我认为主要有以下几个方面的原因。

第一,博物馆历史传统与定位。在西方,博物馆从一开始就被作为一种娱乐和休闲的场所。早期的博物馆往往是由私家的收藏发展而来的。因此,在英美,博物馆的建设一直被认为是精英群体的事情,来自民间精英群体的努力是推动博物馆发展的重要力量。政府对于博物馆的支持态度是逐步发展起来的。英国政府对于博物馆一直保持了一种被动的支持态度,而美国联邦政府也是从 20 世纪 30 年代才开始较大规模地支持博物馆。这种历史传统导致了博物馆一开始就与社会力量紧密地联系在一起,利用社会资金就成为它们的自然选择。在我国,博物馆从一开始就被定位为一种教育机构,被纳入国民教育系统,这样,管理和发展博物馆就成为政府的一项职责,从而使博物馆与政府之间形成一种更为密切的关系。可以说,正是这种历史传统和角色定位造成了中外博物馆与政府之间关系的密切程度不同,进而导致博物馆在社会资金利用上的差异。

第二,观念因素。随着时间的推进,历史传统上的差异直接生成了观念上的差异。就社会资金的利用而言,在国外,特别是美国,由于社会力量支持博物馆有着较长的历史(如在美国早期博物馆发展史,几乎所有的博物馆都是由社会力量支撑的),这种历史传统使得博物馆利用社会资金从事自身发展的观念根深蒂固。法国也同样如此。法国卢浮宫博物馆就坚持认为,"博物馆寻求来自公司、基金会、个人捐献的捐赠支持,不仅仅是使其财政来源多样化的一种手段,而且也是博物馆的项目获得社会上重要人物支持的保证"①。与之形成对照的是,在我国,博物馆由于与政府保持了密切的关系,久而久之,便形成了一些观念上的误区,如建设博物馆似乎是政府的一种天职,是政府的事情等,在博物馆工作中,一些人

---

① *Support the Louvre*,http://www.Louvre fr/llv/musee/rapports-activiIes.jsp.

已经习惯了"要政策""要经费"的经营思路。这种观念上的不同直接影响到对社会资金利用采取了不同的态度和取向。

观念因素的另一个层面,是民众对于博物馆的捐献支持呈现出不同的态度。在西方,向博物馆捐献是民众的一项很平常的事,在我国,向博物馆捐献等社会支持博物馆尚未形成一种"风尚和民德"[①]。

第三,体制因素。体制因素对于社会资金利用的影响主要表现在三个方面。一是多元管理体制刺激了对社会资金的利用。在国外,除一些公立博物馆之外,私立博物馆在整个国家博物馆构成中通常也占有一定的比例。这一类博物馆虽然在一定条件下也能接受来自政府的资助,但更多的资金需要自己去筹集,这就促成了它们对社会资金的利用比较多。二是不少博物馆设有经营开发部门或成立专门的投资公司。这种体制设置为社会资金的利用提供了组织保障,有利于社会资金的利用。三是博物馆大多成立了一些具有筹资功能的中介组织。像法国的卢浮宫博物馆就设立了美国卢浮宫友协、日本卢浮宫友协及法国卢浮宫赞助企业联合会,它们对于博物馆筹集社会资金贡献不小[②]。

第四,资金配置机制。在国外,即使享受政府支持的博物馆,政府对于其支持项目的资金支持通常也较为有限。以美国为例,联邦政府对于一个项目的资助,通常是部分的,其对一个项目的资助比例最多不超过整个项目所需资金的50%,而不是全部。这样一种运营机制,促使博物馆在做成一个项目时,必须要发挥自身的主动性,努力寻求更多的社会支持,才有可能进一步得到政府匹配资金的支持。这种资金配置机制在很大程度上刺激了博物馆对社会资金的利用。在我国,来自政府的资金支持大多是一种完全的支持。这种机制虽然在保障博物馆基本需求方面会发挥一定的效用,但它同时也抑制了博物馆自身的创造性,甚至会滋生一种依赖思想,不利于社会资金的利用。

第五,宏观环境因素。宏观环境因素也是造成中外博物馆利用社会资金差异的重要因素之一。这里所讲的宏观环境因素主要是国家的相关

---

① 秦裕杰:《再论博物馆社会资源与营销》,《博物馆学季刊》2005年第1期。
② *Support the Louvre*,http://www.Louvre fr/llv/musee/rapports-activiIes.jsp.

法律与政策、社会资金源等。

在国外，不少国家的政府均重视通过法律和政策手段鼓励社会资金投向博物馆，鼓励博物馆利用社会资金，而且非常重视这些手段的有效性。比如，美国的法律规定，向非赢利组织的博物馆进行慈善性捐献，可以享受一定的税收优惠。同时，由于这些政策相对比较完备，对于吸引社会资金往往是积极而有效的，其效果也比较明显。在法国，税收政策鼓励企业参与对博物馆的资助。企业如果资助博物馆的话，可以得到60%到90%的减免税[1]。在英国，为了鼓励中小企业的赞助，政府于1984年建立了商业赞助激励计划（Business Sponsorship Incentive Scheme，即BSIS）。由艺术商业赞助协会管理的奖金与公司赞助的资金是相配的：第一次赞助者是一对一地相配，已有赞助者另外提供的资金一对三相配[2]。

政府通过出台相关法律与政策等手段为博物馆利用社会资金营造了良好的宏观环境，激发了捐献的热情，推动了博物馆对社会资金的利用。

此外，在西方国家，还存在一批非赢利组织，如各种基金会等。对于博物馆而言，这些组织是博物馆在公共资金之外争取社会资金的重要来源。正是由于这些基金会的存在才使得博物馆争取社会资金成为可能。

在我国，近年来，为了推动博物馆的发展，政府陆续出台了一系列措施，如允许非公有资本进入文化产业领域、允许多主体创建博物馆、允许博物馆开展经营活动以及一些税收优惠等政策。不过，与国外相比，我国的相关政策还比较少，且不甚完善。虽然我国政府对于来自捐献等方式的社会资金也有相关的鼓励性法律和政策，但是，由于种种原因，它们的实际效果不明显，换句话说，有效性不强。比如，在我国，个人和企业等组织作出的慈善性捐献是可以享受相关的税收优惠政策，但由于在捐献对象、申请减免税程序上的种种规定，使得捐献人在获得减免税时会遇到诸多的困难，一定程度上影响了他们捐献的积极性。再比如，允许"非公有

---

[1] 卢瓦耶特：《大型博物馆的现代化管理——在故宫博物院的演讲》，《文物工作》2005年第2期，第29—33页。

[2] 黄磊：《英国国家博物馆政策与管理体制》，《中国博物馆通讯》2004年第10期。

资本进入文化产业领域"的政策,在承认了"非公有资本进入文化产业领域"的同时,对于诸如非公有资本可以进入博物馆的哪些领域,以何种方式(如独资、合资等)进入等一些具体问题并没有明确细则出台。这在客观上造成博物馆利用社会资金不足。就此而言,在社会大氛围的营造方面,我国博物馆与国外博物馆在利用社会资金方面的差别,主要的不是相关的激励性法律和政策的有无,而在于其是否有效。此外,在我国中介组织不甚发达,博物馆在政府之外很难获得更多的社会支持源,很难取得像国外基金会这样有组织的支持。在这样一种情况下,博物馆对于政府的依赖,在很多时候,与其说是一种自愿,不如说是一种无奈。

中外博物馆在利用社会资金方面产生的一些差别,宏观环境因素是不容忽视的。

从以上分析不难看出,中外博物馆在利用社会资金上的差异是由多方面因素造成的。其中,既有来自博物馆内部微观性的因素,也有来自博物馆外部的宏观性因素。这些因素都不同程度地影响着博物馆对社会资金的利用。其中,尤以观念和法律与政策因素的影响最为突出,所以,在解决我国博物馆对社会资金利用不足的问题时,需要有一个综合性的指导思想,需要考虑到不同因素所起的不同作用,从多个方面考虑解决的措施,这样,才能够避免以往那些通过简单地强调转变观念等途径解决这一问题的想法和做法。

本成果得到"国家文物局文物保护与研究课题"项目的资助(项目合同编号:20050117)。

原文刊载于《北方文物》2009年第2期。

非国有博物馆体制回转现象剖析
——以陕西省凤翔县"秦公一号大墓"博物馆为例

一

近些年来,随着我国经济和文化大环境的改善,非国有博物馆①得到较快发展,数量增长明显。据统计,截至2007年年底,全国经批准设立的私人博物馆就已超过400家,占全国博物馆总数的六分之一②。不过,值得注意的是,在非国有博物馆发展过程当中,却出现了一种体制回转的现象。

所谓的体制回转是指一些非国有博物馆,由于种种原因放弃原有体制,重新寻归至政府公立管理体系的一种现象。近年来,这一现象不时地见诸报道。一个典型案例就是陕西省凤翔县"秦公一号大墓"博物馆的转制。

陕西省凤翔县"秦公一号大墓"博物馆原本是2000年8月,由陕西省凤翔县南指挥村村民集资兴建的一座博物馆。然而,这座博物馆却于2007年9月18日正式更名为"宝鸡先秦陵园博物馆",收归宝鸡市文物

---

① 本文中的"非国有博物馆",泛指政府直属系统之外、非政府资金支持的一类博物馆。
② 张丁:《私人博物馆如何应对"免费"》,《北京日报》2008年3月28日第14版。

局管辖,成为国有事业单位。这座博物馆在7年之后最终完成了从非国有到国有的体制上的回转①。单从数量上看,非国有博物馆体制回转可能还只是个别现象。但是,如果考虑到目前多数非国有博物馆生存困难的情况,这种体制回转的现象可能会形成一种示范效应,引起更多经营困难的非国有博物馆走向体制回转,那么,这种体制回转的现象就不能不引起高度的重视。非国有博物馆原本是为适应新的社会发展需要,在博物馆领域实行体制变革的一种产物,是我国文化事业单位体制改革的积极成果之一。现在,这种体制回转现象的出现意味着博物馆体制改革又重新回到了起点。这既不利于改革的进一步深化,也不利于非国有博物馆自身的健康发展。非国有博物馆体制回转现象值得深思和研究。在我国非国有博物馆发展的起步阶段,尤其应该如此。

二

非国有博物馆是近三十年来博物馆领域中的一个新事物。在实际运营过程中,为什么会遭遇体制回转的尴尬?

笔者认为,非国有博物馆体制回转的成因是多方面的,并不是单一的。概言之,这些原因主要包括以下几点。

首先,博物馆自身的缺陷。自身缺陷是导致非国有博物馆体制回转现象出现最主要的原因。就陕西省凤翔县"秦公一号大墓"博物馆而言,这种自身的缺陷集中体现在四个方面:

一是博物馆的创建多热情,少理性。创建一座博物馆是一件复杂的工程,需要一个较长时间的准备和筹划,这应该是一个更多理性的过程。而"秦公一号大墓"博物馆的创建更多热情,而缺少理性。博物馆创建原初的动机有两点特别值得关注:一方面是遗址发掘后放置了13年无人管理,当地农民出于保护遗址的朴素感情,而萌生创建博物馆的想法。另一方面是博物馆主要组织者认为,创建这座博物馆可以像秦

---

① 杨永林、李韵:《首座农民博物馆:收归国有为哪般》,《光明日报》2007年9月24日第5版。

俑博物馆那样带来经济上的收入。这些单纯而朴素的动机导致了在博物馆的筹建中，人们充满了热情和期待，而少了冷静和理性分析，从而先天地决定了博物馆缺少一种长远的规划和对未来博物馆运营各项具体事务的必要考虑，从而带来一些潜在的问题，如人员、后续资金等。

二是建馆目标追求与实际收益之间的巨大反差。按照国际博协有关博物馆的规定，博物馆是一种非赢利性机构。而"秦公一号大墓"博物馆创建的动机之一是要获得一定的经济收益。尽管不能排除农民保护国家文化遗产热情所产生的建馆冲动，但他们更希望通过博物馆的创建在短时期内带来更多的经济收益，创建博物馆被当作一种赚钱的事务。这也是筹建博物馆时能够比较顺利地集资的一个原因。然而，博物馆是收藏、保存、教育和研究人类和人类环境的一类特殊机构。博物馆的建设涉及藏品积累、馆舍建造、队伍养成等诸多方面。这就决定了博物馆建设必然是一个用时较长的过程，在一定时间内，可能是一个资源（包括资金）持续性投入的过程。相应地，博物馆建设的收益回报周期也就相对较长。这是博物馆建设与投资收益之间关系的特殊性所在。而"秦公一号大墓"博物馆建设的目标定位则造成了建设长期性与收益短期化期待之间的巨大矛盾冲突。村民最初热切建馆的一个重要原因就是期盼快速的投入回报。但是，博物馆建成运营之后，每年仅有近10万元收入，这与他们最初的设想形成了巨大反差。期盼落空，回报难以兑现，导致先前支持博物馆建设的村民失去了耐心，进而从支持转向抱怨和反对。博物馆因此失去了投资者的后续投入与支持，自然也就难以维系。

三是高素质人员的匮乏。博物馆是专业性很强的一种组织，对于人才素质的要求是比较高的。"秦公一号大墓"博物馆人员队伍却是另一番状况，该馆完全是一项农民的事业。它由当地农民创建，并由当地的农民经营，"博物馆里几乎没有专业人才"[①]。由于非国有的性质，博物馆又没

[①] 杨永林、李韵：《首座农民博物馆：收归国有为哪般》，《光明日报》2007年9月24日第5版。

有更多途径补充高素质的专业人才,当地农民就成为博物馆运行所能依靠的主要力量。即便如此,在实际运行中,出于节约资金方面的考虑,博物馆从村里雇了6名年龄较大的农民充当工作人员,每人每天8元工资,其中一些还要在游客多时担负导游解说的工作①。从创建到运营,高素质人才的缺乏使得博物馆难以提升自身工作的水平,形成一种有效的竞争力,从而,造成博物馆生存的内在动力不足。

四是在运营机制方面也存在问题。这方面的问题集中体现于博物馆的运营建立在单个人的基础之上,博物馆的决策与运营几乎完全是馆长本人的事务。"秦公一号大墓"博物馆从筹资建馆到运行几乎都处于这样一种状态,过于倚重个人力量。在筹资建馆之初,博物馆主要组织者是时任村支书赵生祥。在集资问题上,赵生祥的个人号召力起了很大作用。农民对于集资办馆的认同也是建立在对馆长个人的信任基础之上的。在这一情况下,馆长本人成为博物馆经营好坏和成败的决定性因素。但是,个人的力量毕竟是有限的,仅靠馆长一个人无法解决博物馆面临的一切问题。这种建立在馆长个人基础上的运营机制显然不利于博物馆事业持久、健康的发展,经营上的困难随时都可能出现,"秦公一号大墓"博物馆实际运营状况也印证了这一点。从这一意义上讲,对于非国有博物馆而言,仅有体制上的变革是不够的,同样也需要一个健康的运营机制。

此外,博物馆实物资源的困乏也是一个不容忽视的因素。在博物馆里,除遗址本身之外,展出的主要是复制文物、模型以及其他图文资料。没有更多有特色的实物也是博物馆缺乏吸引力的重要因素。

博物馆自身存在的上述问题,直接导致博物馆先天不足、经营水平不高、运营效率低下。其中,尤其以运营机制最为突出,其他问题多与此有着直接的关系。所以,从这个意义上讲,"秦公一号大墓"博物馆经营上的困难具有一定的内在必然性。

过去,在分析"秦公一号大墓"博物馆转制的原因时,有人曾将其归结

---

① 杨永林、李韵:《首座农民博物馆:收归国有为哪般》,《光明日报》2007年9月24日第5版。

于博物馆资金和体制等因素①。其实,博物馆资金困乏只是一种表面的现象。由于博物馆存在上述问题,经营不善,才造成资金短缺。这样来看,博物馆资金困乏是一种结果,而不是原因。至于体制原因,也是值得探讨的,"秦公一号大墓"博物馆建立乃是博物馆体制改革的一种产物。在体制上,它所采用的是一种不同于传统博物馆的新体制,即非公有体制。这种体制本身并不是博物馆发展的制约因素,相反地,它是激发博物馆活力的一种因素。否则,体制的改革就没有意义了。对于"秦公一号大墓"博物馆来说,体制约束之说是缺乏足够说服力的。

其次,外部环境欠佳。非国有博物馆的体制回转固然有自身问题,但外部生存环境欠佳对于体制回转也起到了助推作用。外部环境欠佳集中表现在三个方面,一是有效的法律和政策环境的缺失。近年来,政府已经发布了一些发展非国有博物馆的法规和政策。政府发展非国有博物馆的态度是明确的,这一点在已经颁布的《博物馆管理办法》等文件中均有所体现,但是,这些政策更多的是一些原则性的,缺乏更具操作性的配套措施。比如,在《博物馆管理办法》中,虽然有鼓励发展非国有博物馆的相关条款,但在具体操作方面却没有更多相应的配套政策出台。再比如,国家允许非公有资本进入文化产业领域,但对于这些资本可以进入哪些领域以及以何种方式进入并没有一个明确的说法。由于政府相关政策的不配套,特别是相关经营法律和政策的缺失,导致非国有博物馆在实际运营过程中常常处于一种摸索状态,无形中加大了博物馆的运营难度。二是公共资金支持的不足。在我国,非国有博物馆在争取公共资金支持时,往往面临着巨大的挑战。以"秦公一号大墓"博物馆为例。为了给墓坑建造一个防护棚,馆长赵生祥不断向上级主管部门申请文物保护经费,一直没有回音;他试图通过银行贷款,但银行认为农民搞文博事业不是银行的扶持项目,不予理睬②。虽然大墓维修曾得到政府专项维修资金的支持,但博

---

① 杨永林、李韵:《首座农民博物馆:收归国有为哪般》,《光明日报》2007年9月24日第5版。
② 《迄今中国最大古墓——秦公大墓博物馆的民营之困》,www.sn.xinhuanet.com/2006-02/18/content_6266829.html。

物馆的保护项目,"要争取国家专项保护经费,就必须转换博物馆体制"①。一个博物馆仅仅因为其非国有性质而得不到公共资金的支持是很奇怪的。在国外,即使是私立博物馆同样有机会获得公共资金的支持。公共资金支持的不足加剧了博物馆体制回转的可能。三是社会支持力市场发育不良。从道理上讲,博物馆发展离不开各种资源的支持。一个健康的博物馆支持力结构应该是多元的,而不是一元的。其中,既应该有来自政府的公共支持,同时也应该有来自社会的支持。就目前我国的实际状况而言,博物馆支持力结构还不甚合理。在政府支持力之外,社会支持力市场发育不良,社会支持力微乎其微。这一状况对博物馆健康发展造成了一定的影响,对于非国有博物馆的影响尤为突出。非国有博物馆存在于政府直属系统之外,它们得不到政府的直接性支持。它们要获得外部支持,就需要更多地依赖社会资源。而我国社会支持力市场发育不良,造成它们无法开发和利用社会资源,很难从社会上获得更多的自身发展所需要的资金、人力等资源。这样,非国有博物馆就被置于一个非常尴尬的境地:既不能像国有博物馆那样可以得到政府的支持,又不能有效地开发社会资源。这种尴尬境地必然会加剧其生存困难,强化其转制期待。非国有博物馆遇到的实际情况也正是如此。当"秦公一号大墓"博物馆遇到资金问题时,由于是一座民营博物馆,它无法得到来自政府的直接资金支持。同时,受国家相关政策的影响,这些博物馆也无法从其他一些基金组织、企业或社会团体等争取到社会资金的支持。这样一种大的生存环境制约了博物馆在遇到困难的情况下去有效摆脱困境的尝试。由此看来,即使就非国有博物馆外部生存环境来看,也不尽如人意,而是有很大的改善空间。外部生存环境的这种欠佳状况,难以给非国有博物馆健康发展给予有力的支持,反而在很大程度上,使得我国非国有博物馆的出现似乎成了一种超前行为。

再次,传统观念的影响。在我国,长期以来,特别是中华人民共和国

---

① 杨永林、李韵:《首座农民博物馆:收归国有为哪般》,《光明日报》2007年9月24日第5版。

成立以来,博物馆被纳入政府管理系统,博物馆的国有模式为人们普遍所接受。受这种管理体制的影响,博物馆建设的参与各方均已习惯于传统的思维定式:从博物馆方面讲,博物馆经营可以依赖政府;从政府方面讲,行政主管部门自认为应该承担博物馆发展的全部责任,将所有博物馆纳入自己管辖之内;从社会来讲,管理博物馆应该是政府的职责。在这样一种观念氛围中,当非国有博物馆在经营中遇到问题时,求助于政府就成为自然而然的事情。博物馆体制的回转就必然成为第一选择,也会被认为是一种理所当然的事情。

此外,博物馆机构本身的特殊性也是导致体制回转的一个不容忽视的原因。博物馆不同于一般的文化事业单位,它有自己的特殊性,即它承担着保护文化遗产的社会职责。对于这样一类特殊机构,在遇到困难的时候,简单地套用解决经营困难企业的方式(如破产等)显然是不合适的,也是不可行的。否则,可能对藏品或遗产造成损失。"秦公一号大墓"博物馆是直接建在大墓原址上的,对遗址是一种保护。如果放弃已经建成的博物馆,就可能会造成对遗址的二次破坏。这样,在博物馆遇到经营困难时,体制转换或许是一个相对较好的选择。

从上面的分析来看,非国有博物馆体制回转不仅有博物馆自身的原因,同时也受制于外部环境因素、观念以及博物馆机构本身的特点,是内外两方面因素共同作用的产物,而绝不是一种因素造成的。从这一意义上讲,在目前的情况下,非国有博物馆体制回转具有一定的必然性,甚至是不可避免的。这种必然所反映出来的问题是,非国有博物馆的发展只有体制上的改革是不够的,同样重要的是构建起一个有利于其发展的良好的内外环境。否则,必然产生体制回转的现象,可能造成已经迈出成功一步的博物馆体制改革又重新回到改革的起点上。

三

非国有博物馆的出现是新时期我国博物馆体制改革的重要成果之一。从博物馆长远发展来看,非国有博物馆的发展是一个趋势,非国有博物馆数量必将越来越多。而非国有博物馆体制回转，与博物馆发展大势不相符合。因此，对于非国有博物馆体制回转必须要给予足够的重视，并加以妥善解决。

非国有博物馆体制回转是因为在实际发展过程中遇到种种困难而出现的一种现象。作为一种解决眼前困难的应急手段，实施体制回转未必不是一种可以选择的道路。但是，客观地讲，选择体制回转可能会暂时地缓解非国有博物馆发展遇到的困难，但却不能从根本上解决非国有博物馆的问题，也并非解决非国有博物馆问题的基本方向和根本途径。体制回转意味着非国有博物馆的消失。

如前所述，非国有博物馆体制回转是由内外两大方面因素造成的。解决体制回转的问题必须要从两个方面着手，其核心就是要构建一个有利于非国有博物馆发展的良好的内外部生存环境。

从内部来讲，最为重要的是建立起一个有效的运营机制。博物馆的发展既受制于体制，同时也受制于机制，但主要还是受制于运营机制。国有博物馆中有经营好的，也有经营差的；同样地，非国有博物馆也有经营好的，如国外私立博物馆，也有经营差的，甚至是体制回转的。非国有博物馆从其建立伊始，就已经解决了体制问题。在这样一种情况下，对于此类博物馆的生存和发展而言，运营机制就显得尤为重要。至于在我国现有条件下非国有博物馆如何建立一个有效的运营机制，可能仍是一个需要进一步探索的问题。不过，这种机制的一些基本要求和特征还是可以明确的：一是应该充分地发挥集体的智慧。在这种机制下，博物馆职员的集体智慧能够得到充分发挥，而不是将博物馆的运营成败系于个人之上。二是应该保证博物馆能够争取到足够的非政府资源。博物馆的生存和发展总是离不开各种资源的支撑，特别是资金的支持。而非国有博物馆的性质，决定了它们不可能被纳入政府财政支持体系之内，在我国至少目前情况下是如此。其支持力必然主要来自社会，这样，争取足够的社会资源对于此类博物馆来说就至关重要。三是能够对新的社会需求作出快速的反应和应对，能够及时根据市场需要调整博物馆的工作。非国有博物馆因为缺少稳定的来自政府部门的支持，其生存在很大程度上依赖于社会的支持。博物馆要获得这种支持,就必须对社会需求给予充分的满足。否则,可能就会遭遇社会支持力衰竭和生存困境。非国有博物馆新的运营机制必须要能够保障和有利于博物馆实现以上的要求,也必须要围绕上述要求来构建。

从外部大环境来讲,政府需要为非国有博物馆生存创造良好的社会大环境。具体来说,政府要给予非国有博物馆与国有博物馆同等或近乎同等的待遇,并通过法律和政策使这种地位明确化。政府应尽快出台一些针对性强的法规性文件,如《非国有博物馆发展促进管理办法》《非国有博物馆争取社会支持的指导原则》《非国有博物馆商业经营行为规范》等,保障和规范非国有博物馆的发展。同时,在相关的法律、政策等方面给予非国有博物馆必要的优惠,特别是在人员吸纳、资金筹措、经营活动税收等方面,应给予更多的优惠。在非国有博物馆发展的初期,一定程度的直接的实质性扶持,如以项目资助方式提供必要的公共补助金,也是必要、值得考虑的。此外,政府应该鼓励、培育和扶持非政府民间支撑组织(如志愿者组织、文化资助基金等)的发展,使非国有博物馆在经营困难之时,能够在政府支持体系外,有可能找到支持源,获得必要的支持。政府应该在非国有博物馆发展中担负起自己应有的责任,既不能放任自流,任其自生自灭,也不能简单地收归国有,实施体制回转。

在上述两个方面当中,一个良好的外部大环境的营造尤为重要。这需要来自政府和社会的共同努力,而不只是依靠博物馆本身来完成。有了一个相对良好的生存和发展环境,非国有博物馆的体制回转现象自然会得到遏制,甚至消失。

原文系 2009 年本人参加在江西南昌举行的"中国博物馆协会博物馆学专业委员会 2009 年年会"时提交的论文,曾在大会宣读。后收入《中国博物馆协会博物馆学专业委员会论文集粹》(中国书店,2013 年)。

关于美国联邦政府对博物馆资助的几个问题

美国博物馆的资助体系是一个多元、多层次的体系。来自个人、公司、基金会、各级政府的资助协力构建起这一支撑性体系,共同推动着美国博物馆的发展。

作为美国博物馆资助体系的一个重要组成部分,联邦政府的资助在美国博物馆发展中发挥了独特的作用。美国联邦政府对于博物馆的资助份额特别是直接性资助份额并不很大,但它的影响却大于其他任何一级政府。故在此,笔者拟就美国联邦政府对博物馆的资助问题作些初步的探讨。

一、美国联邦政府对博物馆资助的历史演变

从1773年建立的美国第一座公共博物馆——查尔斯顿博物馆算起,美国博物馆已经走过二百余年的发展历程。然而,历史地看,联邦政府并不是从一开始就介入对博物馆的资助,而是经历了一个从无到有、从小到大的发展过程。

在美国博物馆发展史上,很长一段时间里,民间资金一直是支撑和推动博物馆发展的主导力量。像美国早期博物馆史上很有名的皮尔的费城博物馆,就是由私人资金支持的,而一些社团建立的机构性组织也是以民间资金为基础的。至于政府方面的资助,除一些地方政府或以提供建筑,

或以提供土地，或以小额拨款等方式支持博物馆之外，联邦政府对于博物馆的资助几乎是看不到的。

在整个19世纪，这种状况也没有太大的变化，19世纪后期建立的大都会博物馆同样是慈善家的事业。当时的文化活动基本是以无政府支持为特征的，一个例外就是半联邦性的机构——史密森学会的建立。史密森学会是根据英国科学家J·史密森的捐款和遗愿，按照国会法令于1846年在首都华盛顿建立的。学会设有一个由副总统、最高法院院长、3名参议员、3名众议员和6名非官方人士组成的董事会。该学会奉行的宗旨是"增进和传播知识"，但在其发展的早期，学会的工作侧重于科学研究而不是博物馆事务，其对于博物馆的资助是逐步完善起来的。

到了20世纪早期，个人慈善家仍然是博物馆发展的主要支持力量。当时多数博物馆也是由私人收藏家创建的，甚至一些由市政府提供资金的博物馆时常也会因城市财政方面的压力而接受个人慈善家的资助。

不过，进入20世纪之后，联邦政府在资助博物馆方面开始出现一些积极的变化。一方面，联邦政府的钱已经开始用于在公园里发展导览中心和博物馆，资助联邦博物馆，但对于公共或私人博物馆并没有资金的支持。另一方面，从1909年起陆续通过一系列联邦税收方面的法案，给博物馆以间接的资助①。当时，这些政策对于刺激收藏和捐献产生了一定的积极影响。

联邦政府对于博物馆支持的一个有意义的变化发生在20世纪30年代，其标志就是WPA工程的组织与实施。

WPA工程(Works Projects Administration)是1934年罗斯福政府作为其新政计划的一部分而组织和实施的第一个大规模的联邦政府艺术项目。在这一工程下，政府组织了4个艺术工程，向联邦艺术、写作、音乐

---

① McGrith, Lee Kimche, ed., "The ASTC Legacy and the Institute of Museum Services", *Curator*, 38(2)(1995): pp.79-80. 自那时起，这种间接性资助措施一直在不断地完善，如1969年、1986年的多次税改等，目的就是为了完善相关的税收政策。时至今日，这种间接性资助仍发挥着不可替代的重要作用。

以及戏剧工程(the Federal Art，Writers'，Music and Theatre Projects)提供资金。到1938年,该项目已经为数以万计的雕塑、绘画作品提供了支持①。

WPA工程是美国联邦政府大规模直接资助艺术的一次伟大实验,尽管在此前的20年代,联邦政府曾试图为艺术事业做些事情。作为特殊时期的一种应急措施,WPA工程的主要目的是创造就业机会,事实上,该工程在当时确实让不少人找到了工作,将艺术带给了更多的美国人(遗憾的是,后来WPA艺术品工程因在国会遭到非议,而在二战中消失了),与此同时,它也让包括博物馆在内的艺术行业从该工程的总资金中得到2%的资金量,对博物馆的创建和搜集工作形成了直接的支持,促成了一批博物馆的建立。更具有深远影响的是,尽管当时博物馆行业艺术部分接受的资金只占整个项目资金的极小一部分,但对于博物馆行业来说,这一项目的意义超越了单纯的资金层面上的意义,它引发了对联邦政府支持艺术发展的讨论,为联邦政府资助博物馆特别是艺术博物馆提供了一个合理的理由。一个明显的结果是,在该工程结束后,直到1943年,国家层次上有关支持艺术的讨论仍在继续。这些讨论是基于这样一个假设:联邦政府的资金支持会培育出一个更大的艺术欣赏群体,并集中于公众接触艺术的价值。此后的50、60年代陆续出现的一些联邦政府的资助项目,显然是与这些讨论分不开的。

联邦政府更大规模的资助是从60年代中期开始的,是以国家艺术基金(National Endowment for the Arts,NEA)、国家人文基金(National Endowment for the Humanities,NEH)两个基金组织的建立为标志的。

60年代中期,受大社团精神的影响,在总统肯尼迪和约翰逊的支持下,联邦政府恢复了对包括博物馆在内的文化艺术机构的资助,但采取了另一种资助方式,即建立基金组织。1965年,美国国会通过立法,建立了国家艺术基金与国家人文基金两个独立的提供资金的部门。两个基金会

---

① Clotfelter, Charles T., "Government Policy to Art Museums in the United States", In *The Economics of Art Museums*, Chicago and London: The University of Chicago Press, 1991, p.239.

的建立标志着美国联邦政府博物馆资助政策的"现代时期"的到来。

随着这两个机构的建立,更多来自联邦政府的资金投入包括博物馆在内的文化艺术组织。1966年,联邦政府给国家艺术基金的第一次拨款是180万,1990年,拨款已经超过了15 000万[1]。

此后,联邦政府对于博物馆的支持,在70年代后期,曾一度达到阶段性高点。不仅资助力度加大,而且,在先前的国家艺术基金、国家人文基金之外,又于1977年建立了博物馆服务学会,负责支持博物馆事务。

进入80年代,联邦政府的资助政策出现了一些调整,对于艺术的支持进入停滞状态。

在里根政府时期,美国联邦政府资助政策发生了一些变化,即削减政府资助,鼓励私人对博物馆的支持。除国家艺术基金会、国家人文基金会以及博物馆服务学会之外,政府为博物馆提供直接资金支持的绝大多数项目都被取消了。政府支持的重点更多地从联邦政府转向地方政府,地方政府对于博物馆的支持因此而加大,各州的支持从1980年的9 600万达到了1989年的26 000万。排除货币通胀因素,十年间,实际增长79%。艺术博物馆也从中受益:仅1986—1987年,对于艺术博物馆的总资助上涨49%[2]。同时,政府的政策开始鼓励私人对博物馆的支持。

近些年来,联邦政府又开始重视并加大了对包括博物馆在内的艺术等事业的资助。以国家艺术基金会为例,在2004年布什政府通过的财政预算案当中,增加了对国家艺术基金会的拨款。基金会从联邦政府获得1.21亿美元,这比布什总统上台前增加了23%。

从以上对美国联邦政府资助博物馆历史的简要回顾当中,可以看出,美国联邦政府对于博物馆的资助不是从博物馆发展伊始就有的,而是经历了一个从无到有、从小到大、逐步强化且又不断调整的历史发展过程。从一

---

[1] Alexander, Victoria D., *Museums and Money: The Impact Funding on Exhibitions, Scholarship, and Management*, Boomington and Indianapolis: Indiana University Press, 1996, p.21.

[2] Oliver, Andrew., Anne Hawley, and Sir John Hale, "The Museum and the Government", In *The Economics of Art Museums*, Chicago and London: The University of Chicago Press, 1991, p.95.

个更长的历史时段来看,联邦政府对于博物馆资助的政策取向在逐步强化,政府在博物馆发展中的作用是在强化而不是削弱。联邦政府对于博物馆的资助也从最初的间接支持逐步发展到间接支持与直接支持并重。

从对博物馆资助的角度看,美国联邦政府资助的出现无疑是一件重要的事情。它的出现不只扩展了博物馆资助的来源、扩大了资助总量、刺激了私人捐赠等①,更重要的是,它的出现一定程度上改变了美国博物馆支撑体系的格局。在先前支持博物馆的群体(主要由私人、公司和地方政府组成的支撑体系)当中又加入了联邦政府的支持,整个博物馆的资助系统因而更加多样化,使美国博物馆支撑体系的多元特征更趋突出。

二、美国联邦政府对博物馆资助的模式及特点

美国联邦政府对博物馆的资助采用的是直接性资助与间接性资助相结合的模式。直接性资助主要是指联邦政府以资金方式支持博物馆,间接性资助则是指政府通过税收等手段间接给博物馆以支持。

在美国,无论是政府还是民众均不赞成政府过多地干涉文化事业。基于这样一种理念,在联邦层次上,美国并没有像文化部这样的集中管理文化事务的专门政府机构,政府主要是依靠法律和经济、社会政策杠杆对包括博物馆在内的文化事业实施间接性管理。联邦政府借助议会立法设立的国家艺术基金会、国家人文基金会、国家博物馆图书馆学会(其前身之一就是国家博物馆服务学会)等非赢利机构,代表政府行使相应的管理职能。

受美国政府对文化艺术事业实行间接管理政策的影响,美国联邦政府并不直接对文化机构拨款及参与直接性资助的分配,而是通过国家艺术基金会、国家人文基金会和国家博物馆图书馆学会等社会中介组织对文化事业实施资助。这些组织对于博物馆的资助是各有侧重的。比如,创建于1965年的国家艺术基金的任务就是让更多的人可以接触艺术,帮助文化机构更好地服务于美国公众,让公众能更多地享受艺术和加强艺

---

① Greene, Mary Wilder., "The Impact of Federal Funds on Museum Activities", *Curator*, 26(4)(1983): pp.287 – 290.

术组织。该基金的设立是为了通过资助具有艺术意义的项目来满足博物馆领域的发展需求。对艺术博物馆而言,国家艺术基金是最重要的联邦资金来源,也是影响美国艺术博物馆发展的重要机构。该基金会资金主要投向特展、创意以及保护等项目,重点支持博物馆活动和面向博物馆的工作训练。同年创建的国家人文基金的主要目的是通过支持人文方面的教育、公共项目和学术研究提高美国的人文知识水平,鼓励和支持人文方面的进步。来自国家人文基金的补助金可用于开发提高公众对藏品理解的解释项目。与国家艺术基金不同的是,国家人文基金通常所支持的是突出艺术的历史,而不是审美方面的展览。国家人文基金不资助通常的运营支出、设备、藏品搜集、主要建筑修缮,以及藏品的保护、修复和编目。国家博物馆图书馆学会在博物馆领域的职责主要是鼓励博物馆维持和改善他们的公共服务、帮助满足它们的资金需求、支持博物馆在作为国家遗产保护者、教育者、展览者等角色方面的各种努力。来自这一组织的资助则主要用于一般性的运营支持,满足博物馆在行政人员和运营方面的支出,同时,也通过其他一些项目如保护、博物馆评估、职业服务等,对博物馆的一些重要功能提供支持。此外,联邦资金还会通过史密森学会、国家科学基金会、联邦艺术与人文协会等组织以不同方式向博物馆提供支持。由于这些机构资助的侧重点有所不同,所以它们在一定程度上形成了互补,从而对博物馆形成了更全面的支持。

来自联邦政府的资助在实际分配运作中,还呈现出一些明显特点。首先,这种资助中的很大一部分投向了包括国家美术馆和华盛顿的其他联邦博物馆在内的为数不多的几个国家博物馆。这些博物馆获得的联邦资助占据了联邦政府在博物馆领域支出的主要份额。在艺术博物馆领域,这一现象尤为突出。统计数据显示,1987 年,124 个大的艺术博物馆从联邦政府获得的总收入是 6 580 万美元,其中有 5 040 万(约占 3/4)资金以运营支持的方式提供给了 5 个最大的联邦博物馆[1]。在以运营支持

---

[1] Clotfelter, Charles T., "Government Policy to Art Museums in the United States", In *The Economics of Art Museums*, Chicago and London: The University of Chicago Press, 1991, p.251.

的方式资助博物馆发展这一方面,美国联邦政府与欧洲各国支持艺术博物馆的方式是很相似的。其次,这种资助的目标指向是博物馆的项目,而不是作为机构的博物馆。在美国,尽管联邦政府承认对博物馆负有支持的责任,政府设立基金组织就是为博物馆提供发展资金。不过,美国国会在联邦政府支持博物馆上有一点是明确的,即它对于维持包括博物馆在内的艺术组织的日常花费并不感兴趣,它更重视的是博物馆的特殊项目。因此,联邦政府资助的目标指向并不是作为机构的博物馆,而是项目,绝大部分资金投向了博物馆的特殊项目。由此,就产生了两个直接的结果,一是争取这种资助通常是在竞争的基础上进行的。由于联邦政府资助的对象并非所有的博物馆,而是这些基金认为应该资助且提出申请并获其批准的机构,其中自然包括非政府统辖的博物馆。这样,博物馆要争取来自政府资助中的公共资金,就必须要进行竞争。为了保证竞争的公平性,联邦政府设立的这些基金组织,如国家艺术基金和国家人文基金从一开始就处在另一个重要机构的控制之下运行:利用同行评估小组评估资助申请,并提出补助金分配建议。在这一资助模式下,最终决定资助的并不是国会,也不是文化行政管理部门,而是同行评议人员。这一运作模式,在避免了管理人员将个人偏好强加给博物馆的同时,又因是建立在竞争基础上的分配,所以一般能够保证政府资助发挥较大的效用。二是这种资助常常是非连续性的。由于来自联邦政府的资助主要是面向项目,而不是机构,因此,这种资助就成为一种建立在项目基础上的资助,加之,资助主要是采用提供补助金,而不是定期拨款的方式来完成的,所以,对于博物馆而言,这种资助就不具有连续性。这种资助方式的一个长处就是不容易让博物馆生成依赖性。再次,这种资助必须要有匹配资金。所有来自联邦政府的资助,均需要有匹配资金。对于任何一个项目的资助,来自联邦政府的资助总额均不超过所需经费的一半,也就是说,最多只能提供某一项目所需费用的一半,另一半则必须由申请者从政府机构以外筹集。资金匹配一方面促使各地方政府拨出相应的地方财政来与联邦政府资金配套,另一方面也要求博物馆积极向社会筹集资金以获得政府的资助。这样,就有助于调动地方乃至全社会资助博物馆的积极性,鼓励博物馆自身积极进取,避免了文化团体过分依赖联邦政府,同时又提高了项目的可实施度,避免了无效投入。最后,联邦政府的不少资金用于资助学术性比较强的展览、当代艺术展等,而这些展览往往很难从公司获得资助。

在直接性资助之外,联邦政府还通过多种不同的形式给予博物馆间接性资助。在这一方面,最为重要且广为人知的一种方式就是税收手段。长时间以来,联邦政府通过实施一些激励性的税收优惠政策支持博物馆。联邦政府通过税收政策优惠而给予博物馆内在补贴主要集中在以下几个方面:一是,慈善性捐赠的税收减免。联邦政府的这一政策由来已久。自1917年以来,美国税收法案就包含有激励私人捐资的条款。政府对于来自不同私人、公司对于艺术博物馆的捐赠实施不同税率的税收减免。在90年代,个人享受28%,公司似乎更多些,达到34%。一些作为遗产被接受的资金,则以不同的财产税率扣除。尽管税率不尽相同,但大体集中在30%左右。二是,免征投资收益税。免征投资收益税是政府间接支持博物馆的另一项重要措施,不少美国博物馆都设有自己的投资基金,会产生投资收益。因此,对于美国博物馆来说,免征投资收益税政策具有实际的效用。三是,对运营收入或来自门票、销售、餐饮、停车或其他税费的收入实行税收优惠。在这一方面,政府更多追求的是博物馆目的的明确性以及税收的公平性。而且,政府也在一直不断努力完善税收政策,使之更趋于合理。

联邦政府这种间接性的税收优惠政策对于博物馆的实际贡献可能要大于其他形式的联邦资助,至少不低于直接的支持,对博物馆的影响也是多方面的。这些税收优惠政策,除了给博物馆带来实际利益之外,对刺激私人以及公司等对博物馆的捐献也产生了积极的影响[1]。

在税收优惠政策之外,间接支持政策中还有其他的方式。其中,特别值得一提的就是邮政补助金和联邦赔偿项目。邮政补助金是面向所有非赢利组织的。与税收优惠政策带来的实际利益相比,其价值可能比较小,

---

[1] Clotfelter, Charles T., "Government Policy to Art Museums in the United States", In *The Economics of Art Museums*, Chicago and London: The University of Chicago Press, 1991, p.253.

但对于因会员组织的存在而涉及大量邮购业务(特别是那些大型博物馆)的博物馆来说,这项政策所带来的利益并非微不足道。联邦赔偿项目主要是面向艺术博物馆的一个项目。在此项目下,联邦政府同意充当特展借贷艺术品(通常是由其他政府借贷来的)的担保人(insurer),为国外借贷项目的任何损失提供保险。尽管这一项目实际上没有预算支出,但在削减艺术博物馆保险开支方面却具有极大的价值。主办展览的博物馆可以在包装、运输和展览等方面申请赔偿。如果申请成功,该博物馆就无须按照展览的绝大部分价值去购买保险。当然,这种赔偿项目是有上限的,如80年代时,每项申请的补偿上限是1.25亿美元。博物馆必须确保将每个展览的原有部分作为扣除条款,即博物馆必须要为项目未覆盖的部分买保险。联邦赔偿项目为博物馆带来了很大的收益。仅1987年一年,该项目为博物馆节约了560万美元的保险费用。而同年,124座较大的艺术博物馆从国家艺术基金会等组织获得的联邦政府补贴不到1 200万[①]。联邦赔偿项目对于艺术博物馆的贡献还是很突出的。因此,在谈论美国联邦政府对博物馆的资助时,除了直接性资助,这些间接性资助的贡献也是不容忽视的。

三、几点认识

美国联邦政府对博物馆资助模式的形成和存在是与美国博物馆特殊的历史传统和社会条件紧密联系在一起的。

如前所述,在美国博物馆历史特别是早期历史上,博物馆更多是由个人、社团等社会力量建立和经营的。在公共资金方面,联邦政府极少直接管辖和资助博物馆,甚至远不及地方政府。随着时间的推移,这种实践逐渐演变成一种传统。即使在联邦政府扩大资助的今天,其在博物馆整个资金构成中仍然只占了很小的份额。

---

① Clotfelter, Charles T., "Government Policy to Art Museums in the United States", In *The Economics of Art Museums*, Chicago and London: The University of Chicago Press, 1991, p.254.

美国联邦政府资助模式的形成和存在与美国博物馆社会支持力市场的成熟是分不开的。在美国社会中，一些非赢利性组织如各种基金会等非常发达，社会捐助活动（其中包括个人、公司等）也比较活跃。这些非政府性的支持力量是许多美国博物馆得以生存和发展的重要基础。在这样的环境下，很多时候政府的资助仅是锦上添花，而不是雪中送炭。这些社会支持力量的存在使得政府能够以一种相对超然的姿态面对博物馆。

作为博物馆资助的一种形式，美国联邦政府对博物馆的资助模式蕴涵了不少积极的因素。比如，联邦政府直接性资助更多是指向项目而不是机构，这就避免了因面向机构而造成的资金过分的平均化分配。同时，联邦政府资金的申请和获得均是在竞争的基础上进行的，有利于将这些公共资金投向优势项目，在整体上提高了公共资金的利用率。比如，对于私人配套资金的要求，使公、私资金成为风险共担者，更有利于保障公共资金的安全和效率，再比如政府对于市场化程度不高的博物馆活动的资助等。所有这些积极因素对于我国政府公共资金的分配和利用无疑具有极大的启示意义。

当然，应该看到的是，美国联邦政府对于博物馆的资助模式在一定程度上是以发达的非政府性资金（社会资金）支持系统的存在为前提的。在美国的博物馆支撑系统中，联邦政府所占的份额只是很小的一部分，博物馆预算有很大一部分来自非政府资金。有的博物馆，如波士顿美术馆根本不接受来自官方的公共资金。美国联邦政府对于博物馆的资助模式的效用只有在与来自社会（民间）资金支撑的配合之中才能得以有效发挥。如果缺少了非政府资金的支持，美国联邦政府的资助很难发挥其目前的作用，无法单独支持博物馆的发展。就此而言，美国联邦政府的资助模式实际上是一种非独立性的支撑模式。此外，除博物馆服务学会之外，联邦资助对于运营支出普遍不感兴趣。这一点对于博物馆影响是比较大的。对于博物馆来说，日常性的运营支出往往是它们争取社会支持力量时最为棘手的一部分。公司、商业机构等社会支持力量，更愿意捐助的是博物馆的一些可见性比较高的特殊项目，如特展等。因此，博物馆的运营支出有时倒是更需要公共资金的支持。基于上述原因,美国联邦政府对博物馆资助模式的适用性是有限的。对于一个社会支持力市场尚不发达的国家而言,这种模式或许只具有一定的认识和启示意义,而不能盲目地仿效、照搬。

原文刊载于《博物馆研究》2007年第2期。

现阶段我国博物馆发展的两个问题

一、博物馆的服务对象

博物馆服务对象问题就是"博物馆为谁服务"的问题。由于这一问题直接关系到博物馆的发展方向,决定着博物馆工作的出发点和基调,因此,它就成为博物馆发展诸问题当中必须首先考虑的一个问题。

对于1949年以后的博物馆来说,"博物馆为谁服务"的问题并不是一个新问题。早在建国初期,这一问题就已经成为一个非常突出的问题。在理论上,对这一问题的最早解决是在1956年,而且是同对博物馆性质与任务的认识紧密联系在一起的。

1956年,全国博物馆工作会议在北京召开,这次会议最富建设性的成果之一就是首次对博物馆的性质和任务作出了明确的界定。这次会议指出,我国博物馆的基本性质是"科学研究机关""文化教育机关""物质文化和精神文化遗存与自然标本的主要收藏所",博物馆的基本任务是"为科学研究服务、为广大人民群众服务"[1]。这就是著名的"三性二务"论,反映了博物馆工作者对博物馆性质和任务的基本认识。它的提出是我国博物馆学基础理论研究的一次重大突破,而且,对于后来我国博物馆事业的发展也产生了深远的影响。

---

[1] 郑振铎:《全国博物馆工作会议总结报告(提纲)》,《文物参考资料》1956年第6期,第10页。

从"三性二务"论的提法当中，可以清楚地看出，博物馆的服务对象是明确的，即广大人民群众。也就是说，博物馆是为人数众多的普通群众服务的。

随着社会的进步和博物馆自身的发展，我国博物馆界对博物馆性质和任务的认识也发生了一些变化，但是，博物馆以普通群众为对象、为普通群众服务的思想却被保留了下来。

1979年6月，国家文物事业管理局颁布了《省、市、自治区博物馆工作条例》。《条例》规定，博物馆是"文物和标本的主要收藏机构、宣传教育机构和科学研究机构"；博物馆工作应"坚持为工农兵服务，为社会主义服务的方向"①。这些规定反映了70年代末我国博物馆界对博物馆性质和任务新的理解与认识。在这里，博物馆的服务对象也是明确的，即"工农兵"。"工农兵"实际上是在特定时期普通群众的另一种说法。

不难看出，50年代的提法与70年代末的提法在一些方面是有所不同的。比如，在服务的重点方面，前者强调的是"科学研究"，而后者则突出的是"人"。不过，二者的共同点却是显而易见的。就我们所论及的博物馆服务对象而言，两种提法包含的基本思想是一致的，即我国博物馆是为普通群众服务的，占人口多数的普通群众是我国博物馆的服务对象。因此，可以说，70年代末的提法合理地继承了50年代提法的精神内核，保留了"普通群众是博物馆的服务对象"这一可贵的思想。

我国博物馆界对于博物馆服务对象的确认是符合现代博物馆的宗旨及其根本特征的，同时，也是符合博物馆发展趋势的。

根据国际博协第十届大会对博物馆所作的界定，博物馆的宗旨是"为社会和社会发展服务"②。这一宗旨内在地规定了博物馆的服务对象必然是占人口多数的普通群众。原因在于，只有占人群多数的普通群众才能反映社会的意志，博物馆只有将普通群众作为自身的服务对象，才能够充分地体现其服务于社会的宗旨。我国博物馆界对博物馆服务对象的确认恰好做到了这一点。

---

① 国家文物事业管理局：《新中国文物法规选编》，文物出版社，1987年，第126页。
② ［英］肯尼斯·赫德森：《八十年代的博物馆》，紫禁城出版社，1986年，第3页。

从博物馆与其服务对象的关系角度来看，博物馆的历史实际上就是其服务对象的范围不断扩大的历史。在博物馆发展的早期，博物馆是作为精英文化的一部分而存在的。在那个时代，博物馆对外开放的范围是有限的。参观和利用博物馆的人几乎是清一色的精英人物或社会上层，这些人构成了当时博物馆的服务对象，而博物馆则成了他们手中的玩物。随着市民革命的胜利和民主时代的到来，一些具有民主意识和公共精神的博物馆开始扩大其参观者和利用者的范围。那些过去被精英们斥为"泥腿子""行为粗野者"的普通民众走进了博物馆，加入博物馆利用者的行列，成为博物馆的服务对象。随之而来的是，博物馆不再只是少数精英人物把玩的对象，而变成多数人共享的财产。普通民众在博物馆中的出现标志着博物馆的一种新形态——现代博物馆的诞生，将普通民众作为自身的服务对象也由此成为现代博物馆区别于其他形态博物馆的一个根本特征。从这一意义上讲，我国博物馆界对博物馆服务对象的确认，既体现了现代博物馆的根本特征，同时，也体现了博物馆历史发展的一种趋势。

所以，我们完全有理由说，在对博物馆服务对象的认识上，中华人民共和国博物馆工作者从一开始就表现出非凡而敏锐的洞察力，非常准确地抓住了现代博物馆的精神实质。而且，其理论归纳的水平在当时就国际范围而言也是比较高的。这是值得后来者继承和发扬的一种思想传统。

通过对建国以来我国博物馆界对博物馆服务对象的认识演变的考察，可以看出，在我国，博物馆的服务对象问题在理论上已经得到了解决。虽然不同时期的具体提法不尽相同，且带有明显的时代特征，但其中所蕴含的"以普通群众作为服务对象"的基本思想却是明确的、一致的，而且也是符合现代博物馆的精神实质的。

既然如此，重新提出博物馆的服务对象问题或"博物馆为谁服务"的问题似乎就显得有些多余了。然而，事实并非如此。

博物馆服务对象问题既是一个理论问题，同时，也是一个实践问题。所以，从理论上解决这一问题仅仅是问题的一个方面，另一方面就是要在实践中解决这一问题。只有在实践中同时解决了这一问题,这一问题才算是得到了彻底的解决。否则,问题的解决就是不彻底的。

现在,在我国博物馆界,大概没有人会对博物馆应该"为广大人民群众服务"提出异议。不过,正如"知"本身并不是"行"一样,认识到博物馆"为广大人民群众服务",如果可以这样乐观估计的话,并不意味着在实践中做到了这一点。事实上,博物馆的实际工作所反映出来的正是这样一种情形。认识与实践的相悖在很大程度上仍然相当普遍地存在着,一个陈列方面的实例足以说明这一点。在一座省级博物馆的文化陈列中,有一个反映陶鬶产生及演变的展柜。其中,直观性材料包括陶鬶、陶鬶形制演变图以及陶鬶分布图,文字材料则有说明标签等。就此展柜而言,虽不能断言其是为少数人服务的,但有一点却是明确的,即它显然不是以普通群众作为服务对象的。原因很简单,对于普通群众来说,其兴趣点并不在于陶鬶——一种远离其现实生活的稀奇古怪的东西,是怎样一种形制以及它是如何演变和分布的,而在于它是干什么用的、怎么用的、什么人用的以及怎么做出来的等。然而,这些内容在陈列中却极少表现。在整个陈列中,此类现象并非仅见于该展柜。正是由于整个陈列不是以普通群众作为服务对象的,因此,在这座省级博物馆里,原本不大的展室显得格外地空旷也就不足为奇了。

上述那座博物馆的文化陈列所反映出来的问题并非个别现象,在许多博物馆里,时常会看到类似的情形。

陈列是我国博物馆对外服务最主要的方式,在一些博物馆里,甚至是唯一的服务方式。从一定意义上讲,它是我国博物馆对外服务的一面镜子。所以,陈列所反映出来的问题代表了我国博物馆对外服务工作的基本倾向。

从陈列某种程度上是指博物馆的对外服务工作来看,在我国,"博物馆为谁服务"的问题在实际中并未得到妥善解决。理论上"为广大人民群众服务"的可贵思想在实践中并未得到有效的贯彻。这可能正是我国大多数博物馆门庭冷落的最深层次的原因。

由此可见,博物馆服务对象问题的重新提出,不仅是必要的,而且还具有更为重要的现实意义。

结合前面的论述,现在对于我国博物馆来说,在服务对象问题上,最为重要的已经不是认识上的问题,而是实践上的问题。那么,在目前条件下,博物馆究竟应该如何在实践中解决"为广大人民群众服务"的问题呢?

与在理论上解决博物馆"为广大人民群众服务"的问题相比,在实践中解决这一问题显然要复杂得多、困难得多。可喜的是,近年来,有人已经就在实践中如何解决这一问题作过探讨,并提出了一些具体的建议①。这些建议无论就其认识上的意义还是就其可操作性而言,都是值得重视的。

从原则上讲,博物馆要在实践中解决"为广大人民群众服务"的问题,重要的就是要做到:

首先,扩大自身的社会影响,让普通群众了解和认识博物馆,这是利用博物馆的基本前提。没有对博物馆的了解和认识,就根本谈不到利用博物馆。现代博物馆在我国的产生与发展虽已有近百年的历史,但受多种因素的影响,对于我国绝大多数人来说,博物馆仍然是一种陌生的东西,在文明程度较高的城市里,不仅文化程度不高的普通市民大多不熟悉博物馆,一些大学生,甚至一些高级知识分子也难以说清博物馆究竟是干什么的。至于在广大的农村,人们对博物馆的了解和熟悉程度就可想而知了。在这种情况下,博物馆要实施"为广大人民群众服务",就必须首先致力于扩大自身的社会影响,树立其在公众现实生活中的良好形象,让观众了解和熟悉博物馆。这是在实践中解决博物馆"为广大人民群众服务"问题的一个最为重要的环节。

其次,对外服务工作的开展一定要抓住服务对象的基本特点。我国博物馆是"为广大人民群众服务"的,这就决定了我国博物馆的服务对象必然是一个由众多不同个体组成的庞大群体。个体之间的差异决定了这个群体在本质上是非同构的。这种非同构性的具体表现是,群体中的不同个体在体能、年龄、阅历、欣赏品位、性格特征等诸多方面都存在差异。

---

① 参见周劲思:《"观众参与"贴近生活》,《博物馆研究》1994年第3期。

所以，博物馆在开展对外服务工作时，就必须要考虑到这一点。具体说来，就是在设置服务项目时，一定要讲求多样性。除了组织陈列展览和讲解之外，还应考虑设置实物咨询、藏品借贷、讲座、手工班、角色扮演、探索寻宝、解决问题、校外辅导班以及提供教学文化包等活动项目。对于一些特殊群体，如儿童、视觉残障者、听觉残障者、肢体残障者、智力残障或超常者、特殊兴趣参观群体等，甚至还可以提供专门的服务项目，就如同国外一些博物馆所做的那样。同时，就特定服务项目而言，则要讲求多层次性。比如陈列讲解，博物馆就必须要能够做到对不同层次的群体提供相应的、充分满足其特定需求的不同的讲解。博物馆只有充分地考虑到其服务对象的多样性这一基本特点，并在实际工作中有效地加以贯彻，才能够最大限度地满足其服务对象的需求，最终实现其"为广大人民群众服务"的目标。这样，博物馆的发展与繁荣就将只是一个时间问题了。

再次，服务项目的水平定位一定要适中。这是由我国博物馆服务对象的特殊性决定的。我国是一个人口素质相对较低的国家，文盲和半文盲在总人口中占有一定的比例，普通群众的文化水平还不是很高。这样，博物馆要实施"为广大人民群众服务"就必须要抓住我国博物馆观众的这种素质特点。在设置服务项目时，项目的水平定位一定要适中。在这里，适中具体表现为，一方面要让普通群众能够相对顺利地接受博物馆为其设置的服务项目，另一方面就是要让他们能够通过对这些服务项目的体验使自身素质有所提高。与之相反，任何脱离普通群众的接受能力，盲目确定项目水平即过高或过低的水平定位的做法都是不可取的。如果服务项目的水平定位过高，一味地追求所谓的"高档次"，那么，就必然会形成"曲"高而和者寡的局面，就如同在上述那座省级博物馆里所看到的那样。相反，如果服务项目的水平定位过低，甚至是单纯地迎合普通群众低层次的需求，那么，博物馆就有负于其所承担的教育群众、提高群众素质的职责。无论上述哪种情形，其结果都必然会导致博物馆难以真正实现其"为广大人民群众服务"的目标，最终也将会影响博物馆自身的发展。

以上仅仅是从原则上对博物馆如何在实践中解决"为广大人民群众服务"的问题进行了一些探讨。对于一个具体的博物馆来说，真正解决这一问题,尚需要在上述原则的基础上,结合本馆的实际情况,寻找出切实有效的"为广大人民群众服务"的最佳方式。而且,这一点是尤为重要的。

总之,博物馆的服务对象问题不仅是一个理论问题,而且也是一个实践问题。所以,对于我国的博物馆来说,在明确认识到其服务对象是"广大人民群众"的同时,更为重要的就是要在实际工作中真正地贯彻这一认识。这是在处理博物馆服务对象问题时应该具有的一种基本态度,也是博物馆能否获得真正发展的关键所在。

二、博物馆与当代社会

如何面对当代社会是博物馆发展中的又一重大问题,而且,也是每一个博物馆都必须如实地作出回答的一个问题。

博物馆是一种承担着文化传承职责的特殊机构,是沟通历史、现实与未来的一座桥梁。博物馆的这种特殊使命决定了其服务工作具有一种特殊性。这种特殊性就是,它必须同时面对当代社会与未来社会。在理论层次上,博物馆为当代社会服务与为未来社会服务是辩证统一的,两者既有统一的一面,也有矛盾的一面。不过,对此,人们的认识并不总是非常明确的。80年代中期前后,我国博物馆界关于"保""用"关系的那场讨论实际上就是这种状况的一种反映。

博物馆是一种具有保藏、教育、研究、服务等多种职能的文化机构。博物馆的这些职能,就其目标指向而言,可以概括为两大类:一类是主要指向未来社会的职能,如保藏职能等;一类是主要指向当代社会的职能,如教育职能等。前者更多地着眼于未来社会,而后者则更多地侧重于当代社会。

如同在前文讨论博物馆服务对象问题时所引证的那样,根据国际博协章程的规定,博物馆的宗旨是"为社会和社会发展服务"。很显然,博物馆的这一宗旨,在内涵了博物馆应为普通群众服务的同时,也内在地规定了,博物馆既应服务于未来社会,也应服务于当代社会。

从博物馆的职能和宗旨的要求来看,为当代社会服务与为未来社会服务都是博物馆义不容辞的责任，两者对于博物馆存在的意义是同等重要的。然而，这并不意味着，在任何时期、任何条件下，博物馆都必须将两者无侧重地同等对待（事实上，这也是不可能的）。相反地，在特定时期、特定条件下，在为当代社会服务与为未来社会服务的问题上，博物馆应该有所侧重、有所选择。比如，在战争年代，博物馆赖以生存的外部环境存在许多不利因素，在这种情况下，博物馆就应该而且必须强调其保藏等职能，其服务的目标应更多地指向未来社会。相反，在和平年代，博物馆则应该更多地强调教育等职能，其服务的目标应更多地指向当代社会。而且，在这种背景下，强调博物馆为当代社会服务，通常能够为博物馆更好地服务于未来社会创造必要的条件，提供坚实的基础。所以，在处理究竟应该为当代社会服务还是应该为未来社会服务这一问题时，博物馆必须有所侧重、有所选择。而且，对于博物馆来说，这是一条更为现实可行的道路。从这一意义上讲，博物馆从对其自身的职责和宗旨有了明确认识的那一天起，就注定必须要面对一种选择。

既然博物馆需要同时面对当代社会与未来社会，而且在特定时期、特定条件下又必须有所侧重、有所选择，那么，对于现阶段我国博物馆来说，究竟应该怎么办？

就我国目前的实际情况而言，在发展博物馆的过程中，应该强调博物馆侧重于为当代社会服务，理由如下：

第一，博物馆为当代社会服务是现阶段我国社会主义现代化建设的客观要求。作为一种服务性的具有教育职能的机构，博物馆在提高一个国家国民素质方面发挥着巨大的作用。这些作用表现在传播科学文化知识、进行思想品德教育以及技能培训等多个方面。博物馆教育行为的实施是建立在实物基础上的，因此，博物馆教育就具有了其他教育形式无法比拟的三个显著特点，即直观性、易接受性和可信性。这些特点决定了博物馆在较短时间内较快地提高一个国家国民素质方面具有不可替代的作用。在一个国民素质较低的国家，尤其如此。

我国是一个国民整体素质相对较低的国家，而我国的社会主义现代化建设则需要国民具有较高的素质。这就要求在提高国民素质方面具有特殊优势的博物馆必须要重视为当代社会服务，为迅速提高我国人口的整体素质作出积极的贡献。

由此可见，强调博物馆侧重于为当代社会服务是由现阶段我国社会主义现代化建设的客观需要决定的，是一种时代的要求。

第二，博物馆为当代社会服务是博物馆自身生存和发展的内在需要。当代社会是博物馆赖以生存和发展的重要基础。当代社会在博物馆生存和发展中的这种基础性作用，主要表现在：当代社会的需求是博物馆存在和发展的原动力；当代社会为博物馆的生存和发展提供了一切必需的物质条件，如人员、资金、设备、设施等。所以，博物馆要想生存和发展，就必须努力获取当代社会的支持，强化自身的社会基础。

社会是一个具有独立个性和自由选择权的存在，任何一个存在于其中的机构都必须面对它的选择。社会对于一个机构的选择是功利性的，是以其能否满足自身的需求为前提的，而从来不以该机构本身的意志为转移。只有那些满足了社会的功利性需求，并因此而被社会选中的机构，才能够获得社会的支持，获得生存和发展的权利，反之亦然。

作为存在于现实社会之中的一种文化机构，博物馆也不例外。也就是说，博物馆只有满足了社会的功利性需求，才能够获得生存和发展所必需的社会基础。这就要求博物馆必须积极有效地去为当代社会服务，尽力满足其功利性需求。实际上，无数事实已经证明，那些获得巨大发展的博物馆无一不是在积极地为当代社会的服务之中走向成功的。

第三，博物馆为当代社会服务是其摆脱目前困境的唯一出路。现阶段，我国不少博物馆在其发展过程中都面临着资金匮乏、观众稀少等诸多问题。这些问题将博物馆置于一种举步维艰的境地，严重制约了博物馆自身的发展。从表面上看，这些问题的出现似乎是由社会对博物馆的忽视和冷落而造成的。然而，实际情形却恰恰相反。事实上，这些困难出现的根本原因在于博物馆忽视和冷落了社会。它们没有真正有效地去为社会服务，满足社会的需求。这样，反过来，具有独立个性和自由选择权的社会就必然会忽视、冷落，甚至遗弃博物馆。博物馆也就不可能不陷入困境。

面对博物馆遇到的诸多困难,尤其是资金匮乏的困难,有些人可能会认为,这些困难都是暂时的,随着时间的推移,一切都会好起来的。这是一种令人鼓舞的看法,但却可能是一种永远也无法兑现的承诺。博物馆所面临的困难固然是暂时的,不过,这些困难的解决不是等来的。早在80年代,今天博物馆所面临的困难就已经出现了。从当时关于博物馆"经济效益""社会效益"的讨论当中,就可以非常清楚地看到这一点。如今,十多年过去了,这些问题不但没有解决,反而在某种程度上更加突出了。其中的原因就在于,在国家对博物馆事业总投入增加的同时,博物馆的数量也在增加,而且后者增加的速度更快,从而也就导致原有的问题更加突出。所以,一味地怨天尤人、消极地等待都是无益于问题解决的。而且,其在实践当中所产生的影响也是消极的。

如前所述,当代社会是博物馆生存和发展的重要基础,当代社会的认可与支持是博物馆生存和发展的根本前提。这样,博物馆要想生存和发展,就必须取得当代社会的认可与支持,这就要求博物馆必须重视为当代社会服务。而且,国外博物馆发展的经验也告诉人们,积极地服务于博物馆赖以生存的当代社会,不仅是博物馆获取资金、求得自身生存和发展的一条重要途径,而且也是博物馆未来发展的一个大趋势。

从一定意义上讲,我国博物馆现在真正缺乏的并不是资金,而是积极进取的精神和务实的经营理念,即为当代社会服务的精神和理念。正是由于缺乏这种精神和理念,博物馆才失去了当代社会的广泛认可与支持,失去了自身生存和发展的社会基础,也就不可避免地陷入了目前的困境。因此,解决博物馆目前所面临困难的唯一办法就是积极进取,努力为当代社会服务,在为当代社会服务之中,争取社会的认可与支持,进而求得自身的生存与发展。在这方面,美国博物馆的态度和做法是值得借鉴的。70年代,美国博物馆也曾遇到包括资金匮乏在内的一些困难,但它们并没有消极地等待,而是以一种更为务实的态度,通过博物馆资格认定、强化社会教育、开设多种活动项目等手段,积极地服务于社会,并最终摆脱了困境。可见,博物馆只有切实有效地为当代社会服务,才能真正解决包括资金在内的诸多困难。

所以，对于我国博物馆来说，积极地服务于当代社会是其摆脱目前困境的唯一出路。

此外，强调博物馆侧重于为当代社会服务，还有利于克服一些博物馆在服务于未来社会的旗号下消极等待的惰性思想。

总而言之，现阶段博物馆应该而且必须要强调侧重于为当代社会服务。这不仅是时代的要求，而且也是博物馆自身生存和发展的需要。

不过，需要进一步明确的是，这里所强调的博物馆为当代社会服务，是指博物馆不仅要将自身的工作尤其是对外服务工作密切地同当代社会联系起来，而且必须是利用自身的优势和特有方式去有效地满足当代社会的需求，为当代社会服务。换句话说，博物馆为当代社会服务一定要从自身性质、任务和特点出发，突出自身的优势，即博物馆特有的实物优势。这是在强调博物馆为当代社会服务时需要特别加以注意的。

与此相适应，博物馆在自身实际的对外服务工作当中，就一定要注意避免和克服三种不良倾向。一种不良倾向就是将博物馆为当代社会服务庸俗化，比如，一些博物馆举办家具展销、微缩景观展览等均属于此。博物馆举办这些活动不能说不是在为当代社会服务，但是，如此做法和如此理解博物馆为当代社会服务实际上是将博物馆为当代社会服务庸俗化了，与这里所讲的博物馆为当代社会服务是完全不同的，其影响也将是消极的。原因就在于，那种将博物馆为当代社会服务庸俗化的做法，也许会给博物馆带来短暂的、表面上的繁荣，但它却削弱了博物馆自身的优势，弱化了博物馆的个性特点，进而将从根本上否定博物馆的存在。另一种不良倾向就是将博物馆为当代社会服务政治化，即将为当代社会服务片面地理解成为政治服务。博物馆开展与其自身性质、任务和特点相去甚远的应时性活动就是这一倾向在实际工作中的具体表现。从本质上讲，博物馆属于上层建筑的范畴，其总是与一定的意识形态紧密联系在一起的。但是，作为一种特殊文化机构，博物馆又有其自身的特点和固有的运行规律。这就决定了我们在实际工作当中不能也不应将其当作一种单纯的政治工具，将服务于当代社会等同于为政治服务。如果不考虑这一点，而将博物馆当作一种单纯的政治工具，把为当代社会服务简单地理解成为政治服务,那么,就既片面地理解了博物馆为当代社会服务的丰富内涵,又不利于博物馆自身的健康发展。过去,在这方面,我们是有过沉痛教训的。

至于那种破坏性利用藏品的做法更是博物馆在为当代社会服务中应该竭力避免的。

现阶段博物馆必须侧重于为当代社会服务应该成为博物馆界同仁的共识。

原文署名"艾赖文",刊载于《中国博物馆》1998年第4期。

博物馆专业人才培养

吉林大学文物与博物馆学专业本科博物馆实践教学的新探索

萨克斯的博物馆人才培养理念与方法

当代美国高校博物馆专业课程设置及成因分析

吉林大学文物与博物馆学专业本科博物馆实践教学的新探索

吉林大学文物与博物馆学专业（前身为博物馆学专业）自1985年创建伊始，就非常重视本科实践教学。最初，实践教学主要是博物馆实践教学。20世纪90年代，为了拓展学生实践能力，在原有的博物馆实践教学之外，又增加了田野考古实践教学，从而构成了实践教学双版块模式。这种模式既培养学生的博物馆技能，也培养田野工作能力，使综合技能得到全面提升，并已经成为我校文物与博物馆专业人才培养的传统。

近些年来，得益于国家文化政策和博物馆发展国家战略，文博事业获得了长足的发展，行业内外环境发生了巨大变化，对专业人才要求也出现了新变化。面对新的行业环境的变化，吉林大学文物与博物馆专业顺势而为，在本科实践教学方面又进行了一系列新探索。其中本科实践教学中的田野实践教学以往多有总结，本文拟仅就近些年来博物馆实践教学探索中的一些做法、遇到的问题等进行初步总结，以期对新环境下高校文博专业实践教学的开展提供有益参考。

一、高度重视，创造良好实践教学环境

高校文物与博物馆专业目标是培养文博行业的专业人才，不断为文博行业输入新鲜血液。同时，文物与博物馆专业又是一个实践性很强的专业，要求其毕业生必须要具有较强的实际动手能力，如此，才能够更好

地适应未来实际工作和行业发展的需要。

实践教学旨在培养和提高本科生专业技能。它是培养和提高本科生专业技能的有效手段，是文物与博物馆专业人才培养必不可少的重要环节和组成部分。它不仅是对课堂知识的应用和检验，而且也是对课堂知识的拓展和丰富。只有通过实践教学，才能提升学生的实际动手能力，强化和完善学生的综合能力培养。要办好文物与博物馆专业，必须要做好博物馆实践教学工作。

基于对博物馆实践教学定位及重要性的认识，多年来，本科生培养中，我们在做好课堂教学的同时，始终高度重视实践教学在专业人才培养中的地位与作用，将实践教学置于专业人才培养的重要地位。为此，我们采取了一系列措施，主要包括：

（一）将实践教学纳入本科教学培养方案

本科教学培养方案是实施本科教育的基本依据，其内容构成直接反映人才培养的取向。在我校历次文物与博物馆专业本科教学培养方案修订中，讲授课程时有调整，但实践教学多年来始终被作为一项重要内容纳入本科教学整体培养方案之中，并给予较大的学分占比。在我校现行的2013版教学培养方案中，文物与博物馆专业实践教学被安排在第五学期，即大三的第一学期，分田野考古实践教学和博物馆实践教学两块，总学分达16学分，其中田野实践教学8学分，博物馆实践教学也占到8个学分。与此相对应，在时间安排上，博物馆实践教学时间通常为一个半月。实践表明，这一时间安排保证了实践教学的效果。

将实践教学纳入本科教学培养方案集中反映了实践教学的重要性和对实践教学的重视，从根本上保障了实践教学的严肃性和不可替代性。

（二）与学院、学校相关职能部门积极沟通，争取多方支持

实践教学因为涉及走出校园，走出城市，这就意味着更多的人力、物力和资金投入。为了保证实践教学的顺利实施，几年来，我们一直与学院、学校相关部门积极沟通，争取多方支持，为实践教学顺利实施创造条

件。比如,一度困扰我们的住宿费问题的解决就是一个例子。住宿费支出是实践教学总支出中的一大块。较长一段时间里,关于学生住宿标准,学校财务规定执行的一直是20元/人/天的标准。这一标准是20世纪80年代制定的。随着时间的推移,外部环境已经发生了巨大变化,住宿等实际情况也今非昔比。先前的这一标准已远远不能满足实际住宿的需要,并可能还会形成较大的安全隐患。后经多次呼吁、多方协调,在学校相关领导和职能部门的支持下,住宿标准有了成倍提高,为实践教学工作的开展提供了坚实的物质保障。

(三) 合理配置指导教师,强化实践教学教师队伍

指导教师是实践教学的具体执行者,在实践教学中起着关键性作用。指导教师的配置是否科学合理直接影响教学的实际效果。为了做好实践教学,我们历来重视实践教学指导教师的合理配置,通过多种方式科学搭建指导教师队伍,为实践教学提供人力保障。

近些年来,受扩招政策的影响,我校文物与博物馆专业招生规模基本维持在30人左右,专业教师则不足10人。为了保证充足的指导力量,我们一方面积极发挥专业教师的作用;另一方面,则合理利用研究生力量,挑选优秀在读研究生协助专业教师指导本科生实践教学工作。这种配置模式,一方面解决了指导教师不足的问题,另一方面也让研究生得到了锻炼。

不仅如此,在指导教师配置方面,我们还注意新老搭配,以老带新,实现经验与热情的碰撞,让年轻教师在实际工作中尽快地成长起来。从几年来的工作情况看,实际效果是不错的。

重视本科实践教学是做好实践教学的先决条件。只有重视实践教学,才能创造良好的教学环境,为实践教学的顺利实施铺平道路。

二、精心设计,提高教学针对性

实践教学是落实文物与博物馆专业本科培养计划的重要举措,担负着学生基本业务技能培训的责任,其质量高低直接决定学生专业技能的掌握情况。同时,每年实践教学面临的情况又不尽相同。基于此,在组织和安排每一次实践教学之前,我们均会事先对年度实践教学进行科学的规划、精心细致的设计,而不仅仅是将实践教学作为一种例行公事性的普通工作,更不是将实践教学作为一种廉价的劳务输出。

从这一基本认识出发,在规划和设计实践教学时,我们注重并坚持以下几条原则:

(一)遵循人才培养目标

培养"严谨守道、担当奉献、博专结合、合作引领"的文博专业人才是我校文博专业人才培养的基本目标定位。按照这一要求,培养的学生要具有系统而深入的专业知识、宽广的职业视野和专业技能、强烈的使命感与责任感、善于合作与引领行业发展的创新意识,具备适合在各级各类博物馆、文物管理部门、科研院所、文物与艺术品经营单位、海关、公安等部门从事文物、博物馆管理、研究及教学工作的专业能力。这一目标定位,从根本上规定了实践教学规划和设计的基本出发点和基本原则,也为其他工作指明了方向。

高校是培养人才的。所有教学活动都应该遵循并服务于这一目标,实践教学也不例外。实践教学应该始终服务于人才的培养。脱离开对于人才的培养,实践教学不仅失去其意义,而且极可能会流于形式。对于文物与博物馆专业而言,培养合格的文博专业人才是它的目标追求。

遵循这一目标,我们会在与接收方博物馆充分沟通的基础上事先精心规划和设计每一年度的实践教学。我们在进行年度实践教学的规划和设计时,特别注意坚持做到:

  以教学为主,突出对学生的训练;
  注重课堂所学理论知识的应用,突出技能培养;
  注重解决实际问题,突出基本业务能力的提升;
  强化实习管理,突出管理规范化。

(二) 厘清实践教学的具体目标与任务

明确的目标与任务是实践教学顺利实施的前提。要做好实践教学必须要首先厘清实践教学的具体目标和任务。我们将本科生实践教学的具体目标和任务确定如下：

让学生了解和熟悉博物馆运营程序和主要业务工作。

锻炼和培养学生在藏品整理、展览策划与评估、服务项目策划等主要业务活动方面的基本技能和能力，包括观察、资料采集、分析等方面的能力，实现学生综合能力的提升，防止眼高手低。

结合实习博物馆的实际情况，了解中小型博物馆现状，增强学生对博物馆的感性认识和现实意识，避免不切合实际的纸上谈兵，养成扎实的学风。

培养学生的专业认同感。

培养学生的职业意识和规范意识。文博行业的特殊性决定了从业者必须要有较强的规范意识，熟悉和掌握本行业的基本操作规范。

培养学生健康的工作意识和工作精神。

基于此，在选择安排实践教学博物馆时，我们始终以特点突出的中小型博物馆为主，让学生能够有更多的实际动手机会，在实战中增长才干。

(三) 制定年度实践教学计划

在厘清实践教学的具体目标与任务基础上，我们坚持做好每一年度实践教学的具体计划，并形成文字。计划内容涉及如下几个方面：（1）年度实践教学的基本情况，如教学地点、实践教学队伍构成、教学的时间安排等；（2）实践教学指导原则；（3）年度实践教学的具体目标、任务、内容和实施方法；（4）实践教学的成绩考核评定。年度实践教学计划是教学实施的基本依据。

根据近些年实际工作的经验，在制定年度实践教学计划时，要特别注

意以下两条:

第一,合作互利,实现双赢。馆校合作是博物馆实践教学得以实施的基础。博物馆实践教学离不开接收方博物馆的大力支持,离不开双方的密切合作。在规划和设计年度实践教学时,我们通常事先会与接收方博物馆进行充分的沟通,了解双方各自的诉求,充分考虑博物馆实际情况和具体需求,特别是当前工作急务。在实践教学内容设计中,切实考虑接收方博物馆的实际需求,寻求双方利益共同点,通过实践教学实现双方的互利共赢。2015年,文物与博物馆学专业13级本科生实践教学在山东烟台市博物馆进行。这次实践教学得以成行的重要原因之一是博物馆正在进行第一次可移动文物普查。我们抓住这一契机,并以此为基点规划和设计实践教学。经过努力,通过这次实践教学,学生不仅参与了藏品整理,同时也参与了博物馆正在进行的陈列展览策划、观众调查、文创产品设计等。这一安排既训练了学生,博物馆也从中受惠,实现了双赢。

合作互利、实现双赢不仅让实践教学做到有的放矢,而且提升了实践教学的可操作性。

第二,勇于创新,紧跟行业发展步伐。近年来,在国家政策的大力支持下,我国博物馆事业发展很快。行业内外环境在快速变化,一些新情况、新问题在不断出现。面对新的变化,在规划和设计实践教学时,我们都会关注博物馆行业的新进展,并根据实际情况,适时地加以调整。2014年,我们在辽源市博物馆实践教学时,馆方出于对学生安全的考虑,希望能够明确学生安全管理的责任。对于这种新情况,学校给予了高度重视。为了解决馆方的后顾之忧,我们在请示院领导的情况下,经与馆方充分协商,与辽源馆签订实习合作协议,突出安全管理职责,明确了各自在学生安全管理方面的责任,使双方能够轻装推进实践教学实施。再比如,近几年,文创是博物馆行业关注的热点。为了让学生了解该领域的发展和得到更切实的锻炼,我们在实践教学的内容设计中及时地加入相关内容,极大提升了学生的实践教学参与与热情。

根据行业内外环境的变化及时调整策略,让教学始终保持与时俱进,跟上时代发展的步伐,而不是游离于行业发展之外,这样,可以让学生保持对于职业的一种敏感,而不至于落伍。

对于实践教学进行有意识的规划和设计,提高教学针对性,突出了实践教学的系统性、计划性和主动性,避免了教学的盲目性、碎片化,从而为实践教学的规范有序实施奠定了基础。

三、有序操作,突出实施规范化

博物馆实践教学是专业工作的一次预演。文博行业的特殊性要求学生从入行之初就养成一种良好的职业素质。为此,我们在博物馆实践教学实施环节,一直秉持规范操作的原则,严格按照文博专业业务工作程序与步骤训练学生,做到有序操作,推进教学工作。

在多年的教学实践中,我们已经逐步摸索出一种相对比较规范的操作模式。博物馆实践教学是一个完整的教学过程。我们将整个实践教学过程分为前、中、后三个阶段,并将规范操作的原则贯彻其中。

(一) 实施前

1. 认真踩点

为了实现实践教学的目标与任务,每次实习之前,都会认真踩点。我们具体的做法是:在实际操作过程中,我们会有意识地选择有特点的中小型博物馆作为实习地点。几年来,我们先后在河南三门峡虢国博物馆、辽源市博物馆、烟台市博物馆、宁波港口博物馆、吉林省博物院等博物馆实习。客观地讲,与大馆相比,这些中小型博物馆条件有限。但是,选择中小型博物馆,学生却会有更多的动手机会,并从中得到更为务实的锻炼。而且,在具体选择实践教学地点时,一般事先会多方沟通,而后再根据教学任务的要求,在比较、择优的基础上,最后敲定,以便最大限度满足教学需要。

2. 岗前动员

在每次开展实践教学之前,由带队教师组织学生召开会议,进行岗前动员,会议通常会邀请院系领导出席。岗前动员内容主要包括:(1)实践教学的重要性与意义;(2)年度实践教学的地点、主要任务等;(3)实践教学中的相关要求,特别是纪律、安全等方面的要求。(4)学生发言。岗前动员旨在让学生对于实践教学有一个正确的认识,并鼓舞学生士气。

3. 岗前培训

为了让学生快速进入角色,每年度实践教学进入现场之前,均会邀请相关专业人员作岗前培训。培训教师最初主要依靠本专业专职教师,结合实践教学的具体任务,举办相关的专题讲座或演示。近年来,为了进一步提升和加强实践教学岗前培训的针对性和操作性,在聘请的培训教师中,除了本系专业教师外,开始吸纳博物馆一线工作人员。自2014年以来,先后聘请吉林省博物院陈列部、技术信息部、吉林大学考古与艺术博物馆藏品部等的专业人员,分别就陈列展览策划、数据采集、藏品整理等问题展开培训。培训方式主要为集中授课、专题讲座或演示,时间一般为2天。培训内容一般极具针对性,紧贴年度实践教学内容,通常会涉及博物馆基本业务版块,突出培训的实战性。比如,藏品管理,通常会强化藏品定名、描述、取用搬动操作规范等内容。

在这些培训之外,我们也曾尝试邀请上一届参加过实践教学的同学,结合他们前一年的工作实际作相关介绍,以增强学生对实践教学的感性认识,也取得了不错的效果。

岗前培训一方面强化了对以往课堂所学知识的理解,另一方面,也让学生对未来教学的基本内容能有所了解,提前做好准备。

(二)实施中

实践教学是在现场实施的。就现场实践教学而言,我们历来坚持"三结合"原则,即馆内、外相结合,定点教学与游学相结合,教师指导与学生传接相结合。其中,馆内、外相结合是指,在实践教学实施过程中,不仅仅局限于博物馆馆内空间,同时也将实践教学延伸到馆外(如赴学校作宣讲、到档案馆等机构为展览策划查阅资料等),最大效用利用实习时间。定点教学与游学相结合是指,为了开阔学生眼界,除了在选定博物馆进行实习之外,每年度我们还会安排旨在开阔眼界的参观学习。参观对象主要是博物馆或相关联的一些设施等。比如,2013年,学生在三门峡虢国博物馆实习期间,我们就曾组织学生参观当地青铜器制作工厂,加深学生对于铜器的理解;同时,也参观了当地名砚的制作工厂等,极大地开阔了学生的眼界。教师指导与学生传接相结合主要是指教学实施过程中,教师是主要指导者,但不是唯一的指导者,学生也会在工作的先后传接实施中扮演指导者的角色。

当然,整个实践教学仍然以馆内教学为主。在馆内教学实施方面,我们通常的做法是:

1. 多部门介入

多部门介入是将学生分组,安排进博物馆的多个不同部门工作。与此相适应,我们专门将实践教学内容设计成多个版块,使教学内容版块多元化。通常情况下,教学内容主要有如下版块:

(1) 藏品整理(包括藏品入藏、编目等);

(2) 陈列展览鉴赏、策划与评估;

(3) 公共服务(包括活动策划、对外讲解、观众调查等);

(4) 博物馆信息化(包括数据采集、数字化平台运营、信息推送等);

(5) 博物馆文创(包括文创产品设计、制作等);

(6) 博物馆推介(包括海报设计、对外联络等)。

上述这种多元化版块基本涵盖了目前博物馆主要业务活动。它们有助于促进学生多方面能力的锻炼。

就年度实践教学而言,这些版块也会根据接收方博物馆的实际情况作些微的调整。

2. 分组轮动

通常是以版块为单元,将学生分成若干组,分别派入不同工作部门。每组学生人数不等,具体数量可根据工作性质和需要调配。经过一段时间后,不同组的学生会有秩序地轮换。这样可以保证所有同学均有机会接触核心业务工作,得到基本训练。

而且,在这一过程中,要求学生必须做到资料共享,协作实施,由此培养团队精神和合作意识。

3. 定期总结

定期总结也是我们实践教学实施过程中坚持的一个做法。这种总结通常以学生为主导,指导教师仅仅扮演引导者的角色。时间安排上,这种总结通常是在分组轮换前进行,一般是安排在非工作时段。若轮换时间紧迫,在与博物馆协商后,也可安排在工作时间。具体做法是,各组的同学,在讨论基础上,推举1—2人代表本组分别就本组或本人前期所做工作、获得的经验、存在的问题等,向全体同学作汇报。汇报结束后,其他同学可以提问互动。最后指导教师进行小结。

定期总结锻炼了汇报学生的表达能力,促进了同学间工作经验的分享,同时也有利于不同组别的顺畅衔接、轮动,以及下一步工作的顺利实施。

此外,在实践教学工作推进过程中,常常会遇到一些普遍性的实际问题。对此,带队教师会及时加以解决。具体做法是,由带队教师及时进行相关专题培训,并着手解决实际问题。为了解决游学参观中的问题,培训主题包括"如何看博物馆""如何看展览";为了解决文创开发中遇到的问题,培训主题包括"文创设计原理"等。

在解决问题这一环节中,我们还注意与博物馆密切合作,利用博物馆智力资源,做好教学工作。在实践教学实施过程中,我们积极与接收单位协商,充分利用馆内智力资源。聘请馆内实践经验丰富的人员,通过讲座等方式协助指导学生。利用博物馆智力资源,壮大实践教学指导力量,缓解专任教师少的问题。

(三) 实施后

现场实践教学仅仅是整个教学过程的一部分,现场实践教学的结束并非整个教学过程的终结。我们将现场实践教学结束之后的工作看作实践教学的一个有机组成部分,并给予了足够的重视。

在现场实践教学结束后,我们要做的工作就是成绩考核和教学总结。

1. 成绩考核

学生成绩考核是实践教学的一个重要环节。实践教学学分占比大,直接影响学生的评奖评优。几年来,在实践教学评价方面,我们也作了一些探索。

在成绩考核方面,我们一直秉持公平、公正和公开原则,利用多种考核方式,力求降低主观判断,提高客观评价,尽可能真实地反映学生在实践教学中的表现。为此,我们主要从以下几个方面切入考核评价。

扩大考核主体。就考核主体而言,我们坚持以指导教师作为考核主体,但又不限于指导教师。在学生考核方面,我们还积极邀请博物馆相关部门人员,对学生表现作出评价。这样做避免了过分依赖单一考核主体而可能产生的负面影响。

丰富考核领域。就考核领域而言,我们将学生成绩考核分成四个部分:平时出勤及遵守工作纪律情况;实际的业务操作(如观众调查报告、陈列展览评估报告等);工作日志撰写;口头表达(包括口试及定期交流会上的表现)等。同时,就每一考核项提出了明确要求和标准。

延伸考核过程。从考核过程看,我们实施全程考核,即从学生进入现场实习开始,工作纪律考核等就已经开始,并一直贯穿始终。延伸考核过程避免了最终一次性考核带来的负面影响。

实践证明,这些做法能够比较真实全面地反映学生的实际能力。

2. 教学总结

实践教学总结是实施后的另一项重要工作。我们分别从教师和学生两个角度,主要采取两种方式对实践教学进行总结:一是实践教学成果汇报;二是策划实践教学成果汇报展。

实践教学成果汇报主要由带队教师在系大会上作公开系统汇报,介绍此次实践教学的基本情况、主要收获以及存在的问题等,时间通常在半个小时左右。目的在于让大家了解本年度教学情况,及时总结经验,便于更好地开展下一次实践教学活动。

策划实践教学成果汇报展则是另一种汇报形式。近几年来,我们利用吉林大学考古与艺术博物馆这一平台,以展览的形式,用学生的视角对年度实践教学成果加以总结。实践教学成果汇报展策划主要是由学生操刀。学生以他们自己的视角,选择主题、形成创意、选取实物、撰写文本,并与公司对接,最终指导推出展览。2011级文物与博物馆专业本科生实践教学成果汇报展就是一个很好的例子。这一做法不仅仅是一种汇报形式,对于学生而言,也是一次很好的策展训练。

在上述实践教学实施的前、中、后三个阶段,我们都坚持有序操作,实现了教学实施的规范化,避免了实践教学的随意性和流于形式,从根本上保证了整个实践教学的实效和质量。

实践教学规范化是一个不断进阶的过程。对于尚处在探索阶段的文博专业的博物馆实践教学来说,规范化是我们努力追求和探索的东西。今后,我们将积极学习和借鉴其他成熟学科的实践教学经验,进一步提升博物馆实践教学规范化程度,让博物馆实践教学逐步形成一种规范化模式。

四、严格管理,强化保障

队伍管理是实践教学中的一项重要工作。这项工作直接影响实践教学队伍的士气和教学效果。在实践教学管理方面,我们着重抓了两个方面的工作:一是教师的业务管理;一是学生日常管理。

(一) 教师业务管理

指导教师是实践教学的主要组织者。在教师业务管理方面,我们主要集中于明确指导教师的职责,对指导教师业务指导工作提出明确要求。这些要求包括:

1. 现场指导学生解决实际问题。

2. 在现场实践教学期间,主要指导教师必须要坚持每天撰写实践教学日志,内容主要包括每天教学任务、工作安排、进度、工作中出现的问题以及解决方案等。

3. 定期检查学生撰写的工作日志。

4. 负责组织和具体实施学生成绩的考核。

5. 全权负责学生的日常管理。

(二) 学生日常管理

学生日常管理关乎学生实践教学的积极性和教学效果,是实践教学中颇有挑战性的工作。

与全国其他高校一样,目前,我校文物与博物馆专业的教师人数不多,实践教学指导老师明显不足。而且,与我们以往所熟悉的田野考古实践教学多在农村开展不同,博物馆实践教学通常是在市区的博物馆里进行。相对于农村而言,市区环境更为复杂,学生日常管理的压力更大。有鉴于此,我们在学生日常管理方面也作了一些尝试。

1. 关爱学生,全过程管理

从关爱学生和保证学生们安全的角度出发,从出发前的动员,到实践教学的实施等各个环节,我们坚持对学生进行全程管理。管理过程中突出两点:一是安全;一是纪律。由于坚持了全过程管理,多年来,我们在实践教学中没有出现安全等方面的问题。

2. 健全规章制度,实现制度管人

在实践教学管理中,我们一直强调制度管人。在一些重要事务上,注重建立相关的规章制度,实现管理制度化,比如,《博物馆实习规章》《学生馆内行为准则》《寝室安全守则》等。这些规章制度,通常是以学生为主导,集体讨论、研究制定的,经指导教师审核通过后执行。这样一种制度形成模式激发了学生的参与积极性、执行的自觉性,为日常生活中这些规章制度的实施奠定了基础。

3. 发挥学生积极性,将教师管理与学生自我管理相结合

在学生日常管理方面,我们充分利用学生自身资源,发挥学生自觉性、能动性,将教师主导管理与学生自我管理相结合。具体做法是,在实践教学中,许多事务(如轮流分组、寝室分组、业务传接等)的处理,通常由参与教学的学生(班干部)主导,学生集体操作完成,带队教师主要扮演指

导建议者的角色，从而实现了将教师管理与学生自我管理有机结合。这样一种管理模式，极大地调动了学生参与管理的积极性，降低了管理成本，提高了实践教学管理质量。

五、小　　结

以上是近些年来吉林大学文物与博物馆学专业在博物馆实践教学方面进行的一些新探索。从实际教学效果看，这些做法取得了积极成效，学生专业技能得到了显著提升。2016年，我校文物与博物馆学专业在浙江宁波港口博物馆进行实践教学。经与博物馆协商，将该馆的史前文明展策划作为实践教学内容版块之一，纳入教学计划，借此对学生进行策展训练。作为实践教学的成果之一，形成了两个陈列文本初稿。两个文本初稿后经进一步加工合成，被博物馆作为史前文明展的正式文本用于与公司对接，并在2017年正式对外展出。这次策展活动既训练了学生，也为博物馆完成了一项重要任务，并降低了成本。

而且，经过几年的探索实践，吉林大学文物与博物馆学专业本科博物馆实践教学实施正在逐步规范化、制度化。在实践当中，我们的主要体会是：要做好博物馆实践教学，一是在思想认识上，要高度重视实践教学；二是要以学生培养为目标，以教学为中心，对实践教学进行精心的规划和设计；三是要积极学习借鉴，不断将实践教学规范化；四是严格人员管理，为实践教学的顺利实施提供切实保障。此外，还有很重要的一条，就是要直面现实变化，勇于探索，如此，才能找到解决这些新问题的办法，才能让实践教学跟上时代发展的需要，不至于落伍。

在近年来博物馆实践教学的探索中，我们也遇到了一些问题。其中比较突出的如带队教师数量不足、博物馆接纳能力有限、学生知识结构和能力（如书画、钱币等方面的知识不足，古文献阅读能力有待提升等）有待完善。这些问题有待于我们在今后教学实践中继续探索解决的路径。

在我国，高校文物与博物馆专业人才培养起步较晚，而且发展缓慢。近些年来，在国家大力发展文博事业的大背景下，高校文物与博物馆专业迅速崛起。据不完全统计，全国约有60余座高校设立文物与博物馆专业。但是，受学科自身发展状况、教学投入等多种因素的影响，高校文博专业的博物馆实践教学仍多处于摸索阶段，实践教学的规范化程度有待提高。经过不断的实践摸索，吉林大学文物与博物馆学专业本科博物馆实践教学取得了不错的教学效果，且正在逐步制度化、规范化。通过未来若干年的努力，我们希望能够打造出一个符合文博专业人才培养规律、面向我国博物馆发展实际，并具有我校特色的本科生博物馆实践教学的新模式。

原文系本人担任吉林大学文学院博物馆学系主任期间，组织和指导文物与博物馆学专业本科生实践教学的初步总结，基本观点曾在实习汇报中作过发布。初稿成文于2017年11月，2019年初修改、定稿。此次系首次公开发表。

萨克斯的博物馆人才
培养理念与方法

　　2002年,哈佛大学艺术博物馆馆长詹姆斯·库诺(James Cuno)组织了一系列学术讲座和题为"艺术博物馆与公众信任"的学术研讨会,以纪念哈佛大学博物馆课程设立80周年。当时欧美博物馆界最著名的7位艺术博物馆馆长应邀参加了研讨会,并发表演讲。此次活动引起了博物馆界的广泛关注。哈佛大学博物馆课程的创立者就是美国博物馆专业人才的培养先驱之一——萨克斯。

　　保尔·约瑟夫·萨克斯(Paul Joseph Sachs,1878—1965),是美国博物馆史上一位杰出的博物馆学家,曾任哈佛大学福格艺术博物馆副馆长。萨克斯也是一名优秀的收藏家,曾在哈佛大学学习艺术课程,接受了艺术品鉴定方面的严格训练;而且,他出身于银行世家,经济条件十分优越,在出任福格艺术博物馆副馆长之前,萨克斯曾进入家族企业工作数年,拥有出众的商业头脑和广泛的人脉。这使他有机会与金融圈其他爱好艺术的人,如菲利克斯·沃伯格(Felix Warburg)等进行交流,并扩大自己的收藏。他的收藏家身份以及他因收藏而形成的交际圈等,都直接影响了他在人才培养中的理念、方法和实践。

　　1914年,萨克斯接受爱德华·瓦尔多·福布斯(Edward Waldo Forbes)的任命进入哈佛大学任教,这无疑是他博物馆教学生涯的重要契机。他在1921年创办的哈佛大学博物馆课程为博物馆专业人才的培养带来了深刻而久远的影响。这不仅是由于萨克斯博物馆专业人才培养思想与实践开始得比较早,更是因为它们的独特性。对于博物馆人才培养和职业教育,萨克斯有着自己深刻的认识和理解,并将这种认识和理解付诸实践,形成了一套独有的培养理念和方法。关于萨克斯的研究,国外的学者论述较多。塞莉·安妮·邓肯(Sally Anne Duncun)在《从时代屋到公众信任:美国的权利辩论与艺术博物馆领导力》[1]一文中,介绍了萨克斯博物馆课程的部分课堂内容及业界影响;艾达·V·奇尼利奥(Ada V. Ciniglio)的《美国博物馆先驱:保尔·J·萨克斯》[2]用较大篇幅介绍萨克斯的生平,对于其博物馆课程的内容也有一定阐述;在哈佛大学的档案检索信息系统网页上关于萨克斯的介绍[3],则侧重其在档案方面的成就;在国内,相关研究极少,上海博物馆的周燕群在《萨克斯与哈佛大学的博物馆课程》[4]一文中,简要介绍了萨克斯的生平和博物馆课程的部分内容及其在业界的影响。从现有的资料来看,总的来说,关于萨克斯的研究仅限于对其生平及博物馆课程的部分教学内容进行阐述,对于他的人才培养理念与方法却少有涉及,而且绝大多数是平铺直叙,少有归纳总结。本文旨在对此进行一些探析。

在介绍萨克斯的培养理念和方法之前,我们首先要明确哈佛大学博物馆课程的目标。因为目标、理念和方法是一个整体,目标的制定会直接影响其理念所要求的职业能力的构成,以及培养的具体方法。理念和方法都是为目标服务的,随着目标的变化而变化。关于博物馆课程的目标,萨克斯主张"让更多的人通过接触艺术品原作,熟悉世界文明中的艺术遗产,并获得相关的学术培训,使他们今后能够成为艺术教师、评论员、博物馆研究员或馆长"[5]。正是根据该课程目标,萨克斯对学生采用适当的方

---

[1] Sally Anne Duncun, "From Period Rooms to Public Trust: The Authority Debate and Art Museum Leadership in America", *Curator* 45(2)(2002).

[2] Ada V. Ciniglio, "Pioneers in American Museums: Paul J. Sachs", *Museum News* (1976, September/October).

[3] Online Archival Search Information System.Sachs, Paul J., 1878 - 1965. Papers, 1903 - 2005: A Guide. http://oasis.lib.harvard.edu/oasis/deliver/~art00010.

[4] 周燕群:《萨克斯与哈佛大学的博物馆课程》,《上海文博论丛》2003 年第 2 期。

[5] 周燕群:《萨克斯与哈佛大学的博物馆课程》,《上海文博论丛》2003 年第 2 期,第 73 页。

法,进行了相应的职业能力培养。

一、以实践为主的全面性职业能力的培养理念

"《德意志意识形态》和《学会生存》中提及的'能力',是一个泛化的概念,包括人在社会活动、职业活动中处理事物的智、情、意诸方面的表现"[1]。作为一名博物馆员工,不同的岗位也有着不同的职业能力要求。从这个层面上来讲,博物馆的职业能力不仅包括我们常常讲的藏品管理、对外活动等博物馆业务工作要求具备的能力,也应该包括胜任工作的职业素质。现就这两点,对萨克斯博物馆课程培养的职业能力分析如下。

(一) 业务能力

在业务能力培养方面,萨克斯论述颇多。这可能与他担任福格艺术博物馆副馆长时积累的实际工作经验有关。根据他的教学内容可以看出,萨克斯对于博物馆内的藏品管理和馆外的行政活动同样重视,而这两方面恰好囊括了博物馆工作的工作范围。主要分为以下几个小层次:

第一,鉴赏力。不管在博物馆内还是馆外,杰出的鉴赏力都是非常必要的。萨克斯认为,博物馆的专业人员首先应该是"学者鉴赏家",鉴赏力可以帮助学生们选出各类藏品的精品,这对于博物馆的日常工作和藏品收购活动都是非常重要的。而且,想要练就鉴赏力,不仅要有扎实的理论积累,还要具备凭感觉和直觉鉴定的能力。为了达到这个目的,他提出,博物馆课程的第一个任务就是学习福格博物馆里所有的画作,借以锻炼学生的视觉记忆。这种方法是卓有成效的。据他的学生反映,多年过去,不仅能回忆起福格博物馆的展览,就连一生中经历过的其他事物也能在脑海中浮现。他还进一步指出,学生必须研究真品,不能整天看艺术品的照片或者仿制品。这种训练对于培养鉴赏力非常有意义。

---

[1] 蒋乃平:《对综合职业能力内涵的思考》,《职业技术教育》2001年第10期,第19页。

第二,馆内的工作技能。这类技能涉及博物馆建筑设计、藏品管理、陈列展览、观众教育以及科学研究等多个领域。在已掌握的资料中,萨克斯对此并没有细说,不过,通过其博物馆课程的实践活动,我们对他所要求的工作能力可以有所了解。博物馆班的每一届学生都要筹办展览,具体工作包括绘制博物馆建筑的平面图,与博物馆管理者一起工作一周,了解博物馆的管理情况,"以记忆的方式写出各展厅的展示内容,星期天下午参与给观众的讲解工作,从文献学、鉴赏学和鉴定学的角度撰写未发表器物的陈列说明"①,为展览准备演讲稿等。这些工作几乎涵盖了博物馆日常工作的全部内容,对培养博物馆专业人才全面性职业能力的意义是非常重要的。

第三,社会活动能力,也就是所谓的行政能力。萨克斯非常注重培养学生在馆外的商业、政治等社会活动能力。这是因为,博物馆的很多业务工作都涉及商业活动,尤其是搜集藏品时要与经销商、收藏家打交道,参加拍卖会也需要敏锐的商业触觉。既要运用多种手段达成交易,取得最大利益,又不能违反相关法规,即"游走在机构的边缘"②——这是博物馆课程的重要组成部分。萨克斯的学生,纽约现代艺术博物馆第一任馆长艾尔弗雷德·巴尔(Alfred H. Barr)就是一个典型的成功案例。他的成功不仅取决于纯粹的收购活动,也经历了与经销商、收藏家和艺术家复杂的谈判过程。值得一提的是,巴尔始终把成为现代艺术的主要学者和管理者作为自己的目标,在谈判时与对方保持距离,这是其他博物馆管理者很难做到的。萨克斯对学生商业能力的成功培养可见一斑。

如果说商业运作能力可以给博物馆带来物质上的利益,那么政治活动能力则更多地倾向于在工作中保持清醒的头脑、应对时局的变化,两者缺一不可,都是萨克斯所培养社会活动能力的重要组成部分。萨克斯在课上会锻炼学生的政治活动能力。他认为,博物馆界对在世艺术家的现

---

① 周燕群:《萨克斯与哈佛大学的博物馆课程》,《上海文博论丛》2003年第2期,第74页。
② Sally Anne Duncun, "From Period Rooms to Public Trust: The Authority Debate and Art Museum Leadership in America", *Curator* 45(2)(2002): p.103.

代艺术作品收藏问题进行的辩论是一场"危险的混战",关于此事的权力斗争,甚至有可能"提前终结博物馆管理者的职业生涯"①,一不小心就会失去工作。这也从侧面反映了萨克斯对政治活动能力的培养抱有既重视又谨慎的态度。

(二) 职业素质

素质的特点是"内凝",是人在其活动过程中非对象化的结晶,而业务能力是"外显",是人在其活动过程中对象化的呈现。素质是业务能力的基础,业务能力是素质的表现②,两者都是职业能力的重要组成部分。虽然萨克斯对博物馆专业人员应具备怎样的职业素质并没有进行具体阐述,但在他的课程设置和教育方法中,处处蕴含着对职业素质的培养。归纳为以下几点:

第一,对职业的敏感性。职业敏感性是对职业的一种悟性,是对某一职业有一种超乎常人的洞察力,是对职业信息有强烈的接受、反应、判断和分析能力,是从业者对职业的理解与适应能力的综合体现③。良好的职业素质离不开对职业的敏感性。萨克斯所理解的职业敏感性主要集中在对博物馆日常问题的把握、对热点事件的关注等。在为学生布置作业时,萨克斯会把自己出任福格博物馆副馆长期间遇到的日常问题作为重要参考资料;在课堂上,对于博物馆界的热点事件,如关于时代屋的建立与否和在世艺术家的现代艺术作品收藏与否问题,他也会提出来让学生进行思考。

萨克斯培养学生对博物馆工作的敏感性可能受到了现实环境和他自身性格的影响。当时的美国博物馆出现了一些新的特点,行业人员结构产生了很大变化,博物馆的业务活动越来越受到人们的重视。在这种情况下,萨克斯设立了博物馆课程,这本来就是对博物馆职业发展趋势的精

---

① Sally Anne Duncun, "From Period Rooms to Public Trust: The Authority Debate and Art Museum Leadership in America", *Curator* 45(2)(2002): p.102.
② 陈金芳:《知识、素质和能力的辩证关系》,《广西教育》2006 年第 C1 期,第 16 页。
③ 胡智慧:《关于提升职工职业敏感性的思考》,《工会论坛》2010 年第 3 期。

准把握，体现了他自身强烈的职业敏感性；再结合他在课堂上对博物馆日常问题的把握、对热点事件的关注，我们不难推断，萨克斯已经意识到职业敏感性在博物馆工作中的意义，并将其运用在对学生的培养中。

第二，个人的意志力。意志力是人格的重要组成因素，对每个人的职业都有着重大影响。很多时候，工作是非常枯燥而繁重的，而博物馆工作也不例外，这就需要意志力去克服。萨克斯所理解的意志力主要集中于对博物馆日常工作的实践及对作业的完成情况等。为了锻炼学生的意志力，萨克斯对学生要求非常高，给他们带来了很大压力。"'看，看，看'是萨克斯的口头禅"。他对于艺术品的精准判断使学生"随时保持警觉"①。在日常的学习中，学生除去课堂学习之外，还要完成萨克斯所布置的沉重的课外作业：他要求学生在作完课外阅读、参观完著名的历史类或其他类型的博物馆，甚至是与艺术品商人攀谈后都要作相应的记录；学生还要为每周六的考查课准备书评，或是为艺术品鉴赏课准备一篇有关艺术品方面的、能引起自己浓厚兴趣的文章。

除此之外，福格博物馆还会为学生们提供大量可做的课外作业，如绘制建筑规划图、图片编目、决定艺术类的书籍是否应该从哈佛大学或从福格博物馆中剔除，对博物馆室内的地面材料、座椅和采光等各方面给出一定的评价，展品的移动、重新布置、整理以及为展览项目贴标签等。这些活动都是锻炼意志力的绝好机会，对于学生职业生涯的影响是不言而喻的。

第三，独立思考。独立思考是有所发现、有所突破、有所创造的前提。理论来源于实践，但仅凭实践是不够的，应该在实践中不断反思，独立思考，总结经验，这样才能得出科学的理论，从而反作用于实践。所有行业的工作者都需要独立思考，对于博物馆专业人才来说，独立思考显得尤为重要。这是因为，很多博物馆课程只重视实践，不重视理论学习，学生往往学会了"怎么做"，却不知道"为什么这么做"。但是在博物馆这个行业，尤其是专业人才和领导者，光会做是不够的，还应该独立思考、自我创新，

---

① Sally Anne Duncun, "From Period Rooms to Public Trust: The Authority Debate and Art Museum Leadership in America", *Curator* 45(2)(2002): p.96.

既要"知其然",也要"知其所以然",只有这样博物馆才能发展进步,否则就会陷入模仿和衰退的怪圈。

萨克斯重视学生的独立思考这一基本素质的养成,并通过组织对博物馆界热点问题的课堂讨论,培养其独立思考的能力。在一次课堂讨论中,一部分学生认为,博物馆应该以艺术作品为中心,为观众提供最高标准的审美教育;另一部分学生则认为博物馆应该多考虑观众的品位,强调展览的视觉享受。这次讨论使学生们感触颇多,促进学生创新意识的产生,并应用到自己以后的工作中。萨克斯的学生奥托·威特曼(Otto Wittmann)在担任托莱多艺术博物馆馆长时,创造性地将课堂上讨论的内容应用到工作中,将博物馆的画廊变成了油画作品和装饰艺术的组合,这样既发挥了教育职能,也通过适当的艺术装饰吸引了观众,获得了良好效果。威特曼的创举,与他在博物馆课程中学习到的独立思考的能力是密不可分的。

在上文讨论中我们可以看到,萨克斯奉行以实践为主的全面性职业能力的培养理念,他培养的博物馆专业人才不仅具有扎实的理论功底,也具有鉴赏力、社会活动能力等业务能力,还具有对职业的敏感性、意志力、独立思考的能力等职业素质,体现了其培养博物馆人才的全面性。

二、多样化课程安排的培养方法

培养方法总是与目标和理念紧密联系在一起。基于上文提到的培养目标和理念,在博物馆人才培养实践中,萨克斯采用了一系列独特的培养方法,即在广泛而深入的理论学习中实行多样化的课程安排,同时采用灵活多样的教学方式和手段。多样化的课程安排主要体现在既有基础课的设置,内容包括:艺术史、艺术博物馆的历史与哲学、博物馆的组织机构、博物馆管理、博物馆建筑、博物馆藏品收藏、保护、整理职能、档案保管、博物馆的教育方针和博物馆的职业道德等课程,又有实践课的设置;在教学方式上,既有交流讨论,又有启发式教学。可归纳为以下几点：

（一）交流讨论

在学习的过程中进行交流讨论是将知识融会贯通的必要方式，也是探讨问题本质的重要手段。在萨克斯的博物馆课程教学实践中有一场比较典型的讨论，即关于博物馆中是否应该收藏在世艺术家的现代艺术作品问题，持有"保守"观点的学生认为现代艺术作品应该经由时间的检验，必须确定为艺术精品才能予以收藏；坚持"开明"观点的学生则认为，现代艺术也是一段时期内艺术风格的反映，应该给在世的艺术家一个机会。"这次讨论使学生开始思考博物馆在其所处历史时代中的责任，与市场的联系，与经销商、艺术家和收藏家在处理现代艺术作品时的复杂程度"[①]。讨论课的设置，既加强了学生对基础理论的运用，又是对其思维、语言组织和表达能力的锻炼。两者互相补充、相得益彰。

（二）观察、接触实物

在教学实践中，萨克斯改变了传统的以书本教学为主的传统教育模式，在保证正常上课的情况下，把每周一的课改到自己的家里进行，让学生尽量多地观赏、触摸他收藏的艺术品。萨克斯认为，在面对艺术品的时候，首先要利用自己的眼睛和感觉，然后再进行书本学习。他的学生，曾任福格博物馆馆长的阿格内斯·蒙干（Agnes Mongan）回忆道："有一天，他（萨克斯）带来了15世纪的佛罗伦萨泥质半身像，要求我们观察和讨论，发表我们是否会购买以及诸如此类的对它的看法。我认为它看起来好像缺了点什么东西，在我这样回答的时候，他微笑着解释说：它有一个花冠，被人剪掉了。然后他给我们所有人分配了关于佛罗伦萨泥质肖像的作业……这是一次激动人心的体验。"[②]显而易见，这种训练增加了学

[①] Sally Anne Duncun, "From Period Rooms to Public Trust: The Authority Debate and Art Museum Leadership in America", *Curator* 45(2)(2002): p.101.

[②] Ada V. Ciniglio, "Pioneers in American Museums: Paul J. Sachs", *Museum News* (1976, September/October): p.69.

生对艺术品的兴趣,也提高了他们的鉴赏能力。

(三) 参与实践工作

实践出真知。想要做一位合格的博物馆专业人才,仅仅学习知识是远远不够的,还需结合实践活动。让学生每年参与办展是萨克斯的博物馆课程中最主要的实践方式。在这个过程中,学生要拟定主题,与萨克斯相熟的经销商、收藏家讨论租借藏品的相关事宜,写展览目录,根据现代陈列的要求布置展览,甚至还包括讲解员服务。在为伍斯特州的一所新博物馆作设计时,学生首先与经销商约瑟夫·杜维恩(Joseph Duveen)探讨藏品租借的相关事宜,接着为该艺术博物馆制定藏品收集计划,最后敲定了纽约洛克菲勒中心(Rockfeller Center)的雕塑。在这样的实践中,学生一定会对博物馆工作有新的认识和感受。

(四) 启发性的提问

萨克斯上课的时候,运用多种手段,循循善诱,让学生一层一层揭开艺术品的面纱。面对一件物品,他先请学生回答:"这是什么?"在同学正确回答后,他会给予积极的反馈,然后进一步提问:"这是什么材料做的?来自哪里？属于什么风格?"1933 年毕业的波士顿美术博物馆前任馆长佩里·拉斯波恩(Perry Rathbone)还清晰地记得,"在结束博物馆课程的时候,感觉自己对艺术市场和博物馆界非常熟悉"[①]。对于学生的培养,萨克斯并没有单方面的传授知识,而是以启发学生的思维为核心,调动学生的学习主动性和积极性,促使他们生动活泼地学习。这种思想是非常难得的。

(五) 旅行考察

每个冬季和春季,萨克斯都会带领学生去拜访纽约、费城等地的古董商、艺术品经纪人、收藏家及博物馆专家,还会邀请部分学生参加他的家

---

① Ada V. Ciniglio, "Pioneers in American Museums: Paul J. Sachs", *Museum News* (1976, September/October): p.69.

庭宴会,把自己相关方面的朋友介绍给他们。最典型的一次是在1936年的春天,萨克斯带学生去拜访了多位专家学者,包括美国收藏家格林威尔·温索浦(Grenville Winthrop)、斯蒂芬·克拉克(Stephen Clarks)、菲利普·雷曼(Philip Lehman)夫妇等著名人物。这样的考察不仅开阔了学生的视野,丰富了学生的知识,也帮助他们拓展了人脉关系,提升了社会活动能力。正如萨克斯所说,他希望学生"具有一个收藏家的热情和艺术史学家的根基,并懂得公共服务的价值和管理"①。

(六) 言传身教

教育者的一言一行、一举一动,无时无刻不在对学生起着潜移默化的作用。萨克斯的人生观念和工作态度,在他与学生相处的过程中逐渐影响着学生。他是个谨慎而谦逊的人,除了严于律己,也用很高的标准要求学生。有一次,艾尔弗雷德·巴尔给萨克斯写信:"您是我见过最棒的收藏家,但是过于谦虚。"②巴尔建议萨克斯在讲解一些权威和专家观点的同时,多介绍自己的收藏与观点。萨克斯阅信后接受了他的意见,认为这封信对自己博物馆课程理念的形成作出了贡献。这种谦虚的品质,对于一名合格的博物馆工作者是不可或缺的。

除了谦虚的品质,萨克斯的工作态度也给学生带来一定影响。阿格内斯·蒙干说:"萨克斯对任何时代的艺术品都十分喜爱,这种热情是可以传染的。"1930年毕业的美国国家美术馆前任馆长约翰·沃克(John Walker)说:"他拥有一种不可思议的特性,是哈佛其他老师所不具有的……别人可以教你艺术史的知识,但是萨克斯会让你想成为一位收藏家。"③

同上文提到的各种培养方法相比,言传身教是萨克斯有意为之,还是

---

① 周燕群:《萨克斯与哈佛大学的博物馆课程》,《上海文博论丛》2003年第2期,第74页。
② Ada V. Ciniglio, "Pioneers in American Museums: Paul J. Sachs", *Museum News* (1976, September/October): p.69.
③ Ada V. Ciniglio, "Pioneers in American Museums: Paul J. Sachs", *Museum News* (1976, September/October): pp.69-70.

无意之举,尚有待探讨。但不管是何种出发点,这种隐性的培养方法都会给学生带来深远的影响,与他们日后的成功有着密切的关系,值得我们重视。

　　以上就是萨克斯博物馆的人才培养理念与方法的初步梳理。萨克斯以培养全面性的博物馆专业人才为目标,对学生实施以实践为主的全面能力的培养理念,运用多种培养方法,形成了一套富有特色的人才体系。正因为如此,他开设的博物馆课程培养出了一大批杰出的博物馆工作者。"据统计,自课程开设以来,有388位学生选修过这个课程,其中341位是萨克斯在1944年退休前亲自教过的。他们中至少有160人最后走上了美国著名博物馆的馆长、副馆长以及研究员的岗位。如1927年毕业的纽约大都会艺术博物馆前任馆长詹姆斯·罗利梅尔(James Rolimer)、1946年毕业的纽约现代艺术博物馆第一任馆长小艾尔弗雷德·巴尔(Alfred H. BarrJr.)博士、1933年毕业的波士顿美术博物馆前任馆长佩里·拉思伯恩(Perry Rathbone)和1930年毕业的美国国家美术馆前任馆长约翰·沃克(John Walker)等"①。在近百年后的今天,当我们回顾和考察萨克斯创立的哈佛大学博物馆课程的时候,萨克斯的人才培养理念与方法仍然闪烁着智慧的光芒,在当代博物馆人才培养中具有重要的借鉴意义。这或许正是进入21世纪人们关注和纪念哈佛博物馆学课程的原因之所在。

　　原文刊载于《中国博物馆》2015年第4期。与杜雨婷合作,本人系第二作者。

---

　　① 周燕群:《萨克斯与哈佛大学的博物馆课程》,《上海文博论丛》2003年第2期,第75页。

当代美国高校博物馆专业课程设置及成因分析

美国博物馆事业发展领先于世界,一直是世界各国学习效仿的对象,这与美国高校博物馆专业课程的成熟体系是分不开的。在本篇文章中,首先分析当代美国高校博物馆专业课程的设置现状,然后详细分析其专业课程设置体系的影响因素。希望能给国内的博物馆事业以一定启示。

一、美国高校博物馆专业课程设置现状

当代,美国高校博物馆专业课程设置可以用百花齐放、百家争鸣来形容:专业设置覆盖全面,主修、辅修并行存在;学制呈现多元化,可划分为独立本科、独立硕士、本硕一体、硕博一体等多种学制;培养机构大学院系、大学博物馆同时存在;培养理念根据实际情况设定,或注重博物馆的培训技术,或注重理论培养,还有理论与技术平衡的培养;在隶属关系上,有独立的博物馆专业课程,还有依托于其他专业的博物馆专业课程;专业所依托的学院有文学院、科技学院、视觉艺术戏剧舞蹈学院、人类学院等,专业所在的系别有历史系、人类学系、艺术系等。美国博物馆专业的课程规模体系比较完善,下文以美国高校博物馆专业课程设置的学历层次为依据具体分析①。

---

① 王春慧:《美国高校博物馆专业课程设置研究》,吉林大学硕士学位论文,2009年。

（一）本科阶段

具体来说，美国所开设的博物馆专业课程均匀分布于不同层次的高校，从世界闻名的哈佛大学到名不见经传的孟菲斯大学都有开设，足以证明博物馆课程在美国的普及程度。也正因为如此，美国高校博物馆专业课程在本科阶段主修、辅修并行存在。然而，博物馆专业课程作为本科阶段的主修专业，开设的院校不仅稀少，而且在这少数高校中，所开设的博物馆专业课程理念倾向于理论与技术平衡。课程具体内容可以分为五类：(1) 博物馆理论基础课程，学生通过概述性质的课程了解博物馆学这门课程的基本原理；(2) 技术应用课程，在博物馆展览策划、藏品保护与管理方面开设实践性课程，使学生掌握博物馆工作中最基本的应用技术；(3) 思想道德课程，从艺术、法律和道德规范方向让学生把握博物馆课程；(4) 阅读课程，通过大量的阅读来丰富学生博物馆方面的知识；(5) 实习课程，选择范围广泛，既可以在国内又可以在国外实习。博物馆理论作为辅修专业出现时开设的范围比较广泛，课程设置理念上或注重基础理论，或注重实践技术；且都是作为学生刚刚进入大学后第一、二年不分专业情况下的基础课程学习。

综上所述，本科阶段的美国高校博物馆专业课程设置，在培养理念理论、实践技术、理论与技术平衡等各方面都有兼顾。不论作为主修还是辅修，其课程内容广度全面而深度不足；学分基本要求在 18 学分，其中基础课 15 学分，实习课程只占 3 学分，实习时间 80—240 小时。

（二）研究生阶段

与本科阶段比较，美国高校更重视研究生阶段的博物馆专业课程，具体来说更重视研究生阶段的硕士博物馆专业课程。培养理念有两个方面：一方面是注重理论与实践的平衡，另一方面促进学科之间的合作，偏重于实践技术的培养。学制 2—5 年不等，学分要求 33—58 学分，实习时间 50—520 小时。开设课程内容丰富，各个高校的培养理念各有侧重；课程内容略有不同，整体而言可分成三大模块：专业核心课程、选修课程、实习课程。以下为课程内容基本情况：

1. 专业核心课程

美国高校博物馆专业设置的核心课程覆盖范围广阔,囊括博物馆行业的方方面面,开设藏品、陈列、管理、筹建博物馆、与其他领域关系、博物馆类型、博物馆法律、与现实相关的讨论、博物馆实习等课程,根据各个高校的发展情况,开设课程的侧重略有不同。课程特色如下:(1)藏品课程内容具体。与藏品相关的各个环节都开设有课程,包括藏品管理、藏品保护、藏品说明介绍、藏品法律问题、藏品保护实践等课程。(2)陈列课程重视实践与评估。引导学生把所学到的陈列理论转化成现实的陈列计划和方案,同时加入电脑处理图片的方法;更有创意的是在讲授陈列课程中,还引导学生充分考虑观众的意见,通过观众视角来检测所学到的博物馆陈列理论。(3)管理课程分类精确。引入市场销售与经济学原理,课程分为财务管理、人员管理、项目管理,为博物馆经营与筹集资金提供经济学优势。课程关注当前政治形势,使学生不脱离实际,进入博物馆工作后能很快把握博物馆的工作重点。(4)筹建博物馆课程程序具体。让学生了解一座博物馆落成之前的一些准备事项,如筹资、选址、建筑本身的设置、藏品的征集等内容。(5)与其他领域联系范围覆盖全面。课程涉及博物馆与观众、博物馆与社会、博物馆与信息化、博物馆与教育、博物馆与传播、博物馆与印刷、博物馆与种族等内容。(6)博物馆类型课程典型。开设诸如民族博物馆、绿色博物馆等课程。(7)博物馆法律课程完善。开设博物馆法律和道德问题、艺术法律和道德规范等课程。(8)与现实相关的讨论课程富有创造性。着重于让学生讨论与现实博物馆相关的问题,同时引导学生把博物馆理论和实践经历结合起来独立进行研究。

2. 选修课程

选修课可选择的种类多种多样,方向有两类:一类在人类学系、历史系、艺术系、植物学系、动物学系、昆虫学系、地理学系等选择;另一类选修课程不仅包括有上述诸系的课程,还会有博物馆方面的课程。这两类选修课程学生都有机会选修教育、人类学和考古学、艺术和艺术史、生物学、动物学、科技研究、比较宗教、生态学、环境生物学、现代物质文化、哲学和教育、视觉文化、古代史、中世纪史、文艺复兴、现代和美国等课程,以此来丰富学生其他领域的知识。

3. 实习课程

实习课程范围广泛，不但表现在实习区域选择种类丰富，而且实习科目覆盖全面；学生可以选择在国内实习，也可以选择去国外实习。实习过程中学生能够实践博物馆管理、藏品保护、藏品管理、展览策划与开发等内容。整个实习有 50—520 学时。实习结束后，学生要针对实习内容完成一篇实习报告。

从以上课程内容我们可以看出：在研究生阶段，美国高校博物馆专业课程设置内容覆盖博物馆的方方面面；不仅科技发展技术被引入课堂，而且经济学原理也渗入博物馆管理课程；重视博物馆相关法律规范；重视博物馆与其他领域关系研究；开设"绿色博物馆课程"，使新博物馆学理念更加具体；重视课程的评估；重视启发学生的创造性。

二、当代美国高校博物馆专业课程设置的影响因素

美国高校博物馆专业课程设置如此丰富，与其复杂的影响因素是分不开的。以下将从理论、制度、社会、历史、文化以及国际博物馆人才培训指导思想等角度展开分析。

（一）思想理论因素

美国高校博物馆专业课程设置思想理论根源需要考虑两个方面的因素：一方面是博物馆学的发展，另一方面是课程研究范式的发展。就博物馆学发展而言形成的理论为新博物馆学理论，就课程研究范式发展而言形成的理论为后现代主义课程观。这两种理论相互交织，形成美国高校博物馆专业课程设置思想的理论观念。

1. 博物馆学的发展

20 世纪七八十年代，世界各地相继发起了新博物馆学运动，以往以"物"为中心的博物馆结构转变为以"人"为中心的博物馆结构。尊重文化

的多样性;关注环境保护;陈列内容强调动态的主题单元展示;采用高科技的陈列手法,尽可能让观众参与;展示目的是启发与激励观众,并采用多种传播方式。这种新博物馆学的思想对美国高校博物馆专业课程设置影响深远[1]。首先,在课程建设理念上,美国改变了以往理论与实践的争论,因地制宜建设博物馆专业课程,致使美国出现多元的博物馆专业课程设置模式,与新博物馆学尊重文化多样性的理念相匹配;其次,提倡建设博物馆要考虑环境因素,重视未来发展的可持续性,并开设建设绿色博物馆课程,这与新博物馆学中关注环境保护的理念相吻合;再次,重视观众的参与度,表现尤为突出的是陈列设计课程,要求学生在博物馆亲自制作陈列,让观众提出评估意见,促使展览更加贴近公众,这与博物馆以"人"为中心的理念相呼应。

2. 后现代主义课程观

从20世纪70年代开始,尤其是80年代,美国课程研究领域运用后现代主义思想和方法对传统课程理论进行了系统的批判和反思,形成了后现代主义课程观。后现代主义课程观强调课程的整体性、开放性、转变性、过程性、不确定性、复杂性、丰富性以及发展性;强调学生的主体性和个性,从学生的发展、对话、探究、转化的角度出发来界定课程;课程目标适应社会发展变革,促进学生个性健康;课程内容具有丰富性、疑问性和启发性[2]。

这些观点在美国高校博物馆专业研究生阶段的课程中体现得最为充分:首先,从学生角度出发界定课程,这一点可以从学生修习课程种类的繁多中找到证明。在美国高校博物馆专业的研究生阶段,课程分为核心课程、选修课程、实习课程。为满足学生个性发展的需要,不仅核心课程方向覆盖博物馆的方方面面,选修课程覆盖面也非常广泛,充分考虑到学生将来的职业方向问题,通过庞大的课程体系满足学生的个性需求。学生不仅可以选择博物馆领域课程,还可以选择其他领域课程,如人类学

---

[1] 宋向光:《生态博物馆理论与实践对博物馆学发展的贡献》,《中国博物馆》2005年第3期。

[2] 谢登斌:《美国后现代主义课程理论探析》,《广西高教研究》2001年第5期。

系、历史系、艺术系、植物学系、动物学系、昆虫学系、地理学系等。不仅如此,实习课程科目也很全面,实习过程中学生能够实践博物馆管理、藏品保护、藏品管理、展览策划与开发等内容。其次,在课程内容的丰富性、疑问性和启发性方面,丰富性不言而喻,以上内容足以证明。疑问性和启发性可以在其开设的与现实相关的讨论课程中找到有力证据。在美国博物馆专业研究生阶段课程中,必须要开设与现实相关的讨论课程,并且将其作为核心课程加以重视。在这方面课程中,最重要的步骤是教师提出当前热点问题,然后让学生发表意见,课程结束后学生要根据自己的认识完成一篇相关的论文。不仅如此,在实习过程中,教师还鼓励学生结合实习经历与所学内容,独立完成一项自己喜欢的主题研究。这些措施充分启发了学生,培养了学生敢于质疑、独立创造的能力。

(二) 制度模式因素

1. 美国教育体制

美国是一个联邦制国家,教育行政采用地方分权制。根据美国宪法,联邦政府不对大学直接管理,各州政府的管理权限也是有限的,只是在财政拨款上加以干预。因此,美国每一所大学都是一个相对独立和自由的王国。课程设置、专业设置直至人才培养的目标与规格上,每个大学都不相同,因此也就形成了风格迥异的众多大学。这种机制的宽松性有利于博物馆专业课程设置向多元化发展,更符合博物馆学的多元性要求。我们更能够理解新博物馆学运动一经发起,美国高校博物馆专业课程设置迅速呈现多元化的原因,这与美国的教育体制是分不开的。

2. 美国高校课程设置模式

笔者一直认为,美国高校课程设置模式为高校博物馆专业提供了很好的课程结构。如果说新博物馆学的思想为美国高校博物馆专业课程设置提供了方向,那么美国高校课程设置模式则为其提供了模型。在美国专业与课程的关系上,采取课程组合成专业的模式。这种模式是指新学科的出现,以及社会对新的职业需求的反映,在高等学校中首先不是以专业而是以课程的形式出现。当社会上出现新的职业时,高校总是先开设一门或几门职业需求的选修课;只有当新的职业发展到相当规模,提出了稳定的人才需求,且高校有可能开设系列配套的课程,师资、设备达到一定条件时才正式设置专业,是一种职业—课程—专业的模式①。这种模式强调大学的多元属性,坚持以学生为本的原则,崇尚自由教育。这种模式为美国高校博物馆专业的课程建设提供了良好的成长土壤。诚然,博物馆学作为一门学科的成长过程是非常艰辛的,直至20世纪七八十年代新博物馆学运动兴起,博物馆学作为一门学科才被众多学者认可。但是博物馆行业早在17、18世纪就已经出现。这种行业的出现与学科发展的跨度也为高校开设博物馆专业带来了难度。尽管如此,美国高校博物馆的专业建设却如火如荼,这与美国高校采用课程规定专业的模式是分不开的。课程规定专业模式,很好地避开了博物馆学科建设不够完善情况下开设博物馆专业课程的不利因素;致使学术与行政分离的院系制度出现,在这种制度下,学生可以自由选择课程。从而我们能够理解,为什么美国博物馆专业的学生,选修科目院系范围跨度如此广泛,学生在选修课程时,不会因为不属于某一个系部或者某个专业而被拒于教室门外。这种模式为博物馆自身复杂体系的成长提供了复合型人才基础,也推动了美国博物馆行业的飞速发展。

(三) 社会环境因素

美国高校博物馆专业的课程设置发展与美国政治、经济、科技发展也息息相关。首先从政治角度来看,美国是一个民主国家,政治民主是博物馆专业课程设置发展的前提。在民主社会里,人民具有强烈的主人翁意识和社会责任感,政府如果干预大学事务,首先会激起人民的反对。民主社会里大学的自主权利也受到宪法的保障,因此,科研自由、言论自由获得了保障,这也为博物馆专业课程设置提供了权利保障。其次,从经济角度看,美国政府不断加大对大学的投资,各州政府也通过税收建立新的教

---

① 刘店辉:《大学专业与课程关系的两种模式解析》,湖南师范大学硕士学位论文,2009年。

育基金,这些都为博物馆专业课程建设提供了资金保障。再次,美国还出台了一系列促进科技发展的政策,2004 年 7 月在 NSTC(国家科学技术委员会)的指导下,一份名为《为了 21 世纪的科学》的文件出台。这份文件提出:今天的科学将为未来的经济进步与国民生活质量的改善搭建平台;通过科学解决社会所面临的迫切问题;将科学成果转化为具体利益。这种科技政策为高校博物馆专业课程的开设提供了有力的技术保证,尤其是在数字化博物馆进程方面①。

有了政治、经济、科技的支持,美国高校博物馆专业的课程设置才能顺利进行。

(四) 历史因素

这里所谓的历史因素,应该包括两方面内容:一方面为美国高校博物馆专业课程设置历史;一方面为美国作为一个国家的成长历史。

1. 美国高校博物馆专业课程的设置历史

自 1906 年美国博物馆协会成立后,高校就开始筹建博物馆专业。但是这个过程是漫长而曲折的。在 20 世纪初—20 世纪 40 年代期间,美国高校博物馆专业课程设置过程中 Sarah Yorke Steven-son、Homer K. Dill、Paul Joseph Sachs、John Cotton Dana、Laurence Vail Coleman 等都提出了开设博物馆专业课程的独到见解②。但总体来说,这一阶段课程设置基本理念是在博物馆环境下,以实践培养为基础,有关博物馆专业的理论课程开设的不多。此后,在 20 世纪 40—70 年代,Grobman、Reimann 和 Borhegyi 等一些专家对高校开设博物馆专业课程设置理念展开了激烈的讨论,众多专家对于是重视理论还是重视实践争论不休,但并没有形成一个统一的标准。不仅如此,在 1977 年,库柏镇研究学会(Cooperstown Graduate Association)举行了有关博物馆专业课程设置的讨论会,

---

① "Office of Science and Technology Policy",[EB/OL]http://www.whitehouse.gov/administration/eop/ostp [2011 - 6 - 1]。

② CHEN Yi-chien, *Educating Art Museum Professionals: The Current State of Museum Studies Programs in the United States*, Tallahassee: Florida State University, 2004, pp.38 - 41、44 - 49.

Ehrlich 和 Friary 的观点分别形成了博物馆专业课程设置理念的两大派别,即要么重视理论,要么重视实践①,但最终也没有形成统一的结果。直到 20 世纪 80 年代,美国博物馆协会为这种多元的博物馆专业课程设置意见作了归纳总结,建立了博物馆专业课程设置的统一标准。但是这一标准的建立并没有解决博物馆专业课程设置"理论与实践"的争论问题,从而也导致了 20 世纪 90 年代高校开设博物馆专业课程设置走向理论与实践的平衡。从以上内容可以看出,高校博物馆专业课程设置理念从建设初期到 20 世纪 90 年代的争论过程,都没有形成一个统一的理念。这一结果也导致了 21 世纪的美国高校博物馆专业的课程设置不再追寻设置理念,而是转向根据实际情况来开设博物馆专业课程。从而形成了如今的美国高校博物馆专业课程设置多元的模式。

因此,美国高校博物馆专业课程设置历史对美国高校博物馆专业课程设置的多元模式影响意义深远。

2. 美国历史

美国因建国历史短暂,缺乏深厚的历史文化基础,因此渴望建立属于自己国家的历史渊源的心情迫切;尤其二战后,科学技术日新月异,经济发展翻天覆地,人民生活物质富足,各国处于相对和平状态,旅游业的兴旺昌盛导致大众厌倦冷酷机器、渴望和谐自然的心情日益迫切,收藏历史文化遗产的热情更加高涨。这些加剧了美国渴望建立自己历史文化的愿望。但是建立属于自己的历史并不是一件容易的事情,聪明的美国人想到了博物馆。Geoffrey Lewis 在他的《博物馆史》("The History of Museums")一文提到:"美国博物馆的发展由被渴望建立一个连续的过去所影响,这场建立自己连续的过去的运动通过私人捐助被大面积地推广。"可见兴建博物馆的热潮也源于美国人民的愿望。据统计:在 1988 年报道的 8 200 所博物馆中,有 75% 是在 1950 年后建立的,40% 是在 1970 年后建立的;参观人数也日益增加,20 世纪 70 年代大约每年有 3.5

---

① CHEN Yi-chien, *Educating Art Museum Professionals: The Current State of Museum Studies Programs in the United States*, Tallahassee: Florida State University, 2004, pp.38 - 41、44 - 49.

亿访客,到1988年则有5.6亿访客①。因此伴随着博物馆的繁荣发展,对博物馆人才的需求也开始日益增长,培养人才成为博物馆发展迫切需要解决的问题,从而也促进了高校博物馆专业课程培训的发展。在美国人的观念里,建立一个属于自己的历史,不仅是建立一个博物馆,而是让美国人走进博物馆内部,深刻了解美国成长的文化历史。为达到这种要求,广开博物馆资源是必要的。所以在美国,博物馆可以设立研究机构,在大学设立博物馆,把大学博物馆作为高校博物馆研究的实习基地,甚至在大学博物馆也开设博物馆专业课程,如今的美国高校博物馆专业的课程规模已能符合社会需求。优秀的博物馆人才,对于美国自己竭力所要创造的历史渊源有不可忽视的作用。

(五) 文化因素

许多发达国家,尤其是美国很早就充分认识到了文化产业的重要作用,把文化事业作为综合国力的重要组成部分,把大力发展文化产业、提高本国的文化影响力和渗透力作为提高本国竞争力的重要手段,把扩大对外文化贸易、争夺国际文化市场作为重要的战略目标,积极推进文化产业的发展。美国根据本国实际制定发展战略,利用各种资源,其中发展博物馆事业是重要投资项目之一。

美国文化产业的发展战略,造就了其文化市场的空前繁荣。在大学建设文化领域的课程,尽可能发展本民族文化事业是美国文化产业的战略目标之一。美国虽然缺少悠久的历史和文化产业的传统资源,但由于它是一个移民国家,这些移民大多数来自拉美、亚洲和非洲等不同国家。不同文化背景的移民融合,使美国形成了一种整合程度较高的杂交文化,而博物馆又是这种文化交织的集中地。这种文化由多种族、多文化创造,从而产生了具有开放性的多元化的文化市场。因此在高校设置博物馆专业课程时,美国也不局限在单一层面上,只要能够促

---

① Geoffrey Lewis, "The History of Museums", [EB/OL] http://www.muuseum.ee/uploads/files/g._lewis_the_history_of_museums.pdf [2008-3-1].

进博物馆事业发展，尽可能地开发、塑造美国文化事业，一切创新的课程都可以接受。所以我们不难理解美国高校博物馆专业的课程设置呈现多元化的原因。此外，美国还鼓励学生去国外实习，这也是抢占国外文化市场的战略之一。

（六）国际博物馆人才培训指导思想

博物馆的人才培训问题，从一开始就受到国际博物馆协会以及国际个人培训委员会的关注。这些机构提出的思想也对美国高校博物馆专业课程设置的走向起到了指引作用。

1969年7月，国际个人培训委员会首次在莱斯特举行博物馆学专业讨论会，提出各个国家权威机构应对博物馆和大学负责，应立刻认可博物馆学作为学科的学术地位和价值；博物馆技术应该在博物馆技术课程中获得。此后，1971年国际博协第九次会议就出台了博物馆培训行业的基本课程大纲。而到1974年6月14日第十一届ICOM在丹麦哥本哈根举行的全体大会，又对课程理念提出深入见解，会议指出：博物馆培训学生和行业人员不要只注重独立的博物馆学或者博物馆实践，还要重视交叉学科的博物馆学科的学习，大学与博物馆之间要尽可能地亲密合作；同时，为满足博物馆的真实需要，还要为学生颁发国家及国际都认可的毕业文凭①。

通过以上会议内容，我们能够理解美国博物馆专业课程是根据实际情况设定并设置培养理念的。在本科阶段的培养理念或注重博物馆的培训技术，或注重理论培养，也有理论与技术平衡的培养。而硕士阶段的培养理念分两个方面：一方面专注于理论与技术平衡的培养；另一方面促进学科之间的合作，偏重于实践技术的培养。我们也就可以理解为什么美国高校博物馆专业课程设置既存在独立体系，又同时存在多元的交叉学科体系。这些都与国际历次会议思想的导向分不开。

---

① "Copenhagen 1974"，[EB/OL] http：//icom.museum/who-we-are/the-governance/general-assembly/resolutions-adopted-by-icoms-general-assemblies-1946-to-date/copenha-gen-1974.html[2008-3-1].

三、结　　论

通过以上分析,我们清楚地了解到新博物馆学理论以及后现代主义课程观为美国多元的博物馆专业课程设置体系提供了理论根源;宽松的教育体制为课程呈现多元化提供了制度保障;职业—课程—专业的课程设置模式,在解决博物馆专业建设困难的同时,也为博物馆专业建设提供了模型。美国政治、经济、科技发展为博物馆专业课程设置提供了政策、资金、技术保证;美国高校博物馆专业课程设置成长历史、美国自身成长历史以及美国文化为博物馆专业课程设置体系的形成提供了历史渊源和文化渊源;国际上的博物馆人才培训指导思想为美国博物馆专业课程设置走向提供了方向。总之,在理论、制度、社会、历史、文化以及国际博物馆人才培训指导思想等因素的影响下,美国形成了多元的博物馆专业课程设置体系;并且通过这种课程体系培育出了无数优秀的博物馆专业人才,为博物馆事业的持续发展提供了人力保证。

厘清了美国高校博物馆专业课程设置现状与其影响因素之间的因果联系,我们是不是应该反思我国高校博物馆专业课程设置与其相关制约因素的关系呢?换句话说,为推动我国高校博物馆专业课程设置的发展,我们是不是应该从理论、制度、社会、历史、文化以及国际上的博物馆人才培训指导思想等因素去考虑我国高校博物馆专业课程设置的方向呢?尤其是通过研究美国高校博物馆专业课程设置的成长过程,我们能够得到一些启发。希望通过对美国高校博物馆专业课程设置现状及其影响因素的分析可以给我国博物馆的事业发展及人才培养以一定启示。

原文刊载于《东南文化》2011年第6期。与王春慧、王德发合作,本人系第二作者。

其 他

《博物院》杂志创刊寄语

探索与创新

——第十三届全国博物馆陈列展览十大精品初评入围展览评后

一部沉静的博物馆研究新作

——《博物馆与近代中国公共文化(1840—1949)》读后

"对话"先驱者

——《博物馆起源:博物馆历史与哲学早期文选》评介

可贵的精神　难得的范式

——读《博物馆人丛语》有感

《零障碍博物馆》评介

一种新的博物馆交流模式

特殊群体的接待

《博物院》杂志创刊寄语

近几十年来，国内外博物馆学科发展均获得长足进展，也遇到了一些问题。在国外，在以国际博物馆协会博物馆学专业委员会为首的诸多组织推动下，博物馆学科发展成果丰硕。而聚合在"新博物馆学"大旗下针对博物馆开展的多学科研究，更是极大地提升了博物馆研究的理论性与学术影响。同时，博物馆学科也面临着来自快速发展的遗产学、信息学等学科的挑战。

在国内，博物馆学科发展进入了一个关键时期。一方面，蓬勃发展的博物馆实践与专业人才培养需求形成了对博物馆学科发展的期待，为学科发展提供了难得的机遇。另一方面，在经历了20世纪八九十年代的飞跃性发展之后，博物馆学科发展正遭遇着诸如研究力量薄弱、专业刊物稀少等问题的困扰。这些困扰又因现行学科评价体系等因素而被进一步强化，博物馆学科发展面临着较为严峻的考验，其影响一定程度上已经传导到博物馆实践领域，制约了博物馆事业的健康推进。

如何定位自身学科身份、如何在服务实践和理论提升之间寻求一种平衡、如何在面向其他学科的开放之中汲取有益的营养促进自身发展，将是博物馆学科未来发展亟待解决的问题，也是博物馆学科走向成熟，确立其学科地位的关键。

一个学科的发展，离不开专业刊物的支撑；一个成熟学科，无不拥有多个品牌刊物。博物馆学科要走向成熟，同样需要品牌刊物的支撑。迄今为止，国内博物馆领域的专业杂志屈指可数。《博物院》立足于为博物馆学科及博物馆建设服务,她的创刊无疑将会凝聚更多博物馆学研究力量,给予学科发展以有力支撑。期待《博物院》在博物馆理论提升、学科建设方面拓展更大的空间,同时也祝愿《博物院》这棵新苗在博物馆学研究园地中能够茁壮成长!

原文刊载于《博物院》创刊号,2017年第1期。题目为笔者新增。

探索与创新

——第十三届全国博物馆陈列展览
十大精品初评入围展览评后

　　数天前,笔者有幸参与第十三届全国博物馆陈列展览十大精品初评活动,深切感受到陈列展览及相关活动水平整体性的提升与进步,"十大精品"评选活动对此功不可没。就此次评选入围展览本身而言,亦多可圈点之处,现就感触深者,略作评述如下。

　　第一,时代主题,"有形"阐释。西方现代博物馆历来讲求突出有形的"实物","实物"甚至被作为判断一个机构博物馆身份的指标。如何利用"实物"去策划展览是博物馆面临的一个基本课题。在这一方面,博物馆陈列展览曾经历"挂在墙上的教科书"的时代,也曾经历过以审美为导向的"唯实物"的时代。初评入围的安徽博物院"明善至德　家国天下——徽州优秀传统文化展"则是在从"有形"到"无形"方面的一次探索。展览通过对承载古徽州文化精神的雕刻、楹联匾额、契约文书、族谱等诸多有形文物内涵的深度挖掘,阐释了古徽州先民所秉持的满含正能量的文化价值观。在一个突出有形实物的传统博物馆环境中,从"有形"到"无形",从"实物"本体展示到价值观的解读,该展览进行了一次新的有益的尝试,对于如何利用"有形"实物阐释无形的价值观念具有颇多启示。同时,该展览紧扣党中央提出的"积极培育和践行社会主义核心价值观"的时代大主题,体现了博物馆服务于国家战略,引导社会风尚的社会担当。

　　第二,小众话题,大众传播。博物馆是一个向社会开放的公共机构,通过展览等手段有效地服务公众是博物馆至高的目标追求,也是其社会使命所在。展览的话题选择就成为博物馆实现目标追求和不辱使命的关键。对博物馆而言,展览能够选择一个引发公众关注的大众话题固然不易,但如何将小众话题大众化则是对博物馆展览策划更具挑战性的考验。国家典籍博物馆的"甲骨文记忆展"是在这一方面积极探索的产物。甲骨文原本是一个小众的话题,国家典籍博物馆将这一小众话题选作展览,通过讲故事的方式,介绍甲骨的发现历史及研究成就,用廉价龙骨、一字千金、殷人刀笔、考释甲骨、寻找出处、证明商王、考古探秘、震惊世界等一连串的大众化的故事,配合模拟场景,将甲骨文这一小众话题生动地呈现在公众面前。展览中,既有精深学术阐释与专业表现,也有通俗化的信息传递。甲骨姓属林寻找姓氏等互动游戏的设计更体现了策展者联通的智慧。在游戏之间,展览让甲骨文走向大众,走进大众的日常生活,变成了一个大众话题。小众话题大众化需要挑战的勇气,更需要挑战的智慧。

　　第三,观"物"见人,诗性审美。这是此次入围展览给笔者留下的另一个深刻印象,最为典型的例子就是南京博物院的"温·婉——中国古代女性文物大展"。展览运用与女性相关的丰富文物等,从形塑女性、女仕日常、才媛集艺、笔端容功四个方面,展示中国传统女性的生活和艺术。女性,这一特殊社会群体,从展览中飘然而至。展览呈现出来的是有喜怒哀乐、活生生的立体的"人",而已经不再是抽象的古人。"温·婉——中国古代女性文物大展"的展标,在突出了鲜明的性别指向的同时,也给观者以诗性的审美体验。此次入围的杭州博物馆的"最忆是杭州"的展标也提供了同样的审美体验。

　　第四,旧历史,新解读。在我国博物馆类型结构中,历史博物馆一枝独秀,历史陈列也是众多博物馆主要的陈列类型。当教科书式的通史展不再流行,文明展日渐衰微的情况下,历史陈列在实践中寻求着突破的方向。如何策划历史类陈列一直是困扰策划者的一个问题。杭州博物馆的"最忆是杭州"与浙江省博物馆的"中兴纪胜——南宋风物观止"以各自的实践对如何策划历史陈列做出了回答。"最忆是杭州"以对不同历史时期特征的精准概括,运用数百件精美实物,浓缩地向人们讲述杭州文明史与城市的故事。"中兴纪胜——南宋风物观止"则利用高品位的实物,通过"中兴小纪""都城纪胜""武林旧事"三个单元全面反映南宋王朝历史脉络、内政外交、社会民生、人文掌故等,为公众重塑南宋王朝的形象。展览挖掘出地方历史上资源丰富的一个时代,也以断代史展示的方式为历史陈列提供了另一种视角与取向。

第五,扬长避短,突出综合。安康博物馆的"秦巴明珠"主题展即为一例。整个展览用"三个安康"(即"天赋安康——安康自然资源展""脉源安康——安康古代文明展""筑梦安康——安康建设成就规划展")构建起"秦巴明珠"的主体内容框架,自然与人文、历史与现实被有机地融合在一起。展览以突出区域资源综合优势的策展思路为那些缺乏足够精品实物资源的中小型博物馆打造展览提供了一种借鉴。

上述几个展览侧重点虽有不同,但它们的共同之处就是分别从不同的方面进行了大胆的探索,因而给人以不一样的感受和不同的启示。探索可能会有风险,但因探索成功而生成的创新体验则会带来令人着迷且难以抵抗的魅力。

陈列展览是涉及多个方面的复杂的系统性工程。系统性的创新有赖于诸多方面创新的点滴积累。每一次探索与创新,哪怕是很小的一点,都是一种难得的积累。当这种积累达到一定程度必然会导致系统性的创新,也意味着一个展览全新时代的到来。

原文刊载于《中国文物报》2016年5月24日第9版。

一部沉静的博物馆研究新作

——《博物馆与近代中国公共文化（1840—1949）》读后

《博物馆与近代中国公共文化（1840—1949）》（科学出版社，2015年）是郑州大学徐玲教授于2015年出版的一部博物馆研究专著。作者通过"绪论""博物馆的东渐""近代中国博物馆的创建及发展""近代中国博物馆的体制化建设""近代中国博物馆的公共性""结语"六大部分搭建起全书的基本框架。在书中，作者对中国近代博物馆发展历史和时代背景、建设实践等进行了集中系统梳理，剖析了近代中国博物馆的公共性以及博物馆与公共文化之间的关系，并在此基础上对近代博物馆整体特征进行了归纳、总结。在读完这部洋洋三十余万字的专著之后，笔者最深切的感受就是该书的"静"与"新"。

说其"静"，主要源自两个方面：一是书中的资料工作，一是作者的学术坚守。就前者而言，整部著作的资料工作给人以深刻的印象。书中引用的文献形式多样，除了通常的博物馆学专业论著、论文之外，与所研究问题相关的档案材料、个人文集、传记、日记、游记、书信、报刊文章等不同形式资料、各式统计图表，多有引用。该书对近代不同时段代表性博物馆（如20年代的故宫博物院、30年代的中央博物院、40年代的中国西部博物馆等）的筹建、运营等情况，叙述甚详。对以往被忽略的一些重要博物馆材料进行了一定的挖掘，如卢作孚的博物馆实践、中华博物馆的筹建等。书后还添设了"近代中国博物馆大事记"等多个实用价值颇高的附录。凡此种种,显示了作者扎实的史料功底,也为著作完成奠定了坚实基础。就后者而言,作者在后记中的一段耐人寻味的话作了很好的注解。"博物馆学是个名副其实的小专业,小到不加上考古或历史的前缀就难以让多数人理解的程度。对之从无知到开蒙到喜爱的过程中,个人心智的磨砺,非寂寞两字可以表达"①。在这段话里,从事博物馆研究的无奈与艰辛,对于"弱小"学科的无悔坚守,跃然纸上。而专著本身就是这种坚守的产儿。在一个普遍的功利而浮躁的业态下,没有这种学术坚守,要扎实地完成一部数十万字的学术专著是难以想象的。对于一个小专业的发展,这种近乎殉道者般的坚守,是何等的珍贵! 无论是前者,还是后者,非有沉静之心无法达成。也正是这种"静",在很大程度上造就了该书的"新"。

说其"新",不只是从著作完成时间意义上讲的,更重要的是基于研究视角与思想认识两个方面。

从研究视角讲,该书是新视角下的一次有益尝试。博物馆是一种多功能的现代机构,也是一种社会文化现象。对于博物馆的研究,既可以着眼于揭示博物馆内部结构与功能运行,也可以从外部不同视角切入展现博物馆所承载的社会文化;若作历史的考察,既可以分析博物馆内部结构与功能运行的发展演变,也可以通过博物馆的发展变化窥探其所承载的社会文化不同方面的变迁。不过,在相当长的一段时间里,对博物馆的历史考察,一直采用的是一种内向式研究的模式。在这种模式下,博物馆通常被作为一种孤立的机构来研究,研究者更多关注的是机构内部功能运作与机构形态的发展演变,对其赖以生存的社会环境及相关因素关注不够。早期博物馆史研究几乎都属于此类。大约从20世纪中后期开始,一种新的外向式研究模式在国外逐步流行起来。在这种模式下,博物馆被看作是一种可以从多角度(如人类学、社会学、文化研究等)审视的社会文化现象。研究者关注的是社会结构体系中的博物馆及博物馆与体系中诸因素之间的互动关系,而不仅仅是作为功能机构的博物馆。对博物馆的

---

① 徐玲:《博物馆与近代中国公共文化(1840—1949)》,科学出版社,2015年。

历史考察,也更加关注博物馆演变背后的社会、文化等因素以及这些因素如何去影响博物馆,研究视角也更加多样化。文化视角是其中重要视角之一。事实上,博物馆已经成为"那些对文化理论感兴趣的人主要的兴趣场域"①。数十年来的不少成果都是在这种模式下完成的。《博物馆与近代中国公共文化(1840—1949)》一书显然属于外向式研究。它选取了近代中国博物馆这一极具"公共性"样本意义的机构,从它的演变中透视近代中国公共文化的发展。在那里,博物馆变成了研究公共文化的一种重要资源和场域。虽然该书不是国内将博物馆作为一种社会文化现象进行历史性考察的第一篇文献,但却是公共文化史视角下由博物馆学者完成的第一部著作。从这一意义上讲,该书体现了研究视角的转换,展现了对博物馆历史考察的一种新视角、新取向和新成果。

从思想认识角度看,书中不乏具有启发性的新颖之见。除了研究视角、内容框架等宏观结构性认识不因袭旧说之外,在一些具体问题的认识上也颇多新意。以对旧建筑利用的解释为例。博物馆利用旧建筑,过去多从经济角度去考虑和阐释。而作者则对此解释道:"为了减少国人的陌生感,早期博物馆多利用古刹、寺庙、祠堂、县衙、官府、书院、公馆、园林等场所作初创时的馆址,许多博物馆甚至直接利用了书院、寺庙原有的房舍来展陈。这些设施本身为传统社会民众聚集场所,具有公共空间形态。博物馆建设者希望借此有效降低形式上的冲突……"②将对旧建筑的利用视为降低认同冲突的一种手段,颇多新味。作者提出的"近代中国博物馆在移植、仿效西方模式而建的同时默默地继承了本土传统的古物保藏意识,在渊源上具有双重性"③的观点,与那种历史虚无主义的观点以及非此即彼的僵化看法比较起来,无疑更为客观而合理。对于近代博物馆传播群体的分析,体制化建设的论述以及对近代中国博物馆文化政治性

---

① Mason, Rhiannon., "Cultural Theory and Museum Studies", *A Companion to Museum Studies*, Blackwell Publishing Ltd., 2006, p.17.

② 徐玲:《博物馆与近代中国公共文化(1840—1949)》,科学出版社,2015年,第166页。

③ 徐玲:《博物馆与近代中国公共文化(1840—1949)》,科学出版社,2015年,第36页。

特征成因的多角度剖析,亦可圈可点。上述这些见解乃是前述"静"的必然结果。

以实践为导向是以往博物馆学研究中的一种主要取向。这种取向反映在研究实践中就是对于博物馆实务的关注远胜于对博物馆历史等基础性研究的关注,与后者相关的成果在整个博物馆学研究成果的占比较低即为明证。在近三十多年来中国博物馆学研究中,博物馆史研究算得上是不多的几个发展较快且成就突出的研究领域之一。但是,客观地讲,该领域研究成果论文多、专著少。而且,正如梁吉生先生所指出的,该领域研究还存在不少的问题,像研究视角、叙事空间比较狭隘,阐释框架不够开阔,缺乏研究视野的转换,基本上仍然是博物馆学内部的封闭式史观[1]等。近年来,尽管在博物馆史研究领域也出现了一些值得关注的新动向(如对史料整理与考证的重视、研究日渐细化、开始从描述走向解释、注意从其他学科汲取养分和运用新的研究方法等)[2],但是相关成果依然明显偏少。从这一角度看,《博物馆与近代中国公共文化(1840—1949)》一书的出版,无疑是在解决国内博物馆史研究存在问题方面的一次成功实践,对该领域问题的解决引导和推动作用是显而易见的。这或许是该书的另一个贡献。

《博物馆与近代中国公共文化(1840—1949)》是一部内容丰富、体量较大的专著。在整体结构上,该书偏重于对博物馆公共性构建的叙述,对公共文化的相关论述则稍显薄弱。特别是对博物馆在近代中国公共文化发展中的独特贡献等,作者若能进一步地深入探讨,则定会让该书更加精彩。

原文刊载于《科学教育与博物馆》2016 第 2 卷第 3 期。

---

[1] 梁吉生:《应重视中国博物馆史的研究》,《湖南省博物馆馆刊(第三辑)》,岳麓书社,2006 年。

[2] 张文立:《博物馆史研究:近三十年来中国的进展》,《中国博物馆》2008 年第 3 期。

"对话"先驱者

——《博物馆起源：博物馆历史与哲学早期文选》评介

当人们徜徉在博物馆里，享受着博物馆各种服务的时候，或许没有人会想到先驱者对当今博物馆的贡献——他们的思想、智慧和实践。即使有个别人偶尔想到他们的贡献，也很少有人会想到他们在构思、规划和运作博物馆时的所思所想。历史地看，当今的博物馆实际上是一代又一代先驱者思想物化形式的萃取与层叠，是他们智慧的结晶，是他们不懈实践的产物。因此，要想真正地理解当今的博物馆，了解博物馆的"起源"，就需要直面先驱者，实现与他们的"对话"。阅读先驱者的原作是了解他们最初的思想、实现对话的最直接途径。由美国《博物馆史杂志》编辑 Hugh H. Genoways 和 Mary Anne Andrei 主编的《博物馆起源：博物馆历史与哲学早期文选》[1]（以下简称《起源》）一书就提供了这样的途径。

《起源》是一本厚达344页的博物馆先驱者的论文集，收录了50篇来自不同国家博物馆先驱者的论作。正如编者所指出的，这些论作是"从书籍、杂志、手册和报纸搜集来的。时间跨度从古代一直到1925年，主要集中在1850年至1925年这段时间"。作者绝大多数来自美国，也有来自英国、澳大利亚及加拿大等其他讲英语的国家。在这些论作当中，不乏博物

---

[1] Genoways, Hugh H. and Andrei, Mary Anne. eds., *Museum Origins: Readings in Early Museum History and Philosophy*, Walnut Creek, Calif.: Left Coast Press, 2008, p.344. 另，除特殊注明外，文中引用均出自该书。

馆大师的作品和博物馆学经典著述,如达纳的《新博物馆》、约文斯的《博物馆的利用和滥用》等。而且,"除两篇古代文章之外,其余论文均系英文写成"。这些论作按照主题分为"博物馆起源""博物馆哲学""新博物馆""博物馆教育""博物馆展览""博物馆与大学"和"拥有活收藏博物馆的哲学"七大部分。每一部分前面都有该部分内容的简介,后面则有拓展阅读的书目。在整部书的后面还附有参考书目及作者介绍。这种编排组织方式便于读者了解每位先驱者的个人思想,以及从整体上把握先驱者对某一特定主题的思考。对于研究者特别是国外的研究者而言,在初步了解先驱者原创思想的同时,可以获得进一步搜集相关材料的线索。

作为一本博物馆学领域的论文集,《起源》不是唯一的,也不是最早的。不过,这本集子还是有其特别值得称道之处。一是,作为一本论文集,它突出的是一个特殊时期先驱者的群体性原创思想。《起源》囊括数十位来自不同国家先驱者的博物馆学原作。这些人当中,既有博物馆学家,也有历史学家;有博物馆大师级人物,也有博物馆的一般管理者。虽然基于经济和容量方面的考虑,书中所收录的绝大多数论作在文字上都作了一些删减,但它们仍然集中反映了先驱者的群体性原创思想。其中,包括他们对于博物馆的社会角色、定位、职责等问题的思考。这是它不同于突出个体思想成就的个人论文集(如 Flower[1]、Dana[2] 的论文集等)的特别之处。通过这些论作,读者不仅实现了与先驱者的"对话"、与他们原创思想的零接触,而且会对"博物馆在保护我们的艺术、文化和科学遗产方面的作用有一个广泛的认识"。更为重要的是,这本论文集主要收录的是 1850 年至 1925 年间先驱者的著述,这一时期恰恰是欧美地区现代博物馆形成和发展的重要时期。正是在这一时期,该地区涌现出一批享誉世界的博物馆,生成了博物馆领域中的一系列开创性的且影响深远的工作理念和方法,西方现代博物馆基本格局得以初步形成。博物馆实践领

---

[1] Flower, William Henry., *Essays on Museum and Other Subjects Connected with Natural History*, New York: The Macmillan Company, 1898.

[2] Peniston, William A., ed., *The New Museum: Selected Writtings by John Cotton Dana*, Washington, D.C.: The Newark Museum and the AAM, 1999.

域的这些变革与先驱者的思想、智慧和实践紧密地联系在一起。所以，《起源》一书所体现的不仅是先驱者的群体性原创思想，而且是博物馆发展史上一个特殊时期先驱者的群体性原创思想。这些群体性的原创思想可以让读者对这个特定时期先驱者的思想进行比较性的了解和认识，有利于他们把握这个具有革命性的时代英语世界博物馆学思想的特征（如"双分思想"等）和理解这一时期博物馆的实践。二是，作为一本论文集，该书拓展了构建完整博物馆学术思想史的基础。博物馆学术思想史研究离不开基本思想素材的支撑。如同编者指出的那样，《起源》所收录的论文"强调博物馆历史与哲学，没有囊括任何实践技术或'如何做'方面的讨论"。这些论文无疑是研究博物馆学术思想史的良好素材，《起源》自然就成为一本很有价值的思想素材集，为研究博物馆学术思想史打开了一个窗口。由于所收录论文主要来自欧美讲英语的国家，所以，它们也就成为构建这一地区博物馆学术思想史的基本依据。欧美讲英语的国家在世界现代博物馆发展中占据着独特地位，该系统的博物馆学术思想是整个世界博物馆学术思想不可或缺的组成部分。在这本论文集面世之前，奥地利人弗德利希·瓦达荷西出版了《博物馆学——德语系世界观点·理论篇》[1]一书。该书让人们对德语系世界博物馆学术思想的发展有了初步了解。而反映欧美讲英语国家博物馆思想发展的《起源》一书的出版，在加强不同区域博物馆研究学术流派间相互了解的同时，也为更完整的博物馆学术思想史构建奠定了一个更广阔的基础，并为后者提供了一种可能。三是，作为一本论文集，该书进一步强化了博物馆学研究的一个新取向。20多年前，由 Oliver R. Impey 和 Arthur MacGregor 共同主编了一本与本文讨论的论文集名字相近的书，即《博物馆起源》[2]。两者虽然同为论文集，但性质却有所不同。从涉及的内容看，前者是在1983年牛津大学举办的庆祝阿什莫尔博物馆建馆300周年研讨会论文基础上形成

---

[1] ［奥］弗德利希·瓦达荷西：《博物馆学——德语系世界观点·理论篇》，台北五观艺术管理有限公司，2005年。

[2] Impey, Olivere R. and MacGregor, Arthur. eds., *The Origins of Museums*, Oxford: Clarendon Press, 1985.

的,包含了许多早期收藏方面的材料,是研究近代早期收藏乃至博物馆史的一部必备著作。而后者,如前所述,则是研究博物馆学术思想史的良好素材。这样,它就既不同于前者,也不同于为数不少的关注博物馆内部运作的其他著作,而带有更多理论性。如果联系到近年来出现的其他一些同类性质的著作,如 *Museum Studies: An Anthology of Contexts*[①] 等,那么,博物馆学研究一个可能的新取向似乎正日渐清晰起来——对博物馆学术思想史的关注、整理与研究。《起源》强化了这种新取向。可以预见的是,伴随着博物馆学不断走向成熟以及前面提到的这些著作影响的扩大,不久的将来,在博物馆学研究中,博物馆理论研究尤其是思想史研究可能会受到更多的关注,相关的成果也会不断增多。我们期待着这一天的到来。

在过去很长一段时间里,博物馆学研究侧重于收藏、专业学科以及博物馆管理运营,包括学术思想史在内的理论研究一直很薄弱。理论研究的薄弱直接影响到博物馆专业人才培训。20 世纪 60 年代,美国博物馆学者伯尔考(Ellis Burcaw)曾通过发放调查表的方式对美国和加拿大的博物馆培训课程进行过调查。他在总结调查结果时指出:"绝大多数培训仅仅是技术培训,而不是对博物馆学的更为广阔的、理论的、哲学性的介绍。"[②]甚至到 80 年代,斯特朗斯基(Zbyněk Z. Stránský)还不无遗憾地指出,"迄今为止,我们尚缺乏记录博物馆理论思考的原创性著作"[③]。在过去的三十余年间,越来越多的研究者,特别是来自东欧国家的研究者已经将博物馆学视为一门独立的学科,并进行了卓有成效的努力。来自其他一些国家的学者也为这一新学科的建设投入了大量的时间和精力。在这样的背景下,博物馆学术思想史方面的资料整理和研究却明显滞后。博物馆学术思想史的构建对于博物馆学学科建设的意义是不言而喻的,

---

① Carbonell, Bettina Messias. ed., *Museum Studies: An Anthology of Contexts*, Oxford: Blackwell Pubishing Ltd., 2004.
② 转引自 Teather, J. Lynne, "Professionalism and the Museum", *The Museum: A Reference Guide*, Westport, C.T.: Greenwood Press, 1990, p.317.
③ Zbyněk Z. Stránský, "Museology Science or Just Practical Museum Work?" *MuWop*, No.1 (1980): p.43.

而学术思想史研究的这种滞后状况在一定程度上影响了博物馆学科建设。在博物馆学科发展谋求自身独立的全新背景下,《起源》出现的意义,就已经远远超出让人们了解先驱者思想的层面,它的出现于博物馆学学科建设也是有益的。

"对话"先驱者不仅可以让研究者了解先驱者的思想、了解博物馆的"起源",而且也将有助于构建博物馆学术思想史,推动博物馆学科的建设和发展。《起源》为研究者提供了一个这样的机会,也让他们获得了一个很好的起点。

原文刊载于《中国博物馆》2012 年第 4 期。

可贵的精神　难得的范式
——读《博物馆人丛语》有感

《博物馆人丛语》(2002年由陕西人民出版社出版,以下简称《丛语》)是宋伯胤先生的博物馆学论著选。该书收录了宋先生不同时期博物馆学论文48篇,内容涉及博物馆藏品管理、陈列、博物馆建设、博物馆学说史、外国博物馆等多个领域,是先生多年来倾注于博物馆学研究的心血的结晶。

《丛语》一书以及宋先生在文物博物馆方面的贡献,包括王宏钧、张文立、韩金科等在内的诸位先生已有过具体而中肯的评述,如每一课题的探讨都显示出"他实事求是、严谨扎实的学风和广博的学识,闪烁着不少真知灼见"[①],再如,他"在所论述的论题中都有突破性的见解"[②]等。《丛语》中收录的绝大多数论文,因工作需要,多年前我就曾细致地拜读过,感触颇多。在读过《丛语》之后,我再次涌起了说几句话的冲动。

20世纪80年代以来,随着整个社会大环境的改善,我国的博物馆事业得到快速发展,博物馆学研究也趋于活跃,研究领域不断拓展,成果数量急剧增加,出现了继30年代、50年代之后的又一次研究高潮。不过,客观地讲,在研究当中也存在不少的问题:一是研究的整体水平不高。在快速增长的成果当中,许多研究成果实际上是一种低水平的重复劳动,缺乏更多的创新。二是研究当中存在比较严重的浮躁情绪。有的研究者

---

① 宋伯胤:《博物馆人丛语》序一,陕西人民出版社,2002年。
② 张文立:《对博物馆全方位思考的书》,《中国文物报》2003年12月3日第4版。

缺乏明确的主攻方向,研究工作浅尝辄止,"游击"作风甚为流行①。三是重视应用问题的研究,对于理论问题的研究着力甚少。在数量众多的文章当中,理论性文章少,而工作总结性文章多。上述这些问题的出现,对于博物馆学科建设来说,负面影响是比较大的。最为突出的是,博物馆学研究的水平难有大的提高,博物馆学研究得不到应有的承认,博物馆学学科的地位上不去。更令人担忧的是,这些问题影响的不仅仅是博物馆学在学术界地位的提升,它们还直接影响到年轻一代对于博物馆学研究的态度、价值取向以及从事研究所遵循的范式。

在这样一种环境下,一些有创新性的基础性研究成果就显得弥足珍贵,并为关注博物馆学的人所期待。宋伯胤先生自80年代初以来陆续发表在《博物馆研究》《文博》等刊物上,现又结集在《丛语》中的有关博物馆学史研究的系列文章,在我看来,当属于这样的研究成果。

至于这些论文所提出的精辟之见,不胜枚举,故不一一举证。在此,我想特别说明是,在80年代博物馆学研究的大背景下,这些论文出现的意义,已经远远超出了这些见解本身。感受最深的有两点:一是这些论文促生一个新的研究领域,开辟了一种新的研究范式。70年代末,博物馆学的研究就已经引起了学者的注意,一些学者呼吁重视博物馆学的研究②。但是,就当时的实际情况来看,博物馆学研究究竟怎么去搞,人们似乎并不是特别清楚。这一点从80年代后期提出的建立具有中国特色博物馆学的构想当中,约略可以得到印证。正是在这样一个背景下,出现了上述宋先生的系列文章。从《与世界博物馆沟通的记录》到《杨钟健的"三使命"与"三种工作"》,再到《默默地望着那春江》,俨然是一部活脱脱的中国博物馆学说史。在我看来,这些论文的相继发表,标志着博物馆学说史这一新的研究领域的初步形成③。而且,这些论文以切实的成果回

---

① 艾赖文:《新时期博物馆学研究存在的问题》,《中国文化报》2003年7月3日第3版。
② 王镜如、王宜:《建议开展博物馆学的研究》,《文物通讯》1979年第2期。
③ 此前,也曾出现过零星的总结中国博物馆学发展的论文,如梁吉生先生的《中国关于博物馆学的研究概况》(黎先耀主编:《博物馆学新编》,江苏科学技术出版社,1982年)等。

答了如何进行博物馆学研究的问题。同时,这些论文以代表性的人物为线索,将中国百年博物馆思想的发展娓娓道来。与那种以时段叙述博物馆学说史的做法相比,这一做法提供了另一种研究范式,令人耳目一新。二是这些论文集中于同一个大的主题,进行了深入细致的研究,形成了一个系列。对于其他学科来说,就一个主题做深入细致的研究,或许并不是很特别的事情。但是,对于游击之风盛行的80年代中国博物馆学研究(实际上时下这种风气仍有相当的市场)来说,进行这种研究无疑需要一种精神、需要一种态度。没有一种开拓进取的精神,没有一种认真而扎实的治学态度,这样的研究是根本无法进行的。对于尚处在成熟中的中国博物馆学研究来说,尤其是在浮躁情绪仍有市场的今天,这样的精神和态度无疑是可贵的,也是值得推崇的。博物馆学研究水平的提高和学科地位的确立,靠的是博物馆学研究者自身的扎实工作,而不是别的。我想,如果类似的成果更多一些,中国博物馆学研究水平的提高、学科地位之提升或许较之目前会更快、更高些。

因此,上述这些论文的贡献,远不只是提出了一些具体的"真知灼见",更为重要的是,它们传达了一种可贵的精神和可敬的态度,也为我国博物馆学特别是学说史的研究创立了一种难得的范式。正是这样的精神、态度和范式,奠定了这些成果的开拓性地位。可以预见的是,在中国博物馆学发展史上,这些成果必将占有一席之地。

在致力于中国博物馆学说史研究的同时,宋伯胤先生也在密切地关注着世界博物馆发展的新变化。《丛语》收录的《设在贫民区的"相邻博物馆"——访墨西哥城"博物馆之家"》(1984年)一文,就是一个很好的例证。在这篇文章里,作者从社区环境、基本设施、展览等多个方面介绍了"博物馆之家"这座著名的"相邻博物馆"①。

熟悉世界博物馆发展历史的人都清楚,二战后,博物馆大众化、社区化已经成为一种趋势,人们对于博物馆的要求更为实际而有效。新博物馆学运动的兴起实际上就是这种需求的一种反映。作为新博物馆学思想

---

① 英文作 neighbourhood museum,又译作"邻里博物馆"。

的一种重要实践形式,"邻里博物馆"的出现和发展是战后博物馆领域中一个引人关注的变化。然而,在 80 年代以前,我国博物馆界对于此类现象关注甚少。《设在贫民区的"相邻博物馆"——访墨西哥城"博物馆之家"》一文,应该是我国最早注意到这一现象的文献之一。近些年来,当国内对于新博物馆学运动的关注逐渐多起来的时候,我们不禁钦佩于二十多年前宋先生的这种广阔的研究视野和敏锐的洞察力。这样的研究视野和洞察力,对于现在乃至今后从事博物馆学研究的人来说,也都是不可或缺的。

原文刊载于《中国博物馆》2006 年第 1 期。

《零障碍博物馆》评介

《零障碍博物馆》(以下简称《零障碍》)是由美国博物馆协会编辑出版的 *The Accessible Museum: Model Programs of Accessibility for Disabled and Older People* 一书的中译本。由我国台湾学者桂雅文等人翻译,台湾五观艺术管理有限公司于 2001 年 5 月出版发行。

《零障碍》是一部关于博物馆特殊群体服务的著作。全书由前言、序言、引言、导读、正文和总编辑后记几部分组成。其中,正文分"独特的推广活动"(Unique Outreach Program)、"创意的解决办法"(Innovative Solutions)、"由上而下一起行动"(Broad-Based Programs)、"教育训练展活力"(Training Programs)四个部分,重点介绍了美国 19 座博物馆在服务于残障者、老龄人等特殊人群方面的实践。

读过这部书后,我不禁生出一些想法,略述如下。

就《零障碍》一书本身而言,我认为,有如下几个突出的特点:

首先,视角独特。博物馆是为公众服务的,如何有效地为公众服务一直是博物馆学研究的一个重要课题。不过,在很长一段时间里,对于这一课题的探讨更多地集中于如何为普通人服务,而对作为博物馆必然服务对象的特殊群体的服务问题,有关的论述则相对较少,尽管在一些博物馆著作中也涉及如何为特殊群体服务的问题[①]。而将博物馆为特殊群体服务作为整部书的主题,就更不多见了。《零障碍》恰恰就是这样一部视角

[①] Booth, J. H., G. H. Krockover, and P. R. Woods, *Creative Museum Methods and Educational Techniques*, Springfield, IL: Charles C Thomas · Publisher, 1982.

独特的书。

其次,实证性强。《零障碍》一书具有非常强的实证性。该书并没有使用大量的篇幅去讨论有关特殊群体服务的原则、要求等一般性的理论问题,而是着力以实证性的案例介绍,配以图像材料的方式,展示美国19座代表性博物馆在特殊群体服务领域中的种种尝试,让读者对美国在这一领域的发展有了一个切实的了解。

再次,着重操作。《零障碍》一书秉承了美国博物馆学研究重视操作的学术传统。该书在介绍不同类型的博物馆案例时,突出了特殊群体服务实践中的具体活动计划、操作方式和方法,具有很强的实用性和可操作性。比如,书中有关波士顿科学博物馆"新英格兰生态区"展示厅改造工作的介绍,具体而微,有相当高的操作价值。从这一角度讲,《零障碍》一书,甚至可以看作一本良好的工作指导手册。

最后,多启发性。《零障碍》一书给人以诸多的启发。波士顿儿童博物馆"假如你不能?"展示厅就是一个非常好的例子。在这里,没有简单的说教,而是让博物馆的利用者通过切身的体验,感受残障者的生活状态。这一充分体现博物馆特有魅力的做法,不仅会给予那些从事特殊群体服务的博物馆不小的启示,而且也会给普通博物馆以想象。

其实,书中类似的例子还有很多。

相信任何一个读过该书的人都会从一个个具体的案例中,获得不少的启发。这或许正是该书翻译者的初衷。

另外,还应提到的是,本书主要以20世纪80年代末一项有关全美博物馆无障碍计划实施状况的调查材料为基础,其中也有些90年代初的材料,从材料上看是比较新颖。可以说,该书基本上反映了美国博物馆在特殊服务领域中的新近发展。

《零障碍》采用了博物馆案例介绍的方式,重在介绍博物馆的实践活动,对于案例一般不作更多的、更深入的剖析。这可能容易让人产生一种缺乏理论深度之感。尽管如此,基于上述的特点,我认为《零障碍》仍不失为一部具有较高可读性的博物馆学著作。

此外,我想就《零障碍》所涉及的相关问题再谈两点意见。

第一，就国内博物馆发展的现状而言，开展特殊群体的服务可能是一个略显超前的话题。

《零障碍》探讨了一个有趣的课题——特殊群体的服务。近些年来，国内也有一些研究者对老龄人①、残疾人②等特殊群体的服务问题进行过探讨。就国内博物馆发展的现状而言，我个人认为，对于特殊群体的服务问题作理论上的探讨是必要的，也是有益的，但是在实践层面上，开展特殊群体的服务可能是一个略显超前的话题，特别是对于中小型博物馆来说。原因主要有二：一是，国内，普通人对于博物馆的利用远远不足。在总人口中，利用博物馆的普通人所占比例低。在文明程度相对较高的城市，特别是规模稍小城市的普通市民群体中，对于博物馆不甚了解者比比皆是。普通人群利用博物馆的习惯没有普遍形成，博物馆生存的普遍社会基础还很脆弱。在这样一种状况下，过早地提出特殊群体的服务问题，容易对博物馆形成误导，甚至可能会产生负面影响。二是，实际运营成本过高。博物馆为特殊群体服务并不只是认识问题，同时，也是一个现实的实践问题。特殊群体并非同一性的群体，在这个群体中，实际上包括更小的群体和更多的个体。他们有着各自不同的需求。开展特殊群体服务意味着博物馆需要安置更多更具有针对性的设施，举办更多的特殊活动，必然会造成博物馆运营成本的增加。在国内，特殊群体对于博物馆的实际利用率较普通人更低，对于这一群体投入所产生的效益，可能不及为普通利用者的投入收益大。从经济效益的角度讲，这样做并不是特别划算的。因此，在目前的情况下，我认为，将为特殊群体服务作为一种理论上的倡导是必要的，但从实践的角度讲，为特殊群体服务尚不是国内博物馆发展的急务。在我看来，国内博物馆目前面临的一个最急迫的问题是如何有效地去培育和开发普通利用者群体，而不是特殊群体，尽管博物馆也有义务为特殊群体服务。对于现阶段国内博物馆来说，提出特殊群体

---

① 张爱琴：《博物馆如何为老龄群体服务》，《中国博物馆通讯》2002 年第 2 期，第 10—11 页。
② 谢剑荣：《博物馆如何为残疾人群体服务》，《中国博物馆通讯》2003 年第 9 期，第 15—16 页。

的服务这一命题,更多具有理论意义,实践意义并不大。

第二,对于博物馆来讲,追求零障碍实际上只是一个过程,一种手段,而不是目的。

"零障碍"是一个颇具匠心的提法。总编辑桂雅文在"总编辑后记"中,谈到该书之所以取名《零障碍博物馆》,重点在于"零"字。按照桂女士的说法,这里的"零"字有三种意义,第一是"零缺点"的工作精神;第二是"归零",用全新的眼光来看待手边的事务;第三是"在台湾出版这样的一本书,是希望借由体贴观众的心,以'零距离'来提升博物馆的管理观念与服务品质"。

其实,在博物馆与公众之间,所谓的"障碍"或"距离",应该有着更广泛的含义。换句话说,"障碍"或"距离"不只存在于实际的方面,也存在于思想方面。借用戴安·皮尔格林的话说,在博物馆与其利用者之间实际上存在各种各样的壁垒或障碍,如知识的、社会的、文化的,乃至身体方面的障碍。这些障碍妨碍了博物馆发挥其作为教育与文化中心的潜能[①]。从这一意义上讲,追求"零障碍"似乎不完全只是针对特殊群体的。

既然存在种种障碍,有些障碍又不单单是硬件设施方面的,那么,消除障碍绝非一朝一夕的事情,更不是一本著作所能解决得了的。而且,随着社会的发展,当旧的障碍消除了的时候,新的障碍可能又会出现。博物馆就是在不断消除障碍中前行和发展。从以普通公众进入博物馆为标志的等级障碍的消除,到以展示社会非主流文化为标志的种族壁垒的打破,博物馆的历史实际上就是博物馆不断突破障碍,走向民主和公平的历史。

因此,对于博物馆来说,零障碍更多的可能是意味着一种至高的境界。追求零障碍应该是博物馆借以提高自身服务质量,走向卓越的一个过程、一种手段,其本身并不是目的。

最后,我还想就《零障碍》一书的翻译出版,说几句话。

如前所述,《零障碍》的翻译出版是本着一种"零缺点"的工作精神去

---

① 戴安·皮尔格林:《零障碍博物馆》序言,《零障碍博物馆》,台北五观艺术管理有限公司,2001 年,第 6—8 页;参见原著 The Accessible Museum: Model Programs of Accessibility for Disabled and Older People 第 8—9 页。

完成的。至于这本书是否达到"零缺点"的程度，且可置之一旁，仅翻译者的这种工作态度就值得钦佩和赞赏。同时，我认为，《零障碍》的翻译出版本身是一件很有意义且值得称道的事情。

对于国外博物馆学研究著作的介绍，在我国一直有着良好的传统。在20世纪50年代，博物馆界就曾翻译出版过《苏联博物馆学基础》①等一系列博物馆学著作。60年代，包遵彭等人也曾翻译过《博物馆概论》②等。进入80年代，随着博物馆学研究的活跃，又一批国外博物馆学著作被介绍到国内。其中比较有影响的像英国博物馆学家肯尼斯·赫德森的《八十年代的博物馆》③，日本学者伊藤寿朗、森田恒之主编的《博物馆概论》④等。这些著作的翻译出版，不仅让更多的国人了解了国外博物馆学的新发展，活跃了当时的博物馆学研究，而且对于博物馆工作的开展，也产生了一定的积极影响。不过，自那时以来，这样的工作做得少了。虽然这期间也有不少翻译的论文，但是，一方面翻译水平参差不齐，另一方面主题差异比较大，往往让人难以对国外某些特定领域的新发展形成一个完整而准确的概念。《零障碍》的翻译出版，不仅使先前良好的传统得以延续，同时也让读者对于美国特殊群体服务领域的新发展有了全面系统的了解。这是非常有意义的一项工作。

期待着能有更多像《零障碍》这样的译著问世。

原文刊载于《博物馆学季刊》（台湾）2005年第19卷第3期。

---

① 博物馆科学工作研究所筹备处编译：《苏联博物馆学基础》，文物出版社，1957年。
② 包遵彭等译：《博物馆概论》，台北正中书局，1964年。
③ 王殿明等译：《八十年代的博物馆》，紫禁城出版社，1986年。
④ 吉林省博物馆学会译：《博物馆概论》，吉林教育出版社，1986年。

一种新的博物馆交流模式

一、如何研究意义：符号学及其应用分析

近年来，在"符号学"的旗帜下，已经开始了对文化背景中的意义研究。符号学被认为是"关于符号的一般理论的学说……（它）……研究各种形式和各种背景中的意义和讯息"，并被认为是对"所有进入指号过程即符号的创造和解释中的那些因素的系统而'科学'的研究"。

据这一界定，符号学就是要考察符号和指代实践，并对其进行分析研究。所有看得见的社会文化现象都可以作为能形成无形的社会法则的和由这些法则所形成的指代系统来研究。这些无形的法则可能是血缘系统、神话、宗教化的行为等。在大多数情况下，对于符号系统和指代实践的分析就是要揭示其中所包含的（通常是无形的）意识形态方面的讯息。

从这一立场出发，分析博物馆或博物馆的实践如展览会得出什么样的结论呢？而且这些研究又有什么价值呢？我想非常简要地考察一下对展览所进行的这种分析。

在罗兰·巴尔特著名的《神话学》一书中有一章名为"人类的大家族"。巴尔特分析了20世纪70年代在巴黎举办的一个摄影展览。在分析中，他讨论了组织实物（摄影作品）的方式、内容的选择、部分和小组标题以及书写展览文字说明所用的文体。通过这些分析，他揭示了虚构的东西是如何通过展览被创造出来的。该展览所建立的乃是一个虚构的"人类社会"。所有的价值观念是通过"生""死""工作""娱乐"这样的小

标题建立起来的,一种基本的人性从而被虚构了出来。配合摄影作品的是介绍性的散页印刷品和目录中的文字说明。这样实物与文字说明一起就构成了一篇颂扬超时间的、非历史的、和谐的"人类状态"的论文。

巴尔特反问道:"这种本质主义的用意是什么呢?"对于诞生的不断的、充满浪漫情调的颂扬掩盖了那些真正的社会事实,而这些事实恰好揭示了孩子的出生究竟是艰难的还是轻而易举的,母亲是否因此受到伤害,生育是否属于高死亡的领域等。巴尔特告诉我们,摄影作品的意义是由意识形态赋予的,却又完全被看作是实物本身的意义。与冲突和竞争着的社会现实相反,展览所建立起来的是一种人性和谐的本质主义的虚构。这一虚构可用于维持现状并保持由现时的当权群体对世界所作的解释。

这一分析揭示了展览如何构建价值观念以及这些价值观念又是如何被一种无形的意识形态程式给予解释的。巴尔特分析了被聚集、联结和展示实物(摄影作品)的方式所掩盖的意义。

对博物馆及其实践的其他分析通常也可以用同样的方法来进行。譬如,霍吉和迪苏扎就利用符号学的方法分析了西澳大利亚博物馆的阿波雷吉陈列室。在陈列声称赞美阿波雷吉人文化的地方,研究者们却发现了另一种完全不同的讯息,即管理员按其本身的观点解释世界权力的讯息。对于自然历史博物馆里"人类在进化中的地位"这一展览的类似分析表明,陈列立体形象和文字说明所揭示的实际上是维多利亚时代对男人和女人社会地位的想当然的看法。达肯和沃兰奇指出,博物馆的主要功能是意识形态方面的功能,其任务就是要让观众铭记在社会上最受尊敬的信条和价值观念。他们把参观卢浮宫解释成一个可以将无意识的观众统一化为国家的理想公民的宗教化的体验过程。在此之前,达肯和沃兰奇还曾分析过纽约的现代艺术博物馆。他们描述了建筑上的铭刻和通过布置藏品而建立起来的圣像式的项目,并且揭示了错综复杂的博物馆体验是如何隐喻着精神的启蒙和显而易见的普遍的价值观念的。而这些价值观念又起着让我们按照博物馆之外世界的本来面目安于现状的作用。

二、对博物馆进行符号学分析的价值和问题

对于博物馆及其意义的这些分析是从外部入手的,即它们是从作为文化产物的博物馆的消费者的立场,而不是从这一产物的创造者的立场来分析博物馆的体验和意义的。研究者们有权声称所言似乎是为了观众而不是为了博物馆工作者。

我讨论过的那些研究所涉及的都是理论性的而非实践性的分析。我想,通过这些分析,研究者们已经确立了一种他或她此后力图通过个人分析去证实的理论模式。正如我们已经看到的那样,这种个人分析包括博物馆建筑、藏品的布置、标签和其他文字说明等。先提出一种假设,然后通过对博物馆或陈列室的可见部分的考察去证实这种假设。绝大多数这样的假设都是与博物馆和陈列室中无形的法则或基本的意识形态程式联系在一起的。

从已有的各种研究来看,很显然,发现和证明博物馆意识形态方面的功能是极为容易的,而极难证明的就是整个博物馆和博物馆实践的各个方面在形成价值观念、表达思想中所发挥的作用。因为所有这一切都存在阶级、性别和种族的偏见。就某一方面而言,人们能将什么东西排除在外呢?

不过,这并不是要否认这些研究的有效性。相反,这些研究证明了博物馆和陈列室可以用一种与其他社会和文化机构完全相同的方式在表达中发挥作用,而且也证明了博物馆的表达具有政治和意识形态方面的功能。这一点是不容怀疑的,而且承认和熟悉这一点对于我们博物馆专业人员来说也是有用的。如果没有这些研究,就难以理解和处理博物馆这些复杂的功能。这些研究也能够解释可能是产生于博物馆体验中的各种不同的,有时是零碎的意义。

然而,这是如何帮助博物馆专业人员去创造文化意义的呢?对于博物馆的实际工作者来说,这些研究会作出非常令人失望的解释。就博物馆实际工作的开展而言,它们有助于我们对困难领域有所警惕,并且可以让我们对成品进行分析,但它们在展览或博物馆海报的设计或在建筑的

重新布置方面却不会有太多的帮助。

我讨论过的那些分析能形成一些评论。就博物馆和陈列所产生的意义而言，意义是被虚构出来的，而不是被证实了的。因为参观展览的观众并未被访问。摄影作品的"意义"就是巴尔特发现的能够支持其本人观点的那些意义。这些意义无疑提供了一种有选择地解释展览的方式，而这正是管理员所期待的。但我们不知道有多少人会像巴尔特那样去解释这一展览，也不知道还有多少种可用以解释这一展览的其他方式，甚至不知道是否有人去进行解释。在理论上，这种思想可以完美地建立起来，但在实际中，它却几乎没有告诉我们什么东西。

在我看来，这些分析还存在另一个问题。这些研究暗示了，单个的主体（个人）不会形成其个人的看法，而其本身却会被隐含在博物馆体验中的讯息所塑造。譬如，巴尔特就认为，就其兴趣所及的范围而言，观众会不自觉地被展览中的讯息所蒙蔽。达肯和沃兰奇认为，去现代艺术博物馆的观众是被特殊的程式和圣像式的项目带去的，他们本身不会为满足其各自的需求而积极地去建立和重新建立一种体验。观众被认为是消极的和不会批评的，不会形成他们自己的解释，而只能受博物馆那些无形的社会和意识形态功能的摆布。

牢记这些研究的另一方面也是有用的。这些研究试图分析的是指代系统的无目的的影响。研究者们感兴趣的乃是其假设的启示性力量和对博物馆及陈列室如何不明智地提出某种社会观点或表现某种信仰与价值观念的揭示。对于作为指代系统交流行为的这种分析无助于"创造"文化意义，因为这不是它们的目标。我们作为博物馆工作者和那些负责创造意义生成系统的人，并未获得用以指导创造与非本质主义者的价值观联系在一起的展览原则，也没有在发展格调上与冲突的、支离破碎的而非和谐的世事联系在一起的新的博物馆形式中得到帮助。

我们如何用一种能够揭示和发展博物馆现实工作实践的方法去分析文化意义呢？个体又是如何根据对世界不断变化着的体验去解释意义的呢？这两个问题又有什么样的联系呢？

博物馆专业人员会根据其身份（如设计者、管理员、教育者、外国工作人员、公关人员等)的不同而采用一些不同的方法去交流讯息。这些讯息是同博物馆、藏品、人们与博物馆及其实践的相互关系联系在一起的,都是有目的的讯息。展览会随着它们所传达的特定的教育主旨或观念而变化。博物馆的海报和散页印刷品会有意识地介绍一些引人注意的讯息片段和特定的看法。它们自然也将会掩盖意识形态方面的讯息,就像我们生活在意识形态之中并被其塑造一样。人们不可能不介入地生活在一个社会当中。在意识形态的"歪曲"之下,没有绝对的真理。

我们前面考察的那些符号学研究并没有为研究有目的的讯息提供任何分析方法。然而,我却知道一位提供了这种分析方法的人。

三、指代符号学、交流符号学

最近,我浏览了法国符号学家、语言理论学家乔治·莫尼的著作。除了最近一本名为《符号学的实际运用:关联与表达和交流方式的研究》的论文集外,莫尼的著作在英国鲜为人知。莫尼提出了一些可能对我们有用的思想。

莫尼认为,现代符号学之父索绪尔开辟了两条理论之路。其中一条,莫尼称之为指代符号学,为巴尔特和克雷斯蒂瓦这样的作家所遵循,并在美国颇有影响。这条道路已经导致了对指代系统中隐含的或无目的的法则的探索。我们上面考察的那些研究可归入这一类。

另一条道路为皮雷托、马蒂奈特和莫尼这样的作家所遵循,他们信奉交流符号学的原则。交流符号学研究的是有目的的和传统的交流系统。莫尼认为交流系统有两个重要的特征:第一,它们涉及一种可以通过社会性学习获得的习俗编码;第二,它们包含着至少被两个人认识到的交流目的。

所以,交流符号学研究的是有目的的讯息,而指代符号学研究的则是无目的的讯息。在方法论上,二者的区别就在于它们对符号和标识的不同理解。

交流符号学家在标识和符号之间作了明确的区分。翻译者难以理解

"标识"一词而又使用了这一表达,原因就在于它能使区分更加明确。标识是一种看得见的、能够表达与另一种看不见的事实有关的信息的事实。譬如,远处特定形状的烟的出现就标志着火的存在。而符号或信号则是一种人工标识,是由试图发出与另一个看不见的事实有关的信息的发送者创造和表达出来的。因此,森林大火的烟是一种标识,而出自印第安人点燃的用以告知敌人到来的大火的烟,则是符号或信号。交流符号学所研究的是通过社会性学习就能够完全熟悉和理解的交流系统。譬如,莫尼的一篇论文就叫作《印第安人符号语言分析》。

相反,指代符号学未经明确验证就假设具有标识作用的社会文化现象也具有符号功能,因此也都是交流事实。这一点可以由主张所有社会文化现象的各个方面都有意义而得到证实,而揭示这是如何运行的分析业已开始。任务就是用一般的结构语言模式去解释这种符号系统或指代系统。我们上面考察的那些研究就采用了这种方法,原因是它们主张,就像达肯和沃兰奇等人所做的那样,卢浮宫或现代艺术博物馆的建筑编码都具有指代的效用,即使我们不知道或不了解观众注意的是这种效用中的哪一部分。

从分析有目的的交流这一角度来看,标识和符号之间的这种区分具有决定性意义,因为它能让人观察标识的选择。换句话说,它能让人们在被交流者认为是有意义的标识(一种符号)和因觉察到自身与现象之间的某些联系而变得对观察者有意义的标识(一种标识)之间作出方法论上的区分。莫尼指出,标识本身并不一定有指代性(有意义)。只有在被某人选中并用于此目的时,它们才会有指代的潜力,标识也才会变得"有意义"。对于观察者来说,通过一个解释过程,它们可能就会意指某种东西。所有的社会文化现象都属于"有意义"的标识之列:如果在观察者个人的解释过程中被涉及和被选中的话,它们可能就会变得"有指代性"了。

比如,最近我去大英博物馆,无意中进入一个题为"古代希腊"的陈列。该陈列包括了一系列"符号",这些符号显然构成了一个有目的的系统。这个系统由介绍性的文字说明板、标题、实物标签、照片、地图、线图、各种实物等组成。所有这一切都极一致而又有目的地被用于传达与"古代希腊"某些方面相关的信息。与这个有目的的信息系统并存的,还有许多对有兴趣的观察者才有潜力或直观上又看不见的"标识"。我无视有关实物的文化和历史背景方面有目的的讯息（符号），而是观察一些大罐的外形。我观察它们是如何站起来的、是否有腿或足、耳在哪儿及它们有多大。其次感兴趣的就是它们是怎样被装饰的以及所用的是哪种材料。对我来说，与实物塑形方面（形状、大小、质地、装饰）有关的标识因为我个人对制作雕塑感兴趣的缘故而变成了指代性的标识。通过同样的方式，因同样的理由，我用一个陈列室里的克里特陶器去解释这个陈列室。

博物馆和展览中充满了标识，但它们也可由一组符号和信号来构成。按照莫尼的术语，这就意味着它们传达的是有目的的讯息。我认为我们有理由宣称，像博物馆展览、海报之类的东西是可以在通过社会性学习而熟悉的交流系统中发挥作用的。虽然在谁可以进入这种社会性学习和这种社会性学习有什么效果上确实还存在争议，但此刻我想将此置之一旁。如果我们接受莫尼的交流符号学的方法，而且我们还能接受博物馆的交流实践也属于在社会上可以习得的交流系统，那么我们就可以说，博物馆里的所有交流行为都将包括：第一，能够传达有目的的讯息的符号和信号；第二，在解释过程中能否变成具有指代性的或有意义的标识。

莫尼指出，区分两种符号学，即指代符号学和交流符号学的优势是很难的，因为有些社会现象同时涉及了两种符号学。他列举的这样的社会文化现象有文学、电影、喜剧，但是我认为我们也可以确定无疑地把博物馆归入这类现象之列。博物馆显然是指代符号学的一个组成部分，就像能够在我前面引用的那些分析中所看到的那样，而我还要证明如何通过交流符号学走进博物馆和博物馆如何有效地使用交流符号学。

不过，在我们进一步探讨交流符号学之前，首先应该问一问，交流作为一个过程目前在博物馆里是如何被理解的。

四、当今博物馆中的交流模式

我不敢断言，我们实际上已经非常清楚在当今博物馆中是如何理解作为一个过程的交流的。如果上溯几年，我们就会发现，对于应该如何理解博物馆的交流确实还存在争议。所以，达肯·科梅隆在 1968 年的一篇题为《一种观点：作为交流系统的博物馆及对博物馆教育的启示》的论文当中，就根据当时的信息理论提出了一种交流模式。他放弃了由发送者、媒体和接受者构成的简单的交流模式，而采用一种由不同发送者、多种媒体和许多接受者组成的交流模式。对于这一模式的提纲式的图解会揭示出它的基本框架(图一)。

图一　1968 年科梅隆提出的交流的基本模式

这一模式自然是以最早的夏农和威沃尔的交流模式(图二)为基础的。夏农和威沃尔的模式是最有影响的一种模式，它的提出是为了帮助建立一种数学上的交流理论。这种理论可应用于任何状态下的信息传送，无论这种传送是借助于人、机器还是其他系统。

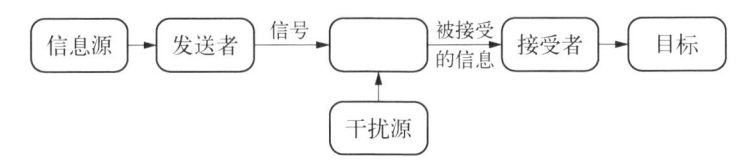

图二　1989 年引自达菲的夏农和威沃尔的交流模式

科梅隆增加了反馈弧的思想(图三)。他写道"在博物馆交流系统中增加反馈弧是研究展览效果的基础"，这可以让传送者调整传送。同样地，反馈弧也可以让观众把他或她的理解同所要传送的讯息进行比较，即看看该讯息是否被准确接受。

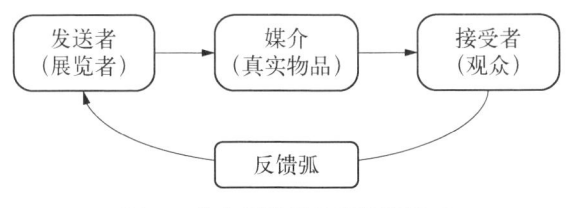

图三　带有反馈弧的科梅隆模式

这一模式在博物馆理论中较有影响。比如,鲍伦就说:"博物馆观众可以被看作是一个特殊交流系统的组成部分。在这一系统中,他通过展览这一媒体接受来自专业人员的讯息。为了了解这一讯息是否被接受和被理解,博物馆就必须要通过为观众的反映提供反馈渠道来完善交流过程。"斯蒂芬·格雷格斯指出,在博物馆里进行评估的一个最常被引证的理由就是要为发展中的展览过程提供反馈材料。这意味着,在人们考虑其展览有何用途时,他们就已经将这一基本模式当作一个前提来看待了。

事实上,即使有的话,在今天也很难找出可以作为博物馆专业人员进行交流尝试的一种交流模式。至于人们会在多大程度上这样去想,我没有把握。但我想,声称绝大多数博物馆工作者正在就陈列讯息和如何有效地传送讯息进行思考还是比较公正的。这就意味着,我们所引用的那种模式依然在发挥着作用。

我们应该注意这一交流模式中已经被认识到的问题。这些问题是:第一,这一模式提出的是一种线性交流观点;第二,这一模式暗示了交流是从发送者开始的;第三,这一模式暗示了交流的意图会限定交流事实的意义;第四,这一模式假定了接受者在认知上是被动的。

博物馆是基于这一模式组织展览的地方,罗格·梅尔斯就把博物馆描述成"残废的系统"。梅尔斯的主要批评之一就是,当交流被看作一个带有被发送者限定的讯息的线性过程时,一般意味着发送者就是管理员。同时,也意味着管理员因此而成为这一过程中的他所谓的权力掮客。这些人根据其本身的观点界定展览的主题、方法和步骤。而且,管理员会根据他或她的程式来界定展览及其人工制品的意义,而无视参观者或非参观者的兴趣、愿望和需求。

五、交流符号学和"关联"的概念

交流符号学是如何帮助调整这一交流模式或缓解一个残废的过程的呢?符号学这一学派所使用的最富成果的概念之一就是"关联"。"关联"是一个相当广泛的概念。它可以是观点、方法、一组事件,也可以是用来指导交流系统的观察或表达的一般的理论观。

譬如,在语言学里,交流的"关联"不但决定语言因素的结构功能,而且也会决定对这些因素的认定。莫尼暗示了符号学的其他领域可以借用这一概念。"由于可以确认所给定的现象中哪些因素会变成标识,所以,关联的概念就会顾及观点和所研究的现象的特殊性之间的相互作用。因为标识在同一时间里实质上就是该现象的一个组成部分,并且是从中抽象而成的一个概念化的构想"。

我们可以借口关联可以让我们去研究一组给定的实物是如何因某种目的如展览而被联结起来而将其应用于博物馆。这种研究可能包括对物质现象(实物)中已经变成标识的那些因素的确认以及对因何种理由而要用哪种陈列方法的确定。

关联概念是与观察和表达联系在一起的。所以,我们就可以利用关联概念去帮助建立同观众的关系。关联暗示了,现实是无穷尽的,但又是无法回避的。关联决定着所给定的现象中哪些因素将会变得有意义。与实物联系在一起的关联和意义将会随着交流者与解释者之间、特定的展览讯息与单个参观者从这一展览中释得的意义之间的关联的产生。

从一种物质的社会文化现象(一件人工制品或标本,一个展览,一座博物馆)当中,人们会(不自觉地)选择在当时与各自的程式相关联的那些标识。如果现象和观察者之间的关联被找到了,那么这种现象就会变得有意义了。当有人问莫尼"什么东西能把一种语言描述变成一首诗"时,他的回答是"能对读者产生影响"。阅读的时刻和创作的时刻同样地重要。因此,要使每一个交流行为获得成功,表达和解释就都需要处于一种有活力的联系之中。一个展览要想获得成功、对观众产生影响与博物馆工作者建立展览的工作同样重要。

必须提出一种新的博物馆交流模式(图四)。交流者已被包括了管理员、设计者、保管员、观众的群体所替代。"接受者"被认为是一个对体验能够形成他或她自己看法的积极的创造者,一个可按原有的知识态度和价值观作出各种解释的解释者。"媒体"也被重新定义为交流者与解释者之间的一个中间领域。在那儿,许多不同的甚至可能是相互冲突的看法会不断地生成和再生成。这个中间领域不是静止的,而是处于不断的变化之中。每一位新的解释者都会对有目的的交流和潜在的标识做出一种新的解释。这一中间领域包括博物馆所有的交流媒体:建筑、人群、展览、实物、小餐厅、盥洗室等。博物馆的意义不仅仅局限于对展览或陈列的解释。正如我们都知道的那样,在小餐厅或咨询台上的体验将会影响人工制品的意义。

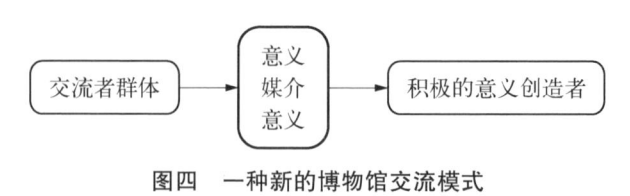

```
交流者群体 → 意义 媒介 意义 → 积极的意义创造者
```

图四　一种新的博物馆交流模式

莫尼在指代符号学和交流符号学之间所作的区分,使我们博物馆工作者形成了集中明确的认识。我们明确了,博物馆作为文化和意识形态方面的人为创造物是可以被当作指代系统来分析的,就像巴尔特及其他人已经做过的那样,而且我们也能抓住这种分析的长处和弱点。通过交流符号学,我们则明确了,由于是用来可以在社会上传授和学习的有目的的符号和信号,所以,博物馆是可以作为有目的的交流系统来分析的。交流符号学还让我们明确了我们一直熟悉的东西,即人们都会对体验作出各自的解释。换句话说,标识是会因个体的意义系统而变得有指代性的。我们也认识到,标识可以作为一个有目的的意义系统的一个组成部分来处理。

这样就产生了几种对博物馆工作者有用的方法。很显然,如果博物馆确实可以作为一个在社会上习得的有目的的交流系统来运行,那么这一系统就可以被研究、分析、改善、调整和传授等。博物馆工作者可能会受惠于这些研究。

也许我们应该假定,博物馆观众一般都不了解博物馆的交流系统,而我们应该发展一些可以让人们能够迅速掌握这一系统的方法。一些博物馆正在探索同观众一道建立交流系统的方法。这种做法不但对博物馆工作者,而且对观众都会起到训练作用。

我们怎样才能让博物馆同人们的生活联系起来呢？我们怎样才能通过寻找新的接近藏品的方式、提出新的问题、使新的标识变得有意义而让新的观众感兴趣呢？如果不经寻问，我们又是如何知道一种标识什么时候已经从"潜在的指代"变得"有意义"了呢？对这些问题的回答又会对那些有目的的交流系统产生什么影响呢？

我认为许多博物馆已经开始在探索这些途径，并开始寻找开发表达与解释之间充满活力的联系的方法。这种充满活力的联系正是博物馆交流向前发展的一条途径。

译自[英]埃林·胡泼尔·格林黑尔所著"A New Communication Model for Museums"一文，收录于《博物馆语言学：实物与本义》一书。原文署名"艾赖文"，刊载于《博物馆研究》1996年第4期。

特殊群体的接待

如果一个导引员试图调整讲解以便能够满足博物馆特殊观众的需求,那么他就必须对能够把这些特殊观众同典型的博物馆观众区分开来的特征有一个清楚的了解。对于导引员来说,仅仅意识到各种特殊观众之间的差异是不够的,还必须将这些差异转换成博物馆内部讲解过程中富有实际意义的相互作用。有四种因素制约着这种相互作用的模式:

接受对象。
导引员。
被接受的信息或概念。
讲解技巧。

下面要讨论的博物馆的特殊观众有:儿童、视觉残障者、听觉残障者、肢体残障者、非学校参观群体和特殊兴趣参观群体。希望对这些特殊群体的特点、局限性、特殊性和能力的进一步了解能够促成引导员为他们设置一个有意义的导览参观。

一、儿 童

处在幼儿园到小学二年级这一年龄段上的儿童明显不同于比他们年长的人。成功的讲解要求导引员必须对那些不同有一个清楚的了解。儿童的一些共同特点如下:

好动,不好坐。

以自我为中心,从他们自身的角度和需要来观察事物。

富于想象,很难将现实与幻想区分开来。

具体化,不能熟练地掌握概念思考和推理技巧。

不识字或仅有最低程度的阅读能力。

初学者,对大多数的学习体验都感到新鲜。

对儿童来说,学习应该是一个着重于"做"的活动过程。其知识和感知主要来自他们对周围环境感官上的探索。看、听、摸、尝、嗅都是他们学习的重要方式。儿童以往的个人体验会影响和有助于他对知觉的描述。所以,在学习环境中,必须拥有能够提供具体化体验的丰富多彩的刺激物,这会成为最终抽象思维的基础。

在为这一年龄组设置活动时,导引员必须强调探索学习。有效的学习活动的特点就是感官的介入和探索。这些活动应该利用儿童本身的想象和阅历。演讲作为一种教育方式必须尽可能地减少,而代之以鼓励亲身介入。操作、想象、观察、比较、分类、推理和判断对儿童来说都是重要的学习任务,应该纳入博物馆的活动之中。由于儿童容易对歌曲、游戏、故事、连环画和其他相关的活动作出反应,所以,导引员在导览参观过程中就应该引进它们。

儿童通常是非常缓慢而从容地移动,导引员记住这一点是很重要的。在整个导览参观过程中充当领队,维持既定的队列位置与同伴在一起对这一年龄的儿童来说都是重要的。为了避免给孩子们造成困惑,即使在博物馆里,也应该让他们的老师保持权威的形象。导引员应该对老师的愿望、决定和组织给予尊重。

二、视觉残障者

视觉残障是一种感官的丧失而不是躯体的残障。视觉有问题的人可以根据他们的视力可见程度来加以分类。如果一个人的视敏度是 20/200 或他无法在 20 英尺处看到正常视力的人在 200 英尺处看到的东西,那么这个在法律上就被认为是失明了。较好的一只眼睛经最大校正视敏度在 20/70 与 20/200 之间者,则被认为是部分可见。能够利用视觉学习教育内容的儿童可以安置在目力可见的教室里,只能通过听觉和触觉进行学习的儿童则应安置到为视觉残障者设置的教室里。

视觉残障者的许多学习都依赖于起作用的感官,他们通过触、听、味和嗅觉去熟悉周围环境。与通常的看法相反,视觉残障者并没有第六感官,他只不过是学会了用其余的感官更有效地解释周围环境。视觉有问题并不影响一个人先天的智力。已失明的人仍可保存一些"视觉记忆",即对其失明前所见东西的记忆。不过,这种"记忆"会很快地消失。

视觉残障者对于空间和方向的感知大多是通过能够暗示位置和距离的声音来获得的。在所有感官之中,触觉和视觉最为相似,因为两者都是三维的感官参照系统。视觉残障者通过触觉可以变得很直观,并能借助直观描述的帮助去解释周围环境。视觉残障者确实是通过听和摸去熟悉其周围环境的。不过虽然直观的描述是视觉残障者学习过程中不可缺少的一部分,但具体的体验也同样重要。别的感官无法弥补对色彩和光的感知。视觉残障者只有能阅读和书写盲文,才可以读书和写字。盲文,作为一种在纸上起点的书写体系,对它的学习是一个抽象和被构造的过程。许多七岁以下的儿童是无法掌握它的。阅读盲文是很慢的,而"会谈话的书",即长时运转的留声机则可让盲人更快地获取信息。

在博物馆里,视觉残障者常常需要导引员、需要直观的描述和触摸他们想要了解的实物的机会。如果视觉残障者想摒弃一些概念化的东西,那么他们就必须用一种具体的方式去体验。导引员必须把感官的体验同直观的描述和解释联系起来。对于一件实物或一个过程的详细描述要能够让视觉残障者在头脑中形成概念。为了使描述具体化和与视觉残障者所熟悉的事情联系起来,导引员在描述一件实物时,就应该涉及它的质地、重量、形状、尺寸、体积和颜色。例如:

> 爱斯基摩人雪屋的形状可以譬作一个半球。
> 一件实物的大小可以同自行车、校巴的长度及儿童的身高

作比较。

  颜色可以与音乐联系起来,例如明亮的颜色可以与轻快的音乐联系起来。

  如果导引员想演示一种工艺,那么他就应该允许孩子们把他们的手放在自己手上,随他一起演示这种技术或程序。

  在整个导览参观过程中,导引员必须做到既热情又轻松。他的语言必须要有很强的描述性,并把它用作教育的一种手段。导引员应该记住视觉残障者不是聋子,他不必用比平时大的声音去讲话。交谈中,也不必在使用像"看"和"瞧"这样的词语时犹豫不决。

三、听觉残障者

  对听觉残障者来说,交流会因语言接受和语言表达中任何一个方面的困难而受阻。语言既可以服务于社交又可以服务于个人。人们通过它既可以同别人交谈,也可以同自己交谈。交流的其他方面如讲话、理解、阅读和写作也都会因听觉残障而受影响。听觉残障者一般具有正常发音系统,但他们必须学会正确地使用它们。由于被切断的不只是声音,而且还有交谈,所以,听觉残障者就无法利用许多社交和学习的机会。

  听觉残障者直观地获取信息,要么是通过读唇,要么是通过手势交流。在读唇时,一个人必须知道特定唇动所代表的特定词语。读唇是为了让听觉残障者更容易地与正常人交流而作出的一种尝试。有些发音是无法通过观察人的唇动来探知的,所以理解不仅要靠读唇,而且还要靠面部表情和手势的补充。并不是所有听觉残障者都知道如何读唇。实际上,口语中仅有30%能够被大多数精于读唇的人所理解。手势交流是符号语言和手指拼写的一种结合。在手字母中,特定的手或手指符号仅表示一个字母,而在符号语言中,手指的一个位置或手的一次移动可以表示一个完整的词组或表达。听觉残障者语言的发展比同辈人语言的发展晚几年,但语言技能的不足并不一定代表智力低下。

  听觉残障者有两种类型:一是生来就完全失聪或早期因丧失听力而

妨碍了语言学习者，一是有一定听力但却需要助听装置扩大声音的弱听者。听觉残障者还包括能听高音而不能听低音或能听低音而不能听高音的人。助听不会仅仅增大声音而不影响高音或低音的丧失。听力丧失70％者就被认为是聋子，而丧失30％者就被认为是弱听者。一个人的听力水平或他所听到声音的最低点可以通过分贝来衡量。分贝是表示声音强度变化的度量单位，其变化区间是1—130。一般谈话的音量强度是50—60分贝。130分贝所指的是一种令人感到痛苦的大声音。一个人听力的损失在20—60分贝之间，他就被认为是弱听者，而对低于60分贝的声音没有反应的人则被认为是十足的聋子。三岁之前失聪的儿童不可能保持正常谈话和语言方式。一个人失聪越晚，他就越容易保持正常的谈话方式。十足的聋子能通过一两个词或词组来表达他们自己的思想，其语言是以有限的词汇和不同的句法为特征的。

听觉残障者需要亲自体验具体的对象，所以，学习活动就应该围绕可以操作的资料来组织。就学习而言，演示、书籍和言辞远不及操作活动有效。导引员在同听觉残障者进行交流和为了交流而需使用手势和面部表情时，他就应该站在光线充足处面向被导引的群体。语言应简洁明了。相关的信息可以演示，可以作戏剧性处理，也可以在图画或照片中反映出来。对听觉残障者来说，看实物和听解说是很难同时进行的。所以，导引员既要向这一群体解释他们将要看到和触摸的实物，又要让他们有许多时间去实地地体验它。

四、肢体残障者

肢体残障者是指拥有妨碍其正常行动和功能发挥残障的一类人。他们通常需要借助轮椅、拐杖、背带和其他辅助物才能行动。肢体残障者是一个或有或没有正常智力的多样的群体。脑性瘫痪和肌肉萎缩是常见的肢体残障。脑性瘫痪是因控制运动的脑的损坏而引起的一组不同性质的能力丧失。肌肉萎缩是一种以肌肉的不断坏死为特征的遗传性疾病。由于患有这种疾病，所以患者的肌肉就会变弱，直至最终遭到损毁。肢体残障者可能：

> 身体移动不平稳。
> 握力弱小。
> 不愿移动。
> 丧失了知觉。

导引员必须记住坐轮椅的人的视平线比站立的普通人的视平线要矮一英尺半，这就会产生视觉和听觉问题。由于肢体残障者身体转动或位置移动不方便，所以导引员一定要让供讨论的展品或实物能够被看全。导引员也不要下意识地把肢体残障者设想成智力残障者。

五、非学校参观群体

并非所有被导引的群体都是学校里的班级，许多群体乃是青年团体、会社、旅游者和家庭。如果导引员打算设置一个有意义的导览参观，那么他就必须对非学校参观群体的特点有清楚的了解。重要的是，导引员要记住，非学校参观群体的参观目的是娱乐性的而不是教育性的。非学校参观群体在兴趣、能力、阅历甚至年龄上都是不同的。这类群体的范围可能会上至一些具有特殊兴趣和专长的爱好者或专家，下至初学者。参观可能会被看作一次观光旅行或一次目睹博物馆最主要而又最受欢迎的展品的机会。实际上，这种参观通常是对博物馆宣传的回复。这类观众的愿望可能是不明确的、茫然的，而且会随着该群体组织的松散和管制的放松而变化。尤为重要的是，这类群体中的成员最关心的是他们个人愿望的满足。

导引员应该鼓励对展品的独立探究，并且应为观察、触摸和进行其他的感官体验提供足够的时间。参观的安排应该根据供观众提问的许多时机而变化。导引员必须了解这类群体是否想看某些特定的展品及是否想在此次导览参观中看到它们。导引员应该在这类群体的帮助下去安排和集中使用他们在馆里逗留的时间。

六、特殊兴趣参观群体

特殊兴趣参观群体，仅仅在其都具有特殊兴趣这一范围内是相同的。因为在其他方面，他们大相径庭。教育工作者、博物馆专业人员、社区组织和外国观众是博物馆特殊兴趣参观群体中的代表。导引员必须要探明这类群体的特殊需求，并将其与导览参观的内容融合起来。这类参观群体的兴趣在于了解博物馆教育哲学和历史、财政预算和资金供给状况、职员数量及资格。应该让这类群体的成员有时间独立地去观看展品、提问、与导引员就信息和所关心的问题进行交流，并让其也能同群体内的其他人进行交流。参观中也应该引进以活动为主的体验。导览体验应该是轻松的，其形式主要应根据该群体的反应而定。

摘译自[美]J·H·布斯等著《创造性的博物馆方法与教育技巧》，查尔斯C.托马斯出版社，1982年。原文署名"艾赖文"，刊载于《博物馆研究》1994年第4期。

后　　记

　　本书收录了个人博物馆学方面的部分成果,共计37篇(含2篇译文)。这些成果时间跨度近三十年,内容涵盖博物馆学史、博物馆历史与理论、博物馆发展、博物馆专业人才培养及其他五个方面,反映了个人在博物馆学领域的主要关注和思考。因选录成果的主题偏重博物馆学理论,几乎不涉及作为西方现代博物馆生存基础的实物,故名"无物集"。

　　本书收录成果,除个别篇目外,绝大多数均已公开发表。对于后者,此次收录时,仅作文字校勘、章节序号调整等技术性处理,力图保持成果发表时的原貌。成果编排大体按照自晚及早的次序,以期回望来路。

　　在梳理旧作、选编本书的过程中,问学岁月的一幕幕不时在脑海浮现,即使弹指数十年已过,一切依然清晰如昨日。恩师林沄、杨建华两位先生耳提面命,启蒙思想,传道授业,引领我走上治学之路。承蒙先生们的教诲,无论求学,还是工作,数十年间我兢兢业业,从不敢有丝毫的懈怠。中国国家博物馆苏东海先生多年来的指教、鼓励,一直激励着我,让我无悔于博物馆学研究的探索。众多师友、博物馆学专委会诸多同好以及一些国外同行,也以不同方式慷慨相助,相伴前行。正是得益于这些教诲、鼓励和帮助,才有了眼前的这些文字,才促成了这本文集的诞生。感谢所有在问学路上给予我无私教诲、鼓励和帮助的人!

　　本书的出版得到吉林大学考古学"双一流"学科建设经费资助。上海古籍出版社宋佳女士、王璐女士为本书的编辑出版精心策划,付出良多。天津市滨海新区博物馆王春慧女士翻译了文集的英文目录。在此一并致谢!

张文立
2019年12月于长春

图书在版编目(CIP)数据

无物集:张文立博物馆学文集 / 张文立著. —上海:上海古籍出版社,2020.12
ISBN 978-7-5325-9823-6

Ⅰ.①无… Ⅱ.①张… Ⅲ.①博物馆学-文集 Ⅳ.①G260-53

中国版本图书馆 CIP 数据核字(2020)第 234244 号

无 物 集

张文立博物馆学文集

张文立 著

上海古籍出版社出版发行

(上海瑞金二路 272 号 邮政编码 200020)
　(1) 网址:www.guji.com.cn
　(2) E-mail:guji1@guji.com.cn
　(3) 易文网网址:www.ewen.co
上海展强印刷有限公司印刷
开本 700×1000 1/16 印张 24.75 插页 6 字数 357,000
2020 年 12 月第 1 版 2020 年 12 月第 1 次印刷
ISBN 978-7-5325-9823-6
K·2931 定价:128.00 元
如有质量问题,请与承印公司联系
电话:021-66366565